Brigitta Hauser-Schäublin, Michael Dickhardt (Hg.)

Kulturelle Räume – räumliche Kultur

D1619870

Göttinger Studien zur Ethnologie

Herausgeber:
Institut für Ethnologie
der Universität Göttingen

Redaktion:
Ulrich Braukämper und
Brigitta Hauser-Schäublin

Band 10

LIT

Brigitta Hauser-Schäublin, Michael Dickhardt (Hg.)

Kulturelle Räume – räumliche Kultur

Zur Neubestimmung des Verhältnisses zweier
fundamentaler Kategorien menschlicher Praxis

LIT

Gedruckt mit Unterstützung der Dr. Walther-Liebehenz-Stiftung

Schlussredaktion: Christina König, M. A.

Gedruckt auf alterungsbeständigem Werkdruckpapier entsprechend
ANSI Z3948   DIN ISO 9706

Bibliografische Information Der Deutschen Bibliothek
Die Deutsche Bibliothek verzeichnet diese Publikation in der Deutschen
Nationalbibliografie; detaillierte bibliografische Daten sind im Internet
über http://dnb.ddb.de abrufbar.

ISBN 3-8258-6799-4

© LIT VERLAG Münster – Hamburg – London   2003
    Grevener Str./Fresnostr. 2   48159 Münster
    Tel. 0251–23 50 91   Fax 0251–23 19 72
    e-Mail: lit@lit-verlag.de   http://www.lit-verlag.de

Inhalt

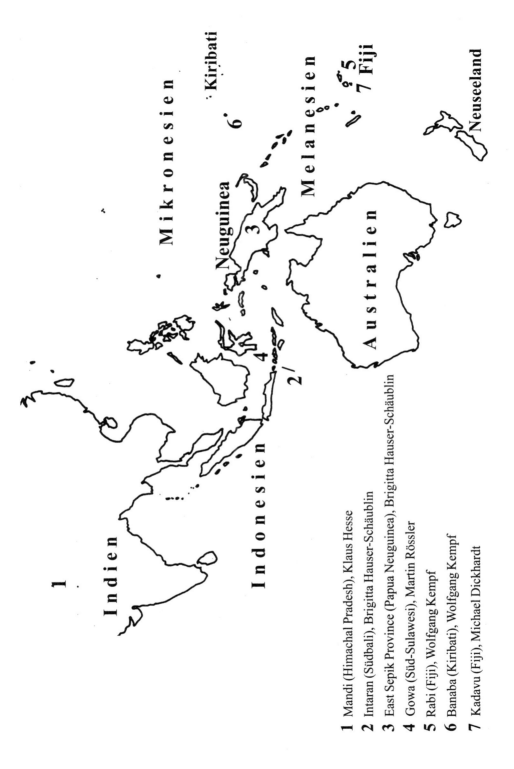

Indien

Mikronesien

·Kiribati

Neuguinea

Melanesien

5
7 Fiji

6

3

Neuseeland

Australien

4

2

Indonesien

1

1 Mandi (Himachal Pradesh), Klaus Hesse
2 Intaran (Südbali), Brigitta Hauser-Schäublin
3 East Sepik Province (Papua Neuguinea), Brigitta Hauser-Schäublin
4 Gowa (Süd-Sulawesi), Martin Rössler
5 Rabi (Fiji), Wolfgang Kempf
6 Banaba (Kiribati), Wolfgang Kempf
7 Kadavu (Fiji), Michael Dickhardt

Anstelle eines Vorwortes

Kulturelle Räumlichkeit:
Bedingung, Element und Medium der Praxis

Benno Werlen

Das vorliegende Werk „Kulturelle Räume – räumliche Kultur" thematisiert eine der wichtigsten Fragen der Gegenwart: die Frage nach dem Verhältnis von „Kultur" und „Raum" und damit auch die Frage nach der Bedeutung der Räumlichkeit für kulturelle Aspekte der menschlichen Existenz. Der semantische Hof dieser Frage ist auf das Engste mit den Ereignissen des 11. Septembers 2001 verbunden. In den Reaktionen auf diese ist sie nachhaltig ins Bewusstsein der sogenannten Weltöffentlichkeit getreten. Denn auch in den Aufrufen zur Bekämpfung des „terroristischen Fundamentalismus" sind zahlreiche andere Fundamentalismen aktiviert worden. Metaphern von räumlich verankerten Kulturen wurden wieder als sinnstiftende Einheiten herumgeboten. Die Grenzen der Kulturen sollten entlang der Antworten auf die Frage nach dem erreichten Zivilisationsstand gezogen werden. „Kultur" wird dadurch zur quasi-objektiven Gegebenheit erhoben, die angeblich eine klar identifizierbare und lokalisierbare räumliche Existenz aufweisen kann.

Kultur und Raum

In den politischen Diskursen wurden wieder ontologische Setzungen kultureller Wirklichkeiten kolportiert, die zuvor sowohl den ethnologischen als auch den kulturgeografischen Tatsachenblick während langer Zeit prägten. In der Geschichte beider Disziplinen ist eine Art Tiefenontologie des Verhältnisses von „Kultur" und „Raum" erkennbar, welche in der Vorstellung von räumlich eindeutig verortbaren Kulturen ihren Ausdruck finden. Am eindeutigsten ist dies in den ethnologischen und geografischen Kulturkreislehren der Fall, die in jüngerer Zeit in Samuel P. Huntingtons „Kampf der Kulturen" (1996) populistisch zur theoretischen Grundlage für die Neugestaltung der Weltpolitik erhoben werden. Auch hier werden – analog zu der bereits überwundenen ethnologisch-geografischen Forschungstradition – Kulturen als erdräumlich gekammerte und klar begrenzbare Entitäten gehandelt.

1

Freilich bestehen zwischen den beiden Disziplinen der Kulturforschung wichtige Unterschiede. Doch der gemeinsame Kern kommt sowohl im programmatischen Gehalt von „Völkerkunde" als auch in jenem von „Länderkunde", dem lange Zeit wichtigsten Bereich der Kulturgeografie, zum Ausdruck. Gewinnt bei der ersten Konzeption das Ethnische gegenüber dem Natürlichen eine Vorrangstellung, ist es bei der zweiten umgekehrt: das Natürliche wird argumentativ zur Grundlage des Ethnischen bzw. Kulturellen erhoben.

Konsequenterweise steht bei der geografischen Kulturforschung die räumliche Komponente im Vordergrund. Bei den ethnografischen Perspektiven blieb diese bisher in aller Regel ein nur implizit angesprochener Aspekt. Da das Ethnische – im ursprünglichen Sinne das „Völkische" – im Kontext traditionsgeleiteter Praktiken jedoch enge räumliche Kammerungen aufweist, ist der regionale Aspekt in der Vorstellung von „Volk" immer auch mitgedacht.

Die Essentialisierung von Kultur durch raumzentrierte Wirklichkeitsdarstellungen wird jedoch zunehmend problematisch. Denn die alltagsweltliche Basis dafür ist in vielerlei Hinsicht in der Auflösung begriffen. Was mit Begriffen wie „multikulturelle Gesellschaften", „Globalisierung" oder „Kulturalisierung des Sozialen" zu umschreiben versucht wird, ist im wesentlichen die Auflösung der traditional oder institutionell durchgängig geregelten räumlichen Gebundenheit kultureller Praxis. Das heißt nicht, dass „Räumlichkeit" für kulturelle Praktiken keine Rolle mehr spielt. Doch „Raum" scheint nicht mehr das umfassend greifende Medium der Praxisgestaltung zu sein. Das Territorialprinzip des Kulturellen wird in zahlreichen Bereichen sozial-kultureller Wirklichkeiten durch wähl- und gestaltbare Lebensstile überlagert. Innerhalb dieser bleibt „Räumlichkeit" für die Umsetzung kultureller Praktiken ein wichtiges Medium. „Raum" im Sinne von Erdraum als Behältnis aller Gegebenheiten, wird – aufgrund der zunehmenden subjektiven Gestaltbarkeit der Praxis – als umfassender Projektionsbezug jedoch zunehmend problematisch.

Mit dem Verlust der alltagsweltlichen Basis allumfassender Territorialisierung des Kulturellen werden die Konsequenzen der Essentialisierung von Kultur noch problematischer, als sie es zuvor waren. Ein Vergleich traditionell geografischer Kulturraumforschung mit regionalistischen, nationalistischen und verwandten fundamentalistischen Argumentationsmustern macht eine erschreckende Familienähnlichkeit der beiden deutlich.

Vom Raum zur Räumlichkeit

Vor diesem Hintergrund erlangen jüngere Forschungsinitiativen in beiden diszipli-
nären Kontexten, „Raum" in „Räumlichkeit" zu übersetzen, zentrale Bedeutung.
Diese Akzentverschiebung eröffnet prinzipiell die Möglichkeit, die praxisrelevan-
te Bedeutung räumlicher Dimensionen menschlicher Lebensbedingungen als etwas Konstituiertes zu denken. Damit ist gemeint, dass das, was gemeinhin als
Eigenschaft der Dinge – oder gar des Raumes als Behältnis all dieser Dinge –
betrachtet wird, nun als *zugeschriebene* Bedeutung erkennbar wird. Diese können
dann auch nicht mehr als natürliche sondern als kulturelle Eigenschaften verstanden werden. Folglich weisen sie auch keinen praxis-unabhängigen Status auf und
es kann ihnen keine logisch unabhängige oder gar kausale Prägungskraft zugeschrieben werden.

Doch die Eröffnung der Bedingung für die Möglichkeit eines neuen Verständnisses ist noch keine Garantie, dass diese Chance auch genutzt wird. Dafür ist eine
jüngere Entwicklung in der angelsächsischen Theoriediskussion der Kulturgeografie
ein gutes Beispiel.

Nach der phänomenologischen Kritik an der raumwissenschaftlichen Forschungs-
konzeption – von Anne Buttimer (1969) und Derek Gregory (1978) – sind zahlreiche alternative Raumkonzeptionen entwickelt worden, die als Grundlage sozial-
und kulturgeografischer Forschung dienen sollten. Mit ihnen wurde der Anspruch
verbunden, die raumwissenschaftliche Neuorientierung der traditionellen länder-
kundlichen Geografie in neue Bahnen zu lenken. Sie sollte von der Technokratie
weg und hin zu einem „humanistic approach" geführt werden.

Auf der Grundlage dieser Entwicklung der geografischen Theoriediskussion fordert Pickles (1985, 154ff.) – unter Bezugnahme auf Heideggers Philosophie – die
Abkehr von der Raumforschung und die Zuwendung zur Erforschung der „Räumlichkeit" menschlicher Existenz. Sein Kernargument beruht auf der These, dass es
letztlich deshalb nicht möglich ist, Raumforschung zu betreiben, weil „Raum" und
„Ort"/ „Platz" (*place*) nicht als unhinterfragte, an sich vorgegebene Gegenstände
geografisch-phänomenologischer Forschung akzeptierbar sind. Folglich solle statt
„Raum" die „Räumlichkeit" den neuen Forschungsbereich der Humangeografie
bilden. Deshalb bedürfe die Geografie einer „Ontologie der Räumlichkeit" (Pickles 1985: 156).

Diese Argumentationsrichtung wurde später von Schatzki (1991) weitergeführt
und von Soja (1989; 1996) zur Grundlage einer „post-modernen" Konzeption der
Geografie gemacht. Ziel der entsprechenden Forschung bildet – mit dem Anspruch

der hier vorgelegten Forschungsergebnisse vergleichbar – eine angemessene Interpretation, Darstellung und Erschließung der Bedeutung von „Räumlichkeit" für das „menschliche Dasein", die menschliche Existenz.

Ausgangspunkt für die Bestimmung von „Räumlichkeit" bildet bei Pickles die Prämisse Heideggers, dass die räumliche Ordnung – und mit ihr die Räumlichkeit der Dinge – aus dem menschlichen „Hantieren und Gebrauchen" (Heidegger 1986: 102) abgeleitet ist. Entsprechend kann die Räumlichkeit der Gegebenheiten als „Zuhandenheit" der Ausstattung eines bestimmten Ortes in Bezug auf bestimmte Aktivitäten begriffen werden.

Unter Bezugnahme auf Aristoteles' „Physikalische Vorlesung" (1956) betont Heidegger (1986: 102) in „Sein und Zeit", dass das

> „‚zur Hand' Seiende […] je seine verschiedene Nähe [hat], die nicht durch Ausmessen von Abständen festgelegt ist, [sondern sich] […] aus dem umsichtig ‚berechnenden' Hantieren und Gebrauchen [regelt]. […] Die ausgerichtete Nähe des Zeugs bedeutet, dass dieses nicht lediglich, irgendwo vorhanden, seine Stelle im Raum hat, sondern als Zeug wesenhaft an- und untergebracht, aufgestellt, zurechtgelegt ist. Das Zeug hat seinen *Platz,* oder aber es ‚liegt herum', was von einem puren Vorkommen an einer beliebigen Raumstelle grundsätzlich zu unterscheiden ist."

Diese Grundlegung lässt mindestens zwei Interpretationen offen (vgl. Werlen 1999: 213ff.). *Einerseits* besteht die Möglichkeit, die Bedeutung von „Räumlichkeit" in Bezug auf das körpervermittelte Tätigsein zu verstehen. In diesem Sinne leitet Pickles (1985: 152) die Folgerung ab, dass die Ontologie der Räumlichkeit jeder Art von räumlichem Verhalten zu Grunde zu legen ist. Erst dann könne dieses zum Gegenstand der Analyse gemacht werden. „Räumlichkeit" ist dann folgerichtig in eine (geografische) Raumtheorie zu integrieren. Konsequenterweise soll „Räumlichkeit" auf der Basis von räumlichem Verhalten untersucht werden.

Damit schließt sich allerdings der Kreis argumentativ in ähnlichem Sinne wie bei der raumwissenschaftlichen Geografie. Dort wurde der Versuch unternommen, „räumliche Strukturen" mit „räumlichen Prozessen" zu erklären. Dieses Projekt hatte aufgrund der Zirkularität des Erklärungsanspruchs keine Erfolgsaussichten und wird innerhalb der Geografie für beendet betrachtet. Eine empirische Raumwissenschaft des Sozialen und Kulturellen steht nicht mehr zur Disposition.

Andererseits, und das scheint für Heidegger selbst die wichtigere Variante zu sein, kann davon ausgegangen werden, dass „das Zeug" einen seinem Wesen ent-

4

sprechenden Platz, seinen „natürlichen Ort", einnimmt, also nicht bloßer Ausdruck der Handlungsabläufe ist und damit für diese sogar konstitutiv wirkt.

Unabhängig davon, welche Interpretation Heidegger besser gerecht wird, ist wichtig zu sehen, dass für Heidegger „Räumlichkeit" in jedem Fall zwar ein wichtiger Aspekt von *Dasein* ist, das Dasein, die menschliche Existenz, sich aber nicht in „Räumlichkeit" erschöpft. Damit lässt sich die Frage, wie „Räumlichkeit" und sozial-kulturelle Wirklichkeit zusammengebracht, zusammengedacht und empirisch erforscht werden können, auf differenziertere Weise stellen. Beantwortet ist sie damit aber noch nicht.

Räumlichkeit und Handeln

Im Sinne einer ersten Zwischenbilanz kann festgehalten werden, dass „Räumlichkeit" offensichtlich nicht mit einer empirisch begründbaren Raumtheorie in Zusammenhang gebracht werden kann. Gleichzeitig kann aus der Räumlichkeit der menschlichen Existenz auch nicht auf die räumliche Verortung von „Kultur" geschlossen werden. Unter Bezugnahme auf die zwei oben erwähnten Interpretationsmöglichkeiten kann darauf hingewiesen werden, dass sowohl die Bedeutungen von Orten als auch die Räumlichkeit von Gegebenheiten handlungstheoretisch betrachtet wohl nur in Bezug *auf* und als Folge *von* Tätigkeiten (empirisch) erschlossen werden können.

Widerspricht man dieser Interpretation – womit man dann durchaus Heideggers Sicht teilen könnte – lädt man sich all jene Probleme auf, die sich aus der Containerisierung von Kultur und Gesellschaft ergeben. Bedeutungen von Orten sind dann nicht das Ergebnis handlungsspezifischer Konstitutionsleistungen der Subjekte, sondern Orte, Räume und Räumlichkeit *haben* dann subjekt-unabhängige Bedeutungen.

Negiert man „Räumlichkeit" als Aspekt und Ergebnis des Handelns, ist in Kauf zu nehmen, dass Bedeutungen von Orten als wesensmäßiger Ausdruck derselben zu gelten haben. „Räumlichkeit" ist wohl angemessener in tätigkeitszentrierter Perspektive als Aspekt des Kulturellen zu betrachteten. „Meaning of places" – die Bedeutung von Orten/Plätzen – und „meaning of settings" – die Bedeutung personeller Handlungskonstellationen – sind dann in ihrer Bedeutung *für* Handlungen oder *als* Ausdruck der symbolischen Aneignung über das Handeln zu erschließen.

„Räumlichkeit" kann in diesem Zusammenhang hypothetisch als die handlungmäßig aktivierte Komponente von Ordnungen begriffen werden, als symbolisier-

5

tes und symbolisierendes Medium des Handelns. In ihr äußert sich der für die Praxis relevante Gehalt symbolischer Ordnungen auf der Ebene körperlich vermittelter Handlungszusammenhänge. Dies ist vor allem in *face-to-face*-Situationen bedeutsam, wie die Beiträge dieses Buches zeigen, allerdings nicht nur für diese.

In diesem Ausgangspunkt sehe ich auch die Stärke des hier unterbreiteten „theoretisch fundierten Diskursrahmens", mit dem die Bedeutung des Räumlichen für das Kulturelle erschlossen werden soll. Denn er vermeidet es, das Räumliche per se erforschen zu wollen. Vielmehr geht es um die Erschließung der Bedeutung der Räumlichkeit für die kulturelle Dimension der menschlichen Existenz. Was jedoch im Hinblick auf die umfassende Kulturforschung – gerade auch im Hinblick auf die eingangs angesprochenen Problemdimensionen – weiterer Klärung bedarf, ist das Verhältnis von „Raum" und „Räumlichkeit". Werden kulturelle Wirklichkeiten in alltäglichen Praktiken produziert und reproduziert, dann sind gerade auch die Beziehungen zwischen der Bedeutung von Räumlichkeit und Raum für das Handeln anzusprechen.

Raum und Räumlichkeit

Heideggers Formulierung, dass die Räumlichkeit aus dem „umsichtig ‚berechnenden' Hantieren und Gebrauchen" resultiert, ist vor dem Hintergrund seiner Festlegung zu lesen, dass der „Raum" – in dem Räumlichkeiten „hergestellt" werden – für ihn das Ergebnis von „räumen" ist:

> „Dies meint roden, die Wildnis freimachen. Das Räumen erbringt das Freie, das Offene für ein Siedeln und Wohnen des Menschen. Räumen ist [...] Freigabe von Orten, an denen sich Schicksale der wohnenden Menschen sich ins Heile einer Heimat oder ins Unheile der Heimatlosigkeit oder gar in die Gleichgültigkeit gegenüber beiden kehren." (Heidegger 1983: 3)

Darin kommt zum Ausdruck, dass in seiner Bestimmung „Raum" – im Gegensatz zu „Räumlichkeit" – eine Existenz *und* eine Bedeutung an sich aufweist. Er besteht vor dem Räumen, kann durch dieses lediglich freigelegt werden. Die Qualitäten von „Ort"/„Raum" dienen Heidegger dann als Prädispositionen normativer Wertungen als „Heimat" oder „Heimatlosigkeit".

In einer praxis-zentrierten Perspektive kann jedoch auch „Raum" nicht als vorgegeben, als substantivistische Gegebenheit verstanden werden, die für andere materiellen Dinge zudem noch als Behältnis fungieren kann. Wäre dem so, dann müsste

6

letztlich der Ort des Raumes im Raum bestimmt werden können. Es dürfte leicht einsichtig sein, dass dies nicht gelingen kann. Nicht zuletzt deshalb ist ein anderes Verständnis von Raum notwendig, eines das mit einer praxis-zentrierten Sicht ebenso kompatibel ist wie Räumlichkeit.

Fokussiert man die Praxis, kann „Raum" nicht mehr als Objekt begriffen werden (vgl. Werlen 1999; 2000: 327ff.), sondern „nur" noch als eine begriffliche Konzeptualisierung der physisch-materiellen Wirklichkeit, als ein Medium, über das eine Beziehung zwischen sozial-kulturellen und physisch-materiellen Gegebenheiten hergestellt wird. Es handelt sich bei „Raum" allerdings um einen speziellen Begriff. Er bezeichnet *erstens* keinen Gegenstand, wie empirische Begriffe. Die *zweite* Besonderheit besteht darin, dass die räumlichen Merkmalsdimensionen die Ordnung bzw. Klassifikation von Objekten ermöglichen.

„Raum" ist demzufolge als ein formal-klassifikatorischer Begriff zu verstehen. Er ist formal, weil er sich nicht auf inhaltliche Merkmale von materiellen Gegebenheiten bezieht und klassifikatorisch, weil er Ordnungsbeschreibungen erlaubt. Er ist jedoch auch kein *a priori*, denn er beruht auf Erfahrung. Allerdings nicht auf der Erfahrung eines besonderen Gegenstandes „Raum", sondern auf der Erfahrung der eigenen Körperlichkeit, ihrem Verhältnis zu den übrigen ausgedehnten Gegebenheiten (inklusive der Körperlichkeit anderer Handelnder) und ihrer Bedeutung für die eigenen Handlungsmöglichkeiten und -unmöglichkeiten. In diesem Sinne stellt „Raum" ein „Kürzel" für Probleme und Möglichkeiten der Handlungsverwirklichung und der sozialen Kommunikation dar, die sich auf die physisch-materielle Komponente beziehen.

Statt das „Kürzel" zu verdinglichen, soll es aber sozial- und kulturwissenschaftlicher Forschung eigentlich nur darum gehen, zu klären, wofür das Kürzel steht. Dies verlangt nach der Klärung der Konnotationen, die „Raum" in unterschiedlichen Handlungszusammenhängen erlangen kann. Diesbezüglich ist davon auszugehen, dass je nach praktischem oder theoretisch thematisiertem Typus des Handelns sowohl der formale wie auch der klassifikatorische Aspekt des Raumbegriffs eine je besondere Konnotation erfahren kann. Darauf aufbauend kann hypothetisch postuliert werden, dass je nach Interessenshorizont sowohl die Orientierung als auch die klassifikatorische Ordnung unterschiedlich ausfallen.

Regel der Signifikation

In diesem Sinne kann festgehalten werden, dass diese ontologische Bestimmung und erste definitorische Festlegung es nicht ermöglicht, von einem gegenständlichen Raum oder einem *materiellen* „Raum" zu sprechen, sondern „nur" noch von einer Repräsentation und von symbolischer Aneignung materieller Gegebenheiten in räumlichen Begriffen. Dies ist für den naturwissenschaftlichen wie für den kulturwissenschaftlichen Zugriff auf physisch-materielle Gegebenheiten in gleichem Maße relevant.

Der kulturwissenschaftlichen Forschung kommt in diesem Zusammenhang die abklärende Aufgabe zu, festzustellen, welche sinnhaft symbolisierenden Konnotationen mit physisch-materiellen Konstellationen über welche Art sozial-kultureller Praxis hergestellt werden. Oder mit anderen Worten: Wie werden die Relationen der Klassifikation sinnhaft interpretiert, welche symbolische Bedeutungen erlangen klassifikatorische Ordnungen, die als kulturelle Räumlichkeit ausweisbar sind?

Die diesbezügliche Antwort von Dickhardt/Hauser-Schäublin in der Einleitung dieses Bandes lautet, dass die kulturellen Regelmäßigkeiten dieser Relationierungen in den Strukturierungsprinzipien, den Modalitäten der Strukturierung, zu finden sind, die den verschiedenen Praktiken zu Grunde liegen. Ergänzend – und unter Bezugnahme auf die vorgeschlagene Definition von „Raum" als Grundlage für das Verständnis von „Räumlichkeit" – könnte dieser argumentative Ausgangspunkt dahingehend ausgebaut werden, dass die Modalitäten der Strukturierung als ein kulturspezifisches Set von Regeln der signifikativen Relationierung zwischen dem/der Handelnden und physisch-materiellen Gegebenheiten qualifiziert werden. Über die signifikative Relationierung bzw. über die spezifischen Bedeutungsattribuierungen, werden interpretierte räumliche Anordnungen (Räumlichkeit) selbst zu sinnaften Elementen des Handelns, allerdings „nur" mit ihrem symbolischen Gehalt und nicht unmittelbar als physisch-materielle Entität.

Die Regelmäßigkeit der signifikativen Relationierung – so kann man hypothetisch formulieren – bildet eine der wichtigsten Grundlagen für die häufig zu beobachtende Verdinglichung räumlicher Konstellationen als das Soziale oder Kulturelle „an sich". Sie liegen auch jenen Kulturtheorien zu Grunde, bei denen eine festgezurrte Raum-Kultur-Kombination im Zentrum steht. Die Regelmäßigkeit, mit der diese Sets zur Anwendung gelangen, mag – so eine weitere Hypothese – sowohl in alltäglicher wie in wissenschaftlicher Einstellung dazu führen, dass das Räumliche bereits für das Soziale oder Kulturelle gehalten wird.

Eine (kultur)vergleichende empirische Erforschung der Bedeutung der kulturellen „Räumlichkeit der menschlichen Existenz" kann hier wesentliche Klarheit in die meist nur orthodox behaupteten unmittelbaren Interrelation von Raum und Kultur bringen. Für die Erforschung bzw. Überprüfung dieser hypothetisch gesetzten Zusammenhänge dürfte es sich als hilfreich erweisen, diese Orthodoxie als Ausdruck der Verdinglichung jener Konstitutionsleistungen zu betrachten, über die symbolische Ordnungen in kulturellen Praktiken hervorgebracht und reproduziert werden. Wie jede Form von Orthodoxie ist auch diese eng mit der Reproduktion von Machtverhältnissen verknüpft.

Macht und Steuerungskapazität kultureller Praxis

Damit die empirische Kulturforschung selbst nicht in die Fänge solcher Orthodoxien geraten kann, scheint ein vorrangiges Erfordernis darin zu liegen, jede Art strukturalistischer Fallen zu vermeiden. Damit ist gemeint, dass ein bestimmtes, empirisch festgestelltes Set von signifikativen Regel nicht in objektivistischer Manier als quasi-absolut und für eine *bestimmte* „Kultur" allgemeingültig gesetzt werden kann. Vielmehr ist diesbezüglich dem Steuerungspotenzial der Akteure für den Verlauf ihres Handelns besondere Aufmerksamkeit zu schenken, auch im Kontext stärker traditionsdominierter Gesellschaften und Kulturen.

Diese Steuerungskapazität ist insbesondere in Bezug auf die empirische Abklärung der Bedeutung der kulturellen Räumlichkeit in verschiedenen Situationen des Handelns in Rechnung zu stellen. Dazu ist es notwendig, den subjektiven Interpretationen der Strukturierungsprinzipien in spezifischen Kontexten besondere Aufmerksamkeit zukommen zu lassen. Darüber hinaus wäre zu klären, welche strategischen Aspekte in Zusammenhang mit der Integration der kulturellen Räumlichkeit in die Handlungsvollzüge stehen, bzw. auf welche Aspekte der Einbezug der Räumlichkeit in den Handlungsverlauf abzielt oder – auf der Ebene des praktischen Bewusstseins – abzielen könnte.

Bei der Abklärung dieser (hypothetisch gesetzten) Zusammenhänge müsste zusätzlich zu den bisherigen Ausgangsüberlegungen dem Verhältnis zwischen autoritativen Ressourcen und kultureller Räumlichkeit besondere Aufmerksamkeit zukommen. Damit ist im Sinne der Begrifflichkeit der Theorie alltäglicher Regionalisierungen (vgl. Werlen 1997; Giddens 1988) gemeint, dass die Bedeutung kultureller Räumlichkeit im Hinblick auf ihr Potenzial zur Kontrolle anderer Personen abzuklären ist. „Ressource" bezeichnet in diesem Kontext den „Kompetenz-" oder besser: den „Vermögens- bzw. Verfügungsbereich", die Spannweite dessen, was ein Subjekt zu tun vermag, die transformative Kapazität menschlichen Handelns. Mit dem autoritativen Tranformationspotenzial werden insbesondere jene Vermögensweisen angesprochen werden, die üblicherweise mit Herrschaft und Macht über Personen bezeichnet werden. Dieses wird hier als Bestandteil sozialer Begegnungen, der sozialen Praxis, thematisiert und nicht als ein Bereich außerhalb davon.

Autoritative Ressourcen bezeichnen dementsprechend das Vermögen/die Fähigkeit, die Kontrolle über Akteure zu erlangen oder aufrecht zu erhalten. Die wichtigsten Formen autoritativer Ressourcen, die in allen Gesellschafts- und Kulturformen vorgefunden werden können, beziehen sich insbesondere auf die raum-zeitliche Organisation einer Gesellschaft und damit auch auf die Räumlichkeit als Elemente sozialer Interaktionen in spezifischer kultureller Ausprägung.

Diese Forderung nach der Berücksichtigung autoritativer Aspekte in diesem Kontext liegt somit in der Hypothese begründet, dass Räumlichkeit in aller Regel nicht nur eine hohe symbolische Aufladung aufweist, sondern in wohl noch stärkerem Maße an die Machtkomponente gebunden ist. Diese hypothetisch postulierte Konstellation kann durch die gleiche Argumentation gestützt werden, welche einen engen Zusammenhang zwischen Körper bzw. Leib und Räumlichkeit herstellt. Auch diesbezüglich ist genauer zu klären, wofür „Räumlichkeit" kommunikativ und argumentativ eingesetzt wird.

In empirischen Studien könnte sich erweisen, dass sich „Macht" nicht auf „Raum" und „Räumlichkeit", sondern vielmehr auf das Tranformationspotenzial bezieht. „Räumlichkeit" bildet dabei ein zentrales *Medium der Durchsetzbarkeit*, ein Medium zur Erlangung der Kontrolle der Subjekte vermittels der Herrschaft über deren Körper. Sie wird dann als ein kommunikativer Platzhalter für die effektive Macht über Personen und deren Kontrolle begreifbar. Als eine der Formen, mit denen Herrschaft über die Personen vermittels der regulativen Kontrolle des Körpers bzw. im phänomenologischen Sinne: des Leibes der handelnden Subjekte erlangt wird.

Die kulturorientierte Erschließung der Bedeutsamkeit von Räumlichkeit für das menschliche Handeln eröffnet einen neuen Zugang zum Kultur-Raum-Verhältnis. Längerfristig sollte es möglich werden, allen voreiligen Tendenzen stereotyper Verräumlichungsszenarien von Kultur entgegen zu wirken. Schließlich könnte damit auch das Tor zu einem tieferen Verständnis der Bedeutung des Räumlichen für die Reproduktion und Transformation sozial-kultureller Wirklichkeiten aufgestoßen werden.

Wie wichtig diese Abklärungen sind, zeigten nicht zuletzt die Reaktionen auf die Ereignisse vom 11. September 2001. Doch dies ist nur ein Beispiel für die dramatischen Implikationen jeder Art von räumlichem Diskurs im Umgang mit kulturellen Aspekten menschlicher Lebensformen: in der Vergangenheit wie in der Gegenwart, auf alltäglicher wie auf wissenschaftlicher Ebene.

Literatur

ARISTOTELES (1956) *Physikalische Vorlesung. Die Lehrschriften*, Band 4.1, Paderborn (Schöningh).

BUTTIMER, ANNE (1969) Social Space in Interdisciplinary Perspective. In: *Geographial Review* 59 (4): 417-426.

GIDDENS, ANTHONY (1988) *Die Konstitution der Gesellschaft*, Frankfurt a. M. (Campus).

GREGORY, DEREK (1978) *Ideology, Science and Human Geography*, London (Hutchinson).

HEIDEGGER, MARTIN (1983) *Die Kunst und der Raum*, St. Gallen (Erker-Verlag).

HEIDEGGER, MARTIN (1986) *Sein und Zeit*, Tübingen (Max Niemeier Verlag).

PICKLES, JOHN (1985) *Phenomenology, Science and Geography: Spatiality and the Human Sciences*, Cambridge (Cambridge University Press).

SCHATZKI, THEODORE R. (1991) Spatial Ontology and Explanation. In: *Annals of the Association of American Geographers* 81 (4): 650-670.

WERLEN, BENNO (1997) *Sozialgeographie alltäglicher Regionalisierungen. Band 2: Globalisierung, Region und Regionalisierung*, Stuttgart (Steiner Verlag).

WERLEN, BENNO (1999) *Sozialgeographie alltäglicher Regionalisierungen. Band 1: Zur Ontologie von Gesellschaft und Raum*, Stuttgart (Steiner Verlag).

WERLEN, BENNO (2000) *Sozialgeographie. Eine Einführung*, Bern/Stuttgart/Wien (UTB).

Einleitung

Eine Theorie kultureller Räumlichkeit als Deutungsrahmen

Michael Dickhardt und Brigitta Hauser-Schäublin

Räumlichkeit: Zur Wiederentdeckung eines nie vergessenen Themas[1]

Oft sind es erst grundlegende Veränderungen gesellschaftlicher und kultureller Erfahrungen, die uns einen neuen Blick freigeben auf fundamentale Zusammenhänge unserer Existenz. Lange Zeit erscheinen sie uns als gegeben, sei es als fraglos angenommener Hintergrund unserer Weltbeschreibung, sei es als selbstverständlicher Teil derselben. Plötzlich aber werden sie fragwürdig, ja scheinen sie sich geradezu aufzulösen. Wer etwa übers Land fährt, wird feststellen, dass in vielen Ländern Westeuropas die Friedhöfe kleiner Dörfer – so unterschiedlich diese bezüglich ihrer Ausstattung auch sein mögen – wie selbstverständlich außerhalb der Siedlung liegen. Das ist in Deutschland so, auch in Italien und in Spanien. Man wird dies aufgrund der Alltagserfahrung kaum je in Frage stellen. Wer jedoch schon einmal die Gelegenheit hatte, ein Dorf auf der ostindonesischen Insel Sumba zu besuchen, wird überrascht feststellen, dass sich die Häuser der Lebenden um die Grabstätten der Toten – steinerne Sarkophage – herumgruppieren, also gerade die Toten im Mittelpunkt des Dorfes und damit des Lebens untergebracht sind. Spätestens in diesem Augenblick wird dem unvoreingenommenen Besucher auffallen, wie anders im Vergleich zu Europa das Verhältnis der Lebenden zu den Toten – und vielleicht auch zum Tod? – dort sein muss! Es ist gerade dieser Verlust des Selbstverständlichen, der den Blick frei gibt auf das, was in unserer Existenz offensichtlich fundamental ist und das wir nun wieder neu für uns entdecken müssen, also etwa das Verhältnis zwischen den Lebenden und den Toten oder die Einstellung der Menschen zum Tod.

---

[1] Der vorliegende Band ist das Resultat eines von der Deutschen Forschungsgemeinschaft zwischen 1997 und 2001 geförderten Forschungsvorhabens zum Thema der kulturellen Räumlichkeit. Mitarbeiter waren: Dr. Michael Dickhardt, PD Dr. Klaus Hesse, PD Dr. Martin Rössler; Projektleitung: Prof. Dr. Brigitta Hauser-Schäublin. Im Rahmen dieses Forschungsvorhabens fand auch ein internationales Werkstattgespräch statt, an dem u. a. Prof. Dr. Benno Werlen und Dr. Wolfgang Kempf teilnahmen.

Auch die Räumlichkeit ist ein solch fundamentaler Zusammenhang unserer Existenz, der zunehmend seine Selbstverständlichkeit verliert – und dies nicht nur während eines kurzen Eintauchens in eine fremde Kultur auf Sumba oder andernorts, sondern in unseren eigenen alltäglichen Lebensbezügen und Erfahrungen. Vielfach diskutiert unter den Schlagworten von Globalisierung und Postmoderne werden gerade auch hier die Folgen einer sich rapide verändernden Raumerfahrung und Raumwahrnehmung deutlich, die die Räumlichkeit als solche in einem neuen Licht erscheinen lässt. Dass Länder und Kontinente keine „Container" mehr sind, dass große Teile des Sozialen enträumlicht oder entterritorialisiert sind, dass Orte immer öfter ihre Einzigartigkeit und damit ihre besondere Bedeutsamkeit verlieren – all das ist nicht mehr nur die Erfahrung einer intellektuellen und künstlerischen Elite, sondern alltägliche Erfahrung von immer mehr Menschen in einer global immer dichter verflochtenen Welt:[2] Europäer leben schon längst nicht mehr nur in Europa, Afrikaner nicht mehr nur in Afrika und viele von ihnen in beiden oder gar zwischen beiden Kontinenten – als mobile Person genauso wie durch die Vermittlungen von Medien, Kulturindustrie und Konsumkultur. Aufgrund der heute verfügbaren Transport- und Kommunikationsmöglichkeiten erscheinen Distanzen in vielen Zusammenhängen immer weniger bedeutsam für soziale, politische und ökonomische Beziehungen und Handlungen. So führen selbst weiträumige Migrationsbewegungen zu transkontinentalen Gemeinschaften mit einem dichten Netz sozialer, wirtschaftlicher und kommunikativer Strukturen, und so können weltweite Kapitalverschiebungen ungeheuren Ausmaßes praktisch mit einem Mausklick von irgendwo in der Welt getätigt werden – zum Teil mit drastischen ökonomischen und politischen Wirkungen für ganze Regionen und Staaten. Orte und Distanzen verlieren durch solche unter „enträumlichten" Bedingungen durchgeführten Handlungen an Bedeutung als notwendiger Handlungskontext: Global verteilte Akteure und Akteurinnen finden z. B. immer leichter in den virtuellen Räumen des Internets zusammen, die eine Kopräsenz ohne materiellen Ort ermöglichen. Dies bedeutet, dass die Handlungsfähigkeit (*agency*) des Menschen vom Ort, an dem er sich tatsächlich aufhält, immer stärker losgelöst werden kann.

In vielerlei Bereichen führen also die enträumlichenden Bedingungen unserer Lebensbezüge offensichtlich zu einem Verlust der Bedeutung von Orten und deren Entfernung von einander. Dem, so die berechtigte Gegenstimme, stehen freilich

---

[2] Zahlreiche Autoren haben sich zu diesen Phänomenen und ihren Konsequenzen geäußert. Stellvertretend sei deshalb auf Appadurai [1996] 1998, Beck [1997] 1998, Gupta & Ferguson 1992 u. 1997, Harvey 1989 sowie Werlen 1995 u. 1997 hingewiesen.

auch Erfahrungen ganz anderer Art gegenüber: Die Betonung gerade auch räumlich definierter Besonderheit etwa, die uns nicht zuletzt in den Konstruktionen
einzigartiger Territorialität in vielen ethnisierten Konflikten immer wieder neu ent-
gegentritt, sei es in Südosteuropa, im Nahen Osten oder anderswo. Im Kontext
von sich verändernden Machtkonstellationen vom Nationalstaat hin zu übernatio-
nalen Instanzen wie transnationalen Unternehmen oder Staatenbünden, von fragwürdig werdenden Formen der Identitätskonstruktion und von zunehmender
Entgrenzung sozialer, politischer und ökonomischer Strukturen scheinen Ort und
Territorium als Faktor von Macht, Identitätskonstruktionen und Abgrenzung gegen „Andere" eine neue Funktion zu erhalten.

Doch sind dies noch die Orte von ehedem? Eine besondere Form nehmen diese
Prozesse der Reterritorialisierung oder Relokalisierung in Kontexten an, in denen
sich individuelle und kollektive Identitäten und Sinnzusammenhänge sowie soziale Netzwerke über mehrere räumlich oder auch zeitlich getrennte Orte erstrecken.
Vor allem die Erfahrungen von Mobilität, Migration und Diaspora erlangen hier
eine neue Dimension. Die heutigen Möglichkeiten von Transport und Kommunikation ermöglichen eine Bezogenheit weit entfernter Orte von bislang unbekann-
ter Intensität, vermittelt durch einen ständigen Fluss an Informationen, Geldern,
Gütern und Personen. Dies verändert zum einen den räumlichen Bezug von Gruppen, Akteuren und Akteurinnen, die in ihren Zusammensetzungen, Konstitutionen,
Lebens- und Sinnzusammenhängen sowie in ihren Identitätskonstruktionen auf
vielfache Weise multilokal sind, wobei die einzelnen Orte nicht im Sinne einer
exklusiven Abgrenzung voneinander wichtig werden, sondern als miteinander verbundene Bezugspunkte. Auf diese Weise sind global verteilte Handlungsräume
entstanden, in denen und zwischen denen die Akteure und Akteurinnen weltweit
agieren können. Dies zeigt sich auf Reisen, auf denen man immer wieder auf die
vertrauten Orte moderner Mobilität – vom Flughafen über das Einkaufszentrum
bis hin zu McDonald's – trifft, aber auch im Rahmen einer multilokal konstruierten Gruppenidentität wie sie bei Gesellschaften zu beobachten ist, die von einer
hohen Migrationsrate gekennzeichnet sind, oder aber in den Möglichkeiten komplexer Identitäten, deren unterschiedliche Aspekte jeweils mit unterschiedlichen
Orten in Verbindung gebracht werden können, etwa hinsichtlich Herkunft (also
„Heimat"), religiöser Zugehörigkeit (z. B. heilige Orte) oder von Mit-der-Zeit-
Sein (z. B. Bezug auf idealisierte urbane Räume), die alle zugleich Teil der Lebenszusammenhänge sein können. Doch abgesehen von der Frage der Identität und der
globalen Verteilung von Handlungsräumen hat all dies auch die Qualität der Orte
selbst verändert. Der eine Ort kann heute überall reproduziert werden, was einer-

seits dazu führt, dass einzigartige Orte als Ensemble unterschiedlichster Orte daherkommen, also Orte aus der ganzen Welt in sich versammeln – man denke an multiethnische Städte wie London oder aber an so künstliche wie Las Vegas! –, und andererseits Orte zu Nicht-Orten werden, die im Dienste des Konsums die immer gleiche räumliche Struktur reproduzieren und einer global mobilen Konsumgesellschaft überall ihre entörtlichten Routinen im Stile von McDonald's ermöglicht, die die immerzu mobilen Akteure und Akteurinnen zu ihrer Selbstvergewisserung benutzen.

Was also zunächst als ,Enträumlichung' der Lebenszusammenhänge erschien, als Bedeutungsverlust von Orten und Distanzen erscheint bei näherer Hinsicht weit eher als eine Veränderung der Rolle des Räumlichen denn als Verlust der fundamentalen Bedeutung des Räumlichen. Es sind die Möglichkeiten räumlichen Handelns, die sich verändert haben, nicht aber die Tatsache, das menschliches Handeln fundamental räumliches Handeln ist. Dabei ist vor allem auch zu beachten, dass ganz gleich welche Räumlichkeiten auf welche Weise auch immer Teil menschlichen Handelns werden und ganz gleich wie weit sich dieses Handeln räumlich erstrecken kann, die konstitutive Instanz des menschlichen Handelns in der Welt die körperlich-leiblichen Akteure und Akteurinnen bleiben. Und so sind im Leben von Menschen und sozialen Gruppen Ort und Lebensraum nicht generell beliebig und austauschbar geworden. So ist Welterfahren jedes Menschen an Leib-Sein (Merleau-Ponty) und Verleiblichung (Husserl) – der Leib als Organ der Welterfahrung schlechthin – gebunden:[3] Der Leib ist *der* grundsätzliche Ort des Menschen. Auch bleibt die Verleiblichung des Menschen weiterhin der bestimmende Ort, von dem aus er primäre Handlungen und Interaktionen mit anderen Menschen unternimmt und empfängt: Nähe und Distanz sind beide fundamentale Bedingungen menschlichen Handelns.

Was aber ergibt sich aus dieser Spannung zwischen Enträumlichung und erneuter Verräumlichung, zwischen Entterritorialisierung und Reterritorialisierung, zwischen Entörtlichung und erneuter Verörtlichung, innerhalb derer Orten und Räumen immer wieder eine eminente, wenn auch veränderte Bedeutung zukommt, der sich die Beiträge aus ethnologischer Perspektive in diesem Sammelband zuwenden? Welche Konsequenzen hat dies für die sozial- und kulturwissenschaftliche Betrachtung menschlicher Praxis und welchen Beitrag kann hierzu die Ethnologie leisten? Bei der Suche nach einer Antwort auf diese Fragen wird deutlich, dass es

---

[3] Zu diesen phänomenologischen Ansätzen siehe Merleau-Ponty [1945] 1966 und Waldenfels 1993 (dort insbesondere das Kapitel „Leib").

in der ethnologischen Auseinandersetzung mit der Räumlichkeit erhebliche Mängel gab: Wichtige Fragen über den Zusammenhang zwischen Raum, Kultur und Gesellschaft wurden während langer Zeit theoretisch kaum angemessen thematisiert, ja waren oft völlig abwesend. Dies überrascht umso mehr, als etwa in der ethnologischen Literatur Räume ganz und gar nicht abwesend oder gar vergessen waren, sondern vielmehr als wesentlicher Bestandteil derselben unabdingbar waren: Man denke nur an „das Dorf" der klassischen Ethnografie, das sowohl selbstverständlicher Gegenstand der Beschreibung war als auch selbstverständlicher Rahmen der Beschreibung für die dortige Kultur. Die ortsgebundene Feldforschung besaß deshalb einen besonderen methodischen Stellenwert. Hinzu kam ein Kulturkonzept, das lange Zeit von der Isomorphie von Kultur, Gesellschaft und Ort ausging. Seit Platon (ca. 427-347 v. Chr.) und Aristoteles (ca. 384-322 v. Chr.) Kultur und den Volkscharakter der Menschen und die Orte (innerhalb von Klimazonen) in einen direkten Zusammenhang miteinander setzten, wurden Kultur und Raum als deckungsgleich behandelt:[4] Kultur ließ sich nur über die „Kultur vor Ort" verstehen, sowohl als methodische Strategie des Ethnografen als auch als anerkannte Form der Kontextualisierung im Rahmen holistisch zu erfassender Ganzheiten. Erst die sozial- und kulturwissenschaftliche Zuwendung zu Phänomenen wie weltweiten Migrationen von Menschen und Gruppen unterschiedlichster Größe machte deutlich, wie diese Strategien der definitiven Lokalisierung des Soziokulturellen und damit die implizierte begriffliche Fassung von Kulturen und Gesellschaften als distinkte und wesentlich ortsgebundene Ganzheiten immer fragwürdiger wurden: Die Phänomene der Globalisierung und die postmoderne Kritik haben keinen empirischen Ansatzpunkt für die Definition geschlossener Ganzheiten übrig gelassen. Vielmehr haben diese gezeigt, dass die über Jahrzehnte angefertigten Dorfstudien allein aufgrund ihrer methodischen Anlage eine homogenisierende, totalisierende und essenzialisierende Weltbeschreibung praktiziert haben, die Gesellschaften und Kulturen im Sinne distinkter Einheiten an konkrete definierbare Orte bindet. Die Isomorphie zwischen Raum, Gesellschaft und Kultur, die diesem Ansatz letztlich zu Grunde liegt, erweist sich deshalb weniger als empirisch begründbare Eigenschaft des Gegenstandes der Sozial- und Kulturwissenschaften denn als unreflektierter ontologischer Ballast.[5]

Damit erhält die sich verändernde Raumerfahrung und Raumwahrnehmung und die Frage nach einer begrifflichen Neufassung des Räumlichen eine ontologische Dimension, die zentrale Fragen der Ethnologie in den Bereichen sowohl der Me-

---

[4] Zu diesen Konzeptionen in der Antike siehe Müller [1972] 1997.
[5] Pointiert findet sich diese Kritik formuliert bei Gupta & Ferguson 1992.

thode als auch der Gegenstandskonstituierung relevant werden lässt: Was ist sinnvoll als kulturelle und soziale Ganzheit ohne eine eindeutige Bindung an einen Ort zu definieren? Wenn es solche Ganzheiten gibt, wie sind sie dann mit den Orten, an denen sie sich zeigen, verbunden und wie mit den Methoden einer ortsgebundenen Feldforschung erfassbar? Wenn die räumliche Dimension des Soziokulturellen nicht mehr auf die fragwürdig gewordene Kategorie des Ortes allein reduzierbar ist, wie ist sie dann zu greifen? Diese wenigen Fragen zeigen schon, welche Tragweite die begriffliche Neudefinition des Räumlichen hat: Sie betrifft nicht nur einen speziellen Untersuchungsgegenstand, sondern jene zentralen Konzepte, die die Gegenstände der Sozial- und Kulturwissenschaften schlechthin konstituieren: das Soziale und das Kulturelle. Eine erneute Thematisierung der Räumlichkeit kann sich also nicht darin erschöpfen, schlicht eine neue Definition des Räumlichen anzubieten. Erst eine durchgreifende kultur- und gesellschaftstheoretische Bestimmung der Bedeutung der Räumlichkeit wird die angesprochenen erkenntnistheoretischen, methodologischen und ontologischen Fragen beantworten können, um die praktische Relevanz des Räumlichen in den Bereichen ihrer Untersuchungen theoretisch und empirisch bestimmen zu können. Und erst dann wird auch ein substanzieller Beitrag der Ethnologie für eine umfassende sozial- und kulturwissenschaftliche Betrachtung der Räumlichkeit möglich.

Nun ist eine solch grundlegende Bestimmung der Bedeutung des Räumlichen nicht in einem Wurf zu schaffen. Zu breit und tief ist die Thematik, umfassend nur in einem langen Weg interdisziplinärer Arbeit zu erschließen. Deshalb kann an dieser Stelle auch nur ein Anfang gemacht werden. Für einen solchen Anfang ist es notwendig, sich einen bestimmten Ausgangspunkt mit dem Ziel zu wählen, einen umfassenden sozial- und kulturwissenschaftlichen Diskurs zu ermöglichen, an dem sich die unterschiedlichsten Disziplinen und Ansätze beteiligen können. Der Begriff der Kultur scheint ein solcher Ausgangspunkt sein zu können: allgemein genug, um als gemeinsamer Bezugspunkt dienen zu können, und theoretisch elaboriert genug, um die angedeuteten Fragestellungen thematisieren zu können. Vor diesem Hintergrund versteht sich der Versuch, eine *Theorie kultureller Räumlichkeit* zu entwerfen, mithin als Beginn eines umfassenden sozial- und kulturwissenschaftlichen Diskurses über die Räumlichkeit.

Sucht man nun nach Ansatzpunkten für eine solche Theorie kultureller Räumlichkeit in der Ethnologie, so zeigt sich schnell, dass eine grundlegende theoretische und methodische Aufarbeitung des Themas Räumlichkeit hier noch immer in den Anfängen steckt. Es gibt zwar inzwischen eine Reihe z. T. einflussreicher Konzepte, die sich der umrissenen Thematik stellen. So verweist etwa Appadurai mit seinem Konzept der *ethnoscapes* darauf, dass sich die räumliche Dimension kultureller Reproduktion von Gruppen nicht mehr im Rahmen räumlich umgrenzter, kulturell homogener und als naturgegeben aufgefasster Territorien vollzieht, sondern zunehmend nicht mehr eindeutig lokalisierbar ist und sich in einer globalen Verteilung von Personen, Gruppen, Beziehungen und Imaginationen abspielt, deren Kennzeichen Bewegung und Interaktivität sind – man denke nur an die schon angesprochenen Konstruktionen von gemeinsamen Identitäten von Migrantengruppen über das Internet und andere Medien (Appadurai 1991). Andere Autoren wie etwa Gupta und Ferguson betonen, dass Orte noch nie selbstgenügsame Entitäten, sondern immer schon Teil von *interconnected spaces* waren, und dass es neben den Tendenzen zur Enträumlichung immer auch Tendenzen zur Verräumlichung gibt, die der Beziehung und Verbundenheit zu abgegrenzten und als einzigartig konstituierten Orten neue Bedeutung zukommen lassen, Prozesse, die mit dem Begriff der *reterritorialization* umschrieben werden können (Gupta & Ferguson 1992). Olwig und Hastrup schließlich machen mit ihrem Konzept der *cultural sites* deutlich, dass nicht nur einzigartige Orte, sondern auch typische Örtlichkeiten wie das Familienland oder das Familienhaus als kulturelle Institutionen einen wesentlichen Anteil an der Konstituierung sozio-kultureller Strukturen auch und gerade in globalen Zusammenhängen haben (Olwig & Hastrup 1997). So fruchtbar auch jedes dieser Konzepte ist – und es ließen sich noch weitere anführen – so muss allerdings auch festgestellt werden, dass es bislang an einer Zusammenführung der einzelnen theoretischen und methodischen Konzepte in der Ethnologie fehlt, welche die vorliegenden Einzelstudien in einen übergreifenden theoretischen Rahmen stellen könnte. Nur ein solcher Rahmen wird aber angesichts der oben skizzierten Tragweite der Frage der Räumlichkeit für die Sozial- und Kulturwissenschaften und deren grundlegenden Begriff wie Kultur und Gesellschaft letztlich die angestrebte Bestimmung der Rolle des Räumlichen für soziale und kulturelle Prozesse erbringen können. Sucht man nun einen Ausgangspunkt für den Entwurf eines solchen theoretischen Rahmens, so stellt man schnell fest, dass sich in dieser Richtung vor allem Kulturgeografen und Soziologen bemüht haben.[6] Es

---

[6] Zu nennen sind hier zunächst Foucault [1967] 1991 und Lefebvre [1974] 1991, dessen Konzeption der ‚Produktion des Raumes‘ auf eine ganze Reihe von Sozial- und Kulturgeografen wie Gregory 1994, Harvey 1989, Shields 1991 oder Soja 1989 u. 1996 einen großen Einfluss hat. Eine weitere wichtige Richtung ist verbunden mit der Strukturierungstheorie von Giddens (v. a. 1988 u. [1984] 1989), die von Geografen wie Pred (1983 u. 1990) sowie vor allem von Werlen (1995 u. 1997) aufgegriffen und hinsichtlich der Räumlichkeit weiterentwickelt wurde.

wird also nicht überraschen, dass der Versuch, einen Beitrag zu einer Theorie der Räumlichkeit aus ethnologischer Perspektive zu formulieren, nicht zuletzt auf diese kulturgeografischen und soziologischen Arbeiten fußt – ein Umstand, der die Möglichkeiten und Herausforderungen transdisziplinären Arbeitens eröffnet.

Die Möglichkeiten der Ethnologie: Theorie, Ethnografie und Kulturvergleich

Wie aber kann nun vor dem soeben skizzierten Hintergrund ein ethnologischer Beitrag zu einer Theorie kultureller Räumlichkeit geleistet werden, die das Ziel hat, einen umfassenden sozial- und kulturwissenschaftlichen Diskurs über die Räumlichkeit zu ermöglichen? Um eine Antwort auf diese Frage zu finden, muss man sich zunächst die theoretischen und methodischen Ausgangsbedingungen eines solchen Vorhabens vergegenwärtigen.

Im Bereich der *Theorie* stehen der Ethnologie grundlegende Konzepte hinsichtlich fundamentaler Bedingungen des menschlichen Daseins als einer sozialen und kulturellen Existenz zur Verfügung, die fester Bestandteil der eigenen wissenschaftlichen Praxis dieser Disziplin sind. Diese Konzepte – z. B. ‚Kultur‘, ‚Gesellschaft‘ oder ‚Praxis‘ – ermöglichen es, empirisches Material nicht nur hinsichtlich spezieller Fragestellungen zu deuten, sondern es immer auch hinsichtlich seiner Bedeutung als Ausdruck der fundamentalen Bedingungen der menschlichen Existenz zu befragen. So kann ein konkreter Ritus oder ein Mythos nicht nur als eine Aussage über eine bestimmte Gesellschaft oder Kultur angesehen werden, sondern immer auch als eine Aussage über die Menschen als gesellschaftliche und kulturelle Wesen überhaupt. Diese enge Verbindung zwischen Partikularität und Universalität ist ein wesentliches Kennzeichen der Ethnologie und prägt vor allem auch ihr theoretisches Vokabular und dessen Anwendung. Dies heißt, dass eine umfassende theoretische Fundierung von Räumlichkeit einerseits an ein erprobtes ethnologisches Vorgehen anschließen kann und andererseits im Rahmen von Diskursen entwickelt werden kann, die fundamentale Aspekte der menschlichen Existenz thematisieren und damit Dimensionen berühren, von denen die bisherigen Darlegungen gezeigt haben, dass sie für eine begriffliche Bestimmung des Räumlichen überaus relevant sind: der Zusammenhang zwischen Kultur, Gesellschaft und Raum.

Als besondere empirische Möglichkeit ist sicherlich die *ethnografische Feldforschung* zu nennen, also die empirische Erforschung einer Kultur mittels eines längerfristigen Aufenthaltes vor Ort. Der Vorzug einer solchen Feldforschung ist vor allem die hohe qualitative Dichte des Datenmaterials, eine Dichte, die nicht nur ein großes Maß an spezieller Kenntnis konkreter menschlicher Lebensformen und -äußerungen ermöglicht, sondern auch für die theoretischen Begriffe konkrete Bewährungsmöglichkeiten bereit hält: Die Dichte der Daten zum ethnografischen Einzelfall kann als Prüfstein für die theoretischen Konzepte dienen. Vor allem ist hier die besondere, eigene Dynamik der ethnografischen Feldforschung zu nutzen, die nur selten eleganten theoretischen Ableitungen folgt, sondern sich zu diesen oft quer stellt und so gerade auch die theoretischen Diskussionen immer wieder auf fruchtbare Art und Weise anstößt.

Die *Methode des Kulturvergleichs* gewährleistet, dass sich das Verhältnis von Theorie und Empirie nicht nur auf das Vorgehen der Generalisierung vom Einzelfall der ethnografischen Feldforschung aus beschränkt. Der Kulturvergleich erhebt letztlich den Anspruch, Generalisierungen nicht nur durch die Auseinandersetzung des partikularen Einzelfalls mit der theoretischen Argumentation zu ermöglichen, sondern auch durch ein Vorgehen, das aus der Konfrontation partikularer Einzelfälle Generalisierungen abzuleiten versucht. Hierbei ist vor allem auf die Tatsache zu achten, dass sich das Verhältnis von dichter Ethnografie und kulturvergleichendem Vorgehen im Rahmen der Ethnologie schon immer als spannungsreich erwiesen hat, da ein Vergleich immer vom Besonderen absehen muss, um das Allgemeine deutlich zumachen, die ethnografische Feldforschung aber gerade das Besondere betont. Es stellt sich also das Problem, einen dicht beschriebenen besonderen Einzelfall einem Kulturvergleich zuzuführen, ohne das Besondere durch die für einen Vergleich notwendige Dekontextualisierung zu verlieren. Am Einzelfall müssen demnach jene Aspekte herausgearbeitet werden, die einerseits von allgemeiner Bedeutung sind, die andererseits aber in ihrer konkreten Ausformung beschreibbar bleiben müssen. Genau diese Bewegung erlaubt es aber, abstrakte Begriffe wie ‚Raum' mit empirischem Inhalt zu füllen, der eine große Bandbreite an Aspekten und Dimensionen erschließt.

Somit sind die grundlegenden theoretischen und methodischen Bereiche umrissen, innerhalb derer eine Theorie kultureller Räumlichkeit entwickelt werden kann, und es gilt nun, ein Vorgehen zu entwerfen, das den Möglichkeiten dieser Bereiche und ihrer spezifischen Bezogenheit aufeinander gerecht wird. Dies bedeutet: (1.) Die theoretische Arbeit am Begriff der Räumlichkeit muss auf einer Ebene ansetzen, die zweierlei ermöglicht: einerseits das Reflektieren der fundamentalen Bedingungen der menschlichen Existenz und andererseits die Thematisierung des Verhältnisses zwischen Partikularität und Universalität. (2.) Das theoretisch fundierte Vokabular muss empirisch unter den spezifischen Bedingungen der ethnografischen Feldforschung und den sich daran anschließenden Analysen einsetzbar sein. (3.) Das für den Kulturvergleich charakteristische Wechselspiel zwischen dem dekontextualisierenden Vergleich des Allgemeinen und der rekontextu-alisierenden Beschreibung des Besonderen muss möglich sein.

Wendet man sich nun vor diesem allgemeinen theoretischen und methodischen Hintergrund der ethnologischen Literatur zu, um einen Ausgangspunkt für die begriffliche Bestimmung des Räumlichen zu finden, so sieht man sich mit einer besonderen Problematik konfrontiert. Es fehlt nicht nur an einer Zusammenführung der theoretischen und methodischen Konzepte, was weiter oben schon angemerkt wurde – es fehlt überhaupt an einer begrifflichen Grundlage für eine solche Zusammenführung. Schon bei einem kurzen Überblick über die einschlägige Literatur fällt eine überaus große phänomenale Vielfalt all dessen auf, was zum Gegenstand ethnologischer Beschreibung und Analyse von Räumlichkeit wird. Sie reicht vom Haus bis zum Kosmos, vom kulturökologischen Territorium bis zur Metaphorik und Poesie des Raumes. Käme nun diese große Vielfalt der Beschreibungen durch eine gemeinsame Bezugnahme auf einen allgemeinen Begriff dessen, was Raum sei, zustande, so wäre ein Ansatzpunkt für die beabsichtigte begriffliche Bestimmung gefunden. Doch zeigt eine eingehende Betrachtung, dass es nicht nur an einem solchen allgemeinen Begriff mangelt, sondern dass das Material und die Ansätze zu seiner Analyse gerade auch in theoretischer Hinsicht überaus disparat sind.[7] Die phänomenale Vielfalt der Beschreibungen ist somit gepaart mit einer theoretischen Disparatheit, die positivistisch-szientistische Richtungen genauso einschließt wie hermeneutisch-interpretative und phänomenologische, um nur einige zu nennen. Dies reflektiert nun nicht bloß eine Vielfalt von Aspekten der Räumlichkeit, die betrachtet wird, sondern fundamental unterschiedliche ontologische und epistemologische Positionen, die die Räumlichkeit auf ganz unterschiedliche Art und Weise konzipieren: Der Heidegger'sche Ort ist hier genauso zu finden wie der absolute Raum der Naturwissenschaften oder aber antiessenzialistische Landschaftskonzepte.[8] Was aber gibt uns das Recht, dies alles unter der Kategorie ,Raum' zu subsumieren, einer Kategorie die noch dazu in ihrer Allgemeinheit den meisten kulturellen Traditionen gänzlich fehlt?

---

[7] Der nun schon etwas länger zurückliegende Überblicksartikel von Lawrence & Low 1990 gibt hiervon einen guten Eindruck. Seitdem hat sich trotz zahlreicher Sammelbände zu Themen wie ,Haus' oder ,Landschaft' wenig geändert.
[8] Man vergleiche hier etwa Fox 1997, Hallpike 1979, Hillier & Hanson 1984, Hirsch & O'Hanlon 1995 und Seamon & Mugerauer 1985!

Wie ist mit einem solchen Befund umzugehen? Wenn es keinen klaren Begriff der Räumlichkeit in der Ethnologie gibt und die vorhandenen Begriffe von z.T. erheblich unterschiedlichen ontologischen und epistemologischen Ausgangspositionen ausgehen, so muss jede theoretische Anstrengung zur Formulierung einer Theorie der Räumlichkeit genau aufzeigen, wie sie Räumlichkeit von Grund auf konzeptionalisiert. Die bloße definitorische Bezugnahme auf einen bestimmten Raumbegriff reicht nicht aus, sind doch die damit immer verbundenen ontologischen und epistemologischen Konsequenzen angesichts der theoretischen und phänomenalen Vielfalt der ethnologischen Thematisierung kaum deutlich zu machen.

Demnach ist der Versuch, eine Theorie kultureller Räumlichkeit zu entwickeln, einerseits auf begriffliche Grundlagenarbeit angewiesen, kann aber andererseits auf eine ganze Fülle theoretischer, ethnografischer und kulturvergleichender Zugänge zu den Phänomenen der Räumlichkeit zurückgreifen, die hinsichtlich ihres Beitrages zur Entwicklung einer Theorie kultureller Räumlichkeit interpretiert werden können. Wichtig erscheint dabei zunächst, dass ein solches Vorgehen den einzelnen ethnografischen und kulturvergleichenden Studien möglichst viel Offenheit lassen muss. Da die theoretische Bestimmung der räumlichen Dimension des Soziokulturellen aus einer ethnologischen Perspektive noch in ihren Anfängen steckt, ist noch nicht abzusehen, welche Aspekte und Dimensionen der Räumlichkeit überhaupt für eine Theorie kultureller Räumlichkeit relevant sind. Eine zu frühe Festlegung auf das, was nun als ,kulturelle Räumlichkeit' gilt und was nicht, birgt also die Gefahr, wesentliche Aspekte zu verschließen. Und genau hier kann eine besondere Stärke der Ethnologie ausgespielt werden, die schon immer für die Offenheit unserer Gegenstandskonstituierungen bürgte: das Vorhandensein dichter qualitativer Feldforschungsdaten. Sie erlauben es, sowohl die theoretischen Entwürfe als auch die kulturvergleichenden Aussagen mit der Komplexität und Partikularität konkreter Einzelfälle zu konfrontieren, in denen sie ihre deskriptive und analytische Fruchtbarkeit beweisen müssen.

Vor diesem Hintergrund hat der vorliegende Sammelband ein doppeltes Ziel: eine möglichst große Offenheit hinsichtlich zu bestimmender Aspekte des Räumlichen als universaler fundamentaler Kategorie menschlichen Seins und die Bereitstellung partikularer Einzelfälle, deren theoretische Interpretationsmöglichkeiten als Beitrag zur Entwicklung einer Theorie kultureller Räumlichkeit genutzt werden. Die Entwürfe zu der angesprochenen Theorie der kulturellen Räumlichkeit werden dabei als Beginn eines theoretischen Diskurses im Sinne eines schrittweise um sich greifenden begrifflichen Denkens verstanden. Auf diese Weise soll es möglich werden, die räumliche Dimension des Soziokulturellen Stück für Stück auszuloten, wobei den theoretisch formulierten Begriffen eine doppelte Funktion zukommt: einerseits die Interpretation der konkreten Einzelfälle und der in ihnen aufscheinenden Aspekte kultureller Räumlichkeit und andererseits die Herstellung einer Verbindung zu dem allgemeinen Deutungsrahmen einer Theorie kultureller Räumlichkeit, die die ethnografischen und kulturvergleichenden Texte letztlich an die Diskurse anderer Sozial- und Kulturwissenschaften anschließbar machen soll. Ziel eines solchen Vorgehens ist es also nicht, ein möglichst kohärentes und konsistentes theoretisches System zu entwickeln, sondern vielmehr einen theoretisch fundierten Diskursrahmen zu eröffnen, innerhalb dessen wir sinnvoll aus ethnologischer Perspektive Räumlichkeit theoretisch, ethnografisch und kulturvergleichend erschließen können, um einen Beitrag für die allgemeine sozial- und kulturwissenschaftliche Erschließung der Räumlichkeit der menschlichen Existenz zu erbringen.

Kulturelle Räumlichkeit: ontologische Grundlagen

Schon weiter oben war darauf hingewiesen worden, dass angesichts einer veränderten Erfahrung und Wahrnehmung von Raum vor dem Hintergrund von Postmoderne und Globalisierung eine tiefgreifende begriffliche Bestimmung der Räumlichkeit nötig erscheint, um die Rolle der Räumlichkeit für die menschliche Existenz aus einer sozial- und kulturwissenschaftlichen Perspektive erfassen zu können. Zentrale Konzepte wie der Ort, die lange Zeit wesentlicher Teil und oft auch Fundament einer solchen Betrachtung waren, erweisen sich als unzureichend. Einerseits erschließt uns ein solches Konzept wesentliche Momente der Räumlichkeit – Stichwort Reterritorialisierung oder Leiblichkeit! –, andererseits wird es hinsichtlich der Erfahrungen der Enträumlichung sozio-kultureller Phänomene fragwürdig. Daraus muss aber gefolgert werden, dass eine Konzeptionalisierung der Räumlichkeit gefunden werden muss, die wesentlich umfassender ist, als ein solches Konzept. Ein weiterer Befund, der in diesem Zusammenhang zu Tage kam, war, dass die Konzeptionalisierung des Räumlichen mit wesentlichen Fragen hinsichtlich der Ontologie des Soziokulturellen zusammenhängt, man denke an die Auflösung der Isomorphie von Kultur, Gesellschaft und Raum und der damit zusammenhängenden Vorstellung distinkter sozio-kultureller Einheiten. Beides führt dazu, den Entwurf eines Begriffes der kulturellen Räumlichkeit auf einer grundlegenden ontologischen Ebene zu beginnen: In welchem Sinne *ist* also kulturelle

Räumlichkeit, wenn sie nicht auf altgewohnte Konzepte wie den Ort reduzierbar ist? Und in welchem Sinne *sind* sozio-kulturelle Phänomene räumlich, wenn sich diese Räumlichkeit ebenfalls nicht mehr auf altgewohnte Konzepte wie den Ort reduzieren lässt?

Zu den Ansätzen, die ein solches Vorgehen erlauben, gehört sicherlich die Strukturierungstheorie, wie sie vor allem mit Pierre Bourdieu und Anthony Giddens verbunden ist, und deren Grundprinzipien maßgeblich von Benno Werlen auf die Räumlichkeit übertragen wurden.[9] An die Stelle einer dualistischen Weltsicht setzt sie eine relationale, die Subjektivität und Objektivität, Handlung und Struktur nicht mehr einander entgegensetzt, sondern relational im Sinne einer wechselseitigen Konstituierung aufeinander bezieht und somit eine konsequent antisubstanzialistische Ontologie entwirft. Ausgangspunkt ist der Begriff der *Praxis*. Alle menschliche Existenz ist praktische Tätigkeit, die einzelne Elemente immer in strukturierten Zusammenhängen hervorbringt. Element und Struktur verweisen dabei nicht nur aufeinander, sondern werden wechselseitig konstituiert im Prozess praktischer Tätigkeit der Akteure und Akteurinnen. Ein Beispiel mag dies verdeutlichen. Wenn ich ein Buch sehe und sage ‚Das Buch ist rot‘, so reproduziere ich damit nicht bloß eine vorgängig gegebene Bedeutung. Indem ich diese Äußerung hervorbringe, schaffe ich zugleich die Bedeutung, das Bedeutete in seiner konkreten Bestimmtheit und den Verweisungszusammenhang, der diese Bedeutung allererst möglich macht.[10] Das bedeutete ‚Element‘ Buch entsteht somit in seiner konkreten Bestimmtheit durch die hervorgebrachte Äußerung, die nun genau darin besteht, durch die Herstellung eines Verweisungszusammenhangs, man kann es auch ‚Struktur‘ nennen, ein konkretes Element dieses Verweisungszusammenhangs hervorzubringen. Praxis – und eine solche ist die genannte Äußerung, da sie eine wirklichkeitsstiftende Tätigkeit ist – wird demnach fassbar als Inbegriff der Strukturierungsleistungen der Akteure und Akteurinnen, die darin besteht, Verweisungszusammenhänge herzustellen, die Handeln ermöglichen. Grundlage dieser Strukturierungen ist demnach die praktische Umsetzung von Verweisungen, die, wie im Falle der Sprache im obigen Beispiel des roten Buches, bestimmten Regelhaftigkeiten folgt, bestimm-

---

[9] Grundlagentexte sind hier: Bourdieu [1972] 1979, [1980] 1987, Giddens 1988, [1984] 1989 und Werlen 1995, 1997.

[10] Ein solcher sprachlich hergestellter Verweisungszusammenhang baut also eine Gegenstandsebene auf, die aus einem farbfähigen Objekt besteht, erstellt eine Verknüpfung dieser Gegenstandsebene mit einem Prädikat, das eine Aussage über die Existenz sowohl des Objektes ‚Buch‘ als auch des Prädikats macht, und benennt ein Prädikat aus dem Bereich der Farben, die eine feste Verbindung mit einem Objekt eingehen können.

ten Prinzipien der Verknüpfung, die es erlauben verständiges, kohärentes und erfolgreiches Handeln hervorzubringen. Dies kann man ‚Strukturierungsprinzipien‘ nennen, die es erlauben, die Elemente der Praktiken gemäß einer jeweils spezifischen Strukturierungslogik im Rahmen sinnvoller Zusammenhänge – ‚Strukturen‘ – hervorzubringen.

Wie aber funktionieren nun diese Strukturierungsprinzipien und auf was können sie bezogen werden? Um dies deutlicher zu machen, sei noch einmal auf das Beispiel des roten Buches verwiesen. Es war angedeutet worden, dass eine Verweisung hergestellt wurde zwischen einem farbfähigen Objekt, also dem Buch, und einer bestimmten Ausprägung von Farbigkeit, nämlich rot. Eine Verknüpfung zwischen ‚Buch‘ und ‚rot‘ kann aber nur dann sinnvoll erfolgen, wenn diese beiden Seiten der Verknüpfung Verknüpfungspunkte aufweisen, das Buch also farbig sein kann, was andere Objekte unter Umständen nicht können, und die Farbe ein Merkmal des Buches *sein* kann, und nicht nur bloß ‚erscheint‘ oder ähnliches. Man kann solche Merkmale der Verknüpfungsmöglichkeiten auch als *strukturelle Momente* bezeichnen, woraus sich ergibt, dass sich die konkrete Logik der Strukturierung aus den unterschiedlichen strukturellen Momenten bestimmt, die in der Praxis zusammengeführt werden.

Versucht man nun eine Charakteristik des Strukturierungspotentiales zu erstellen, das diese Momente in die Praxis einbringen, so ist es möglich, zwischen vier *Grundformen der Strukturierung* zu differenzieren:[11] 1. *symbolische Form*, denn die menschliche Praxis ist eine symbolisch vermittelte kulturelle Praxis, 2. *Gesellschaftlichkeit*, denn menschliche Praxis ist eine soziale Praxis, 3. *Zeitform*, denn menschliche Praxis vollzieht sich in der Zeit, und 4. *Raumform*, denn menschliche Praxis vollzieht sich aufgrund der Körperlichkeit der Akteure und Akteurinnen räumlich. Den vier Grundformen entsprechen wiederum *Modalitäten* der Strukturierung, also die konkreten Ausformungen der vier Grundformen: konkrete symbolische Formen (Sprache, Kunst, Wissenschaft, Recht etc.), Grundprinzipien sozialer Strukturierung (verwandtschaftliche, politische, ökonomische und andere Strukturierungen), materiale Zeitlichkeiten (z. B. lineare oder zyklische Zeiten) und materiale Räumlichkeiten (materielle Räume und immaterielle Räumlichkeiten). Diese werden in der konkreten *Praxis*, vermittelt durch grundlegende

---

[11] Das Folgende ergibt sich aus einer Interpretation der Strukturierungstheorie auf der Grundlage der Philosophie der symbolischen Formen Ernst Cassirers (s.u. und auch Dickhardt 2001: 36-58 und in diesem Band). Leider ist an dieser Stelle kein Platz, um eingehender auf Cassirer einzugehen. Eine prägnante Zusammenfassung seines Ansatzes findet sich aber in Cassirer [1923-29] 1994, Bd. 1: 3-52.

Tätigkeits-, Handlungs- und Interaktionsformen wie Kommunikation, Macht oder Legitimation auf der Ebene von *Praxisformen*, also konkrete Ausformungen der Modalitäten der Strukturierung wie eine bestimmte Sprache, ein bestimmtes Verwandtschaftssystem oder eine bestimmte räumliche Praxis wie das Haus einer bestimmten Gruppe, zusammengeführt. Diese Differenzierung zwischen Grundformen der Strukturierung, Modalitäten der Strukturierung, Praxis und Praxisformen ist dabei keinesfalls als fixes ontologisches Raster zu verstehen, sondern vielmehr als der Versuch einer Differenzierung in Abstraktionsniveaus, die auf unterschiedlichen Ebenen der Analyse den logischen Gehalt von Strukturie-rungsprinzipien zugänglich machen soll, also jene Charakteristika der Verknüpfung, die ein Strukturierungsprinzip in seiner Spezifität kennzeichnen und deren genaue Bestimmung es allererst ermöglicht, die komplexe empirische Realität auf ihre einzelnen Komponenten und deren Verhältnis zueinander differenziert zu befragen. Was also macht eine bestimmte Praxisform, etwa das Einnehmen einer Sitzordnung in Abhängigkeit von sozialen Positionen der Personen, zu einer ‚räumlichen‘ Praxisform? Welche Arten der Verknüpfung sind ‚räumlich‘? Welche verknüpften Elemente gelten aufgrund welcher Beschaffenheit als ‚räumlich‘? Kurz, nicht der qualitative Gehalt der eingenommen Positionen führt zu einer Bestimmung des Räumlichen, sondern die formalen Kriterien ihres Ausdrucks in einer räumlichen Art und Weise.

‚Raum‘ soll in diesem theoretischen Rahmen also neben dem Symbolischen, dem Gesellschaftlichen und der Zeitlichkeit als fundamentale Kategorie der Praxis auf rein formaler Ebene bestimmt werden, einer Ebene, die es erlaubt, Räumlichkeit wesentlich umfassender zu konzeptionalisieren, als es etwa im Falle des Begriffes ‚Ort‘ möglich war. Diese formale Bestimmung, deren Tragfähigkeit sich im Folgenden noch zu zeigen hat, leitet sich letztlich von dem strukturierungstheoretischen Begriff der Praxis her, als deren Ausgangspunkt die praktische Tätigkeit der Akteure und Akteurinnen aufgefasst wird. Diese aber sind prinzipiell körperlich und mithin ausgedehnt und in einer Ausgedehntheit situiert, also im Verhältnis zu anderen körperlichen Dingen gelagert und angeordnet. Daraus ergibt sich ein Begriff des Raumes im Sinne einer *allgemeinen Raumform* als Ausgedehntheit mit deren Möglichkeiten der Annäherung, Distanzierung und Positionierung. Als solches ist diese allgemeine Raumform nur ein formendes Prinzip im Sinne eines allgemeinen Strukturierungsprinzips. Dieses wird in die Strukturierungsleistungen der Akteure und Akteurinnen einbezogen, indem sie sich der Ausdehnung, Annäherung, Distanzierung und Positionierung als *räumlicher Formmomente* im Sinne grundlegender Prinzipien, Elemente strukturierter Zusammenhänge hervorzubringen und in eine Beziehung zueinander zu setzen, bedienen. Sie tun dies, indem sie strukturierte Zusammenhänge wie etwa Handlungsabfolgen von der Stelle ihrer körperlichen Situiertheit sich ausdehnen lassen, indem sie soziale Beziehungen durch Positionierungen artikulieren[12], wie es die zahllosen Beispiele von Sitzordnungen zeigen, oder indem sie sich einer räumlichen Metaphorik bedienen, um von sozialer *Distanz* oder von *Bereichen* des Wissens zu sprechen. In all diesen Beispielen werden die genannten allgemeinen räumlichen Formmomente Ausdehnung, Annäherung, Distanzierung und Positionierung und die daraus abzuleitenden spezielleren Formmomente wie Grenz-ziehung, Bündelung oder Dichte dazu verwendet, eine Praxis hervorzubringen, deren Elemente gemäß einer räumlichen Logik verknüpft werden, die also *räumlich* strukturiert ist.

Wie können nun die Charakteristika dieser räumlichen Strukturierung und ihre Konsequenzen herausgearbeitet werden? Für eine empirische Wissenschaft wie die Ethnologie stellen sich dabei zwei Fragen: Wie ist die allgemeine Raumform empirisch greifbar und wie kann die räumliche Strukturierung als eine *kulturelle* Strukturierung verstanden werden?

Zunächst zur empirischen Fassbarkeit der allgemeinen Raumform. Da Raum in der dargestellten Perspektive lediglich eine Form der Strukturierung ist, die durch die genannten Formmomente der Ausdehnung, Annäherung, Distanzierung und Positionierung gekennzeichnet ist, ist für die Bestimmung dessen, was empirisch als *räumlich* betrachtet werden kann, die Art der materiellen Verfasstheit irrelevant: *Materielle Räume* im Sinne physisch konkreter Strukturen wie Häuser, Siedlungen oder umgrenzte Territorien gehören ebenso zum empirischen Bereich des Räumlichen wie *immaterielle Räume und Räumlichkeiten* wie etwa vorgestellte Räume (z. B. Idealwelten, komplexe Kosmologien etc.) oder verräumlichte Vorstellungen (z. B. Metaphorik). Alle diese Räume und Räumlichkeiten sind Produkte *räumlicher* Strukturierungen und sollen hier als *materiale Räumlichkeiten* im Sinne praktischer Umsetzungen der Raumform bezeichnet werden. Als solche sind sie selbst immer wieder Medien weiterer räumlicher Strukturierungen: Ein Haus ist somit nicht nur Produkt bestimmter räumlicher Praktiken (z. B. des Bauens und Wohnens), sondern wird selbst wieder genutzt, Praktiken räumlich hervorzubringen, etwa durch die Verortung bestimmter Tätigkeiten in bestimmten Wohnbereichen, durch die räumliche Trennung von Innen und Außen, die dazu dienen

---

[12] Dem Begriff der Artikulation wird hier der Vorzug vor dem Begriff des Ausdrucks gegeben, um zu betonen, dass soziale und andere Strukturen nicht in vorgefertigter Form vorliegen und bloß ausgedrückt werden, sondern im Augenblick der praktischen Umsetzung bestimmt und gegliedert hervorgebracht werden.

kann, ‚Öffentlichkeit' und ‚Privatheit' zu konstituieren, oder durch die räumliche Konzentration von Gütern, die Teil der Konstituierung von Status und Prestige sein kann.

Was aber lässt all diese unterschiedlichen Formen räumlicher Strukturierung als *kulturelle* Strukturierungen begreifbar werden? Um eine Antwort auf diese Frage zu finden, muss ein Kulturbegriff benutzt werden, der vereinbar ist mit dem soeben entworfenen strukturierungstheoretischen Ansatz. Diese Bedingung erfüllt unseres Erachtens ein symbolistischer Kulturbegriff in der Tradition Ernst Cassirers.[13] Kulturelle Praxis wird hier begreifbar als symbolisch vermittelte Praxis, wobei die Symbole nicht nur bloße Bedeutungsträger sind, sondern Bestandteile symbolischer Formen. Solche symbolische Formen sind etwa Sprache, Wissenschaft, Kunst oder Recht, also Gesamtzusammenhänge symbolischer Praktiken, die durch besondere Formen der Verknüpfung von Elementen zu sinnvollen und bedeutsamen Zusammenhängen gekennzeichnet sind – im Falle der Sprache etwa die sinnvolle Verknüpfung von Lauten zu Worten und Sätzen, um eine Äußerung hervorzubringen –, also durch das, was man als Strukturierungslogik bezeichnen kann. Wenn Symbole in dieser Terminologie nun nicht nur Bedeutungsträger sind, sondern Bestandteile solcher symbolischen Formen, so meint dies, dass sie Träger auch der Strukturierungslogik ihrer symbolischen Form sind. Als solche machen sie diese Logik den Akteuren und Akteurinnen zugänglich, denn sie gebrauchen die Symbole, um sinnvolle und bedeutsame Zusammenhänge und damit Welt zu konstituieren. Die Akteure und Akteurinnen benutzen Symbole also nicht nur, um auf Welt zu ‚verweisen', sondern auch und gerade um Welt hervorzubringen. Dies bezieht sich auch auf die materiale Räumlichkeit: Der absolute Raum der klassischen Physik wird aus dieser Perspektive begreifbar als das Produkt des praktischen Gebrauchs der symbolischen Form der mathematisch-naturwissenschaftlichen Weltsicht. Egozentrierte räumliche Orientierungssysteme, die Räume in rechts und links, oben und unten, vorne und hinten einteilen, werden verstehbar als das Produkt des praktischen Gebrauchs einer zur symbolischen Form elaborierten Körperlichkeit, die zur symbolischen Matrix des Umraums wird, der vom Ego aus entworfen wird. Qualitativ aufgeladenen Räume, die bestimmte Orte mit bestimmten sozialen Qualitäten gleichsetzen – man denke an hierarchische Sitzordnungen oder die Prozesse sozialer Segregation in Städten, die bestimmten sozialen Gruppen bestimmte Wohnquartiere zuweisen – werden erfassbar als das Produkt hierarchisierender symbolischer Formen, vermittels derer die Akteure und Akteurinnen so-

---

[13] Grundlagentexte sind v. a. Cassirer [1931] 1985 und [1923-29] 1994.

ziale Strukturen artikulieren. Gleichzeitig sind diese materialen Räumlichkeiten, der absolute Raum der klassischen Physik genauso wie der egozentrierte Orientierungsraum oder der hierarchische soziale Raum, fester Bestandteil der Hervorbringung eben der symbolischen, gesellschaftlichen und zeitlichen Strukturen, die die Räumlichkeit konstituieren. Jeder symbolischen Formen entspricht auf diese Weise eine spezifische Räumlichkeit zum einen als Produkt ihrer praktischen Umsetzungen durch die Akteure und Akteurinnen und zum anderen als Medium der Akteure und Akteurinnen bei der Konstituierung der symbolischen Formen selbst. Eigenschaften wie Homogenität und Isotropie des absoluten Raumes der klassischen Physik, die Relativität des egozentrierten Orientierungsraumes in Abhängigkeit von der Position des Leibes und die Hierarchisierung bestimmter sozialer Räume sind dabei auf vielfache Art und Weise in die Konstituierungen dieser symbolischen Formen einbezogen. Die hierarchisch strukturierten Sitzordnungen in Fiji sind hier ein gutes Beispiel.[14] Indem Personen sich relational positionieren und sich dabei distanzieren oder annähern und indem Qualitäten wie Amt, Status, Funktion und spirituelle Kraft verortet werden, also eine Ausdehnung zuerkannt bekommen, wird ‚Hierarchie‘ räumlich umgesetzt und hört auf, ein abstraktes Prinzip sozialer Strukturierung zu sein. Hierarchie wird praktisch handhabbar, indem durch die Anordnung der Personen politische Konflikte ausgetragen werden, sie wird leiblich erfahrbar, indem die qualitative Aufladung von Räumen den Personen ein bestimmtes Körperverhalten in Abhängigkeit von ihrer hierarchischen Position abverlangt, sie wird objektivierbar, indem Ämter, Status und Funktionen nicht nur personifiziert werden, sondern die Personifikation eng an die Einnahme einer Sitzposition geknüpft ist, und sie wird somit letztlich kognitiv, emotional und leiblich verfügbar für die Akteure und Akteurinnen, um reproduziert, reflektiert und manipuliert zu werden oder aber, um in anderen Bereichen symbolischer Praxis im Zusammenhang mit anderen symbolischen Formen wie z. B. religiösen etwa als Grundlage für Metaphern genutzt zu werden.

Auf diese Art und Weise erscheint die ‚praktische Umsetzung‘ der Raumform in materiale Räumlichkeit als symbolisch vermittelte Strukturierung. Symbolische, gesellschaftliche und zeitliche Strukturen werden im Rahmen symbolischer Vermittlung von den Akteuren und Akteurinnen verwendet, um räumliche Elemente in eine komplexe materiale Räumlichkeit zusammenzufügen – im obigen Beispiel eine konkrete Sitzordnung –, und zugleich werden diese Strukturen in ihrer und durch ihre räumliche Artikulation hervorgebracht und handhabbar – im Beispiel

---

[14] Dazu siehe v. a. Toren 1990.

30

als konkretes soziales Beziehungsgefüge von Personen und Prinzipien ihrer Hierarchisierung. ‚Räumliche' Strukturierungsprozesse erscheinen somit als das sinngebende und bedeutungsvermittelte Anordnen und Ausformen von Elementen in der Räumlichkeit und durch ihre räumlichen Strukturmerkmale der Ausdehnbarkeit, Annäherbarkeit, Distanzierbarkeit und Positionierbarkeit. Die allgemeine Raumform stellt mithin der symbolisch vermittelten strukturierenden Tätigkeit der Akteure und Akteurinnen bestimmte Formmomente zur Verfügung, grundlegende Prinzipien also, Elemente strukturierter Zusammenhänge hervorzubringen und in eine Beziehung zueinander zu setzen. Die *kulturelle Räumlichkeit* ist der Inbegriff sowohl dieser symbolisch vermittelten räumlichen Formmomente Ausdehnung, Annäherbarkeit, Distanzierbarkeit und Positionierbarkeit, die als strukturierende Prinzipien Medien der praktischen Tätigkeit der Akteure und Akteurinnen sind, als auch der Produkte dieser Strukturierungen im Sinne materialer Räumlichkeiten.

Kulturelle Räumlichkeit: empirische Zugänge

Ist somit Raum formal bestimmt und sind Kriterien gefunden, den Bereich des Räumlichen abzustecken und als kulturelle Räumlichkeit zu erfassen, so stellt sich als nächstes die Frage, wie Räumliches empirisch zugänglich ist und wie sich darin vor dem Hintergrund der soeben formulierten theoretischen Überlegungen die Rolle der Räumlichkeit in der sozio-kulturellen Praxis erschließt. Da ein formales Prinzip immer einer materialen Ausformung bedarf, um praktisch zu existieren, zeigt sich uns die Raumform immer nur in den materialen Räumlichkeiten menschlicher Praxis – und hier ist auch der empirische Zugang zu suchen. Allerdings ergibt sich aus den obigen theoretischen Überlegungen zur Räumlichkeit eine wichtige Konsequenz: Keine materiale Räumlichkeit kann *a priori* für sich in Anspruch nehmen, alle Aspekte und Dimensionen der Räumlichkeit erschließbar zu machen. Dies relativiert die theoretische Reichweite der Analyse konkreter Einzelfälle und der dabei verwendeten Konzeptualisierungen materialer Räumlichkeiten, schmälert aber keineswegs ihren deskriptiven und analytischen Wert. Dieser Wert liegt gerade im Verzicht darauf, Räumlichkeit vorschnell auf eine Form materialer Räumlichkeit zu reduzieren, und statt dessen die konkret vorzufindenden Aspekte und Dimensionen kultureller Räumlichkeit durch eine detaillierte Analyse materialer Räumlichkeiten einer theoretischen Interpretation zugänglich zu machen, die sich an einem allgemeinen Begriff der kulturellen Räumlichkeit orientiert. Vor diesem Hintergrund versteht sich die folgende zusammenfassende Betrachtung der Beiträge zum vorliegenden Sammelband nun als Beginn einer solchen theoretischen Interpretationsarbeit und als Vorschlag an den Leser. Die Texte selbst allerdings stehen jeweils für sich und sind für weitere Deutungen offen. Allesamt sind es empirische Einzelstudien, die komplexe kulturelle Räumlichkeiten aus unterschiedlichen Perspektiven betrachten.

Den Schwerpunkt des Beitrages von Hauser-Schäublin bildet das räumliche Strukturmuster des Zentrums, ein immer wiederkehrendes, durch Rituale in Szene gesetztes Muster räumlicher Anordnung, am Beispiel religiöser Zentren in Bali und bei den Abelam im Maprik-Gebiet Papua Neuguineas. Die ethnografische und vergleichende Analyse der balinesischen Tempelanlagen und der Kulthäuser und Kultplätze der Abelam macht deutlich, dass sich die konkrete Rolle des räumlichen Strukturmusters ‚Zentrum‘ nicht aus einer quasi archetypischen inhärenten Qualität dieser Form der Räumlichkeit ergibt. Vielmehr erschließt sie sich uns erst durch die genaue Analyse der Funktionsweise des in ihr zur Wirkung kommenden Formmomentes der Bündelung und dessen kulturspezifischen Verhältnisses zu den grundlegenden Strukturierungsprinzipien der betrachteten Gesellschaften. Rituale spielen dabei eine hervorragende Rolle, doch es ist gerade der Ort des Rituals – das Zentrum –, der zu einer besonderen Art der Verdichtung und Manifestation sozialer Beziehungen führt. In beiden Fällen sind diese grundlegenden Strukturierungsprinzipien religiös und manifestieren sich in den zentralen Konzepten *maira* und *adat*, die jeweils die Grundlage eines komplexen sozio-religiös begründeten Rahmens sozialer, politischer, ökonomischer und ideologischer Praxis bilden.[15] In Abhängigkeit von diesen Strukturierungsprinzipien erlangen die Zentren erst ihre konkrete Ausformung. In beiden Fällen kommt es zu einer sozio-räumlichen Bündelung, vermittels derer sich die ‚generierende Macht des Raumes bezüglich des Sozialen‘ zeigt und zu einer religiös durchdrungenen sozialen Ordnung führt. Doch ergibt der Vergleich auch, dass hinsichtlich der konkreten Zentren erhebliche strukturelle Unterschiede bestehen, die in Abhängigkeit von den unterschiedlichen sozialen und religiösen Strukturen zu verstehen sind, die in diesen Zentren vermittelt werden. Sind die Kulthäuser und Kultplätze dergestalt bei den Abelam im Zusammenhang mit einer egalitären Gesellschaftsordnung von homolog-monozentrischer Struktur, so erweist sich das System der Tempelanlagen Balis im Zusammenhang mit der Integration unterschiedlicher verwandtschaftlicher und lokaler Gruppen in

---

[15] *Maira* bezeichnet bei den Abelam in Papua Neuguinea alles Heilige, Geheimnisvolle, die Manifestationen jenseitiger Macht und der mit ihnen verbundenen Wesen. Mit *adat* wird im Indonesischen das vom Staat weitgehend getrennte religiös-kultische Leben, so wie dies durch lokalspezifische Traditionen bestimmt ist, bezeichnet.

komplexe hierarchische politische Strukturen als segmentär-hierarchisch und po-lyzentrisch. Die Rolle von Zentren als konkrete Lokalitäten sozio-räumlicher Bün-delung, die Soziales hervorbringen und dieses zugleich in einen bestimmten Rah-men auf der Grundlage eines dominierenden Strukturierungsprinzips einfügen, das durch sie vermittelt wird, ergibt sich somit aus der konkreten Umsetzung des räum-lichen Formmomentes der Bündelung im Kontext spezifischer Strukturierungs-prinzipien, die diesem Formmoment eine ganz spezifische Ausformung zukom-men lassen.

Aus der hier entwickelten theoretischen Perspektive betrachtet, wächst die ‚ge-nerierende Macht des Raumes bezüglich des Sozialen' diesem aus seiner Vermitt-lerrolle grundlegender Strukturierungsprinzipien zu, indem sich die Akteure und Akteurinnen bestimmter räumlicher Formmomente bedienen, um eine strukturier-te Praxis hervorzubringen. Verschiebt man nun den Schwerpunkt der Betrachtung von Strukturmustern zu kulturellen Räumlichkeiten als komplexen räumlichen Ganzheiten, so rückt die raumgestaltende Kraft der Strukturierungsprinzipien selbst wieder mehr in das Blickfeld. Die ‚generierende Macht' des Raumes erweist sich hier nicht als eine autonome Macht, sondern als Resultat der Rolle des Räumli-chen als Ausdruck komplexer Sinn- und Bedeutungsstrukturen, die dem Raum eine komplexe inhaltliche Gliederung verleihen und zu einem Neben- und Mitein-ander zahlreicher räumlicher Formen führen. Hesse legt dies in seinem Beitrag für die nordindische Stadt Mandi exemplarisch dar. Dabei muss sich die Verwendung eines Konzeptes wie ‚Stadt' aus der Sicht einer Theorie kultureller Räumlichkeit einer besonderen methodischen Herausforderung stellen, da Konzepte auf dieser komplexen Ebene aus einem spezifischen Kontext materialer Räumlichkeit abge-leitet werden. Im Falle von ‚Stadt' ist es jene komplexe sozio-räumliche Einheit der europäischen Siedlungsgeografie, die bestimmte morphologische und funktio-nale Kriterien erfüllt, die wir gemeinhin mit ‚Stadt' verbinden. Nun ist aber aus der oben entwickelten Perspektive jede materiale Räumlichkeit immer nur eine histo-risch kontingente Konfiguration von Merkmalen und es stellt sich die Frage was passiert, wenn wir eine solche historisch kontingente Konfiguration zum Zwecke der Beschreibung und Analyse verallgemeinern. Besteht dann nicht die Gefahr, dass wir bestimmte räumliche Praktiken, etwa besondere Formen der Grenzziehung und der Raumaufteilung, oder der inhaltlichen Bestimmung dessen, was zu einer Stadt gehört unter dem Deckmantel des Wortes ‚Stadt' in den anderen Kontext übertragen? Ein Ausweg scheint es, solche Konzepte nicht als Ausdruck gegebener Einheiten aufzufassen, sondern eben als Konfigurationen von räumlichen Form-momenten, die benutzt werden, um materiale Räumlichkeiten hervorzubringen.

Ein solches Konzept als einen allgemeinen deskriptiven und analytischen Begriff zu verwenden hieße dann, zunächst die mit ihm verbundenen Formmomente herauszuarbeiten, ihre historisch kontingente Konfiguration zu beschreiben und deren Funktionsweise beim Aufbau materialer Räumlichkeit sichtbar zu machen, um schließlich nach homologen oder analogen Konfigurationen und deren Funktionsweisen in anderen Kontexten zu suchen.[16]

Vor diesem Hintergrund ergibt sich aus dem Beitrag Hesses weit mehr als bloß die Beschreibung eines faszinierenden Beispiels einer klassischen indischen räumlichen Ordnung. Zunächst erscheint der städtische Raum Mandis als das Resultat langer Prozesse der Raumgestaltung. Die Akteure haben vielfältige soziale, politische, ökonomische und ideologische Strukturen und räumliche Formen in diesem städtischen Raum und seinem ländliche Umraum vereint und somit grundlegende Ordnungsprinzipien zu sozialer Realität werden lassen: das Kastensystem und die mit ihm verbundene dharmische Ordnung, die Idee von Herrschaft, die rituelle Ordnung, geokosmologische Orientierungen, die Konzepte der Hauptstadt als Herrschersitz, des Mandala und des *loka* als raumgestaltende Ordnungsmuster, die sozioräumliche Kategorisierung von öffentlich und privat, die Rhythmik von Tages- und Jahreszeiten sowie von Festen, die räumlichen Formen von Konzentrik, Zentrum, Zwischenraum, innen – außen, oben – unten sowie hoch – niedrig. Dies alles eröffnet sich im Rahmen der komplexen, inhaltlich gegliederten kulturellen Räumlichkeit der Stadt, ist somit Teil der konkreten Ausformung städtischer Formmomente wie eine charakteristischen bauliche und räumliche Dichte oder die Bündelung bestimmter Funktionen im Unterschied zu ländlichen Umraum. Allerdings erfolgt dies nicht im Sinne einer Umsetzung universeller Urbanität, sondern im Dienste der Umsetzung einer dharmischen Ordnung mit ihren lokalspezifischen Ausprägungen von Kaste und Herrschaft. Diese Strukturierungsprinzipien in ihrer Eigengesetzlichkeit herauszuarbeiten, erweist sich auch hier als die besondere Stärke der Betrachtung kultureller Räumlichkeit auf der Ebene komplexer Ganzheiten

---

[16] Ansätze zu einer solch kritischen Begriffsverwendung finden sich z. B. in der Literatur zum Begriff der ‚Landschaft‘, der nicht als eine überall gegebene räumliche Einheit aufzufassen ist, sondern als eine Form der Regionalisierung, der Hervorbringung von solchen räumlichen Einheiten also. Die formenden Prinzipien, die dieser Regionalisierung zu Grunde liegen, sind nicht auf der Grundlage gegebener Räume zu verstehen, sondern vor dem Hintergrund einer komplexen Geschichte dieser Konzeption im Zusammenhang mit bestimmten europäischen Wahrnehmungsgewohnheiten, die sich nicht zuletzt der europäischen Landschaftsmalerei seit der Renaissance verdanken. Zu einem solchen Ansatz s. z. B. Hirsch & O'Hanlon 1995. Zum Begriff der Regionalisierung siehe v. a. Werlen 1995 u. 1997.

34

von der Art der Stadt. Und so wird einerseits die Eigengesetzlichkeit Mandis als Ausformung eines bestimmten Typs klassischer indischer Herrschaftsstädte deutlich wie auch der tiefgreifende Unterschied zu der sich neuerdings immer stärker durchsetzenden neuen Form der Urbanität des heutigen Indiens, die nicht mehr allein durch Kaste und Dharmik bestimmt wird, sondern durch die Einbindung in die neue gesellschaftliche Ordnung Indiens.

Dass nun die kulturelle Formung komplexer räumlicher Ganzheiten nicht nur aus der Eigengesetzlichkeit grundlegender Strukturierungsprinzipien an und für sich zu verstehen ist, zeigt der Beitrag von Kempf über die Banabans auf der Insel Rabi in Fiji. Die praktische Umsetzung dieser Strukturierungsprinzipien durch die Akteure ist vielmehr nur im Zusammenhang mit den übergreifenden politischen Zusammenhängen in deren historischer Entwicklung zu verstehen. Das Beispiel der Banabans ist hier überaus aufschlussreich. Es handelt sich um eine mikronesische Gruppe, die ursprünglich auf Banaban in Kiribati beheimatet war. Durch kolonialen Phosphatraubbau und Kriegseinwirkungen wurden sie von ihrer Insel vertrieben und fanden schließlich nach dem Ende des Zweiten Weltkrieges auf Rabi, Fiji eine zweite Heimat. Den Raum dieser Insel eigneten sie sich unter anderem durch die Benennung von Orten kulturell an, ohne allerdings den Bezug zu ihrer Ursprungsinsel völlig aufzugeben und ohne die vorgefundene koloniale und traditionell-fijianische Räumlichkeit völlig zu negieren. Die Strategie dieser Aneignung war dabei eine Strategie der Überlagerung, die die pazifische Logik des Ortes in seiner dauerhaften spirituellen Bindung an die ursprünglichen Besitzer anerkennt und zugleich die durch die koloniale Ordnung geschaffenen Freiräume, etwa durch die Umbenennung bestimmter Orte, nutzt. Bedingt wurde dieser Prozess dabei durch das Bewusstsein um die Kleinheit und Verletzlichkeit der Gruppe angesichts der traumatischen Erfahrungen mehrfacher Deplatzierung, durch die Bedingungen kolonialer Strukturen und durch die politische Brisanz der Landrechtsansprüche der ursprünglichen vorkolonialen fijianischen Besitzern von Rabi. In diesem Kontext wurden die Strategie der Überlagerung, Formmomente wie Stabilität, Fixierung und Präsenz sowie die angesprochene besondere kulturelle Logik des Ortes nicht benutzt, um Banaba einfach auf Rabi neu zu schaffen, sondern es entstand ‚kulturell konstituierter Zwischenraum von Dislokation und existentieller Identifikation‘, der es den Bananbans einerseits erlaubt, sich dauerhaft auf Rabi zu verorten und sich in bewusster Differenzierung zu den melanesischen Fijianern als kulturelle Gruppe zu behaupten, und der es ihnen andererseits erlaubt, dauerhaft an ihre Ursprungsinsel gebunden zu bleiben. Dass sie sich dabei der angesprochenen spezifischen pazifischen kulturellen Logik des Ortes bedienen, erweist sich freilich als ein zweischneidiges Schwert. Zum einen ist diese Örtlichkeit Teil ihrer kulturellen Identität als pazifische Gruppe und legitimiert überdies ihren dauerhaften Bezug zu ihrer Herkunftsinsel. Zum anderen aber führt sie diese Logik auch dazu, die Ansprüche der ursprünglichen Rechte der vorkolonialen Besitzer des Landes auf Rabi nicht rundweg abweisen zu können. Die kulturelle Logik der Räumlichkeit und die in deren Rahmen praktisch umgesetzten Formmomente räumlicher Strukturierung – im Beispiel Rabi also die besonderen Formen der Verortung im Rahmen einer spirituellen und dauerhaften Beziehung zum Raum – entfalten sich demnach nicht nur nach einer ihnen innewohnenden Gesetzlichkeit der Artikulation. Sie sind auch in den konkreten historischen Kontexten ihrer Artikulation im Zusammenhang mit umfassenden politischen Prozessen zu verstehen, im Beispiel Rabi also die kolonialen und postkolonialen Strukturen des britischen Empires und des Nationalstaates Fiji.

Greifen im Falle der Banabans verschiedene Strukturierungsprinzipien der Banabans, der Fijianer und der Kolonialverwaltung ineinander und steht am Ende dieser Prozesse letztlich der von Kempf beschriebene ‚Zwischenraum von Dislokation und existentieller Identifikation‘, erschließt sich uns im Beitrag von Rössler eine weitere Dimension der Räumlichkeit: die Möglichkeit einander widerstreitender Räumlichkeiten innerhalb einer komplexen räumlichen Ganzheit auf der Grundlage zweier Ausformungen eines Typs von Strukturierungsprinzipien. Deutlich wird diese Dimension der Räumlichkeit durch eine Perspektive, die sich weniger von der komplexen Räumlichkeit als Ganzes her entwickelt, sondern die der Betrachtung einen bestimmten systematischen Aspekt und dessen räumliche Artikulationsformen zu Grunde legt. Rössler tut dies am Beispiel des Politischen bei den Makassar in Süd-Sulawesi. Dort ist festzustellen, dass zwei Formen des Politischen nebeneinander existieren, die staatlich-administrative Ordnung des Nationalstaates Indonesien und die traditionelle politische Ordnung der Makassar, deren Ursprung in der Zeit vorkolonialer Fürstentümer zu suchen ist. Während erstere im rationalistisch-modernistischem Duktus nur die Verwaltungs- und Kontrollstrukturen des Staates gelten lässt, ist die zweite durch einen engen Verweisungs- und Legitimationszusammenhang von Naturraum, kosmischer Ordnung und politischer Struktur gekennzeichnet. Hierbei nimmt das konkrete Territorium einer Gruppe eine Vermittlerposition zwischen der religiös-kosmologischen Dimension und der politischen Dimension ein, die der politischen Dimension Legitimität verleiht und den Akteuren und Akteurinnen zugleich ihre kulturelle Identität erfahrbar macht. Nun verhalten sich diese beiden politischen Ordnungen keineswegs gleichgültig zueinander. Vielmehr sind die Vertreter und Vertreterinnen der staatlich-administrativen Ordnung daran interessiert, ihre Ordnung vollends durchzusetzen und diffamieren nicht selten die traditionelle Ordnung und deren Wert- und Überzeugungssystem als rückständig. Resultat dieses staatlichen Drucks ist, dass die traditionelle politische Ordnung heute nur in bestimmten rituellen Kontexten relevant ist, nicht aber direkt in die staatlich-administrativen Prozesse eingebunden wird. Die dennoch zu beobachtende Reaktualisierung traditioneller kultureller Räumlichkeiten im Rahmen traditioneller politischer Strukturen etwa in Form bestimmter Rituale wird vor diesem Hintergrund als Akt des symbolischen Widerstandes gegen eine sie umgreifende und negierende politische Ordnung verstehbar. Neben der Einsicht, dass die räumliche Artikulation sozio-kultureller Strukturierungsprinzipen im Zusammenhang mit Macht, Identität und Widerstand gesehen werden muss, scheinen hier vor allem zwei Aspekte besonders beachtenswert. Zum einen zeigt sich an diesem Beispiel, dass Widerstand nicht nur negativ gegen eine hegemonialisierende Ordnung gerichtet sein kann, sondern sich in den Versuchen, einen eigene kulturelle Räumlichkeit zu schaffen, positiv manifestiert. Dass dabei in dem von Rössler geschilderten Fall auf eine konkretes, qualitativ aufgeladenes und abgegrenztes Territorium Bezug genommen wird, lenkt das Augenmerk auf einen weiteren Aspekt, den der Entterritorialisierung bzw. Delokalisierung. Die Reaktualisierung traditioneller politischer Strukturen und ihre räumliche Artikulation bei den Makassar zeigt nämlich, dass die Einbindung in delokalisierte und delokalisierende Strukturen wie die der staatlich-administrativen nicht automatisch zu einer Entlokalisierung des Politischen und Kulturellen überhaupt führt. Vielmehr stellt eine solche Einbindung ein neues Bezugssystem her, innerhalb dessen unterschiedliche Formen der räumlichen Artikulation des Politischen eine neue Rolle erhalten, indem sie wie im Falle der Makassar nicht mehr zur Legitimation aktueller Herrschaft, sondern zum Moment des Widerstandes gegen eine Hegemonie anstrebende politische Macht werden.

Die bislang vorgestellten empirischen Zugänge zur kulturellen Räumlichkeit bewegten sich vornehmlich auf der Ebene komplexer räumlicher Ganzheiten und der räumlichen Artikulation sozio-kultureller Strukturierungsprinzipien. Es erwies sich nun bei der Betrachtung der dargestellten Beispiele als möglich, räumliche Formmomente und deren praktischen Umsetzung in Anlehnung an die weiter oben angestellten theoretischen Überlegungen zum Begriff der kulturellen Räumlichkeit herauszuarbeiten. Dort waren die grundlegenden Formmomente des Räumlichen als Ausdehnung, Annäherung, Distanzierung und Positionierung benannt und im Sinne grundlegender Prinzipien verstanden worden, indem sie Elemente strukturierter Zusammenhänge hervorbringen und in eine Beziehung zueinander setzen.

In diesem Kontext theoretischer Argumentation verstehen sich dann Phänomene wie Bündelung im Falle der sozio-religiösen Zentren Balis und der Abelam, wie Dichte im Falle der Stadt oder wie Fixierung und Präsenz im Falle der Verortung der Banabans als speziellere räumliche Formmomente, in denen die allgemeine Raumform praktisch umgesetzt wird. Es stellt sich mithin die Frage, ob man nicht auch einen empirischen Zugang zur kulturellen Räumlichkeit aus der Perspektive dieser Formmomente gewinnen kann.

Nun ergibt der Umgang mit dem empirischen Material, dass sich räumliche Formmomente von der genannten Art nicht isoliert zeigen. Die Bündelung sozialen Handelns erfolgt so etwa im Zusammenspiel mit der Umgrenzung von Tätigkeitsorten, z. B. in einem Haus und den Räumen dieses Hauses wie Küche, Wohnzimmer oder Schlafzimmer, und der Organisation von Bewegungsabläufen in diesen. Bewegungen erfolgen zumeist in einer Ausgedehntheit, etwa einem Platz voller Menschen oder einer Straße, die durch Umgrenzungen, Positionierungen der Personen und Objekte u. a. m. strukturiert werden. Doch werden die räumlichen Formmomente nicht nur immer miteinander kombiniert. Es finden sich im empirischen Material bestimmte Konfigurationen solcher Formmomente, die sich immer wieder in unterschiedlichen Kontexten symbolisch vermittelter Praxis finden. Diese Konfigurationen können als *Modi der Räumlichkeit* bezeichnet werden, da es sich hierbei um allgemeine Arten der Bezugnahme auf Räumliches handelt, vermittels derer räumliche Strukturierungen praktisch vollzogen werden. Welchen Grad der Allgemeinheit diese Modi jeweils aufweisen, hängt von der Art der Fragestellung ab, innerhalb derer sie definiert werden. Sie können für eine einzige kulturelle Praxis genauso definiert werden wie für die menschliche Praxis überhaupt. Demnach können auch Konzepte wie ,Ort', ,Landschaft' oder ,Zentrum' in ihrer Funktion als Konfigurationen von Formmomenten betrachtet werden. Aber die Verwendung des Begriffes der Modi kann vor allem dazu genutzt werden, eine allgemeinere Ebene der Betrachtung der kulturellen Räumlichkeit zu erschließen, um drei Ziele zu erreichen: (1) die Erschließbarkeit eines breiteren Spektrums an Charakteristika der Räumlichkeit im konkreten Einzelfall, (2) die genauere Bestimmbarkeit des Geltungsbereichs und der Aussagekraft von Konzepten wie ,Ort', ,Landschaft' oder ,Zentrum' im Rahmen einer umfassenderen theoretischen Konzeptionalisierung des Räumlichen und (3) ein höheres Maß an Anschlussfähigkeit empirischen Materials an kulturvergleichende Diskurse.

Als einen ersten Schritt in diese Richtung versteht sich der Beitrag von Dickhardt über die kulturelle Räumlichkeit in Fiji. Ausgangspunkt ist hier ein grundlegender Modus der Räumlichkeit: der Modus der *Lokalität*.[17] Die in diesem Modus gefasste

Konfiguration von Formmomenten ist die der *Situiertheit des Handelns an einer räumlichen Stelle, die durch ihre materielle und umgrenzte Ausgedehntheit Objekte und Medien symbolischer Praxis zur Verfügung stellt.* Einen solchen Modus zum Bezugspunkt einer empirischen Analyse zu machen erweist sich als Möglichkeit eines einheitlichen Betrachtungsrahmens für ganz unterschiedliche Formen der Räumlichkeit, die sich in einer komplexen kulturellen Räumlichkeit finden und die den Akteuren und Akteurinnen im Modus der Lokalität zugänglich werden. Einzigartige fixierte Orte werden im Rahmen dieses Konzeptes genauso beschreibbar wie ortsungebundene Räumlichkeiten. So zeigt das Beispiel der besonderen zeremoniellen Trinkrunden des *yaqona,* der fijianischen Variante des Kava, dass Lokalität nicht an materiell dauerhafte Strukturen gebunden ist, sondern auch als transpositionierbarer typischer Handlungsrahmen ganz wesentlich dazu beitragen kann, als traditionell angesehene Strukturen in urbanen Kontexten und nicht-traditionelle Strukturen in traditionellen Formen artikulierbar zu machen, was nicht unerheblich zum Bestand der traditionellen Ordnung beiträgt und den nicht-traditionellen Strukturen von Staat und Kirche in Fiji die Möglichkeit eröffnet, sich als fijianisch zu legitimieren.

Auch die Verfügbarkeit unterschiedlicher Arten von Lokalitäten im Rahmen bestimmter Praxisformen erweist sich als wesentlich. So erscheint es als Kennzeichen der dörflichen religiösen Praxis, dass die beiden Traditionen, aus denen sich diese religiöse Praxis zusammensetzt – der Glaube an Ahnen- und Geistwesen einerseits und das methodistische Christentum andererseits –, über zwei unterschiedliche Formen von Räumlichkeit verfügen: der Ortsverbundenheit der Ahnen und Geistwesen und der Ortsungebundenheit des christlichen Gottes in seiner spirituellen Omnipräsenz. Verfügbar werden diese beiden Räumlichkeiten vor allem in den beiden Lokalitäten der *vanua tabu,* den ‚verbotenen Orten‘ der Ahnen und Geistwesen, und der Kirche, in deren räumliche Ordnung die sozio-politischen Strukturen des Dorfes erheblich eingreifen. Die Vereinbarkeit von Ahnenglauben und Christentum ergibt sich nun auch daraus, dass die Lokalitäten dieser beiden Formen religiöser Praxis im Rahmen des lokalen Gottesbildes und der lokalen Auslegung der biblischen Tradition nebeneinander und miteinander existieren und praktisch genutzt werden können, um eine christliche Weltordnung aufzubauen.

---

[17] Es sei vorweggenommen, dass der Begriff der Lokalität hier nicht auf der Ebene der komplexen phänomenologischen Qualität liegt, auf der sich Appadurai [1996] 1998: 178-199 mit seinem Begriff der *locality* bewegt!

Ein weiterer Aspekt der empirischen Betrachtung von Räumlichkeit als Lokalität ist das Verhältnis dieser Räumlichkeit zu den sozio-kulturellen Strukturierungsprinzipien im Modus der Lokalität. Einerseits ermöglicht das Vorhandensein einer Lokalität wie etwa der schon angesprochenen *yaqona*-Runden eine eigenständige Artikulation sozio-politischer Strukturen, die durchaus der diskursiven Konstituierung dieser Strukturen widersprechen kann. Doch kann man andererseits nicht davon ausgehen, dass das bloße Vorhandensein einer besonderen Lokalität zum Ausgangspunkt einer eigenständigen sozio-kulturellen Strukturierung wird. Am Beispiel des Dorfes und des Landes in Fiji zeigt sich nämlich, dass diese beiden hervorstechenden Lokalitäten Fijis auf durchaus unterschiedliche Art und Weise zur materiellen Basis komplexer Sinnordnungen werden. Ist das Land (*vanua*) Ausgangspunkt einer komplexen sozialen, politischen, ideologischen und moralischen Ordnung, so wird das Dorf (*koro*) vor allem in seiner Funktion als Vermittler zentraler Strukturierungsprinzipien des Landes, des Häuptlingstums, der Kirche und des Staates zur materiellen Basis der auf diesen Prinzipien aufbauenden Sinnordnungen, ohne dass eine vergleichbare Sinnordnung auf der Grundlage eines Konzeptes der Dörflichkeit zu erkennen wäre.

Literatur

APPADURAI, ARJUN (1991) Global Ethnoscapes. Notes and Queries for a Transnational Anthropology. In: FOX, RICHARD G. (ed.), *Recapturing Anthropology. Working in the Present*, Santa Fe (School of American Research Press): 191-210.

APPADURAI, ARJUN [1996] (1998) *Modernity at Large: Cultural Dimensions of Globalisation (Public Worlds 1)*, Minneapolis (University of Minnesota Press).

BECK, ULRICH [1997] (1998) *Was ist Globalisierung? Irrtümer des Globalismus – Antworten auf Globalisierung*, Frankfurt a. M. (Suhrkamp).

BOURDIEU, PIERRE [1972] (1979) *Entwurf einer Theorie der Praxis*, Frankfurt a. M. (Suhrkamp).

BOURDIEU, PIERRE [1980] (1987) *Sozialer Sinn*, Frankfurt a. M. (Suhrkamp).

CASSIRER, ERNST [1931] (1985) Mythischer, ästhetischer und theoretischer Raum. In: CASSIRER, ERNST, *Symbol, Technik, Sprache. Aufsätze aus den Jahren 1927-1931*, Hamburg (Felix Meiner): 93-117.

CASSIRER, ERNST [1923-29] (1994) *Philosophie der symbolischen Formen, 3 Bde.*, Darmstadt (Wissenschaftliche Buchgesellschaft).

DICKHARDT, MICHAEL (2000) Das Land, die Ahnen, die Dämonen, die Kirche und der Gott in der Höhe. Formen religiöser Räumlichkeit in Fiji. In: PEZZOLI-OLGIATI, DARIA; STOLZ, FRITZ (Hg.), *Cartografia religiosa – Religiöse Kartographie – Cartographie religieuse*, Bern u. a. (Peter Lang): 253-287.

DICKHARDT, MICHAEL (2001) *Das Räumliche des Kulturellen. Entwurf zu einer kulturanthropologischen Raumtheorie am Beispiel Fiji (Göttinger Studien zur Ethnologie, Band 7)*, Münster u. a. (LIT).

FOUCAULT, MICHEL [1967] (1991) Andere Räume. In: WENTZ, MARTIN (Hg.) *Stadt-Räume (Die Zukunft des Städtischen; Frankfurter Beiträge; Band 2)*, Frankfurt a. M. u. New York (Campus): 65-72.

FOX, JAMES J. (1997) Place and Landscape in Comparative Austronesian Perspective. In: FOX, J. J. (ed.), *The Poetic Power of Place. Comparative Perspectives on Austronesian Ideas of Locality*, Canberra (Australian National University): 1-21.

GIDDENS, ANTHONY (1988) The Role of Space in the Constitution of Society. In: *Geographisches Institut ETH Zürich, Berichte und Skripten* Nr. 36, Juli 1988, Zürich: 167-180.

GIDDENS, ANTHONY [1984] (1989) *The Constitution of Society*, Cambridge (Polity Press).

GREGORY DEREK (1994) *Geographical Imaginations*, Cambridge u. a. (Blackwell).

GUPTA, AKHIL; FERGUSON, JAMES (1992) Beyond ‚Culture‘: Space and Identity, and the Politics of Difference. In: *Cultural Anthrology* 7 (1): 6-23.

GUPTA, AKHIL; FERGUSON, JAMES (eds.) (1997) *Culture, Power, Place: Explorations in Critical Anthropology*, Durham (Duke University Press).

HALLPIKE, CHRISTOPHER R. (1979) *The Foundations of Primitive Thought*, Oxford (Clarendon).

HARVEY, DAVID (1989) *The Condition of Postmodernity: An Enquiry into the Origins of Cultural Change*, Oxford u. a. (Blackwell).

HILLIER, BILL; HANSON, JULIENNE (1984) *The Social Logic of Space*, Cambridge u. a. (Cambridge University Press).

HIRSCH, ERIC; O'HANLON, MICHAEL (eds.) (1995) *The Anthropology of Landscape: Perspectives on Place and Space*, Oxford (Clarendon Press): 1-30.

LEFEBVRE, HENRI [1974] (1991) *The Production of Space*, Oxford u. a. (Blackwell).

MERLEAU-PONTY, MAURICE [1945] (1966) *Phänomenologie der Wahrnehmung*, Berlin (Walter de Gruyter).

MÜLLER, KLAUS E. [1972] (1997) *Geschichte der antiken Ethnologie (Rowohlts Enzyklopädie)*, Reinbek b. Hamburg (Rowohlt).

OLWIG, KAREN FOG; HASTRUP, KIRSTEN (eds.) (1997) *Siting Culture. The Shifting Anthropological Object*, London (Routledge).

PRED, ALAN (1983) Structuration and Place: On Becoming of Place and the Structure of Feeling. In: *Journal for the Theory of Social Behavior* 13 (1): 45-68.

PRED, ALAN (1990) *Making Histories and Constructing Human Geographies*, Boulder u. Oxford (Westview).

SEAMON, DAVID; MUGERAUER, ROBERT (eds.) (1985) *Dwelling, Place and Environment. Towards an Phenomenology of Person and World*, Dordrecht u. a. (Nijhoff).

SHIELDS, ROB (1991) *Places on the Margin. Alternative Geographies of Modernity*, London u. New York (Routledge).

SOJA, EDWARD W. (1989) *Postmodern Geographies: The Reassertion of Space in Social Thought*, London u. New York (Verso).

SOJA, EDWARD W. (1996) *Thirdspace: Journeys to Los Angeles and other Real-and-imagined Places*, Cambridge u. a. (Blackwell).

TOREN, CHRISTINA (1990) *Making Sense of Hierarchy. Cognition as Social Process in Fiji*, London u. Atlantic Highlands (Athlone).

WALDENFELS, BERNHARD (1993) *Edmund Husserl. Arbeit an den Phänomenen. Ausgewählte Schriften*, Frankfurt a. M. (Fischer).

WERLEN, BENNO (1995) *Sozialgeographie alltäglicher Regionalisierungen. Band 1: Zur Ontologie von Gesellschaft und Raum*, Stuttgart (Franz Steiner).

WERLEN, BENNO (1997) *Sozialgeographie alltäglicher Regionalisierungen. Band 2: Globalisierung, Region und Regionalisierung*, Stuttgart (Franz Steiner).

Raum, Ritual und Gesellschaft.
Religiöse Zentren und sozio-religiöse Verdichtungen im Ritual

Brigitta Hauser-Schäublin

I. Einleitung

In diesem Bericht möchte ich die gegenseitige Konstituierung von Räumlichem und Sozialem am Beispiel von Zentrumsbildungen im Rahmen von Ritualen in zwei verschiedenen Gesellschaften (Abelam in Papua-Neuguinea und Bali, Indonesien) untersuchen. Trotz einer ungeheuren Vielfalt verschiedener Ansätze von Ritualtheorien[1] hat der Raum als gestaltendes und das Ritual sowie die *communitas* bzw. Gesellschaft konstituierendes Element (Turner 1969), abgesehen von Hinweisen auf dessen kultischen Charakter bzw. dessen Symbolik, kaum Beachtung gefunden. Dies gilt für fast alle neueren Richtungen der Ritualtheorien, der strukturalen (die mit van Gennep [1909] 1999, begonnen hat), der prozessualen, die sich v. a. in den Arbeiten Turners verbindet (v. a. 1969, 1967), der performativen, die v. a. von Tambiah (1979) eingeläutet und von Schechner systematisch erweitert wurde (Schechner and Apple 1990), aber auch für diejenigen, die Kommunikation und Interaktion in den Vordergrund rückten (etwa seit Goffman 1967). Obwohl seit Gluckmans „rituals of rebellions" (1954) der Zusammenhang zwischen Ritual, Politik und Macht zunehmend Gegenstand von Untersuchungen wurde (z. B. Kretzer 1988, Bloch 1989), wurde das Verhältnis zwischen Sozialem und Raum im Ritual – wie die räumliche Anordnung soziale Ordnungen strukturiert und zugleich von diesen auch strukturiert wird – weitgehend ausgeblendet. Soziale Kommunikation (Tambiah) und soziale Ordnungen sowie Strukturen, deren Auflösung, Transformationen und Rekonstituierung (im Sinne Durkheims von Gennep initiiert und dann v. a. von Ritualtheoretikern im Umfeld der British Social Anthropology weiter geführt) bildeten die wichtigsten sozialethnologischen Forschungsgegenstände. Aber gerade dabei wurde ‚Raum' implizit als offensichtlich mehr oder weniger natürlich gegebene Notwendigkeit – nach religiösen und kultischen Ideen gewählt, ausgestaltet und mit Symbolen versehen – behandelt.

---

[1] Einen guten Überblick über die verschiedenen theoretischen Ansätze der Ritualforschung vgl. Bellinger und Krieger (1998), Caduff und Pfaff-Czarnecka (1999) sowie Bell (1992).

Inwieweit jedoch gerade die kulturelle Räumlichkeit eine wichtige Konstituente nicht nur des Rituals an sich, sondern auch des darin so zentralen Sozialen bildet – dessen Generierung, Repräsentation, Kontinuität, aber auch dessen temporäre Transformation bzw. nachhaltige Veränderung oder Neuschaffung –, war, so weit ich die Literaturflut überblicken kann, nie zu einer Kernfrage erhoben worden. Mit einer Ausnahme vielleicht von van Gennep. Dieser hat – in der Sprache seiner Zeit – kulturelle Räumlichkeit im Verhältnis zum Sozialen thematisiert, wenn er schrieb: „Man kann eine Gesellschaft mit einem Haus vergleichen, das in Zimmer und Flure unterteilt ist" (1999: 34). In seinen Schlussfolgerungen führt er dazu aus: „Tatsächlich ist die räumliche Trennung von Gruppen ein Aspekt ihrer Sozialordnung" (1999: 184). Auch Parkin (1992) hat sich mit Raum befasst, jedoch hat er vor allem den Richtungen und dem Richtungswechsel der Bewegungen, die die Akteure im Ritual ausführen, seine Aufmerksamkeit geschenkt.

Im Unterschied zu der von fast allen Ritualtheoretikern vernachlässigten Bedeutung der kulturellen Räumlichkeit in der rituellen Konstituierung des Sozialen werde ich im Folgenden gerade die Räumlichkeit in den Vordergrund stellen und zeigen, welche zentrale Rolle sie in verschiedenen „Typen" von Ritualen[2] spielt. Ich gehe von der These aus, dass selbst in unterschiedlich strukturierten Gesellschaften, d. h. Gesellschaften mit völlig verschiedener Sozialorganisation, räumliche Bündelungen vorgenommen werden, um mittels einer rituellen Inszenierung eine soziale Verdichtung hervorzubringen, welche die soziale und religiöse Organisation manifest macht und diese reproduziert. Dies bedeutet, dass in vielen Gesellschaften grundlegende Strukturierungsprinzipien existieren[3] mittels denen bestimmte Räume erzeugt werden, welche die soziale Verdichtung erst ermöglichen. Umgekehrt ist gerade die Verdichtung ein Konstitutiv für diese Räume. Es handelt sich also um einen wechselseitigen Prozess. Besonderes Gewicht werde ich auf die generierende Macht des Raumes bezüglich des Sozialen legen, da dieser Aspekt auch in der ethnologischen Forschung im allgemeinen bisher weitestgehend vernachlässigt wurde.[4]

Ich möchte, der Einfachheit halber, diese „bestimmten" Räume vorerst als ‚Zentren' bezeichnen, als besondere Form sozio-räumlicher Bündelung und Verdich-

---

[2] Grob gesagt werden Rituale in Übergangsriten (Lebenszyklusriten), jahreszeitliche Rituale, kultisch-religiöse Rituale, Heilungsrituale, Interaktions- und Kommunikationsrituale sowie politische Rituale eingeteilt; hinsichtlich Performanz ist auch ein fließender Übergang zum Theater festzustellen.
[3] Vgl. dazu Dickhardt in diesem Band.
[4] Vgl. dazu Dickhardt 2001.

tung. Dabei geht es weder um einen geometrisch bestimmten Punkt innerhalb eines vermeintlich objektiv, von außen gemessenen Gebietes, noch um eine bestimmte Form von Anlagen oder Bauten. Es handelt sich jedoch in jedem Fall um einen, von den Mitgliedern einer Kultur ausgestalteten Ort, an dem bestimmte Formen sozio-religiösen Handelns stattfinden. Den Begriff des Zentrums verwende ich deshalb, weil er sich indirekt auf ein wie auch immer geartetes räumliches und soziales ‚Umfeld' bezieht. Dieses räumliche Umfeld wird von der betreffenden Gesellschaft als ‚ihr Gebiet' definiert; es ist mit materiellen oder immateriellen Grenzmarken versehen. Dieses ‚Gebiet' ist in jedem Fall ein bereits kulturspezifisch wahrgenommenes Gebiet, dem bestimmte Charakteristika zugeordnet werden und das mit Bedeutungen belegt wird, etwa markante Hügel oder Bergspitzen, Wasserläufe, Lokalitäten, die sich fürs Wohnen eignen und andere für das Anlegen von Feldern, solche, wo sich die Menschen hinbewegen dürfen und andere, die tabuisiert sind. Es ist also immer eine kulturell gestaltete, bedeutungsvolle Landschaft (Hirsch 1995).[5] Dieses Gebiet erhält je nach Sinnzusammenhang – etwa dem alltäglichen Handeln, das von Tätigkeiten der Subsistenzwirtschaft geprägt ist oder, im Unterschied dazu, dem des Handelns im Rahmen von Ritual- oder Festzeiten –, in welchem es angesprochen wird, eine unterschiedliche Wertigkeit. Sinnzusammenhang und dazu gehöriges Handeln, wofür es in jeder Kultur mehrere verschiedene Ausprägungen gibt, strukturieren deshalb den Raum auf eine jeweils charakteristische Weise.[6]

Strukturierungen von Alltags- und Sakraltopografien

Der Raum des Alltagshandelns, den die (individuell jeweils unterschiedlich) handelnden Subjekte, als Akteure, konstituieren, besitzt in der Regel gesamthaft eine andere Strukturierung als der des nichtalltäglichen Handelns, in welchem sakraler Raum bzw. der Raum der Rituale und Ritualbeziehungen im Vordergrund stehen. Der Raum des Alltagshandelns ist beispielsweise das Wohn-, Schlaf- und Koch-

---

[5] Die physische Landschaft, so wie sie westliche wissenschaftliche Karten erfassen und darstellen, ist in diesem Sinne auch als eine bereits mit Bedeutung versehene Landschaft zu verstehen.

[6] Ich lehne mich an einen handlungstheoretischen Ansatz, so wie er von Giddens Strukturationstheorie entworfen und in der Geografie von Werlen (1988) erstmals aufgenommen und erweitert wurde, an. Mit seiner „kulturellen Räumlichkeit", die den theoretischen Rahmen dieses Buches bildet, ist Dickhardt (2001) noch einen entscheidenden Schritt weitergegangen.

haus, die öffentlich zugänglichen Teile des Weilers oder des Dorfes, die Felder, die Wasserstellen und Wege, die dorthin oder zu benachbarten Siedlungen führen. Der Raum des Alltagshandelns mit den damit verbundenen Vorstellungen, Werten und Zielen ist zu einer bestimmten Topografie ausgestaltet. Diese ist gekennzeichnet durch Gebiete, in denen Alltagshandeln stattfindet. In der Regel ist ein unterschiedlich großer Teil des gesamten Gebietes davon betroffen. Innerhalb der Alltagstopografie gibt es Regionen, in denen die Handlungs- und Interaktionsdichte unterschiedlich ist. Diese Unterschiede können tages- oder jahreszeitlich (bzw. saisonal) begründet sein. Ein weiteres Kennzeichen besteht darin, dass die einzelnen Orte alle miteinander, durch kontinuierliche Handlungen der Menschen, verbunden sind: Die Menschen begeben sich vom einen zum anderen Ort und von dort zu einem nächsten, um danach vielleicht wieder nach Hause zurückzukehren. Die Verbindung der Orte besteht, auf der Ebene der Materialität, in der Regel aus festgelegten Wegen.

Wenn die Alltagstopografie Schwerpunkte häufiger Interaktionen von Menschen dort aufweist, wo die Menschen zu einem gegebenen Zeitpunkt den größten Teil des Tages und der Nacht verbringen, so weist sie jedoch oft gerade ‚Lücken‘ mittendrin auf, Orte, die sorgfältig ausgespart bleiben. Diese Orte tauchen in der Regel in der religiösen Topografie wieder auf; sie ist mit der Alltagstopografie eng verzahnt: ‚Leerstellen‘ der Alltagstopografie bilden oft die wichtigsten Stellen der religiösen Topografie!

Unter religiöser Topografie verstehe ich die kulturelle Aneignung und sinnhafte, mit Vorstellungen von sakral und heilig, bzw. geheimnisvoll und geheim versehene, mit bestimmten Handlungen gestaltete Umwelt der Menschen. Die religiöse Topografie hat Charakteristika, die sie von der Alltagstopografie unterscheidet. So umfasst sie auch Punkte und Lokalitäten, die miteinander nicht zwangsläufig verbunden sind, wenn man die konkreten menschlichen Interaktionen und Handlungen als Grundlage der Strukturierung der Topografie (sei es die alltägliche oder die religiöse) betrachtet. Besonders wichtige Orte der sakralen Topografie sind gerade Orte, zu denen sich die Menschen nicht hinbewegen sollen oder dürfen, etwa tabuisierte Stellen, die Ahnen bzw. Gottheiten vorbehalten sind. Hinzu kommt, dass die sakrale Topografie auch Dimensionen umfasst, die menschlichem Handeln nicht oder nur beschränkt zugänglich sind, etwa die Bereiche oberhalb und unterhalb der Erde sowie im Wasser. Solche Bereiche, die eine eigene Landschaft bilden, sind in erster Linie Landschaften der nicht-menschlichen Wesen. In der Interaktion der Menschen untereinander im Hinblick auf diese Wesen und in direkter Interaktion mit diesen, also in religiösen Zeremonien bzw. in Ritualen, erhalten diese Landschaften jedoch eine Realität, die der des Alltagshandelns gleichgestellt ist. Das aktive Vermeiden von Orten bringt deshalb eine ebenso wichtige Strukturierung der Landschaft hervor, wie das konkrete Hingehen und Verweilen in der Alltagstopografie.

Religiöse Zentren und soziale Bündelung

Wie ich bereits erwähnt habe, sind Alltags- und Sakraltopografie aufs Engste miteinander verzahnt, weil die ‚Leerstellen‘ mitten in der Alltagstopografie oft Kernstücke der sakralen Topografie bilden. Dies kann ein Kultplatz oder ein Kulthaus sein, die im Alltag nicht betreten werden (dürfen) oder ein Tempel, der im Alltag leer steht bzw. dem Kommen und Gehen unsichtbarer Mächte vorbehalten ist. Diese ‚Leerstellen‘ werden im religiösen (und religiös-politischen) Kontext jedoch zu Zentren. Eine weitere Nahtstelle zwischen Alltagshandeln und nichtalltäglichem Handeln bzw. zwischen Alltagstopografie und Sakraltopografie bilden Lebensstadienriten, bei denen ein Individuum im Mittelpunkt der Handlung steht (bzw. Anlass für die Handlungen bildet). Lebensstadienriten stehen, sowohl was die Örtlichkeit als auch das Handeln betrifft, oft an der Schnittstelle zwischen Alltagstopografie und Sakraltopografie bzw. zwischen Alltagshandeln und religiös begründetem Handeln; manche finden inmitten der Alltagstopografie statt; diese Orte werden temporär explizit zu sakralen Orten.[7]

Diejenigen sakralen Räume, die ich zuvor als ‚Leerstellen‘ in der Alltagstopografie bezeichnet habe, bilden die bereits erwähnten ‚Zentren‘, in denen Soziales räumlich gebündelt und verdichtet wird. Ich werde sie deshalb besonders untersuchen, weil sie temporär, während der Fest- oder Ritualzeit, zum Mittelpunkt gesellschaftlich-religiösen Handelns werden. Alle Dimensionen und Aspekte der zum ‚Umfeld‘ gewordenen übrigen Gebiete beziehen sich während der religiös begründeten Handlungen auf diesen Ort, der damit zentraler räumlicher Bezugspunkt wird. Dort findet die Verschränkung auch mit dem alltäglichen sozialen Handeln insofern statt, als dort gerade mittels Ritualen eine soziale Reproduktion, und eine Erneuerung bzw. Bestätigung der sozialen Ordnung, erfolgt. Zentren der religiösen Topografie sind also solche, bei denen diese soziale Verdichtung räumlich reprä-

---

[7] Die Aufteilung zwischen Alltagshandeln und nichtalltäglichem Handeln, und damit auch zwischen Alltagstopografie und Sakraltopografie ist nicht unproblematisch. Wie die nachfolgenden Beispiele zeigen, bestehen indigene Konzepte, die diese Aufteilung rechtfertigen.

sentiert, reproduziert und generiert, wird – im Rahmen von Handlungen, die sich in ihrer Begründung als gemeinschaftliches Handeln an übermenschliche Wesen richten. Die Menschen sind dort als Akteure tätig. Durch ihre Handlungen werden die sozialen Beziehungen, welche charakteristisch für die Struktur der Gesellschaft sind, vor allem durch ihre räumliche Artikulation manifest. Durch die Komprimierung dieser Akteure auf einen begrenzten, vorgegebenen Raum, der ihnen seinerseits bestimmte soziale Rollen zuweist (welche die Menschen in diesem Rahmen nur bedingt modifizieren können), wird die bestehende soziale Ordnung gleichzeitig reproduziert: Die TeilnehmerInnen erkennen sich selbst und auch die anderen in den durch Raum konstituierten Handlungen als sozial verräumlicht. Damit entpuppt sich die sakrale Räumlichkeit als unabdingbare Konstituente des Sozialen. Das Zentrum der religiösen Topografie mit den damit verbundenen Handlungen und Vorstellungen wird zu einem Angelpunkt auch insofern, weil mit ihm nicht nur die Ausdehnung in der horizontalen Ebene, sondern auch in der vertikalen angesprochen ist: die Beziehungen zu überirdischen und unterirdischen Bereichen mit ihren Wesenheiten. Dadurch werden ebenfalls die Beziehungen zu den übermenschlichen Wesen immer wieder von neuem repräsentiert und hervorgebracht.

In diesem Artikel möchte ich also ,Zentren‘, den Lokalitäten räumlicher und sozialer Bündelung, nachgehen, die es – so bin ich der Ansicht – in jeder vormodernen Gesellschaft gibt, ungeachtet der Unterschiede, die zwischen ihnen bezüglich der sozialen Organisation existieren mögen.

Es handelt sich um gemeinsame Prinzipien räumlich-sozialer Bündelung von Handlungen. Die konkrete Ausformung des Zentrums und der Ablauf der Handlungen sind (selbstverständlicherweise) kulturell verschieden. Darüber hinaus aber interessiert mich die Frage, worin sich diese ähnlichen Organisationsprinzipien unterscheiden, dass sie ganz unterschiedliche gesellschaftliche Strukturen reproduzieren.

Ich werde als Erstes am Beispiel einer egalitären Clangesellschaft von Brandrodungsfeldbauern in Papua-Neuguinea, den Abelam in der East Sepik Province, erkunden, wie dort solche Zentren beschaffen sind. Ich werde prüfen, ob es, wie dies vor allem Eliade gemeint hat (1966), jeweils nur *ein* Zentrum gibt, das zudem ein Abbild des kosmologischen Zentrums darstellt, oder ob mehrere homologe oder gar heterologe Zentren existieren, in denen sich eventuell andere gesellschaft-liche Verdichtungen manifestieren, entweder als Ergänzung der im dominanten Zentrum zur Darstellung gelangten gesellschaftlichen Ordnung oder als Gegenentwurf.

In einem zweiten Schritt werde ich Zentren in komplexen Gesellschaften Balis untersuchen, die zum Teil Reisbauern sind, zu einem Großteil jedoch vom Tourismus leben. Ich werde dort der Frage nach segmentär-hierarchisch angelegten Zentren nachgehen, die sozio-räumliche Verdichtungen auf unterschiedlichen gesellschaftlichen Organisationsebenen bündeln.

Bei den beiden ethnografischen Beispielen werde ich mich weitgehend auf Daten meiner eigenen Forschungen[8], bei denen Fragen der Organisation von Raum im Vordergrund standen, abstützen.

II. Alltags- und Sakraltopografie der Abelam

Als erstes möchte ich die Alltagstopografie einer mehr oder weniger egalitären Gesellschaft, der Abelam in den südlichen Ausläufern des Küstengebirges in der East Sepik-Provinz in Papua-Neuguinea, insoweit darstellen[9] als diese unerlässlich für das Verstehen der religiösen Topografie[10] und damit für die räumlich-rituelle Bündelung des Sozialen notwendig ist. Die Abelam selbst heben die Alltagstopografie und ihre Inhalte nicht besonders hervor. Es ist für sie die durch Arbeit, Erfahrung und Routine geprägte Welt, bei der die Produktion von Nahrung die Hauptbeschäftigung ist. Die Arbeit in den Gärten, das Wachstum der Pflanzen und das Essen der Feldfrüchte bilden daher auch ein ständig wiederkehrendes Thema im Alltag. Im Unterschied dazu bezeichnen sie alles, was jenseits dieses Alltäglichen liegt und mit Geheimnisvollem, Göttlichem, Heiligem und deshalb Gefährlichem verbunden ist, mit dem Begriff *maira*. *Maira* sind heilige Orte, aus denen sich die religiöse Topografie konstituiert. Mit diesen Orten sind Geistwesen verbunden, die ebenfalls unter dem Oberbegriff *maira* zusammengefasst werden.

---

[8] Feldforschung bei den Abelam führte ich zwischen 1979 und 1983 (mit Unterstützung des Schweizerischen Nationalfonds) und in Bali zwischen 1988 und 1998 (mit Unterstützung durch den Schweizerischen Nationalfonds und der Deutschen Forschungsgemeinschaft) durch. Die Hauptergebnisse zu den Abelam habe ich in einer Schrift über Kulthäuser (1989) vorgelegt; diejenigen über ein Dorf in Südbali in einem Buch über Tempel und Tempelbeziehungen (1997). Eine weitere Arbeit über Tempel und regionale Integration in Nordbali ist noch nicht abgeschlossen.

[9] Ich habe das ethnografische Präsens gewählt, obwohl ich die Forschungen bereits Ende der 1970er Jahre durchgeführt habe. Dadurch klingt zwar vieles statisch, so als habe sich die Kultur der Abelam seither nicht verändert. Dem ist selbstverständlich nicht so. Mein Beitrag zielt auf eine exemplarische Analyse bezüglich der eingangs gestellten Fragen ab. Deshalb beschränke ich mich auf die Darstellung der damaligen Momentaufnahme im Dorf Kalabu.

[10] Vgl. Dickhardt 1992. Schomburg-Scherff (1986: 163-173) hat die idealtypische religiöse Raumorganisation der Abelam prägnant dargestellt.

Ebenso werden die Kulte, welche die Menschen für diese Geistwesen durchführen, und die Ritualgegenstände, die sie dabei herstellen, mit dem Begriff *maira* belegt. All das, was die Abelam insgesamt *maira* nennen, ist für sie eine eigenständige und erfahrbare Wirklichkeit, die derjenigen des Alltags ebenbürtig ist. Sie vermeiden es jedoch sorgfältig, im Alltag mir ihr in direkte Berührung zu gelangen, da solche Begegnungen gefährlich werden können. *Maira* bildet ein übergreifendes komplexes Ganzes, in das die religiösen Vorstellungen und Handlungen der Abelam eingeordnet sind.

Der Lebensraum der Abelam besteht aus einem dicht mit tropischer Vegetation überwachsenen Hügelgebiet, mit Hunderten und Tausenden von kleinen Erhebungen. Die schmalen Täler sind von vielen Bächen durchzogen. Die Siedlungen der Abelam liegen traditionellerweise auf Hügelkuppen; es handelt sich dabei, gemäß der extensiven Bodenbewirtschaftung (Wanderfeldbau), um Streusiedlungen. Das ‚Dorf‘ Kalabu[11] besteht dabei aus einem mehr oder weniger lockeren Verband von Weilern, die in zwei Dorfhälften unterteilt sind. Weiler und Dorfhälften als Lokaleinheiten sind sozial v. a. durch Heirats- und Tauschbeziehungen, in religiöser Hinsicht durch das gemeinsame Durchführen der wichtigsten Rituale – Yamsfeste und Initiationen – miteinander verbunden. Früher bildete auch die Verteidigung des gemeinsamen Territoriums eine wichtige, einzelne Weiler übergreifende Verbindung. Kalabu besitzt insgesamt vier Ritualzentren, zwei in jeder Dorfhälfte. Sie bestehen aus Kulthaus und davor liegendem Kultplatz; sie liegen oft auf dem höchsten Punkten des betreffenden Weilers. Schon von weitem ist das Kulthaus, das sich dort befindet und mit seinen bis zu 16 Metern Höhe selbst Kokospalmen überragt, zu sehen.

An Abhängen legen die Abelam ihre Gärten an, in denen sie eine Vielzahl von verschiedenen Sorten Yams, Taro und Süßkartoffeln (Knollenfrüchte) anbauen. Das Leben der Menschen ist bestimmt durch den Zyklus des Rodens von Wald, des Anlegens der Gärten, des Pflanzens der Feldfrüchte, des Hegens und schließlich der Ernte. Die Abelam sind in sozialer Hinsicht in clanähnlichen Gruppen[12] organisiert. Jede Gruppe fühlt sich mit einem mythischen mächtigen Wesen verbunden, das man der Einfachheit halber als ‚Clangeist‘ bezeichnen könnte. Jeder

---

[11] 1939/40 hatte Phyllis Kaberry im gleichen Dorf geforscht (1941).

[12] Genealogien spielen bei den Abelam eine untergeordnete Rolle und lineare Beziehungen, die über drei Generationen hinausreichen, werden nicht memoriert. Dafür ist auch das System der Namensgebung verantwortlich, denn im Verlauf seines Lebens erhält ein Mann periodisch neue Namen, die aus dem Set von Namen eines Verwandtschaftsverbandes jeweils ausgewählt werden, je nach dem, welche gerade ‚frei‘ sind.

50

Foto 1: Abelam-Kulthaus und Weiler, Kalabu. An den Abhängen im Hintergrund sind Gärten angelegt. Foto: Jörg Hauser 1978/79.

Clangeist besitzt einen Eigennamen, der im Ritual aufgerufen wird. Neben diesen wichtigsten Clangeistern gibt es noch eine größere Zahl von weiteren Geistwesen, die jedoch keine ausgeprägten Namen tragen (vgl. Hauser-Schäublin 1989: 48-58). Allen diesen Wesen ist das mächtige Kulthaus mit den gemalten riesigen Gesichtern auf der Fassade gewidmet. Dort können sie sich aufhalten und es auch, unbemerkt für das menschliche Auge, jederzeit wieder verlassen. Im Innern liegen große, bunt bemalte Skulpturen aus Holz auf dem Erdboden. Sie gelten als materieller Sitz der großen Clangeister[13] und sind deshalb heilig; sie werden vor den Augen der Nicht-Initiierten – vor allem Frauen und Kinder – geheimgehalten. Für Rituale (v. a. Initiationen und Yamsfeste) agieren nicht primär Clangruppen zusammen; vielmehr besteht eine Aufteilung in Zeremonialhälften (*ara*), die nicht-lokal ist (also nicht mit den Dorfhälften identisch ist) und auch Clane querschneidet. Die eine Hälfte führt für die andere die Initiationsrituale durch, und umgekehrt. Bei den Yamsfesten stehen sich die beiden Hälften als Tauschpartner gegenüber; die Beziehungen zwischen ihnen weisen einen ausgesprochenen Wettbewerbscharakter auf. Das System der gegenseitigen Verschuldungen an Diensten, Leistungen und Gaben hat zu einer vielschichtigen gegenseitigen Verschränkung der *ara* geführt. Auch die Clane schneiden die Zeremonialhälften quer. In der Regel gehört der Sohn der gleichen *ara* an wie sein Vater und seine Frau soll aus einer Familie mit gleicher *ara*-Zugehörigkeit stammen, wie der Ehemann.[14]

Kulthaus und Kultplatz als Zentrum

Das Kulthaus ist, abgesehen von den wenigen Skulpturen, für westliche, von Rationalität und Materialität geprägte Vorstellungen ,leer'; das Innere des Gebäudes ist die Verkörperung von *maira*. Obwohl das Kulthaus sich meist im Mittelpunkt der Siedlung befindet, wird es im Alltag nie betreten und auch der Kultplatz wird sorgfältig gemieden. Die Hauptwege führen am Rand vorbei. Nur während einer (der in mehrere Stufen gegliederten und über Jahre verteilten) Initiation betreten größere Gruppen von Männern, die für die Durchführung der Handlungen verantwortlich sind, das Gebäude. Während der Vorbereitungen dieser wichtigsten Feste im Kulthaus stellen sie die Skulpturen und weitere sakrale Gegenstände, die alle mit Blumen, Farnen, Muschelringen und -scheiben und Federn über und über geschmückt werden, zu grandiosen Gesamtbildwerken zusammen. Diese werden dann den Novizen innerhalb dramatisch inszenierter Initiationsrituale gezeigt. Während

---

[13] Zu den Kunst- und Kultobjekten der Abelam gibt es zahlreiche Publikationen. Zu den wichtigsten zählen: Forge (1966, 1967, 1973), Koch (1968), Gerrits (1977), Heermann (1983), Losche (1982), Smidt and Mc Guigan (1993).

[14] Die hängt vor allem damit zusammen, dass die Akkumulation von Gaben, die dann dem Tauschpartner übergeben werden, die Aufgabe der einzelnen Haushalte darstellt. In ihrer Funktion als Ehefrau und Tochter soll deshalb die Frau auf „der gleichen Seite" stehen. Zur Organisation der *ara* vgl. auch Losche 1978.

dieser Rituale sind die vielen Arten von Clangeistern im Kulthaus präsent. Die alten Männer leihen ihnen ihre Stimme. Wenn die Knaben und jungen Männer erschauernd und auf allen Vieren durch den tunnelartigen Eingang ins Kulthaus kriechen, dröhnt ihnen vielstimmig Musik entgegen: die Stimmen der Geister. Unsichtbare Hände berühren sie und drücken ihnen blutrote Farbkleckse auf – es sind die Wesen aus dem Jenseits, die nach den Novizen greifen und ihnen Symbole des Wieder-geboren-werdens aufdrücken. Dann sehen sie im flackernden und zukkenden Schein der Fackeln das überwältigende Kultbild. Nur kurze Zeit ist ihnen ein Blick darauf gewährt; dann müssen sie das Gebäude durch den winzigen Hinterausgang verlassen – und befinden sich auf dem initiierten Männern vorbehaltenen Geheimplatz des Kulthauses, wo sie im Verlauf der nächsten Tagen und Wochen, abgeschirmt vom Alltagsleben der Frauen und Kinder, in vielen Dingen des Rituallebens der Männer unterrichtet werden.

Das Kulthaus ist, wie gesagt, das größte Gebäude der Siedlung, und gleichzeitig bildet es deren Mittelpunkt, nicht bloß räumlich, sondern auch in den religiösen Vorstellungen der Menschen. Die Namen seiner Einzelteile verweisen auf Vorstellungskomplexe, die mit dem Platz des Menschen im Kosmos zu tun haben. Eine überwiegende Zahl der Kulthäuser weist auch eine eindeutige Orientierung nach Himmelsrichtungen auf: die bemalte Fassade, unterhalb der sich der Eingang befindet, ist oft nach Osten, dem Ort der aufgehenden Sonne, ausgerichtet. Der (abfallende) First des Kulthauses gilt als der Weg der Sonne, den diese vom Mittag – wenn sie also im Zenit steht – bis zum Abend zurücklegt. Der Firstbalken wird auch als ‚Himmel‘ bzw. ‚Sonne‘ bezeichnet. Bei der Einweihung eines neuen Kulthauses wird eine bemalte Scheibe, welche die Sonne symbolisiert, über dem Kultplatz aufgehängt: es ist dies die Sonne, die im Zenit steht. Sie scheint sozusagen in voller Kraft auf den Kultplatz, der das Leben der Menschen schlechthin repräsentiert. Der First des Kulthauses endet auf der Rückseite nur wenig über dem Erdboden. Nach den Vorstellungen der Abelam taucht die Sonne jeden Abend in die Erde ein und scheint dann nachts, unterirdisch, im Reich der Toten und der Geistwesen. Der kleine Kultplatz auf der Rückseite des Gebäudes, der den Initiierten vorbehalten ist, repräsentiert diesen Ort; dort werden die Novizen anlässlich der Initiation mit der Welt der Ahnen und Geister vertraut gemacht und begreifen, dass es im Ritual die alten Männer sind, die als Geister auftreten. Es ist die Zeit, in der die Novizen bei den Nichtinitiierten als ‚tot‘ gelten – solange, bis sie, prächtig geschmückt und schließlich selbst zu Geistwesen geworden, von diesem geheimen Kultplatz wieder zurück ins Alltagsleben geführt werden.

Zusammengefasst kann man sagen, dass das Kulthaus, zwar dem Osten, dem Ort der aufgehenden Sonne und der wachsenden Kräfte, zugewandt ist, es aber der Hälfte des Kosmos gewidmet ist, die im Zeichen der untergehenden Sonne steht. Es ist dies der ‚jenseitshaltige‘ Teil der Welt, die Welt der Clangeister und Ahnen.

Der große Platz *vor* dem Kulthaus ist im Alltag das politische Zentrum der Siedlung. Dort treffen sich die Männer – in der Regel die Clanältesten – um über die verschiedensten Angelegenheiten der Dorfgemeinschaft zu beraten – Streitfälle, Heiraten, Todesfälle – und Entschlüsse zu fällen, etwa, wann mit dem Anlegen der Gärten begonnen und wann Pflanzrituale – auf dem Kulthausplatz – durchgeführt werden sollen. Nach der Ernte werden dort die längsten Yamsknollen (welche die Größe eines Menschen haben können) zur Schau gestellt; dabei sind sie geschmückt mit einer anthropomorphen Gesichtsmaske, mit Männerkopfschmuck, Brustmuscheln und vielem mehr, alles Attribute, die den beseelten Yamsknollen ein menschenähnliches Aussehen vermitteln. Die so geschmückten Yamsknollen – der Stolz jedes Züchters! – gelten, ähnlich wie die Skulpturen im Kulthaus, als materielle Verkörperung der wichtigsten Clangeister. Diese Yamsknollen werden in speziellen Gärten, die Frauen nicht zugänglich sind, sorgfältig gezüchtet. Sie sind Produkte des *maira* der Männer und gelten als Zeichen erfolgreicher Kommunikation mit den Ahnen und Geistwesen. Nur dank ihrer Hilfe, so sagen die Abelam, war es möglich, dass der Yams zu solch erstaunlichen Dimensionen gedeihen konnte. Der lange Yams, der auf dem Kultplatz zur Schau gestellt und dann dem Tauschpartner übergeben wird, dient als mehr oder weniger jährliche Bestätigung dafür, dass die Clangeister wirksam und stets in unmittelbarer Nähe der Menschen sind und sich ihnen deshalb auch immer wieder offenbaren.

Der Kultplatz verkörpert, im Unterschied zum Kulthaus, die Plattform des Lebens der menschlichen Gemeinschaft – des Dorfes – schlechthin[15], dieser ist die ‚Leerstelle‘ in der Alltagstopografie und, zusammen mit dem Kulthaus, das Zentrum der sakralen Topografie, wobei, wie bereits gesagt wurde, das Alltägliche das Religiöse eng umschließt und sich auch mit diesem verwebt.

Nach den Ritualen kehren die Geistwesen wieder zu ihren eigentlichen Orten zurück. Diese befinden sich fernab der Siedlungen und auch abseits der Gärten, in einem ‚Niemandsland‘ insofern, als solche Gebiete nicht genutzt werden, sondern naturbelassen bleiben und sich kein Mensch freiwillig dorthin begibt. In der Regel sind es kleine Wasserlöcher – Tümpel irgendwo im Urwald, tiefe Stellen in einem

---

[15] Bereits Bühler (1960) hat auf die herausragende Bedeutung von offenen Plätzen für die Konstituierung von Siedlungen in Ozeanien hingewiesen.

Wasserlauf, ein sumpfiger Flecken –, die als Aufenthaltsorte der Geistwesen gelten. Das heißt, eigentlich ‚leben‘ sie nicht dort, vielmehr gelten diese Stellen als Durchgangstore ins Jenseits, in die Welt aller Schöpferwesen, die zugleich auch die Welt der Toten ist. Diese Ein- oder Durchgänge ins Jenseits sind clanspezifisch, d. h. die Clangeister begeben sich an ganz bestimmte Orte, ebenso die Seelen von Verstorbenen. Es scheint jedoch die Vorstellung zu bestehen, dass diese Eingänge dann schließlich in einem *gemeinsamen* Jenseits münden, wo auch Bekannte und Verwandte anderer Verwandtschaftsverbände und andere Clangeister zuhause sind.

Betrachtet man das *bewaldete* Gebiet eines Dorfes, so stellt man fest, dass dieses mit einem ‚Netz‘ von solchen sakralen Stellen, Eingangs- bzw. Durchgangsorten für Geistwesen und Totenseelen überzogen ist. Die religiöse Topografie ist, was den außerdörflichen Teil anbelangt, geografisch von der alltäglichen weitgehend abgetrennt. In den Vorstellungen der Abelam verkörpert dieses bewaldete Gebiet eine Form von ‚Wildnis‘ und bildet damit einen Gegenpol zum Kult- und Dorfplatz, der von den Menschen immer frei von Pflanzenwuchs gehalten wird. Kulthaus und Dorfplatz bilden, wie bereits deutlich geworden sein dürfte, den zentralen Schnittpunkt religiöser und alltäglicher Topografie.

Was im Ritual geschieht, ist ein Herbeirufen der Geistwesen von ihren clanspezifischen Orten im ‚Urwald‘, damit sie sich temporär im Zentrum der Siedlung, auf dem Kultplatz bzw. im Kulthaus, niederlassen. Gemeinsam mit den Menschen bilden sie dort eine einzige große Kultgemeinschaft, bei der die alten wichtigen Männer[16] zu Geistwesen werden bzw. diese repräsentieren und sich damit auch in religiöser Hinsicht zu den Mächtigen aufschwingen, vor allem über Frauen und Kinder.

Die Verschränkung von Religiösem und Sozialem

Wenn wir das, was ich soeben beschrieben habe, unter dem Aspekt der religiösen Topografie zusammenfassend betrachten, dann können wir folgendes feststellen: Die Orte der – einander nahezu gleichgestellten – Geister (bzw. die Durchgänge ins Jenseits) befinden sich innerhalb des Dorfterritoriums. Sie sind jedoch *außerhalb* des Gebietes, das für Hausbau und Gärten vorgesehen ist, lokalisiert. Ihre Umgebung ist ‚naturbelassen‘, ‚wild‘. Auffällig ist auch, dass diese Geisterorte polylokal sind. Das heißt: entsprechend der einander weitgehend gleichgestellten

---

[16] Diese wichtigen alten Männer werden im Neomelanesischen als *bigman* bezeichnet; sie sind diejenigen, die traditionellerweise weitgehend das Geschick des Dorfes bestimmten.

Verwandtschaftsverbände, welche die Grundlage der sozialen Organisation bilden, sind auch die Orte der Clangeister räumlich aufgeteilt und über die Gebiete der beiden Dorfteile verteilt. Die ‚Welt' der Geister und Ahnen ist unterhalb der Erd- bzw. der Wasseroberfläche angesiedelt. Dort ist deren ‚Alltagswelt', die – trotz unterschiedlicher Eingangstore – eine ‚homogene', zu einem sozialen Ganzen integrierte Welt darstellt.

Im Rahmen der kultischen Handlungen – d. h. durch die Dynamik des Rituals – werden Geister von der Peripherie, der ‚Wildnis' und der Welt unterhalb der Erde, ins räumliche und soziale Zentrum der Siedlung verlagert. Dieses Zentrum ist von Menschen geschaffen. Das Kulthaus bildet eine architektonische Meisterleistung, die das gemeinsame Werk der Männer (die von den Frauen als Gruppe die ganze Zeit über mit Nahrung versorgt werden) der Siedlung ist. Mit der künstlerischen Ausschmückung – die bemalte Giebelwand, sowie die vielen Zierelemente, und vor allem die geschnitzten Repräsentationen von Geistwesen im Innern des Hauses – erschaffen und lokalisieren die Männer *maira* mitten im Dorf. Es sind diese von Menschen gemachten geheimnisvollen und geheimgehaltenen Objekte, um welche sich die Initiationen für die Knaben und jungen Männer drehen.

Das Zentrum, das aus Kultplatz und Kulthaus besteht, ist also eines, das von Menschen dazu gestaltet wurde. Es ist die Handlungsfähigkeit der Männer in Kooperation mit den Geistwesen, welche dieses Zentrum hervorgebracht hat. Und gleichzeitig wird dadurch auch deutlich, dass *maira* ein komplexes symbolisches Ganzes ist, das auch von dieser gesellschaftlichen Gruppe kontrolliert wird. Das Kulthaus bindet die Geistwesen, die eigentlich verstreut draußen an der Peripherie zuhause sind, an die Siedlung der Menschen. Im Ritual versammeln sich dort die Clangeister, indem sie, angelockt mit Schweineopfern und herbeigerufen von alten Männern, von ihren verschiedenen Orten im Wald auf unsichtbare Weise ins Dorf gelangen. Auf dem Kultplatz bzw. im Kulthaus versammeln sie sich und werden zu voneinander nicht mehr unterscheidbaren Wesen, sei es auf dem lichtdurchfluteten Platz, sei es in der luftigen Höhe des unbeleuchteten, finsteren Kulthausinnern. Dieser Prozess der Synthese und Homogenisierung der Clangeister wird von den alten Männern auch dadurch initiiert, dass sie an den Geisterstellen in Tümpeln und Bachläufen ein wenig Wasser holen und dieses dann auf dem Kultplatz rituell, unter Anrufung der Geistwesen, zusammengießen.

Nicht nur in *räumlicher* Hinsicht, Peripherie und Zentrum, Jenseits und Diesseits, findet im Ritual auf dem Kultplatz eine Fusion statt, sondern auch in *zeitlicher* Hinsicht, indem die Zeit der Clangeister – die Urzeit – zur Jetztzeit wird – und umgekehrt.

Foto 2: Kultplatz mit aufgehäuftem Yams und Gruppen von Männern, unmittelbar vor Festbeginn. Malmba. Foto: Jörg Hauser 1978/79.

Damit werden Kultplatz und Kulthaus tatsächlich zu einem Kulminationspunkt, wo Peripherie und Zentrum miteinander verschmelzen, die Vielfalt der Clangeister zu einer Einheit wird, die Vertreter der verschiedensten Clane zu einer einzigen *communitas* (Turner [1969] 1989) werden. In dieser alles in sich alles vereinigenden Ganzheit lösen sich im Ritual die im Alltag gültigen räumlichen und zeitlichen Grenzen sowie die Trennlinien zwischen Menschen und Ahnen nebelähnlich auf – um sich danach, am Ende des Rituals, wieder zu verfestigen.

Bei politischen Diskussionen und Ritualen (v. a. Yamsfesten und Initiationen), versammeln sich männliche Repräsentanten aller zur Gemeinschaft gehörenden Verwandtschaftsverbände um den Kultplatz. Grüppchenweise sitzen die Männer beisammen. Areale verschiedener Verwandtschaftsgruppen grenzen jeweils an einen Kultplatz. Männer, die dort selbst nicht wohnen, begeben sich entsprechend Deszendenz und affinalen Beziehungen zu ihren nächsten Verwandten und lassen sich dort nieder. Bei Yamsfesten und Vorbereitungen von Initiationen, also bei Ritualen, bildet die *ara*-Zugehörigkeit das grundlegende Strukturierungsmuster: auf der einen Seite des Kulthauses sind die Angehörigen der einen, auf der anderen die Mitglieder der anderen *ara*. Unmittelbar vor dem Kulthaus sind es die wichtigen alten Männer, die sich durch die Gabe der Rede, des Anrufens der Geistwesen,

57

des dramatischen Darstellens von Scheinkämpfen gegen unsichtbare, mit Reden heraufbeschworenen Feinden oder durch besondere Kenntnisse von rituellen Handlungen hervorgetan haben. Sie müssen diese Fähigkeiten immer wieder von neuem unter Beweis stellen. Durch ihr Sitzen unmittelbar an der Trennwand zum dunklen, weitgehend materiell leeren, jedoch von Geheimnisvollem angefülltem Kulthausinnern dokumentieren sie besondere Nähe zum Bereich des Sakralen und Geheimnisvollen. Sie setzen sich damit von denjenigen älteren und alten Männern ab, die diese Fähigkeiten nicht haben. Bei einem Ritual – seien es Pflanzrituale im Zusammenhang mit dem Yams oder Vorbereitungen für Initiationen – lässt sich deshalb relativ eindeutig feststellen, wer die wichtigen alten Männer sind, die im Dorf das Sagen haben. Durch ihr Auftreten zeigen sie ihren Anspruch auf diese Rolle und, indem ihnen die anderen Männer zuhören, werden sie darin auch bestätigt. Innerhalb dieses Grüppchens der alten Männer gibt es keine weiteren räumlichen Unterscheidungen, wie etwa Sitzordnungen.

Wenn soziale Unterschiede bezüglich Fähigkeiten und Ansehen innerhalb der Generation der älteren Männern insgesamt erkennbar werden, dann zeigen sich zwei weitere Differenzierungen in noch verstärktem Maße. Die erste Differenzierung bildet die zwischen älteren und jungen Männern. Nie halten sich junge Männer vor der Trennwand des Kulthauses auf, höchstens wenn sie den wichtigen alten Männern das Essen bringen. Die jungen Männer sitzen, sofern sie schon verheiratet sind und Kinder haben (bzw. bestimmte Initiationen schon durchlaufen haben), am Rande des Kultplatzes, zusammen mit älteren Männern. Wie im Zusammenhang mit der Schilderung von Initiationen deutlich geworden sein dürfte, kontrollieren die alten Männer das Kulthausinnere, indem sie für die Novizen Kultbilder, die diese erschauern lassen, inszenieren – um sich später als ‚Geister‘ zu erkennen zu geben. Eine zweite Differenzierung, die von viel grundsätzlicher Art ist, bildet diejenige zwischen Männern und Frauen. Frauen sind bei den beschriebenen Ritualen nahezu unsichtbar. Sie sind damit beschäftigt, die näher und weiter verwandten Männer ausgiebig zu verköstigen. Zu festgelegten Zeitpunkten muss Yamssuppe (bzw. gekochte Feldfrüchte) in großen Mengen zubereitet und den Männern gebracht werden. Die Kochhütten befinden sich auf der vom Kultplatz abgewandten Seite. Von dort bringen sie das Essen bis an den Rand des Kultplatzes und rufen ihre Männer; diese nehmen ihnen das Essen ab und geben es an die anderen Männer weiter. Die Versorgung mit reichlicher Nahrung ist ein wichtiger Beitrag der Frauen zum Gelingen der Rituale. Eine weitere Bedingung für den Erfolg der Kulthandlungen ist ebenfalls mit den Frauen verbunden: Frauen, vor allem menstruierende Frauen und Wöchnerinnen, müssen sich fern von Kultplatz und Kulthandlung der Männer aufhalten, da sie diesen gefährlich werden können.[17]

Durch die räumliche Anordnung werden soziale Differenzierungen also auf vielfältige Weise manifest. Aber damit ist nicht ein bloßes Abbilden gemeint: Das Zentrum, Kulthaus und Kultplatz, ist auch ein Ort, bei dem die bestehende soziale Ordnung durch das Handeln aller Beteiligten aktiv bestätigt bzw. neu gestaltet wird, denn gerade der Kultplatz ist ein Ort, an welchem Ansehen und Rollen immer wieder neu ausgehandelt werden. Kulthaus und Kultplatz bündeln wie kein anderer Ort auf einzigartige Weise die vielfältigen sozialen Beziehungen und integrieren sie gleichzeitig in ein als Gemeinsames erlebtes soziales Ganzes.

Homologe Zentren und der Gegenentwurf der Frauen

Wie ich bereits erwähnt habe, weist Kalabu nicht ein einziges ‚Zentrum' auf, sondern jede Dorfhälfte hat zwei; insgesamt sind es vier Kulthäuser mit Kultplatz, die Zentrumsfunktion übernehmen können. Aber das, was ich in fast idealtypischer Form bezüglich Ritualen, Sozialem und Räumlichem geschildert habe, kann im Prinzip vor jeder dieser Kultanlagen stattfinden. Zwischen diesen besteht eine Art Arbeitsteilung. Jede dieser Kultanlagen ist für ein bestimmtes Fest (z. B. ein Fest für eine bestimmte Yamssorte und ein anderes Fest für eine andere Yamssorte) zuständig. Zum eigentlichen Zentrum wird eine solche Kultanlage erst, wenn dort ein Ritual, das für das ganze Dorf wichtig ist, durchgeführt wird. Neben diesen vier wichtigsten Kultanlagen gibt es noch zahlreiche weitere, die jedoch in ihrer Bedeutung zurückstehen. Anders ausgedrückt bedeutet dies, dass Kulthaus und Kultplatz als Zentrum des Dorfes keinen fixen Ort haben. Es handelt sich bei den vier Anlagen um homologe Anlagen mit gleicher Potenz. Je nach Anlass wird eine Anlage ‚aktiviert'. Erst dadurch wird sie zum tatsächlichen Zentrum. Diese mehr oder weniger egalitäre Gesellschaft hat damit, aufbauend auf dem Prinzip vielfältig sich ergänzender Dualitäten, die das Ganze konstituieren, demzufolge mehrere homologe Anlagen hervorgebracht, von denen jeweils, turnusgemäß und handlungsbezogen, eine temporär zu einem konkreten Zentrum wird.

---

[17] Die Rituale der Männer und die sichtbaren Zeichen weiblicher Fruchtbarkeit bilden – wie seit dem Standardwerk Mary Douglas' (1966) hinlänglich bekannt sein dürfte – oft eine Antithese, wobei bei den Abelam nur die weibliche Fruchtbarkeit den Ritualen (aber nicht umgekehrt) gefährlich werden kann.

Wie jedoch deutlich geworden sein dürfte, handelt es sich um ein Zentrum, das von Männern in jeder Hinsicht beherrscht wird. Wie wir gesehen haben, können in erster Linie junge, menstruierende Frauen dem Kult gefährlich werden. Dies bedeutet auch, dass das zweifellos ,dominante' Zentrum der Männer durch Frauen, wenn sie sich nicht an die Vorschriften der Männer halten, dezentriert werden kann. Tatsächlich sind ihre räumlichen Bezugspunkte, die das Zentrum der Männer bedrohen, anderer Art. Den äußersten Gürtel einer Siedlung bilden einzelne verstreut stehende Menstruations- und Geburtshütten, ein bis zwei Stück pro Weiler. In diese ziehen sich die Frauen für Menstruation und Geburt zurück. Um diese Hütten machen Männer, die sich mit kultischen Angelegenheiten befassen, wozu auch das Yamspflanzen gehört, einen großen Bogen.[18] Das, was sich in den Menstruationshütten abspielt – das regelmäßige Bluten der Frauen, das Gebären eines lebendigen Menschen – wird ebenfalls als *maira* bezeichnet. Es ist *maira* der Frauen.[19] Die Mächte und Kräfte, die diesen Hütten und den sich darin aufhaltenden Frauen zugeschrieben werden, konstituieren eine weibliche symbolische Ganzheit, *maira*. Diese *maira* wird nicht – wie dies bei jener der Männer der Fall ist – mit Clangeistern assoziiert, sondern mit Vorstellungen von nahezu unkontrollierbaren weiblichen Fruchtbarkeits- und Schöpfungsgewalten, von denen die Männer ausgeschlossen sind.

Menstruation und Geburt sind an das Individuum gebundene Ereignisse, die unter den Frauen insgesamt nicht synchron stattfinden. Wenn ein Mädchen zum ersten Mal menstruiert, findet ein Menarchefest statt. Dabei handelt es sich weitgehend[20] um ein Fest der Frauen, zu dem Frauen aus allen Weilern eines Dorfes eingeladen sind. Bei diesem Fest nehmen die Frauen temporär Besitz vom Kulthausplatz, dem das junge Mädchen zugehört. Mitten auf dem Kultplatz wird langer Yams – die sakralen ,Kinder' der Männer! – in Stücke zerteilt. Diese werden an die Besucherinnen, die sich dort samt Kindern ebenfalls grüppchenweise niederlassen, verteilt. Sitzordnungen etwa nach Verwandtschafts- oder *ara*-Zugehörigkeit, wie dies bei den Männern der Fall ist, bestehen nicht. Auch gibt es keine alten Frauen, die sich in irgend einer Form ins Zentrum des Geschehens rücken oder Reden halten.

---

[18] In mündlichen Überlieferungen wird jedoch geschildert, dass diese Hütten bzw. die Frauen in ihnen, eine große Anziehung auf die Männer ausüben, denn es ist immer wieder von sexuellen Abenteuern die Rede, welche die Männer dorthin locken.

[19] Vgl. dazu Hauser-Schäublin 1995.

[20] Mutterbrüder und Väter des Mädchens sind oft phasenweise dabei (v. a. wenn Gäste langen Yams als Gabe herbeibringen, dann nehmen sie diesen entgegen; teilweise sind es auch sie, die den langen Yams zerlegen).

Vielmehr handelt es sich um einen lebhaften, fröhlichen Anlass, der bei Männern auch immer wieder zu Irritationen führt. Die Frauen unterhalten sich angeregt miteinander, tauschen die mitgebrachte Yamssuppe untereinander aus, und die Besucherinnen werden mit Tabak, gekochten Feldfrüchten und Betelnuss bewirtet. Da das Erstmenstruationsfest immer auf demjenigen Kultplatz abgehalten wird, zu dem das junge Mädchen bzw. sein Vater gehört, bildet sich jeweils ad hoc ein sozio-räumliches Zentrum. Weder sind die Kultorte noch der Turnus voraussagbar, wo das nächste Fest stattfinden wird, sondern es sind die jungen Mädchen und ihre Menarche, welche Lokalität, Rhythmus und Zeitpunkt bestimmen. Das Erstmenstruationsfest auf dem Kultplatz bündelt, ähnlich wie bei den Riten der Männer, die *maira*-Orte der Frauen, also die Menstruations- und Geburtshütten. Gleichermaßen bringt der Ort die Frauen zusammen, die das Fest gemeinsam feiern, weil sie Frauen sind – ungeachtet aller Clan- und Moiety-Grenzen. Es ist das einzige Fest, das Frauen als Frauen bündelt – aber gerade darin zeigt sich die Macht der Örtlichkeit: sie bestätigt die Macht der Frauen immer wieder aufs neue und reproduziert sie. Dieses System der Menstruationsfeste, das ein Gegenentwurf zu den von Männern beherrschten Zentren darstellt, ist jedoch als komplexe Ganzheit viel schwächer ausformuliert als das dominante System der Männer. Die gemeinsame Räumlichkeit von Männerriten und Frauenriten verweist auf die Bedeutung, die Menstruation und Geburt als Lebensquell des Menschen auch für Abelam-Männer besitzen. Im Zusammenhang mit Ritualen, die der Förderung der Fruchtbarkeit des Zeremonialyams dienen, werden eindeutige Analogien zwischen dem geheimgehaltenen Yamsstein in einer besonderen Hütte und einem Mädchen während der Menarche in der Menstruationshütte hergestellt. Auf diese Äquivalenz männlicher und weiblicher *maira* verweist auch die Benutzung des gleichen Ortes für Riten der Männer und der Frauen: der Kultplatz.

III. Bali: Plurale Topografien und komplexe Strukturen

Ich möchte mich nun dem Beispiel einer komplexen Gesellschaft zuwenden, einer vom Hinduismus geprägten Gesellschaft im Süden der Insel Bali (Indonesien). In sozialer Hinsicht handelt es sich um eine geschichtete Gesellschaft. Die Gesellschaftsstruktur ist pyramidenförmig aufgebaut, mit einem lokalen Fürsten an der Spitze. Früher existierten größere und kleinere Königtümer. Obwohl diese im Rahmen der holländischen Kolonialisierung und dann im Prozess der Staatsbildung Indonesiens abgeschafft wurden, haben sie bis auf den heutigen Tag ihre Auswirkungen. Sie werden vor allem im religiös-kultischen Bereich immer noch ‚aktiviert' (s. u.). Die einzelnen sozialen Schichten der Gesellschaft werden mit den gleichen Namen wie die indischen Kastennamen, *sudra*, *wesya*, *satria*, *brahmana*, bezeichnet, doch wäre es verfehlt, von Kasten zu sprechen. Vielmehr handelt es sich um soziale Schichten, deren Angehörige das Anrecht auf das Tragen eines bestimmten Titels besitzen; eine soziale Arbeitsteilung dieser Schichten ist im Alltagsleben nur am Rande gegeben. Die Angehörigen einer solchen Schicht, was vor allem bei den beiden höchsten Schichten erkennbar ist, verbindet vor allem das Tragen des gleichen Titels und die damit verbundenen Rechte und Pflichten.

Ökonomisch beruht die Gesellschaft traditionellerweise vor allem auf dem Nassreisanbau, der in den fruchtbaren Tälern des Südens in sich fast endlos aneinanderreihenden Terrassen betrieben wird. Im Unterschied etwa zum indischen Kastensystem waren (und sind je nach Gebiet immer noch) Angehörige aller sozialen Schichten in der Landwirtschaft tätig. Die von mir untersuchte Gemeinde, Intaran, liegt zurückgesetzt hinter dem Touristengebiet Sanurs, das sich entlang der Küste Südbalis ausgebreitet hat. Heute, da große Teile des fruchtbaren Landes an nationale und transnationale Investoren verkauft und dort Hotel, Restaurants etc. gebaut wurden, leben die Bewohner Intarans in erster Linie vom Tourismus. In sozialer Hinsicht handelt es sich um eine Gesellschaft, die durch einen hohen Grad der Arbeitsteilung gekennzeichnet ist. Entsprechend gestaltet sich die Alltagstopografie äußerst komplex. Für die einzelnen arbeitsteiligen Gruppen (etwa unterschiedliche Handwerkergruppen, Händler, Bauern, Priester, Beamte, Angestellte) müssten eigentlich jeweils eigene Topografien erstellt werden. Alle diese unterschiedlichen Berufsgruppen leben jedoch in einem gemeinsamen Dorf (*desa*) zusammen. Neben der Zugehörigkeit zu einer der traditionellen sozialen Schichten, ordnen sich die Menschen primär Verwandtschaftsverbänden, also Clanen, zu. Diese Clane sind überlokal; deshalb besitzen Männer und Frauen meistens auch Verwandte in mehreren anderen Dörfern.

Das *desa adat* Intaran – der Teil des Dorfes, dessen Bewohner eine Ritualgemeinschaft bilden, im Unterschied zu *desa dinas*, dem staatlich-politischen Dorf[21] – bilden Angehörige einer größeren Anzahl von Clanen aller Schichten. Die Menschen leben heute größtenteils in Häusern, die aus Beton gebaut sind und Glasfenster und Ziegel- oder Metalldächer besitzen. Das Spektrum der Häuser reicht von einfach Hütten armer Bauern oder Landloser bis hin zu komplexen Gehöften mit vielfältigen Bauten wohlhabender Schichten. Die Siedlung selbst besteht aus ver-

---

[21] Vgl. Warren 1993.

schiedenen *banjar*, aus ‚Nachbarschaften' oder ‚Quartieren'. *Banjar* stehen, von den Bewohnern und ihren Verpflichtungen her betrachtet, an der Schnittstelle zwischen *adat* und *dinas*. In *banjar* leben in der Regel Angehörige verschiedener Verwandtschaftsverbände zusammen. Jeder *banjar* besitzt sein eigenes rituelles und politisches Zentrum. Dieses besteht aus einem kleinen *banjar*-Tempel und einer Versammlungshalle. *Banjar* sind auf dem Prinzip der Nachbarschaftshilfe aufgebaut; Kremationen und andere rituelle Anlässe, welche die *banjar*-Gemeinschaft betreffen, werden nach diesem reziproken (und egalitären) Prinzip durchgeführt.

Die meisten südbalinesischen Dörfer im Sinne von *desa adat*, so auch Intaran, werden durch das Drei-Tempel- und Ritual-System zusammengehalten. Diese Tempelanlagen haben unterschiedliche Funktionen und Bedeutungen. Diese sind im allgemeinen bereits durch ihre Lage innerhalb des Siedlungsgebietes erkennbar. Der eine Tempel ist den Ahnen der Dorfgründer, der zweite dem Dorf insgesamt und der dritte dem Friedhof und den noch nicht reinen Seelen der Verstorbenen gewidmet. Die Teilnahme an den jährlich stattfindenden Tempelfesten ist für die Angehörigen eines *desa adat* obligatorisch. *Adat*, die Sitten und Gebräuche samt den rituellen Verpflichtungen, ist die große bindende Kraft, die im Rahmen von Ritualen an bestimmten sakralen Örtlichkeiten (Tempeln) auch die traditionelle sozio-religiöse Ordnung immer wieder von neuen hervorbringt und sie reproduziert. *Adat* hat sich (auch in Abgrenzung und Gegenüberstellung zu *dinas*) seit der Kolonialzeit zu *der* symbolischen Ganzheit entwickelt, in der religiöse Vorstellungen und solche von *niskala* (dem Göttlich-Unsichtbaren) einerseits und soziale Praxis (in einer vornehmlich konservativen bzw. überlieferten Form, s. u.) andererseits sinnhaft mit einander verbunden und integriert sind. Als die einzelnen ‚Quartiere' übergreifende Siedlungsstruktur beherbergt das *desa adat* zentrale Tempelanlagen, die anlässlich der Jahresrituale von allen Dorfbewohnern aufgesucht werden müssen.

Räumliche Bewertung und soziale Hierarchisierung

Der Tourismus hat die frühere Alltagstopografie grundlegend verändert, indem er genau dort die größte Dichte und Ausdehnung hervorgebracht hat, wo früher in der Alltagstopografie ‚Leerstellen' waren. Es handelte sich um Orte an der Peripherie des Gebietes in unmittelbarer Strandnähe, die in der religiösen Topografie eine wichtige Rolle spielten; sie waren übermenschlichen Wesen vorbehalten. Diese (und andere) wichtigen Orte der Sakraltopografie werden als *niskala*, die Welt der unsichtbaren und mächtigen Wesen, bezeichnet. Sie werden damit deutlich abgegrenzt von der sichtbar konkreten Welt des Alltags, *sekala*. Der Tourismus hat teilweise Gebiete der religiösen in solche der alltäglichen Topografie, und somit *niskala* in *sekala* verwandelt.[22]

Durch den Tourismus mit seinem weitverzweigten Netz verschiedenster Dienstleistungsunternehmungen sind auch unterschiedliche Einkommenssituationen entstanden, die neue Formen sozialer Unterschiede hervorgebracht haben, welche auf den Kriterien Einkommen und Kapital beruhen. Diese Unterschiede spiegeln sich im Erwerb und in der Zurschaustellung prestigebeladener Konsumgüter (Häuser, Autos etc.) wider. Wenn diese Dinge im Alltagsleben eine zunehmend wichtige Rolle spielen, so sind sie in Dorfritualen nur von marginaler Bedeutung, denn über Geld und Konsumgüter können kaum besondere Beziehungen zur Welt der unsichtbaren Wesen (*niskala*) hergestellt werden. Denn das einzige Bindeglied zu den vergöttlichten Vorfahren (*bhatara*) bildet die Deszendenz – und nicht Reichtum. Hier, so zeigt diese Grenzziehung, sind Prinzipien und Eigenschaften anderer Sinnzusammenhänge wirksam: Geld ist zwar ebenfalls mit Status verknüpft, aber nicht mit *niskala* und Deszendenz. Immerhin ermöglicht jedoch der Besitz von (viel) Geld die üppigere Ausgestaltung der Feste und gelegentlich auch die Anfertigung einer neuen Genealogie, die machtvollere Ahnen ‚nachweist‘.

Intaran als Dorf war, soweit sich seine Geschichte zurückverfolgen lässt, nie eine in sich geschlossene Einheit (Hauser-Schäublin 1997). Wie bereits erwähnt, greifen Verwandtschaftsverbände über die aktuellen Dorfgrenzen hinaus.[23] Sie pflegen dementsprechend auch ihre sozialen Beziehungen zu anderen Gruppen, die in anderen Dörfern und Regionen wohnen. In früherer Zeit fanden aus den unterschiedlichsten Gründen fast kontinuierlich Aus- und Einwanderungen kleinerer Familienverbände statt. Jeder Familienverband in Intaran besitzt deshalb eine Wanderungsgeschichte, die von einem ‚Ursprungsort‘ berichtet, von wo aus eine Einwanderung, die meist über mehrere Stationen verlief, zum heutigen Siedlungsplatz erfolgt ist. Diese Einwanderungsgeschichten werden an Tempeln festgemacht, die

---

[22] Vgl. dazu Waldner 1998. Dass diese Transformation nicht unproblematisch abläuft, zeigen Beispiele von Hotelanlagen, die an religiös ‚heißen‘ Stellen (*tenget*) errichtet wurden, wo früher Grabstätten bzw. Friedhöfe waren (vgl. Hauser-Schäublin 2000).

[23] Die Bewässerungsgemeinschaften (*subak*), die über *banjar-* oder *desa*-Grenzen hinausreichen, spielen heute, da ein Großteil der ehemaligen Nassreisfelder einer Urbanisierung (v. a. im Zusammenhang mit internationalem Tourismus) zum Opfer fielen, eine untergeordnete Rolle. Über die Bedeutung und Organisation von *subak* in anderen Teilen Balis vgl. Lansing 1991.

an den wichtigsten Stationen errichtet wurden. Tempel, ob Clan- oder Dorftempel, sind heilige Orte, die im Alltag nur von dafür zuständigen Priestern betreten werden dürfen. Sie gelten als Aufenthaltsorte für vergöttlichte Ahnen und Gottheiten, die zu *niskala,* den Unsichtbaren, Geheimnisvollen Übermenschlichen und Mächtigen, zählen. Tempel sind sakrale Orte und deshalb wichtige Stellen innerhalb der religiösen Topografie.

Clantempel unterscheiden sich von Dorf-, Regional- oder gar Staatstempeln in ihrer Anlage kaum. Tempel in Bali bestehen aus einem oder mehreren hintereinander gestellten Höfen, die nach außen durch eine Umfassungsmauer abgeschlossen sind. In jedem Hof stehen, nach bestimmten Orientierungsprinzipien aufgestellt, Hallen sowie ein oder mehrere Schreine, zu deren Füßen sich die Menschen anlässlich von Festen zum Gebet und Ritual unter offenem Himmel niederlassen. Für Tempelfeste werden jeweils Göttersymbole, oft in Form von kleinen Götterstatuen, in den Schreinen aufgestellt. Die wichtigsten Schreine eines Clantempels sind einerseits der Aufnahme der Ahnen gewidmet, andererseits handelt es sich um Stellvertretungen der wichtigsten Tempel der Stationen, die in den Migrationsgeschichten genannt werden. Der Bau eines claneigenen Tempels auf dem neu angeeigneten Land, in welchem die vergöttlichten Vorfahren verehrt werden, dient der Legitimation des Wohnens und Lebens an einem neuen Ort. Aus Zuzüglern werden dadurch Niedergelassene.

Eine hervorragende Stellung innerhalb der Clantempel nimmt der sogenannte ‚Ursprungstempel' (*kawitan*) ein, von dem sich alle Angehörigen eines (oder sogar mehrerer Clane) herleiten und den die Angehörigen aller Linien des gleichen Clanverbandes anlässlich des Jahresfestes aufsuchen. Dieser „Ursprungstempel" bündelt die verschiedenen Lineages und reproduziert auch ihr Verhältnis untereinander (Prinzipien der Seniorität bzw. unterschiedliche Ansprüche politischer Vormachtstellung).

Das Modell eines räumlichen, geokosmologischen Orientierungssystems bestimmt weitgehend Alltags- und Sakraltopografie, sowohl auf der Mikro- als auch auf der Makroebene. Es besteht einerseits aus einer Berg/Meer-Achse. Dabei spielt die Gegenüberstellung von Hoch = Berg und Tief = Meer eine Rolle. Andererseits weist es eine Ost/West-Achse auf, die sich nach Sonnenaufgang und -untergang richtet. Dieses aus zwei Achsen kombinierte Orientierungssystem legt nicht nur den Ort bestimmter öffentlicher Einrichtungen – Tempel, Markt, Palast, Friedhof etc. – fest, sondern auch die Wohngehöfte der Menschen. Osten und bergwärts gelten als reiner als der Westen bzw. der Süden. Die reinste Richtung ist diejenige, die durch Osten/bergwärts konstituiert wird. In einem Gehöft wird dort der Gehöftstempel gebaut; auf dörflicher Ebene ist es der Tempel der Dorfgründer. Westen/meerwärts – die gegenüberliegende Seite also – ist die unreinste. Im Gehöft befindet sich dort die Küche/die Toilette bzw. der Schweinestall; im Dorf ist dies in der Regel der Friedhof. Gehöft und Siedlung verhalten sich zueinander wie Mikrokosmos und Makrokosmos.[24]

Wie aus dem bisher Gesagten hervorgehen dürfte, ist jedes Individuum bereits auf Dorfebene in ein Netz von Tempelbeziehungen eingebunden: der Gehöftstempel (also mehr oder weniger der ‚Familientempel‘), der Clantempel, der *banjar*-Tempel bis zu den eigentlichen Dorftempeln. Darüber hinaus gibt es auch Tempel, die der komplexen Arbeitsteilung der Gesellschaft Rechnung tragen: Tempel der Bewässerungsvereinigungen (Nassreisbau), Tempel der Fischer, Tempel der Marktfrauen und Händler, Tempel der Staatsdiener sowie Tempel von Hotelangestellten u. a. m.

Im Unterschied etwa zu den Abelam trennt das balinesische geokosmologische Orientierungssystem nicht bloß die Menschen von den Gottheiten. Vielmehr bietet es auf Grund der Differenzierung in höher/tiefer und rein/unrein die Möglichkeit zur sozialen Differenzierung, geordnet nach Statuszugehörigkeit. Dies hat Auswirkungen auf die gegenseitige Konstituierung von Raum und Sozialem. So wird der Raum für ambitiöse Akteure auch zu einem Instrument, um soziale Ansprüche durchzusetzen und Überlegenheit, eine möglichst vorteilhafte Position, zu manifestieren. Raum und räumliche Anordnungen werden unter diesen sozial komplexen, inegalitären Verhältnissen zu Artikulationsmöglichkeiten mit sozial-hierarchischen Konsequenzen. Die bergwärts/östlichste Richtung ist beispielsweise bei formellen Treffen als Sitzplatz immer den ranghöchsten Persönlichkeiten vorbehalten, und die übrigen Teilnehmer lassen sich gemäß ihres Ranges an entsprechend niedrigeren Positionen nieder. Dabei werden solche Sitzordnungen jeweils situational ausgehandelt, nicht-verbal selbstverständlich, und oft kommt es auch zu spontanen Veränderungen, indem jemand aufsteht und sich an einer ‚ranghöheren‘ Stelle niederlässt. Ähnliche Prozesse kann man auch bei Ritualen in Tempeln beobachten, wenn sich die Gläubigen zum Gebet zusammenfinden. Während es den titellosen Menschen mehr oder weniger gleichgültig ist, wo sie sitzen, legen die Titelträger auf einen ihrem sozialen Status entsprechenden Ort in der Tempelgemeinde Wert, um auch nach außen zu dokumentieren, welchen Rang sie im Gesamtgefüge einnehmen.

---

[24] In der Anwendung dieses geokosmologischen Modells auf die soziale Wirklichkeit ergeben sich zahlreiche Veränderungen und Umdeutungen, die meist auf historisch-politischen Wandel zurückzuführen sind; vgl. Hauser-Schäublin im Druck.

Während es sich bei ad hoc ausgehandelten Sitzpositionen um dynamische Abläufe handelt, die immer wieder bei jedem Anlass neu ablaufen, vor allem, wenn neue Akteure hinzukommen, gibt es auch mehr oder weniger fest zugeordnete räumliche Positionen der Handelnden.

Dies gilt etwa für Brahmanenpriester, die höchsten Ritualleiter. Sie sitzen an prominenter Stelle auf einer Plattform über den Köpfen der Betenden und leiten das Ritual (vgl. Hauser-Schäublin 1992 und 1993). Wenn jedoch ein Lokalfürst (meist ein Angehöriger der *satrya* oder *wesya*) zu einem solchen Ritual erscheint, dann betritt er – wie ich einmal verfolgen konnte – erst zu dem Zeitpunkt den Tempel, da die Gemeinde sich schon auf dem Boden zum Gebet niedergelassen hat und der Brahmanenpriester auf seiner Plattform mit den ersten Ritualhandlungen begonnen hat. Der Lokalfürst stellte sich in diesem Fall hinter den Brahmanenpriester auf eine Sprosse der Plattform. Dort blieb er stehen, den Brahmanenpriester mindestens um Kopflänge überragend.

Im aktiven Handeln der Menschen also werden die Prinzipien des Orientierungssystems und die damit verbundenen Werte immer wieder dazu eingesetzt, eine hierarchisch aufgebaute soziale Ordnung auszudrücken, wobei man dazu anmerken muss, dass dabei immer wieder versucht wird, eine ,bessere' Position einzunehmen als man eigentlich hat!

Die Konstituierung des Sozialen im Dorftempel

Wie bereits erwähnt, bildet in den meisten Dörfern Südbalis das Drei-Tempel-Ritual-System das sozio-religiöse Rückgrat der Dorfgemeinschaft. Von den drei Tempeln bildet der Pura Desa oder Dorftempel den Ort, wo alle im Dorf ansässigen Verwandtschaftsverbände und damit auch deren Status zur Darstellung gelangen. Der Dorftempel ist, geografisch gesprochen, an mittlerer Position derjenige zentrale Ort im Dorf, der eine soziale Verdichtung hervorbringt. Diese repräsentiert nicht nur die soziale Organisation der Dorfgemeinschaft, sondern reproduziert sie auch immer wieder aufs neue. Während des jährlichen Tempelfestes finden sich Vertreter aller Verwandtschaftsverbände, die zum *desa adat* gehören, dort ein. Das bereits oben beschriebene spontane Aushandeln von Positionen innerhalb der Gemeinde der Gläubigen, die sich zum gemeinsamen Gebet unter der Leitung des Brahmanenpriesters versammeln, findet dort statt. Wichtiger und bedeutsamer ist dort jedoch die mehr oder weniger permanente, nur schwer zu modifizierende räumliche Zuweisung der einzelnen Verwandtschaftsgruppen. Denn jeder Verwandtschaftsverband ‚besitzt' im Tempel einen Altar oder Schrein, mit dem er sich besonders verbunden fühlt und wo auch die vergöttlichten Vorfahren verehrt werden. Oftmals teilen sich mehrere Verwandtschaftsgruppen – sei es auf Grund von Deszendenz oder Affinität – einen gemeinsamen Schrein. Die Aufteilung der Schreine innerhalb der Tempelhöfe ist, und dies legt schon die Bedeutung des Orientierungssystems nahe, nicht zufällig oder willkürlich. Vielmehr findet dort das Prinzip der Hierarchisierung von Raum, dessen Basis die Bewertung der Himmelsrichtungen mit „rein" und „unrein" bildet, statt. In der bergwärts/östlichen Ecke findet sich heute meistens ein Sitz für den heiligen Berg Balis, Gunung Agung, bzw. für die Sonne als Symbol für den alle übrigen Wesenheiten übergreifenden höchsten Gott. In unmittelbarer Nachbarschaft davon stehen Schreine, die den einzelnen Clanen übergeordnet sind: In brahmanisierten Gebieten etwa der Schrein für Brahma als „Herd" des Dorfes. Im weiteren lässt sich anhand der Lage der einzelnen Schreine, sowie deren Größe und vor allem Höhe (!) klar die Stellung der verschiedenen Verwandtschaftsverbände im Verhältnis zueinander ablesen. Wenn während des Jahresfestes sich die Gläubigen dort auf dem offenen Innenhof einfinden, dann wenden sie sich – abgesehen von den gemeinsamen rituellen Handlungen der *adat*-Gemeinschaft –, ihren Altären zu. In der Regel besitzen diese claneigenen Schreine auch einen eigenen Priester, der aus dem betreffenden Verwandtschaftsverband stammt und für die Schmückung des Schreins und die mit dem Jahresfest dort verbundenen Rituale zuständig ist.

Die räumliche Organisation des Dorftempels mit der Verteilung der einzelnen Schreine bündelt also die sozialen Beziehungen auf eindeutige Weise. Und es ist dieser Ort, an dem während des Jahresfestes diese Positionen der einzelnen sozialen Verbände dadurch, dass sie akzeptiert werden, immer wieder neu bestätigt werden. Gelegentlich werden diese Positionen tatsächlich verändert, etwa wenn es einem Verband gelingt, seine neue, höhere Position den anderen Mitgliedern der *adat*-Gemeinschaft glaubhaft zu machen. Dies kann beispielsweise geschehen, wenn ein Verwandtschaftsverband plötzlich Dokumente (Genealogien) vorlegen kann, die seine Abstammung etwa von einem Fürstenhaus belegen (vgl. auch Schulte Nordholt 1994). Ein solcher Anspruch bedeutet meistens auch den Anspruch auf einen Titel der Nobilität. Gelingt es dem betreffenden Verband, seinen Anspruch durchzusetzen, so wird er früher oder später einen entweder sehr viel höheren Schrein bauen – die Anzahl der Pagodendächer ist ebenfalls Ausdruck des sozialen Status –, oder ihn an neuer, favorisierten Stelle der Sakralanlage errichten. Die soziale Dynamik, die der Umgang mit Raum erlaubt, ist – etwa im Vergleich zu den Abelam – riesig; sie verdeutlicht auf eindrückliche Weise, wie Raum als politisches Instrument im Dienste der Statusveränderung eingesetzt werden kann. Die neue räumliche und soziale Position drückt sich im Alltag dann auch darin aus, dass die Mitglieder des Verbandes sich mit einem neuen Titel anreden lassen.

Die Konstituierung von Räumlichem und Sozialem aber geht noch einen entscheidenden Schritt weiter, indem der Dorftempel nicht die einzige Lokalität ist, an der soziale Positionen, vor allem Ansprüche auf Vormachtstellungen, ausgehandelt werden. Der soziale Wettbewerb zeigt sich auch in der Anlage von ganzen Tempeln. Dies manifestiert sich auf zwei verschiedene Arten. Manche Tempelanlagen bestanden zuerst nur aus einem einzigen Hof. Die ‚Besitzer‘ einer solchen Anlage waren meist titellose Verwandtschaftsverbände, die dann im Verlauf der Zeit von höher gestellten, meistens ökonomisch Wohlhabenderen abhängig wurden. Schließlich übernahmen diese dominanten Gruppen auch die alten Tempel und begannen sie zu verändern. In der Regel wurde an den bestehenden Tempel ein zusätzlicher Hof angebaut, den die neuen Herren ausschließlich für sich beanspruchten; dort ließen sich ihre Götter bzw. vergöttlichten Vorfahren nieder. Die autochthonen Gottheiten des ehemaligen Tempelhofes wurden durch diesen Veränderungs- (oder eher Unterwerfungs-)prozess plötzlich zu ‚niederweltlichen‘ Gottheiten – mit dem Resultat, dass die Titelträger dort gar nicht beten, sondern sich direkt zu ‚ihren‘ höherrangigen Gottheiten begeben.

In einem *desa adat*, in dem Vertreter der verschiedenen Status- und Titelgruppen zusammenleben, kann man die räumliche Besetzung sozialer Vormachtstellung ebenfalls verfolgen. Der fürstliche Palast (*puri*) befindet sich in der bergwärts/östlichen Ecke, während der dazugehörige Tempel in der meerwärts/östlichen Ecke – also tiefer! – liegt. Beiden gemeinsam ist, dass sie östlich des Marktes und des ‚profanen‘ politischen Zentrums des Dorfes, des *wantilans*, lokalisiert sind, also klar *über* den zentralen Institutionen des ‚Volkes‘ insgesamt. Immerhin besitzt der Palast – eine komplexe Anlage in sich – einen palastinternen Tempel; dieser ist seinerseits bergwärts/östlich des Wohnteils und auch des Regierungsteils angesiedelt. Gesamthaft aber wird deutlich, dass der Lokalfürst bzw. sein Palast die ‚höchste‘ Position – räumlich und sozial – einnimmt. Aber so unumstritten, wie ich dies soweit dargestellt habe, ist diese Position, nicht, denn der Fürst ist auf die Zusammenarbeit mit einem von ihm auserwählten Brahmanenpriester angewiesen.[25]

---

[25] Vgl. dazu Hauser-Schäublin im Druck.

Überregionale segmentär hierarchische, räumliche und soziale Organisation

Im Unterschied zu den Abelam war ein südbalinesisches Dorf in den vergangenen Jahrhunderten (d. h. in vorkolonialer Zeit) kaum je eine politisch autonome Einheit. Vielmehr waren Siedlungen und deren lokale Herrscher sowie ganze Regionen in lokale Fürstentümer integriert, über denen ein Regionalfürst stand und an der Spitze schließlich der zentrale König. Diese segmentär aufgebauten Königtümer kamen offensichtlich fast ohne einen (hauptamtlich tätigen) Beamtenstab aus, und auch von Stadtbildung kann im Zusammenhang mit dem vorkolonialen Bali kaum gesprochen werden. Zwar bildete der Sitz des Königs einen wichtigen Orientierungspunkt des Reiches[26], aber nicht im Sinne einer Königsstadt oder einer Hauptstadt, sondern indem er der Ort war, an dem der König zuhause war.

Eine zentrale Funktion bei der Integration der lokalen und regionalen Fürstentümer spielten Tempelfeste, bei denen nicht der Lokalfürst oder der regionale Herrscher, sondern der König auftrat (vgl. dazu Geertz 1980; Schulte Nordholt 1991, 1996; Grader 1984; Stuart-Fox 1991). Dann wurde die Unterordnung der verschiedenen Stufen von Herrschaft in eine einzige Hierarchie, an deren Spitze der König als gottähnliches Wesen stand, für die ganze aus mehreren Tausenden von Festteilnehmern bestehende Gemeinde augenfällig (Geertz 1980; Hauser-Schäublin 1993 und 2003).

Parallel zur segmentären Organisation des Königreichs existiert auch eine segmentäre Organisation von Tempeln. Jeder Lokalfürst besaß, wie bereits erwähnt, einen Tempel, der sich in unmittelbarer Nähe seines Palastes befand. Dorthin begaben sich die Dorfbewohner anlässlich des Jahresfestes. Sie beteten dort einerseits zu den Göttern, symbolisiert durch den mächtigsten Vulkan Balis, den Gunung Agung, der als Sitz der Götter gilt. Andererseits symbolisiert der Gunung Agung jedoch auch die Fürstenfamilie bzw. den höchsten König. Wer dort also betete, erkannte – auf lokaler Ebene – damit auch die Herrschaft des Fürsten an.

Innerhalb eines ganzen Königreichs aber nahmen solche lokalen Fürstentempel nur eine untergeordnete Stellung ein. Viel bedeutender waren die Staatstempel des

---

[26] Obwohl der Begriff des Königreiches impliziert, dass es sich um ein festgelegtes Territorium mit entsprechenden Grenzen handelt und dies für das vorkoloniale Bali kaum zutraf, verwende ich den Begriff in Ermangelung eines anderen, weiterhin. Immerhin sei darauf hingewiesen, dass diese „Reiche" eben nicht homogene Territorien und Grenzen aufwiesen, sondern vielmehr durch Tempel- und Wallfahrtsnetzwege strukturiert waren und dem Moment der Mobilisierung von Dörfern und Regionen durch den Herrscher und seine rituellen Partner (Priester) eine entscheidende Rolle zukam (vgl. Hauser-Schäublin 2003).

Königs, die, wohl verteilt, sich sowohl am Rande des Reiches als auch im Innern befanden. Anlässlich der Jahresfeste der Tempel begaben sich große Teile der Untertanen dorthin – die Lokalfürsten miteinbegriffen. In diesen Staats- oder Königstempeln trat dann der König gottähnlich im Rahmen der Jahresfeste auf. Für die Gläubigen kam sein Auftritt einer göttlichen Offenbarung gleich, deren Zeugen sie wurden. Wenn er sich dann in eine zentrale Halle des Tempels setzte, neigten alle ihren Kopf.

Auch wenn die Zeit der Königsherrschaft vorbei ist, treten in manchen Königstempeln immer noch die Nachkommen jener Herrscher in einer vergleichbaren Rolle auf. Da *adat* seit der Kolonialisierung weitgehend von Politik abgetrennt und als ‚Traditionen‘, ‚Sitten‘ und ‚Gebräuche‘ umdefiniert wurde, also zu einer komplexen Ganzheit eigener Art wurde, gelangen die traditionellen Herrscherrollen auf diese Weise immer noch zur Darstellung.[27]

Lokal- und Regionalfürsten, obwohl in der Rolle von Untergeordneten, erlangten durch Teilnahme am Ritual ihre Legitimation für ihre partielle Herrschaft, indem sie vom sakralen König empfangen wurden und sich, ebenfalls gestaffelt nach ihrem Rang innerhalb der vor Ort inszenierten Gesamthierarchie, an mehr oder weniger prestigebeladenen Örtlichkeiten innerhalb des Tempelrituals niederlassen durften.

So wie der Dorftempel Schreine als Repräsentanten der Clanverbände bzw. deren Clantempel enthält, so verweisen andere Schreine, die übergeordnete Staatstempel repräsentieren, auf das Eingebundensein des Dorfes in das übergeordnete Königreich. Diese Schreine im Dorftempel haben in der Regel ihre individuellen Jahresfeste. Wenn ein solches bevorsteht, dann pilgern die Tempelpriester zum Haupttempel, nach welchem der Schrein benannt ist. Sie holen dort, als Delegation des Dorfes, Weihwasser. Nach ihrer Rückkehr wird dieses segenbringende Nass auf den Schrein gestellt, der dem Haupttempel geweiht ist. Nach dem gemeinsamen Beten wird es an die Gemeinde ausgeteilt.

---

[27] Immerhin gibt es Feste in (ehemaligen) Königstempeln, bei denen heute der Gouverneur wie ein Fürst im Tempel empfangen wurde und er in der für den König vorgesehenen Halle Platz nehmen durfte, zusammen mit den wichtigsten männlichen Nachkommen des früheren Herrscherhauses. Aber es bleibt bei solchen Gastspielen hochrangiger Staatsdiener, denn sie besitzen nicht die religiöse Legitimation (sofern sie nicht aus einer Herrscherfamilie stammen). In anderen Tempeln, wo es keine Nachkommen früherer Herrscher gab, hat die Priesterschaft in wichtigen Teilen diese Rolle übernommen.

Foto 3: In wichtigen Regional- und Staatstempeln treffen Hunderte und Tausende von Pilgern aus verschiedenen Gebieten zusammen, um gemeinsam das Tempelfest zu begehen. Pura Jati, Batur. Foto: Jörg Hauser 2001.

Staatstempel, Königreich und Ökonomie

Eine ganz zentrale Rolle in diesem Netzwerk von Tempeln, deren Tempelgemeinden sich auch gegenseitig besuchen, spielen vor allem Staatstempel, in welchen die Könige anlässlich von Ritualen gottähnlich auftraten.[28] In solchen Tempeln manifestierte sich die Bündelung sämtlicher sozialer Beziehungen, wie sie die soziale Struktur des Reiches kennzeichneten. Gleichzeitig bildeten solche Tempel Zentren einer übergreifenden sakralen Topografie. Das jährlich stattfindende Tempelritual im zentralen Königstempel von Batur,[29] so ergaben meine ethnohistorischen Studien in Nord- und Zentralbali (1996-2001), bildete den Höhepunkt aller Feierlich-

---

[28] Mit der Organisationsform des vorkolonialen Staates, bei dem Wallfahrten zu Königstempeln eine hervorragende Bedeutung einnahmen, habe ich mich in einem Aufsatz auseinandergesetzt (Hauser-Schäublin 2003).

[29] Nachdem Bali ein Vasallstaat des ostjavanischen Reichs von Majapahit geworden (14. Jahrhundert) und zunehmend ostjavanischem kulturellem Einfluss ausgesetzt war (ab 15. Jahrhundert) wurde der Tempel Besakih, am Fuße des heiligen Berges Gunung Agung

keiten für die Untertanen des Königreiches. Um daran teilnehmen zu können, nahmen die Gläubigen tagelange Wallfahrten auf sich. Auch die in lokalen Tempeln verehrten Gottheiten bzw. die Göttersymbole wurden – und werden immer noch! – auf den Wallfahrten mitgeführt. So werden Götterstatuen, heilige Standarten und Blütensymbole (stellvertretend für Götterfiguren) sowie die sakralen Orchester (*gong*) mit in den Staatstempel genommen, damit sie dort selbst auch den Segen – und damit neue Kraft – erhalten. Heute legen fast die allermeisten Gruppen zumindest die langen Wegstrecken mit dem Auto – oft Trucks – zurück. Direkt *in* den Tempel bringen die Wallfahrer und die tributpflichtigen Dörfer Gaben wie Reis, getrocknete Bohnen, Kokosnüsse, Feuerholz, getrockneten Fisch, Salz, Hühner, Enten, Schweine, z. T. sogar Wasserbüffel, früher jedoch auch Handelsgüter wie indische Textilien, Gold und Silber, chinesische Münzen (heute auch Geld) mit. Sie tauschen diese Gaben gegen Weihwasser, das sozusagen die Essenz des Göttlichen und Königlichen in sich trägt, ein. Der ökonomische Nutzen dieser als Opfergaben deklarierten Tribute muss früher immens gewesen. Sie bildeten eine wesentliche Einnahmequelle des Königshofs.[30] Heute sind es, wie meine Untersuchungen in Zentral- und Nordbali ergeben haben, die Ritualleiter dieser ehemaligen Staatstempel, welche die als Gaben gebrachten Nahrungs- und Gebrauchsgüter gegen Geld verkaufen.

Was die Untertanen in diesem Königtempel erlangen können, ist die höchste Form des Segens, der für das Gedeihen der Felder, der Tiere und der Menschen unerlässlich ist: Weihwasser; es galt und gilt als Lebenselixier schlechthin. Der Weg der Pilger zurück ins Dorf erfolgte früher auf festgelegten Pfaden und in festgelegten Etappen. Der Einzug ins Dorf gestaltet sich noch heute grandios, denn diejenigen, die Zuhause geblieben sind, holen die Wallfahrer an der Dorfgrenze mit anderen Gongorchestern und rituellen Paraphernalien ab und führen die Pilger, die das Weihwasser an prominenter Stelle auf Kopfhöhe transportieren, dann in den Tempel des Dorfes. Dort wird das Weihwasser nach gemeinsamem Beten ausgeteilt, bevor es die Menschen dann in ihren Clan- oder Haushaltstempel und einen Teil davon auf ihre Felder tragen.

---

gelegen zum zentralen Staatstempel (vgl. Goris [1937] 1969; [1948-49] 1969. Stuart-Fox 1991). Verwandtschaftliche Beziehungen der beiden wichtigsten Ritualleiter zu den Herrscherhäusern von Gelgel und Mengwi belegen die herausragende Bedeutung des Tempels bis zu Beginn der Kolonialzeit im 19. Jahrhundert. Vgl. dazu Hauser-Schäublin 2003.

[30] Noch heute bildet die rituelle Übergabe der während des Tempelfestes eingegangenen Tribute (Opfer) an den ehemaligen Königshof von Balingkang (heute ebenfalls ein Tempel) den wichtigsten Abschluss des Jahresfestes des Tempels Pura Ulun Danu Batur.

Dieser wichtige Staatstempel bildete also zweifellos das Zentrum der religiösen Topografie.[31] Aber gerade eine nähere Betrachtung dieses historisch so bedeutsamen Zentrums zeigt, dass es mit einem weiteren gekoppelt war, einem Zentrum, das dem der Alltagstopografie zuzuordnen ist: dem transregionalen Markt. Wie ich im Rahmen der bereits erwähnten in Nordbali unternommenen Studie feststellen konnte, befand sich in unmittelbarer Nähe des Königsitzes ein Markt, ähnlich wie dies ja auf der lokalen Ebene der Dorffürsten der Fall ist, (Covarrubias [1937] 1986: 43; Schulte Nordholt 1991). Dieser Markt war Umschlagplatz sowohl für einheimische Produkte als auch für importierte Handelsgüter. Kauf und Verkauf waren, wie die Inschriften auf Kupferplatten (*prasasti*) aus dem 10.-12. Jahrhundert belegen, mit Steuern belegt. Auf dem festgelegten Marktplatz fand eine weitere soziale Bündelung statt, nämlich die Bündelung sämtlicher in der Produktion tätigen Menschen über die Händler und Marktfrauen, die deren Produkte verhandelten und verkauften. Der Marktplatz war (und ist teilweise noch immer) der Ort ökonomischer Bündelungen und bildet damit eine übergreifende Ganzheit eigener Art. Dort sind sämtliche Produkte, die im Königreich (und darüber hinaus) hervorgebracht wurden (sowohl über verschiedene Formen der Subsistenzwirtschaft wie auch handwerklicher Spezialisierung), zusammengefügt zu einer Verdichtung ökonomischer Tätigkeiten und Beziehungen. Dies bedeutet, dass sich beim Sitz des Königs, Alltags- und Sakraltopografie zu einem einzigartigen und äußerst mächtigen Gebilde verschränken: ökonomische und sozio-religiöse Macht. Lokal hervorgebrachte Nahrungs-, Gebrauchs- und Prestigegüter wurden zum Markt gebracht, und die Menschen aus allen Teilen des Reiches strömten zum Jahresfest des Königtempels, um dort zu beten und den Segen des Königs und der Gottheiten zu erhalten und diesen – in Form von Weihwasser – wieder hinaus an die Peripherie, nach Hause, zu tragen.

Steuern und Tempelgaben (sowie Tribute, die teilweise nur schwierig von sakralen Gaben zu trennen sind) bildeten meiner Ansicht nach die ökonomische Grundlage des Königsreiches, das ökonomische Kapital. Beides, Steuern und Tempelgaben flossen von der Peripherie über das wirtschaftliche und religiöse Zentrum zur Spitze der sozialen Hierarchie, dem König. Die Pilger, die aus allen Teilen des Landes zum übergreifenden religiösen Zentrum, dem Königstempel in der Nähe

---

[31] Die überragende Bedeutung des „Muttertempels" von Besakih bildet heute im offiziellen, auch politischen Diskurs das Zentrum der religiösen Topografie; dazu existiert eine nahezu unüberschaubare Menge von Veröffentlichungen, auf die hier nicht weiter eingegangen werden kann.

des Königssitzes, wallfahrten, erhalten – um mit Bourdieu zu sprechen – symbolisches Kapital in Form von Weihwasser. Das Charisma des Tempels mit seinen Priestern, Gottheiten und deren Wirken sowie, untrennbar damit verbunden, das Charisma des sakralen Königs waren Voraussetzung für das ‚Funktionieren' dieses Systems des ungleichen Tausches, und darüber hinaus des Königreichs überhaupt. Eine herausragende Bedeutung kommt dabei den beiden Zentren, dem Markt und dem Tempel, zu. Sie bündeln und integrieren, jedes auf seine Weise, die Segmente niederer Organisationsebenen (lokale und regionale Märkte, lokale und regionale Tempel) sowie die gesellschaftlichen Beziehungen insgesamt in ein komplexes Gesamtsystem. An Jahresritualen im Königstempel erleben die Pilger die Struktur des Königreichs, haben teil an der Epiphanie und erfahren, dass sie unabdingbarer Teil des Ganzen sind: Die Gesellschaft wird nicht nur repräsentiert, sondern auch reproduziert.

Die Zirkulation des Weihwassers bis in die hintersten Winkel des Reiches, über viele Zwischenstationen, geschieht bis in die heutige Zeit nach dem gleichen Muster, auch wenn es im politischen Alltag des Staates Indonesiens keine Könige mehr gibt. Die übergreifende religiöse Topografie eines Königreiches ist aufgrund von Bedingungen und Ereignissen entstanden, die der Geschichte angehören. Wie ich eingangs dargelegt habe, besteht die gegenseitige Konstituierung von Sozialem und Raum auf dem Hintergrund religiöser Legitimation. Dabei spielt *adat* eine wichtige Rolle, indem er Religiöses und Soziales untrennbar miteinander verbindet. Der indonesische Staat (ebenso wie die holländische Kolonialregierung) hat in *adat* und Religion nie direkt eingegriffen um sich dieser Bereiche, etwa im eigenen Interesse, zu bemächtigen. In der Verfassung Indonesiens ist die Koexistenz der Weltreligionen nebeneinander verankert. Die Ausübung politischer Macht des Staates und seiner vor Ort vorhandenen Institutionen ist deshalb von *adat* fast vollständig abgekoppelt.[32] Aus diesem Grund reproduziert die gegenseitige Konstituierung von Sozialem und religiösem Raum gesellschaftliche Verhältnisse, wie sie weitgehend vor dem Auftritt externer politischer Mächte (Kolonialregierung, der indonesische Staat) bestanden haben.

Aus dieser Tatsache, dass der religiöse Raum immer noch Soziales konstituiert, wie dieses eigentlich bereits der Vergangenheit angehört, lassen sich vor allem zwei Dinge ableiten: 1) Die überwältigende Macht von *adat*, der die übergreifende Klammer zwischen Raum, Religiösem und Sozialem bildet. Ohne die sinnhafte

---

[32] Wie ich bereits kurz erwähnt habe, gibt es auch Tempel der Staatsdiener (vgl. dazu Hauser-Schäublin 1998).

Ganzheit *adat*, welche die Mitglieder eines *desa adat* in eine religiös-rituelle Gemeinschaft einbindet, wäre diese mehr oder weniger ungleichzeitige Konstituierung von Sozialem und Raum nicht denkbar. Durch die rituellen Verpflichtungen auf dem Hintergrund der religiösen Vorstellungen handeln die Menschen weiterhin so, als wäre die ‚alte' soziale Ordnung auch im Alltag noch vorhanden. 2) Die transregionalen Märkte, wie sie einst auch vom Könighof aus kontrolliert wurden, haben – im Unterschied zu den Tempeln – ihre ehemalige politische Bedeutung im Zusammenhang mit der sozialen Organisation eines Königreiches verloren. Gerade diese Abkoppelung des zweiten – wirtschaftlichen – Zentrums vom ersten, dem religiösen, zeigt, dass die Märkte als Sinnordnung nicht im gleichen Sinne konstitutiv für das Soziale waren. Diese wirtschaftlichen Zentren – sofern man diese zum Teil immer noch großen und wichtigen Märkte so bezeichnen möchte – folgen (zumindest heute) anderen Gesetzen und bündeln soziale Beziehungen, wie sie weniger von *adat* als von den staatlichen Einrichtungen vorgegeben werden.

Es stellt sich natürlich die Frage, ob und wie denn heutzutage im ländlichen Kontext der Staat über die Vermittlung welcher Sinnzusammenhänge soziale Beziehungen über und durch Raum konstituiert. Hier zeigt sich, dass sich eine neue Form der Versammlung, an denen politischen Würdenträger des Staates (der lokalen, regionalen und Provinzebene) wesentliche Bedeutung zukommt, herausgebildet hat. Es handelt sich dabei um Zeremonien, bei denen beispielsweise eine neue ‚Dorfverfassung', die heutzutage bestimmten Grundsätzen auch der Staatsverfassung folgen muss, erlassen und offiziell eingesetzt wird. Bei diesen Versammlungen, die oft im *wantilan* (sofern noch vorhanden) oder auf Plätzen abgehalten werden, die der Durchführung sonstiger Großversammlungen dienen, sind neue Sitzordnungen zu erkennen. Diese Sitzordnungen tragen Gruppenbildungen mit neuen Eliten Rechnung. Wichtige Leute des *adat* sind zwar sozusagen als Ritualleiter dabei; fast noch wichtiger sind jedoch die lokalen und regionalen Politiker, die Bildungselite, erfolgreichen Geschäftsleute und breite Teile der Bevölkerung, die über diejenige des traditionellen *desa adat* weit hinausgreift. Den Staatsvertretern kommt bei diesen Versammlungen, an denen Reden gehalten, Tänze aufgeführt und Gong gespielt wird, eine eminente Bedeutung zu. Aber es ist eine andere Konstituierung von Raum und Sozialem, eine, bei welcher die staatlich-administrative Hierarchie den Sinnzusammenhang bildet.

IV. Religiöse Zentren als sozio-räumliche Verdichtungen

Im Vordergrund dieses Artikels stand der Versuch, zwei verschiedene Gesellschaften zu analysieren im Hinblick darauf, inwieweit die heiligen Orte als komplexe Ganzheiten, die innerhalb kulturspezifischer religiöser Topografien Zentren bilden, im Rahmen von Ritualen Soziales konstituieren, das heißt dieses repräsentieren und gleichzeitig auch reproduzieren.

Tatsächlich verbinden die beiden völlig verschiedenen Kulturen – die egalitären Abelam in Papua-Neuguinea und komplexe Gesellschaften Balis – bezüglich den Prinzipien sozio-räumlicher Verdichtung eine Reihe von Gemeinsamkeiten. Gleichzeitig entpuppen sich innerhalb der Organisation der betreffenden Räumlichkeiten auch fundamentale Unterschiede, die ebenso grundsätzlichen Unterschieden der jeweiligen Gesellschaften entsprechen.

In beiden Gesellschaften findet die dominante sozio-räumliche Bündelung innerhalb eines religiös legitimierten Rahmens statt, der den Sinnzusammenhang vermittelt; was die Menschen – die „Gesellschaft" – an diesem Ort zusammenbringt, ist das Ritual. Bei den Abelam bildet *maira* die sinnhafte, übergreifende Ganzheit, welche die Grundlage der Differenzierung der Räumlichkeit und der damit verbundenen Wesenheiten bildet. *Maira* ist auch eine treibende Kraft inhärent, welche die Menschen immer wieder veranlasst, Rituale und Feste durchzuführen. In Bali ist *adat* die umfassende sinnhafte Ganzheit, die in vorstellungsmäßiger Hinsicht auf den Eckpfeilern *sekala/niskala* sowie Makro- und Mikrokosmos aufbaut. Diese stellen die Grundprinzipien der Klassifizierung kultureller Räumlichkeit dar. *Adat* ist die treibende Kraft, die für die Durchführung von Ritualen zur Verehrung der unsichtbaren, mächtigen Ahnen und Gottheiten sorgt. *Adat* bildet den gemeinschaftlichen, überlieferten Sinnzusammenhang, der die Ausgestaltung von Ritualen und die dazugehörenden sozio-religiösen Vorstellungen sowie die gemeinschaftliche Verpflichtung zur Durchführung entsprechender Handlungen begründet. Bei den Abelam wie auch in Bali kann deshalb dieser Sinnzusammenhang, der Soziales und Räumliches zusammenführt, als religiös bezeichnet werden. Dieser Sinnzusammenhang drückt sich in beiden Gesellschaften konkret in zwei verschiedenen Topografien aus: Topografien des Alltags sowie sakrale Topografien. In ihnen wird unterschieden zwischen Orten und Gebieten alltäglichen und nichtalltäglichen Handelns (Orte, die Geistwesen und Göttern vorbehalten sind). Diese Topografien sind jeweils aufs engste miteinander verzahnt. ‚Leerstellen' in der einen bilden Zentren in der anderen; das gilt insbesondere für Örtlichkeiten innerhalb des besiedelten Gebietes. Diese ‚Leerstellen' der Alltagstopografie bilden die sozio-religiösen Zentren: Kulthaus und Kultplatz bei den Abelam, Tempel in Bali. Bei den Abelam gibt es vor allem *eine* ‚Art' von Zentren - Kulthaus und Kultplatz - als Grundeinheiten. Davon gibt es mehrere, die jedoch homolog sind. Je nach Ritual und Kontext wird das eine oder das andere ‚aktiviert'; dieses wird damit zum tatsächlichen Zentrum, das Soziales verdichtet und bündelt. Den ausdehnungsmäßig größten geografischen Rahmen stellt das Dorf dar,[33] innerhalb dessen die Ritualgemeinschaft (die beiden *ara*) handeln. In Bali existieren, entsprechend der segmentär-hierarchisch aufgebauten Gesellschaftsstruktur, verschiedene Arten von Zentren: wie etwa Clantempel, *banjar*-Tempel, Dorftempel, Regionaltempel und schließlich Staatstempel. Dadurch entsteht auch, aus der Perspektive der Akteure, eine mehrgliedrige religiöse Topografie, deren Elemente zum Teil nebeneinander existieren, zum Teil sich überschneiden, schließlich jedoch, auf der höchsten Ebene, gebündelt werden.

Wie wir gesehen haben, besteht die religiöse Topografie balinesischer Gesellschaften aus mehreren Ebenen. Beginnen wir mit der Clanebene. Wir haben festgestellt, dass jeder Clan seine eigene Geschichte besitzt, die von einem ‚Ursprungsort' den Weg bis zur aktuellen Siedlung dokumentiert. Die einzelnen Stationen sind mit Tempeln markiert. Am Ort ihres aktuellen Siedelns aber errichten sie als erstes einen Tempel, der sozusagen verräumlichte Geschichte insofern darstellt, als sich dort Schreine für die wichtigsten Tempel der Wanderungsstationen befinden. So gesehen, kreiert sich jeder Clan seine eigene religiöse Topografie, die dann, auf der Ebene des Haushaltes, im Haushaltstempel in Miniaturform enthalten ist. An Jahresfesten führen die Clanangehörigen Wallfahrten und Prozessionen zu ihrem Ursprungstempel durch, indem sie die Dorfgrenzen überschreiten, um – durch Teilhabe am Ritual und durch Weihwasser – die Beziehungen zu ihren ‚Wurzeln' zu bestätigen und zu erneuern.

Dieses regelmäßige, konkrete Sich-hinausbewegen über die Dorfgrenzen der einzelnen Verwandtschaftsverbände zur Erneuerung historischer Beziehungen fehlt bei den Abelam vollständig. Das einmal etablierte Dorf bleibt *der* Bezugsrahmen schlechthin. Die Tatsache, dass Verwandtschaftsverbände über verschiedene Stationen und zum Teil aus unterschiedlichen Gebieten eingewandert sind, wird in mündlichen mythenähnlichen Überlieferungen memoriert und tradiert. Diese so wichtigen Ursprungs- und Herkunftsorte bilden für die Abelam in der rituellen

---

[33] Über die Dorfgrenzen hinweg finden auch bei den Abelam zahlreiche Ritualbeziehungen statt, etwa Yams- und Schweinefeste, dabei findet jedoch keine Integration des einzelnen Dorfes in sozial übergeordnete Strukturen statt.

Praxis nicht den Anlass zu einer Wallfahrt oder Prozession; diese Orte sind und bleiben außerhalb der alltäglichen und rituellen Topografie.

Die sozio-religiösen Zentren der Abelam und der Balinesen bilden, wie gezeigt wurde, ‚Inseln' in der Alltagstopografie. Sie werden in beiden Gesellschaften mit Verhaltensvorschriften und Tabus belegt, was das Betreten betrifft. Sie werden überdies ‚gepflegt', jedoch auf unterschiedliche Art und Weise. Während bei den Abelam im Alltag das Kulthaus kaum je betreten wird, sind für die rituellen Angelegenheiten im Inneren alte wichtige Männer verantwortlich. In Bali sind es Spezialisten, Tempelpriester, die aufgrund von Deszendenz, ergänzt durch eine Auserwählung durch Gottheiten zu diesem Amt gekommen sind. Sie sind für den täglichen Dienst (im Clan- oder Dorf-) Tempel zuständig.

Die Positionierung der sozio-religiösen Zentren und deren Bedeutung findet sowohl bei den Abelam wie auch in Bali auf dem Hintergrund geokosmologischer Orientierungssysteme statt. Diese Orientierungssysteme versehen Räumlichkeit mit Bewertungen und Zuordnungen. Sie werden konstituiert durch die Kombination von einer oder mehreren Achsen: eine in beiden Kulturen vorhandene Achse ist die Ost-West-Achse, die ergänzt wird durch Vorstellungen von oben und unten. Sie scheint im Dorf Kalabu[34] (Abelam) bestimmend zu sein für die Ausrichtung eines Großteils der Kultanlagen. Dort auch werden die Himmelsrichtungen insofern bewertet, als der Osten (dem das Kulthaus zugewandt ist) der Ort des ungeborenen oder neu entstehenden Lebens ist, der Westen das Reich der Toten und Ahnen. Die Mitte des Kultplatzes, dort wo symbolisch die Sonne im Zenit steht, repräsentiert die Welt der Menschen. Dem Zenit, dem höchsten Stand der Sonne, der die Welt der Menschen voll ‚ausleuchtet', steht der Nadir gegenüber, der ‚Zenit' der Sonne auf ihrem nächtlichen Weg durchs Totenreich und das Reich der Ahnen und Geister. Das Orientierungssystem scheidet damit vor allem die Welt der Menschen von der Welt der Ahnen und Geistwesen. Innerhalb der Welt der Menschen differenziert es, zwar ohne gesetzte eindeutige Marken, zwischen den Bereichen der wichtigen alten Männer (sie sitzen in der Nähe des Kulthauses) und den der übrigen Männer. Deutlicher hingegen heben sich diese schließlich von den Bereichen der Frauen (Kochhütten, und am Rande der Siedlung Menstruations- und Geburtshütten) ab. Vom Ort, wo die Sonne im Zenit steht, definiert das Orientierungssystem auch eine Peripherie. Diese besteht aus einem ungleichmäßig verteilten Gürtel von „Geisterstellen", Tümpel und Stellen in Wasserläufen weitab der Sied-

---

[34] Es handelt sich um das Dorf, in welchem ich zwischen 1978 und 1983 Feldforschungen durchgeführt habe.

lung. Diese Geistwesen werden, wie beschrieben, während des Rituals von der Peripherie ins Zentrum verlagert, wo diese mit den Menschen zusammengeführt werden. Bei den Abelam erfolgt die soziale Differenzierung nach Alter und Geschlecht, wobei räumliche Orientierungssysteme so gut wie keine Rolle spielen.[35] Dabei ist Alter diejenige Kategorie, die nicht starr ist, da jeder Mann selbst die Hierarchisierung der intra-männlichen Beziehungen vom Jungen zum alten Mann durchläuft. Deshalb ist die gesamtgesellschaftliche Trennung in Männer und Frauen die grundlegende sozial polarisierte Differenzierung. Wie gezeigt werden konnte, führt gerade diese Polarisierung zu einer Dezentrierung des von Männern dominierten Systems kultischer Zentren. Und umgekehrt reproduzieren diese Kultplätze und die dort stattfindenden Rituale diese Unterteilung in geschlechtsspezifische Gruppen. Dabei machen gerade die Kultplätze deutlich, indem sie die Männer- und Frauenrituale am gleichen Ort bündeln, dass diese Rituale komplementär angelegt sind und für das Soziale insgesamt konstitutiv sind. Diese Integrationsleistung ‚vollbringen‘ die Kultplätze!

Das geokosmologische Orientierungssystem in Bali besteht aus noch einer weiteren Achse: bergwärts/meerwärts. Die Ost-West- und Meer-Berg-Achsen werden miteinander kombiniert, wobei die eine Achse die Bedeutung und Wirkung der anderen verstärkt. Aus der kosmologischen Sicht des Makrokosmos bestimmt der Schnittpunkt beider Achsen den Ort der Menschen, symbolisiert durch die Siedlung. Die Bereiche im Osten bzw. auf den Bergen sind die Orte der „reinen“, oberweltlichen Götter; die Bereiche im Westen bzw. in Meernähe sind die Orte gefährlicher „unreiner“, niederweltlicher Gottheiten. Den Mikrokosmos, sozusagen auf individueller Ebene, bildet der menschliche Körper, der nach den gleichen Kriterien bewertet wird: der Kopf als reinster, die Füße als unreinste Körperteile. Im sozialen Kosmos wird diese Bewertung der verschiedenen Richtungen nicht nur auf die Zuweisung (und Trennung) von Bereichen für Menschen bzw. für Gottheiten angewendet, sondern auch auf die Zuordnung von Menschen zu unterschiedlichen sozialen Schichten und Gruppen mit entsprechendem Status. Jedoch wird gerade in Bali deutlich, dass dort in den Tempelhöfen die Schreine permanent gesetzte Marken bilden, welche die soziale Verteilung im Raum bzw. die räumliche Verteilung des Sozialen – soziale Differenzierung und Hierarchisierung – repräsentieren und generieren. Statusunterschiede (und damit verbundene Herkunfts-

---

[35] Losgelöst von Himmelsrichtungen wird jedoch eine räumliche Aufteilung vorgenommen, die vom Körper als Orientierungspunkt ausgeht: die Aufteilung in links und rechts. Frauen werden dabei „links“, Männer „rechts“ zugeordnet.

ansprüche) stehen im Vordergrund. Religiös-rituelle Unreinheit wird in soziale Kategorien übersetzt; Alter und Geschlecht[36] sind in Bali – im Unterschied zu den Abelam – bezüglich sozio-religiöser Zentren von untergeordneter Bedeutung.

Im Kulturvergleich zeigt sich weiter, dass bei den Abelam die räumliche Strukturierung mehr oder weniger konzentrisch aufgebaut ist: Der Kultplatz, auf dem die Männer grüppchenweise, gemäß Clan- und *ara*-Zugehörigkeit sitzen, bildet den Mittelpunkt, nach dem die Wohnhütten ausgerichtet sind.[37] Die Frauen- und Kochhäuser sowie schließlich die Menstruationshütten bilden die äußeren Siedlungskreise und an der Peripherie des ganzen Gebietes befinden sich die Geisterstellen. Das Ritual lehnt sich an diese vorgegebenen Strukturen an. Die konzentrische Organisation ist in jedem Weiler homolog gestaltet.

Die Bewegung, die in Ritualen zwischen Peripherie und Zentrum stattfindet, ist eine von der Peripherie zum Mittelpunkt, Kulthaus und Kultplatz, wobei dieser in der Siedlung selbst lokalisiert ist. Der Träger bzw. das Medium dieser Bewegung von der Peripherie zum Zentrum ist das Weihwasser, das einzelne alte wichtige Männer den Geisterstellen entnehmen, auf den Kultplatz tragen und dort zusammengießen. In Bali sind die Zirkulationswege der verschiedenen Arten von Weihwasser viel komplexer. Sie sind jedoch ein ebenso zentrales Medium der Verbindung zwischen multiplen (anders gearteten und lokalisierten) Zentren und den Peripherien. Die ‚Flussrichtung‘ ist damit eine andere, denn es besteht ein wesentlicher Unterschied darin, wer sich zur Peripherie bzw. zum Zentrum bewegt. Wie gezeigt wurde, sind es in Bali zum Teil Spezialisten, Priester, die sich zu den wichtigsten Tempeln außerhalb des Dorfes bewegen, um fürs Tempelritual im eigenen Dorf Weihwasser zu holen. Beim Jahresfest im regionalen Fürsten- oder im überregionalen Königstempel wallfahren jedoch große Teile der Bevölkerung dorthin, um vor Ort den Segen und das Weihwasser zu empfangen. Aus der Perspektive der Dorfleute und ihrer Siedlung ist der Königstempel „außerhalb“, in diesem Sinne an der Peripherie gelegen. Aus der Perspektive des Königsreiches bzw. der Staatstempel und ihrer Priesterschaft kommen die Pilger von der Peripherie ins Zen-

---

[36] Gemäß den Reinheitsvorschriften dürfen menstruierende Frauen (aber auch Männer und Frauen mit Wunden sowie solche, die einen Todesfall zu beklagen haben) einen Tempel nicht betreten. Immerhin gibt es auch eine große Anzahl von Frauen, die als Tempelpriester, Trancespezialisten und Brahmanenpriester tätig sind.

[37] Vgl. dazu „Das magische Universum“ von Klaus Müller (1987). Er unterscheidet im wesentlichen zwischen „zentrierten“ und „dezentrierten“ Systemen. Die Abelam wären eindeutig den zentrierten Systemen zuzuordnen. Seiner Theorie zentrierter/dezentrierter Systeme habe ich wertvolle Anregungen für diesen Beitrag entnommen.

trum, um dort Weihwasser in Empfang zu nehmen und dieses an die Peripherie hinauszutragen. Dass sie sich tatsächlich an der Peripherie des übergeordneten Reiches befinden, zeigt auch die Tatsache, dass im Dorftempel an prominenter Stelle ein in der Größe dominierender Schrein steht, der dem Königstempel gewidmet ist. Wie schon früher deutlich geworden sein dürfte, ist in Bali die räumliche Organisation entsprechend der sozialen Ordnung segmentär-hierarchisch aufgebaut und reicht z. T. mit Überschneidungen in unterschiedliche Richtungen weit über die Dorfgrenzen hinaus. Zwar spielt der Dorftempel eine eminente Rolle für die Integration der verschiedenen Clane ins *desa adat*, gleichzeitig wird dort auch deren Hierarchisierung und Schichtzugehörigkeit sowie deren Nähe bzw. Distanz zu lokalen und überlokalen Herrschern repräsentiert und generiert. Und dies gilt in noch verstärkterem Maße für den Regional- und den Königstempel. Im Unterschied zu den sozio-räumlich eher konzentrisch organisierten Abelam, handelt es sich in Bali um polyzentrische Systeme.

Auch wenn in beiden Kulturen die sinnhaften verdichtenden Ganzheiten, die Soziales und Räumliches aneinander binden und für deren gegenseitige Konstituierung verantwortlich sind, religiös-kultisch beschaffen sind, so besteht zwischen Bali und den Abelam diesbezüglich ein grundsätzlicher Unterschied: die Räumlichkeit und die soziale Differenzierung, die an Tempelfesten hervorgebracht wurde, reproduziert nicht nur soziale Ungleichheit, sondern ist gleichzeitig auch mit Handlungen ungleichen Tausches verbunden. Von den Sinnzusammenhängen her betrachtet ist der Markt zwar nicht direkt mit den Tempelfesten gekoppelt, bezüglich der ökonomischen Beziehungen bildet er ein Zentrum anderer Art. Zu den Feierlichkeiten in Königstempeln brachten (und bringen zum Teil noch immer) die Leute der Dörfer an der Peripherie des Reiches Tribute in Form von Opfergaben und erhalten dafür Weihwasser. Früher dienten diese Tribute dem Unterhalt nicht nur des Königshofes, sondern auch des ganzen Stabs von Würdenträgern und Spezialisten. Ein reicher Schatz von Produkten der Arbeit der Pilger auf den Feldern, des Handwerks und des Handels floss auf diese Weise ins sozio-religiöse Zentrum. Die Wallfahrer erhielten (und erhalten noch immer) als Gegenwert dafür symbolisches Kapital. Dieses stellt nicht das Produkt der ‚Arbeit' des Königs dar, sondern bildet den Ausdruck seines Charismas und – vermittelt durch Priester – des Segens der Götter. Bei den Abelam ‚profitiert' niemand, auch nicht die alten Männer[38], vom ökonomischen Aufwand – Beschaffung großer Mengen von Nahrung – der

---

[38] Was die alten Männer jedoch durch diese Handlungen ‚gewinnen', ist Prestige und religiöse Legitimation.

Kulthaus- bzw. Kultplatzfeste. Denn was damit stattfindet, ist eine direkte Umverteilung – oft sogar ein direkter Tausch, wie etwa der Austausch von Yamssuppe zwischen den Frauen anlässlich der Menstruationsfeier –, bei dem niemand mehr erhält bzw. erhalten kann als er selbst beigesteuert hat. Selbst bei Schweineopfern, wo die alten Männer die größten Stücke erhalten, fließen diese, zerteilt in kleine Portionen, in die Zirkulation innerhalb der gemeinsamen *lineage* ein; sie werden so bis auf die Haushaltsebene weitergegeben. Und gerade darin zeigt sich ein weiterer Unterschied zwischen beiden Gesellschaften. Den beiden Topografien, die ich sowohl in Bali wie auch bei den Abelam ausmachen konnte, ist im Falle Balis noch eine dritte hinzuzufügen: die Topografie der Markt- und Handelsbeziehungen. Die Vorstellungs- und Handlungskomplexe, die mit Markt- und Handelsbeziehungen verbunden sind, bilden einen übergreifenden, sinnhaften Komplex eigener Art. Wie ein Blick in königliche Erlasse aus dem 10. Jahrhundert zeigt, waren Markt- und Handelsbeziehungen eine wichtige Konstituente bereits der frühen Königreiche. Und diese Handelsbeziehungen – für Importe wie auch Exporte – reichten weit über Bali hinaus – bis Indien und China. Der große ehemalige Markt in der Nähe des Königpalastes hat zweifellos die sozio-ökonomischen Beziehungen ebenfalls verdichtet und reproduziert.

Gerade das Phänomen Markt und die damit verbundenen Handelsbeziehungen verdeutlichen die Komplexität der frühen Königreiche Balis. Märkte bündeln zwar Handelsbeziehungen, in die auch ausländische Händler miteinbezogen waren, aber der Sinnzusammenhang ist ein völlig anderer. Mit Religion und Ritualen hat er kaum etwas zu tun. Es ist die sinnhafte Ganzheit des ökonomisch zu interpretierenden Handelns, die ein weiteres Prinzip der Integration darstellt, aber von demjenigen, der den Ausgangspunkt für den Kulturvergleich mit Bali bildete, *adat*, völlig verschieden und auch davon abgekoppelt ist. *Adat* umschließt die Welt des Sichtbaren (*sekala*) und des Unsichtbaren (*niskala*) sowie des Makro- und des Mikrokosmos, und bringt Ritualgemeinschaften hervor, die früher auch sozio-politische Bedeutung besaßen. *Adat* hat bestimmte Räumlichkeiten des Handelns, die das Soziale konstituieren ebenso wie umgekehrt das Soziale das Räumliche konstituiert. Die weitgehende Abkoppelung des *adat* von staatlich-politischen Beziehungen (der anderen sinnhaften Ganzheit, *dinas*) seit der Kolonialzeit hat deshalb in neuerer Zeit zu einer Ungleichzeitigkeit von *adat* und des damit verbunde-

---

[39] Kastom, die neomelanesische Bezeichnung für *custom,* meint die bewusste Rückbesinnung und Aktivierung von dem, was eine Kultur als ihre ‚ursprünglichen Sitten und Gebräuche' verstanden haben möchte. Vgl. dazu auch Otto 1997.

nen Sozialen geführt; das Soziale (und ehemals Soziopolitische) ist heute hauptsächlich ein Sozioreligiöses. Die sinnhafte Ganzheit *maira* erlebt zwar eine ähnliche Veränderung wie diejenige des *adat*, und früher oder später wird er, sofern er
überhaupt überlebt – vielleicht als *kastom*[39] – zu einer ähnlichen Ungleichzeitigkeit
führen.

Kulturen und Gesellschaftsformen verändern sich, und Organisationsprinzipien
des Sozialen werden andere Ausdrucksformen finden. Die Bedeutung und Macht
sozio-religiöser Verdichtung durch religiöse Räume, seien es Kultplatz und Kulthaus bei den Abelam in Papua-Neuguinea oder Tempel in Bali (oder andere räumliche Komplexe, die an deren Stelle treten können) wird jedoch weiterexistieren,
weil Raum in jedem Fall eine wichtige Konstituente des Sozialen ist. Darin auch
besteht die Gemeinsamkeit Balis mit der Kultur der Abelam: im Prinzip sozio-
räumlicher Verdichtung, die religiöse Zentren erst hervorbringen und durch Rituale aktiviert werden, seien es Kultplatz und Kulthaus in Papua-Neuguinea oder Tempel in Bali.

Literatur

BELL, CATHERINE (1992) *Ritual Theory, Ritual Practice*, New York (Oxford
  University Press).
BELLINGER, ANDRÉA; KRIEGER, DAVID J. (Hg.) (1998) *Ritualtheorien*, Opladen (West-
  deutscher Verlag).
BLOCH, MAURICE (1989) *Ritual, History and Power: Selected Papers in
  Anthropology*, London (Athlone Press).
BÜHLER, ALFRED (1960) Der Platz als bestimmender Faktor von Siedlungsformen
  in Ostindien und Melanesien. In: *Regio Basiliensis* 1 (2): 202-212.
CADUFF, CORIN; PFAFF-CZARNECKA, JOANNA (Hg.) (1999) *Rituale heute. Theorien,
  Kontroversen, Entwürfe*, Berlin (Reimer).
COVARRUBIAS, MIGUEL [1937] (1986) *Island of Bali*, London/New York (KPI).
DICKHARDT, MICHAEL(1992) *Räumliche Strukturierung und strukturierte Räum-
  lichkeit von Kultur*, Göttingen (unveröffentlichte Magisterarbeit).
DICKHARDT, MICHAEL (2001) *Das Räumliche des Kulturellen. Entwicklung zu einer
  kulturanthropologischen Raumtheorie am Beispiel Fidschi*. Göttinger
  Studien zur Ethnologie Band 7, Münster u. a. (LIT).
DOUGLAS, MARY (1966) *Purity and Danger. An Analysis of the Concepts of Pollution
  and Taboo*, London (Routledge).
ELIADE, MIRCEA, [1953] (1966) *Kosmos und Geschichte. Der Mythos der ewigen
  Wiederkehr,* Hamburg (Rowohlt).

FORGE, ANTHONY (1966) *Art and Environment in the Sepik.* Proceedings of the Royal Anthropological Institute of Great Britain and Ireland: 25-30.

FORGE, ANTHONY (1967) The Abelam Artist. In: FREEDMAN, MAURICE (ed.), *Social Organisation. Essays Presented to Raymond Firth*, London (Frank Cass): 65-84.

FORGE, ANTHONY (1973) Style and Meaning in Sepik Art. In: FORGE, A. (ed.), *Primitive Art and Society*, London/New York (Oxford University Press): 169-191.

GEERTZ, CLIFFORD (1980) *Negara. The Theatre State in Nineteenth Century Bali*, Princeton (Princeton University Press).

GENNEP, VAN ARNOLD [1909] (1999) *Übergangsriten*, Frankfurt a. M. (Campus).

GERRITS, G. F. J. N. (1977) *The House Tambaran of Bongiora.* Vols.: 1-7, Manuskript. Basel.

GLUCKMAN, MAX (1954) *Rituals of Rebellion in Southeast Africa*, Manchester (Manchester University Press).

GOFFMAN, ERVING (1967) *Interaction Ritual*, Garden City (Doubleday).

GORIS, R. [1937] (1969) Pura Besakih, Bali's State Temple. In: *Bali. Further Studies in Life, Thought and Ritual*, The Hague (W. van Hoeve Publishers Ltd): 75-88.

GORIS, R. [1948-49] (1969) Pura Besakih through the Centuries. In: *Bali. Further Studies in Life, Thought and Ritual*, The Hague (W. van Hoeve Publishers Ltd): 89-104.

GRADER, C. J., [1949] (1984) The State Temple of Mengwi. In: *Bali. Studies in Life, Thought, and Ritual*, Dordrecht (Foris): 155-186.

HAUSER-SCHÄUBLIN, BRIGITTA (1989) *Kulthäuser in Nordneuguinea. Teil I: Architektur, Funktion und Symbolik des Kulthauses bei den Abelam. Teil II: Vergleichende Studien der Kulthäuser im Sepik-Gebiet und an der Nordküste.* Abhandlungen und Berichte des Staatlichen Museums für Völkerkunde Dresden, Band 43, Monographien Band 7, Berlin (Akademie-Verlag).

HAUSER-SCHÄUBLIN, BRIGITTA (1992) Der verhüllte Schrein. Sakralarchitektur und ihre Umhüllungen in Bali. In: *Ethnologica Helvetica* 16: 171–200.

HAUSER-SCHÄUBLIN, BRIGITTA (1993) *Keraton* and Temples in Bali. The Organization of Rulership between Center and Periphery. In: NAS, P. (ed.), *Urban Symbolism*, Leiden (De Brill): 280-314.

HAUSER-SCHÄUBLIN, BRIGITTA (1995) Puberty Rites, Female *Naven*, and Initiation. In: LUTKEHAUS, N.; P. ROSCOE (eds.), *Female Initiation in the Pacific*, New York/London (Routledge): 33-53.

HAUSER-SCHÄUBLIN, BRIGITTA (1997) *Traces of Gods and Men. Temples and Rituals as Landmarks of Social Events and Processes in a South Bali Village*, Berlin (Reimer).

HAUSER-SCHÄUBLIN, BRIGITTA (1998) Temples and Tourism: Between Adaptation, Resistance and Surrender? In: *RIMA* 32 (1): 144-178.

HAUSER-SCHÄUBLIN, BRIGITTA (2000) Dynamik zwischen Dissonanz und Harmonie. Kulturelle Ordnungssysteme unter dem Eindruck der Tourismusentwicklung. In: HAUSER-SCHÄUBLIN, BRIGITTA; KLAUS RIELÄNDER (Hg.), *Bali: Kultur, Tourismus, Umwelt. Die indonesische Ferieninsel im Schnittpunkt lokaler, nationaler und globaler Interessen*, Hamburg (Abera): 142-158.

HAUSER-SCHÄUBLIN, BRIGITTA; RIELÄNDER, KLAUS (Hg.) (2000) *Bali: Kultur, Tourismus, Umwelt. Die indonesische Ferieninsel im Schnittpunkt lokaler, nationaler und globaler Interessen*, Hamburg (Abera).

HAUSER-SCHÄUBLIN, BRIGITTA (2003) The Pre-Colonial Balinese State Reconsidered. A Critical Evaluation on the Relationship between Irrigation, the State, and Ritual. In: *Current Anthropology* 44 (2).

HAUSER-SCHÄUBLIN, BRIGITTA (im Druck) The Politics of Sacred Space. The Use of Conceptual Models of Space for the Implementation of Socio-Political Transformations in Bali. In: *Bijdragen tot de Taal-, Land- en Volkenkunde.*

HEERMANN, INGRID (1983) Ein Lungwallndu-Initiationsraum der Abelam. Die Sammlung Gerrits im Linden-Museum Stuttgart. In: *Tribus* 32: 127-158.

HIRSCH, ERIC (1995) Landscape: Between Place and Space. In: HIRSCH, E.; M. O'HANLON (eds.), *The Anthropology of Landscape. Perspectives on Place and Space*, Oxford (Clarendon): 1-30.

KABERRY, PHYLLIS (1941) The Abelam Tribe, Sepik District, New Guinea. In: *Oceania* 11: 233-258; 345-367.

KOCH, GERD (1968) *Kultur der Abelam*, Berlin (Museum für Völkerkunde).

KRETZER, DAVID (1988) *Ritual, Politics and Power*, New Haven (Yale University Press).

LANSING, J. STEPHEN (1991) *Priests and Programmers. Technology and Power in the Engineered Landscape of Bali*, Princeton (Princeton University Press).

LOSCHE, DIANE (1978) *Exchange of Men. The Abelam Balancing Act.* Manuscript (paper deliverd at the symposium on creating society in Melanesia, AAA meeting Los Angeles).

LOSCHE, DIANE (1982) *The Abelam, a People of Papua New Guinea*, Sydney (The Australian Museum).

MÜLLER, KLAUS E. (1987) *Das magische Universum der Identität. Elementarformen sozialen Verhaltens*, Frankfurt a. M. (Campus).

OTTO, TON (1997) *Cultural Dynamics of Religious Change in Oceania*, Leiden (KITLV).

PARKIN, DAVID 1992: Ritual as Spatial Direction and Bodily Division. In: COPPET DANIEL DE (ed.), *Understanding Rituals,* London (Routledge):11-25.

SCHECHNER, RICHARD; APPEL, WILLA (1990) *By Means of Performance. Intercultural Studies of Theatre and Ritual*, New York (University of Cambridge Press).

SCHOMBURG-SCHERFF, SYLVIA M. (1986) *Grundzüge einer Ethnologie der Ästhetik*, Frankfurt a. M. (Campus).

SCHULTE NORDHOLT, HENK (1991) Temple and Authority in South Bali, 1900-1980. In: H. GEERTZ (ed.), *State and Society in Bali*, Leiden (KITLV): 137-164.

SCHULTE NORDHOLT, HENK (1994) The Invented Ancestor. Origin and Descent in Bali. In: MARSCHALL, WOLFGANG (ed.), *Texts from the Islands: Oral and Written Traditions of Indonesia and the Malay World; Proceeding of the 7th European Colloquium on Indonesian and Malay Studies*, Bern (Inst. of Ethnology): 245-264.

SCHULTE NORDHOLT, HENK (1996) *The Spell of Power: A History of Balinese Politics 1650 – 1940*, Leiden (KITLV).

SMIDT, DIRK; MC GUIGAN, NOEL (1993) The Emic and Etic Role for Abelam Art (Papua New Guinea): The Context of a Collecting Trip on Behalf of the Rijksmuseum voor Volkenkunde Leiden. In: DAR P.J.C.; ROSE, R.G. (eds.), *Artistic Heritage in a Changing Pacific,* Bathurst (Crawford House Press): 121-141.

STUART-FOX, DAVID (1991) Pura Besakih: Temple-State Relations from Precolonial to Modern Times. In: H. GEERTZ (ed.), *State and Society in Bali*, Leiden (KITLV): 11-42.

TAMBIAH, STANLEY J. (1979) *A Performative Approach to Ritual*, Oxford (Oxford University Press).

TURNER, VICTOR (1967) *Forest of Symbols: Aspects of the Ndembu Ritual*, Ithaca (Cornell University Press).

TURNER, VICTOR [1969] (1989)*The Ritual Process. Structure and Anti-Structure*, New York (Aldine Publishing Company).

WALDNER, REGULA (1998) *Bali – Touristentraum versus Lebensraum? Ökosystem und Kulturlandschaft unter dem Einfluss des internationalen Tourismus in Indonesien,*Bern (Peter Lang).

WARREN, CAROL (1993) *Adat and Dinas. Balinese Communities in the Indonesian State*, Kuala Lumpur (Oxford University Press).

WERLEN, BRUNO (1988) *Gesellschaft, Handlung und Raum*, Stuttgart (Franz Steiner).

Kulturelle Räumlichkeit und Stadt.
Das Beispiel Mandi (Himachal Pradesh, Indien)

Klaus Hesse

Einleitung: Die Lokalität

Die Stadt Mandi[1] befindet sich in den Vorgebirgen des westlichen Himalaja im Zentrum des indischen Bundesstaates Himachal Pradesh. Sie liegt, umgeben von relativ steil ansteigenden Bergen am Zusammenfluss der Flüsse Beas und Suketi. Der ‚National Highway' nach Kullu und Manali führt direkt an Mandi vorbei. Mandi ist die Hauptstadt des gleichnamigen Distrikts, der 1948 aus der Zusammenlegung der beiden Fürstentümer Mandi und Suket entstand; Suket, südlich von Mandi gelegen, war älter aber kleiner als Mandi. Die Stadt, obwohl klein, verfügt über eine Vielzahl von Ämtern, über ein Hospital, ein College und einen relativ großen, reichhaltigen Bazar, Kinos und andere Einrichtungen eines provinziellen Zentrums. Gegenwärtig hat sie vielleicht 30.000 Einwohner oder mehr; nach dem Zensus von 1981 waren es etwa 20.000. Um 1850 hatte die Stadt ca. 4.500, 1921 knapp 7.000 Einwohner.[2] Städte dieser Größenordnung machen den Hauptbestandteil des urbanen Sektors in Indien aus, und auch das Bevölkerungswachstum entspricht ungefähr dem ‚allindischen' Durchschnitt. In der dicht besiedelten nordindischen Ebene wäre jedoch eine Stadt dieser Größe kaum Distriktshauptstadt und würde nicht über die genannten Einrichtungen verfügen. Um 1850 konnten aber Ortschaften von 4.500 Einwohnern sehr wohl Herrschaftssitze von lokalen Rajas, und Hauptstädte von kleinen Fürstentümern sein. Die Besonderheit des Beispiels Mandi liegt darin, dass es sich um eine alte Stadt handelt, die bis 1948 Fürstensitz, Hauptstadt und Hauptbazar des ehemaligen ‚Princely State' (*riyasat*) gleichen Namens war. 1948 bezeichnet den Endpunkt der Königsherrschaft und die politisch-territoriale Eingliederung in die Indische Union.

---

[1] Dieser Beitrag beruht auf mehreren Feldforschungen in Mandi zwischen den Jahren 1986 und 2000. Die Feldforschung im Jahr 1997/98 wurde von der DFG im Rahmen des Drittmittelprojektes Raumorganisation, Raumverhalten und Raumkognition im interkulturellen Vergleich (HA 2458/3-2), angesiedelt am Institut für Ethnologie der Universität Göttingen, gefördert.

[2] Zu diesen und weiteren statistischen Angaben siehe Hesse 1996: 17, 19, 20, 29f.

Die Region Mandi galt noch bis zur Mitte des 20. Jahrhunderts als entlegen und rückständig; dies betraf noch mehr die hochgelegenen Gebirgsgebiete im Norden und Osten. Mandi lag in der Tat abseits der nordindischen Ebene und am Rande der Ereignisse in diesem Gebiet. Gleichzeitig waren aber das *riyasat* und vor allem seine Hauptstadt seit langer Zeit Teil dessen, was allgemein als ‚indische Zivilisation‘ bezeichnet wird. Mandi war ein altes Hindu-Fürstentum mit einem ausgeprägten Shiva- und Devi-Kult sowie alten, magisch-tantrischen Traditionen, und zugleich galt die Stadt als Hort sanskritischer Gelehrsamkeit. Die Stadt ist also ein altes politisches, religiöses sowie vor allem auch ein Handelszentrum, und sie hatte eine alte, gleichsam klassische räumliche Ordnung, die sich eng an die Ordnungsprinzipien der heiligen Schriften (*shastra*) anlehnte. Bis Mitte der 1980er Jahre überwog im Stadtzentrum alter Baubestand. Die alten Häuser der hohen Kasten bestanden aus Naturstein, Holz und hatten Innenhöfe und große Schieferdächer. Zement- und Eisenbauweise hatten aber bereits Einzug gehalten. Im Bazar überwogen auch noch nicht wie heute, Betonbuden mit Rollladen aus Eisenblech und weißlichem, grünlichem, oder schmutzblauem Innenanstrich. Das Automobil war zu dieser Zeit noch den wenigen Reichen und hohen Amtsträgern vorbehalten, und selbst Motorroller waren selten und stellten noch ein wirkliches Statussymbol dar. Das überkommene System der kulturellen Räumlichkeit und Ästhetik war mit anderen Worten noch keineswegs vollständig dem jetzt herrschenden gewichen.

Die ‚alte Lebenswelt‘ verliert sich in Indien gegenwärtig sehr schnell, und nur ‚das Neue‘ wird geschätzt. Was mit der Vergangenheit verbunden ist, gilt als rückständig und wertlos, sofern es keinen direkt verwertbaren symbolischen oder materiellen Wert besitzt. Alte Häuser zu renovieren und den neuen Bedürfnissen anzupassen, wie es anderswo in Indien durchaus der Fall ist, gehört z. B. nicht zu diesen Werten, und auch das rekonstruierte oder geträumte prächtige Ahnenhaus, wie es reiche süd- und westindische Händler am Herkunftsort ihrer Ahnen errichten lassen, gehört nicht zum kulturellen Inventar der Eliten in Mandi. Seit Beginn der 1990er Jahre wird in Mandi sukzessive die Altstadt abgerissen und durch die Bauweise und Ästhetik des modernen Indien ersetzt. Was bleibt sind, neben sehr wenigen alten Häusern, die gegebenen Geländestruktur, das vorgegebene Wegesystem der Altstadt und vor allem die Tempel und andere alte Landmarken, an erster Stelle der Palastbereich oder vielmehr seine Reste.

Hier geht es um die Stadt und die Räumlichkeit der Vergangenheit. Sie ist interessant, und dies nicht so sehr aus nostalgischen Gründen. Der Gesichtspunkt der Dokumentation einer verschwindenden ziemlich bedeutenden und in manchen Zügen exemplarischen sozialen Tradition und baulichen Ordnung allein rechtfer-

Foto 1: Damdama um 1900, (Sicht vom Tarna-Hügel), Birbal Studio, Mandi.

tigt m. E. die Beschäftigung mit traditioneller Raumorganisation und traditioneller kultureller Räumlichkeit in Mandi.

Begriffe und Voraussetzungen

Vorab stellt sich die Frage, was unter den Begriffen wie Raum, Räumlichkeit, Stadt, aber auch ‚traditionell‘ und der damit verknüpften Frage der Zeit und des Raum-Zeit-Verhältnisses verstanden werden soll. Für besagte Fragestellungen soll zumindest der allgemeine begriffliche Referenzrahmen umrissen werden.

Raum kann als à priori Produkt menschlicher Erkenntnis gefasst werden, und jeder Akt räumlicher, also dreidimensionaler, Wahrnehmung schließt praktisch einen Akt der Messung und somit der mathematischen Schlussfolgerung und der Koordination in sich ein. Gleichzeitig kann und sollte ein Unterschied gezogen werden zwischen dem mathematischen und abstrakten Raum der Naturwissenschaft und menschlicher Raumwahrnehmung und Raumordnung. Die entscheidende Eigenschaft des mathematischen Raumes ist seine Homogenität. Das beinhaltet, dass kein Punkt vor einem anderen ausgezeichnet ist, und ein solcher Raum hat an sich keinen Mittelpunkt von Koordinaten. Keine Richtung ist vor der

91

anderen ausgezeichnet, und man kann durch eine einfache Drehung jeden beliebigen Punkt zur Koordinaten-Achse machen. Der mathematische Raum ist ferner in sich ungegliedert, durch und durch gleichmäßig und unendlich. Für den konkreten, wahrgenommenen, erlebten Raum, den Raum der sozialen, menschlichen Praxis gelten, so nach Bollnow (1963: 16f.) u. a., diese Bestimmungen nicht. Folgt man dieser Auffassung, so gibt es in einem solchen Raum jeweils einen relational gesetzten Mittelpunkt, der bedingt und bestimmt ist durch den Ort der Praxis des Menschen im Raum, die menschliche Ausrichtung und die damit verbundenen Wertungen und Umstände. Dementsprechend gibt es in der räumlichen Wahrnehmung und Praxis vom Handelnden – vom menschlichen Körper, seinem Sein und seiner räumlichen Ausrichtung ausgehend konzipiert – gleichsam ein qualitatives Achsensystem der Orientierung und Koordination mit entsprechenden Wertungen etc. Ort und Umraum sind in diesem Raum folglich qualitativ unterschiedlich und werden dementsprechend gewertet. Es gibt somit auch keinen eigentlich neutralen Bereich; der Raum ist vom Menschen apperzipiert und somit in irgendeiner Weise bestimmt oder besetzt. Er hat seine kulturelle Bedeutung, und die damit verbundenen Vorstellungen, Wertungen etc. sind Teil der ‚réprésentations collectives‘, um Durkheims Begriff zu verwenden.

Es ist also ein Unterschied zu ziehen zwischen dem abstrakten, mathematischen und dem konkreten, erlebten Raum, einem Raum als praktische Ausgedehntheit, der praktischen Positionierung, Distanz und Annäherung. Logisch wie auch praktisch baut sich auf letzterem und den damit implizierten Beziehungen eine komplexe inhaltliche Gliederung des wahrgenommenen und angeeigneten Raumes auf, zu der es im mathematischen Raum keine Entsprechung gibt. Es ist dieser Raum, der hier als ‚Räumlichkeit‘ oder ‚kulturelle Räumlichkeit‘ bezeichnet wird. Logischer Satzungspunkt ist dabei, wie betont, die Raumwahrnehmung und das räumliche Handeln eines kulturell und sozial bestimmten und positionierten Körpers im Raum. Der Position des methodologischen Individualismus, wie ihn z. B. Werlen (1988, 1995, 1997) für die Untersuchung und Theorie kultureller Räumlichkeit fordert, wird im weiteren Verlauf allerdings nur bedingt gefolgt.[3]

---

[3] Im Folgenden wird von zwei Blickwinkeln ausgegangen. Die primäre Referenzgruppe sind die Khatri von Mandi, deren Räumlichkeit die Stadt Mandi war, aber zunehmend nicht mehr ist. Sie waren seit der Frühzeit des Staates Mandi eine hohe, literate, *städtische* und weitgehend stadtendogame Kaste von Staatsdienern, Händlern und Landbesitzern. Darüber hinaus bildet das Königtum in Mandi einen zweiten und wesentlichen Bezugspunkt in der Analyse.

Foto 2: Chauhatta-Bazar und das Zollamt ca.1900, (Sicht vom Palast), Birbal Studio, Mandi.

Räumlichkeit ist nach gegebenen Bestimmungen also, wie Heidegger (1991: 101f.) es benennt, eine Wesensbestimmung des menschlichen Daseins: der Mensch ist in seinem Leben immer und notwendig durch sein Verhalten, und, so ist hinzufügen, durch seine Tätigkeit, durch *praxis* und *poesis*, in und zu einem umgebenden Raum bestimmt. ‚Kulturelle Räumlichkeit' ist somit in jedem Fall unmittelbarer und unabdingbarer Teil einer Kultur, oder wenn man will, eines Systems der sozialen Ordnung, des kommunikativen Handelns, der Klassifikation, Kategorisierung und Wertung, der Zuordnung und Besetzung von Räumen. Insofern sind Raum und Räumlichkeit auch notwendiger, gleichsam unabdingbarer Teil der Dialektik von Strukturiertheit und Strukturierung und eines Systems kultureller Symbole. In der Untersuchung räumlicher, gebauter Symbole hat sich das semiotische Basisdreieck von Signifikant, Signifikat und Referent in seinen unterschiedlichen Spielarten als nützlich erwiesen (z. B. Rapoport 1982, Broadbent, Bunt & Jencks 1980 u. a.) und gehört inzwischen zum Standardrepertoire etwa der Architekturforschung.

Aber jede Frage nach Raum oder Räumlichkeit impliziert sofort die Frage der Zeit. Raum ist unmittelbar an Zeit gebunden und umgekehrt. Ebenso wie zwischen mathematischem und kulturellem Raum unterschieden wurde, ist zwischen dem

Raum-Zeit-Begriff und der Raum-Zeit-Relation in den Naturwissenschaften bzw. in der menschlichen Ordnung zu differenzieren. Dieses Thema kann hier jedoch nur praktisch und verkürzt, in Bezug auf die Untersuchung der Zeitdimension in der räumlichen Ordnung der Stadt Mandi, aufgenommen werden. Dabei stehen mehrere Arten von Quellen und Zeitebenen zur Verfügung: 1) Schriftliche Quellen zur Geschichte Mandis; diese sind für die Zeit vor dem Beginn der britischen Oberherrschaft über Mandi (1846) spärlich.[4] Die lokalen schriftlichen Dokumente aus der Zeit nach 1850 sind weitgehend zerstört worden, unzugänglich oder geben zum gestellten Thema keinen direkten Aufschluss.[5] 2) Zeitliche Schichten der Baudenkmäler, der räumlichen Ausdehnung und Ordnung; diese sind zum Teil rekonstruierbar und verweisen ebenfalls auf einen langen Zeitraum, die bauliche Entwicklung der Stadt seit dem 15. und 16. Jahrhundert. Auf jeden Fall ist die Geschichte der Stadt Mandi und ihre Räumlichkeit eng verknüpft mit dem Herrscherhaus und der Formierung des Staates, seiner Entwicklung und dem Kult um das Zentrum des Staates. 3) Die Rekonstruktion der kulturellen Räumlichkeit des ,traditionellen' Mandi auf der Basis der lebendigen Erinnerung der Städter. Die Frage anderer Zeitverhältnisse, z. B. die des Zeitverhältnisses in der sozialen Rhythmik der Lokalität Mandi kann im gegebenen Rahmen nur kurz behandelt werden, obwohl diese Fragestellung praktisch wie auch theoretisch-methodologisch von Bedeutung ist.

Der Begriff ,traditionell', der im Folgenden häufiger gebraucht wird, soll an dieser Stelle ebenfalls kurz erklärt werden. Bei aller verständlichen postmodernen Kritik an den entsprechenden anthropologischen Modellen (siehe z. B. S. Bayly 1999), die mit dem Begriff der Tradition arbeiten und dabei explizit oder implizit ,zeitlose Strukturen' unterstellen, halte ich ihn, schon in Ermangelung eines Besseren, auch weiterhin für nützlich. Auf keinen Fall soll er hier als Deckmantel für einen geschichtslosen Essentialismus herhalten. Im einheimischen Sprachgebrauch

---

[4] Die Genealogien der Raja, wie sie die königlichen Barden vortrugen bzw. von Hofbrahmanen niedergeschrieben wurden, Tempelinschriften und andere datierte Belege bilden die Grundlage der vorhandenen historischen Rekonstruktionen. Zur Quellenlage s. a. Hesse 1996.

[5] Hervorzuheben ist, dass die Archive in Mandi, auch die Altbestände der Revenuebehörde, in den 1950er Jahren abbrannten; die Reste wurden in den 1970er Jahren von der Distriktsverwaltung vernichtet. Eintragungen beim Katasteramt oder der Revenuebehörde und jedes ältere Dokument werden in Mandi, zumindest behördlicherseits, gleichsam als Staatsgeheimnisse und nie als ,wertfreies' Forschungsobjekt angesehen. Die Archive in Simla, Delhi und partiell auch die in London wurden von mir Mitte der 1980er Jahre durchgesehen. Raja Mandi, Ashok Pal Sen, war so freundlich, mir das Palastarchiv zugänglich zu machen.

in Mandi deckt er sich in etwa mit *purana zamana* (‚alte Zeit') und entspricht lokal ungefähr ‚*state time*', der Zeit vor ‚*merger*', also dem Ende der Königsherrschaft und der Eingliederung Mandis in die Indische Union. Für die Alten bezeichnet dies die Zeit der eigenen Jugend, und, soweit ihre Kenntnis reicht, die ihrer Eltern und Großeltern bzw. Ahnen, also ein Zeitraum, der günstigstenfalls bis in das 19. Jahrhundert zurückreicht. Es ist primär das soziale Verhältnis, die Zeit der eigenen Lebenserfahrung, der Geschichte ihres Hauses, ihrer Verwandtschaft und Kaste im gegebenen räumlichen Feld der Stadt und des Staates Mandi, auf die Bezug genommen wird.[6] Gleichzeitig ist es die Zeit der Rajas, die im Denken eine besondere, gleichsam göttlich sanktionierte (*dharmik*) Ordnung konstituierte.[7] Im Diskurs der alten Leute in Mandi ist ‚*state time*' meist eine (nicht selten verklärte) Zeit des Eingebundenseins oder der Verankerung in eine überlieferte, normative, vorderhand gewissermaßen zeitlose Ordnung. Die ‚traditionelle' Zeit wird dabei zugleich auch als die der Wiederholung und die einer gegebenen göttlichen und sozialen Weltordnung begriffen, die, wie Giddens (1997: 133) sich ausdrückt, „ein Vertrauen in die Kontinuität von Vergangenheit, Gegenwart und Zukunft", [...] „eine ontologische Sicherheit", vorgab. Mit ‚*merger*' und der Landreform in den 1950er Jahren, die für die Khatri den weitgehenden Verlust ihrer Ländereien bedeutete, endete für sie die ‚alten Zeit'. Die Wertung dieser ‚alten Zeit' ist individuell und kastenspezifisch unterschiedlich.

Der Begriff ‚traditionell' beinhaltet auch *rivaj*, ‚*custom*', d. h. überlieferte, anerkannte und durch sozialen Konsens geheiligte soziale Normen und Praktiken. *Rivaj* soll durch *dharma* bestimmt sein, und die durch das *dharma* bestimmte Ordnung ist wesentlicher Teil dessen, was Khare (1983) ‚normative Hindu-Kultur' nennt.[8] Die Akteure haben hierzu ein ‚*commitment*', das soziales Verhalten und Handeln bestimmt und eine moralische Ordnung vorgibt. Die Kategorien, Normen und Muster brauchen nicht ausdrücklich formuliert zu sein, sie müssen also in diesem Sinn nicht aktuell und gewusst sein, um zu wirken; sie bilden auch dann einen

---

[6] Die Zeit der lebendigen Erinnerung hat in der Stadt Mandi, mit Ausnahmen in den Adelslinien und ‚Häusern' der Rajput, eine flache Struktur. Sie wird lokal als die Zeit der eigenen Erinnerung und der Ereignisse in der Familie und nahen Verwandtschaft gefasst. Bei Ereignissen in höheren Generationen haben die Berichte eher den Status von Gruppenmythen oder quasi-mythischen Erzählungen aus einer kaum strukturierten Vergangenheit. Der Bezug der Ahnen zur Genealogie der Herrscher bzw. einzelnen Herrschern ist für Khatri, aber auch Brahmanen, ein Identifikations- oder Referenzpunkt, der vor allem durch schriftlich fixierte und datierte Urkunden der Land- bzw. Privilegienvergabe eigens untermauert wird.
[7] Zum Inhalt des Begriffes *dharma* und davon abgeleitet, dharmisch oder *dharmik*, siehe Fußnote 16.

zentralen und wirksamen kognitiven Referenzrahmen, der für die Akteure Wahrheitscharakter hat. Diese traditionellen konzeptuellen Muster sind, wie noch zu zeigen sein wird, im gebauten Raum der Stadt verankert. Die gebaute materielle Räumlichkeit als Ort sozialen Handelns ist in das System der kulturellen Räumlichkeit eingebunden; die ihr zugrundeliegenden kulturellen Ideen und Werte drücken sich notwendigerweise in irgendeiner Form im Raum aus, aber nicht unbedingt als Abbild, oder auf spiegelbildliche Art.[9] Im Stadtraum, bzw. dem System kultureller Räumlichkeit der Stadt Mandi drückten sich Gegenwärtigkeit und eine lokale, überlieferte soziale Ordnung im Sinn von *rivaj*, und gleichzeitig eine übergreifende religiös-soziale (*dharmik*) Ordnung aus.

Die Frage, was eine Stadt ist oder ausmacht, ist ein viel behandeltes und komplexes Thema, das hier nur kurz problematisiert werden kann. Im Prinzip hat jeder, der in einer urbanen Gesellschaft lebt eine Vorstellung von Stadt in Bezug auf bestimmte Merkmale, funktionale Kriterien und Zuordnungen bzw. systemische Bereiche: Beispielsweise wird der Begriff Stadt mit einer charakteristischen baulichen und räumlichen Dichte, Bauweise, Ausdehnung und Abgrenzung eines als Stadtraum definierten Areals, einer bestimmten ökonomischen Ordnung, sozialen Morphologie und institutionellen und administrativen Struktur assoziiert, also charakteristischen kulturellen, wirtschaftlichen, sozialen, herrschaftlichen und rechtlichen Bereichen, die systemisch wie funktional integriert sind und eine spezifische soziale Ordnung ausmachen. Zur urbanen Struktur zählen gemeinhin auch besondere Formen des Wohnens, räumlicher und baulicher Ordnung, Gesetzgebung und Überwachung sowie ein komplexes Wege- bzw. Verkehrsnetz und anderes mehr. Eine solche Betrachtungsweise von Stadt ist auch in den Sozialwissenschaften

---

[8] Sie umfasst, wie Khare (1983: 5) darlegt „einen diversen Bereich von idealen und idealtypischen Prinzipien, Werten und kognitiven Mustern. Das aktuelle bzw. konkrete kulturelle und kognitive System muss sich mit einer vitalen und unersetzlichen Domäne klassischer Kategorien, Prozesse und Perspektiven verbinden, denn diese Kategorien, Normen, Werte und Ideale hatten (und haben) für die meisten Hindus eine tiefe moralische und expressive Kraft, die sie bekräftigt. Sie identifizieren sich mit diesen und durch diese Ideale, Kategorien, Normen und Werte; sie sind der Kern ihrer kulturellen Identität." Als Ideale gelten solche Ideen und Konstrukte als rein, unbegrenzt und wahr; sie werden nicht im gewöhnlichen Zeitverlauf, im Raum oder durch Ereignisse ausgehöhlt oder abgenutzt. Sie gelten als ewig, unterliegen aber den Gesetzen der Zeit der *yuga*, der vier Weltzeitalter und ihren intrinsischen Qualitäten.
[9] Diese Aussagen beinhalten zumindest implizit auch eine Kritik an Durkheim und Mauss und ihrer direkten Abbildtheorie räumlicher und sozialer Strukturen (Durkheim [1893] 1977, [1912] 1981; Durkheim & Mauss [1903] 1970).

durchaus üblich. Die Analyse kann dann z. B. entweder auf institutioneller Auffassung beruhen, oder jeweilige systemische Bereiche gelten als strukturierter Handlungsrahmen individueller Akteure.

Damit ist aber keineswegs die Frage übergreifender Klassifikationen von Stadt oder Städten und die der Klassifikationsmerkmale geklärt. In historischer Perspektive ist Stadt logisch und historisch wesentlich und zuallererst politische Stadt, und als solche ist sie ein mit Privilegien versehenes Machtzentrum. Dies gilt vor allem für die Frühgeschichte der Stadt, die eng mit der Formation des Staates oder von Staaten verbunden ist, aber auch für andere Perioden der Geschichte der Stadt. Stadt, die Anwesenheit von Städten als Zentren der gesellschaftlichen Macht im allgemeinen Sinn setzt soziale Differenzierung und Arbeitsteilung zwischen Akkerbau, Handwerk und ‚Kopfarbeit‘ und ihre Professionalisierung im Sinn von Leitung und Planung und zumindest rudimentäre Formen bürokratischer Tätigkeit voraus; ferner das Vorhandensein von routiniertem und formalisiertem Austausch sowie Redistribution. Die Stadt ist der Ort, an dem sich diese Faktoren bündeln und an dem diese Differenzierungen lokalisiert und in einer charakteristischen räumlichen Ordnung symbolisiert sind. Sie repräsentiert diese Beziehungen, ebenso wie die Stadt die Produktionsverhältnisse in der Gesellschaft und die herrschenden gesellschaftlichen Beziehungen auf besondere Weise symbolisiert. Hierdurch, durch die besonderen gesellschaftlichen Verhältnisse und nicht durch die Bevölkerungszahl unterscheidet sich die Stadt vom Dorf, das ebenfalls ein Machtzentrum in kleinem Maßstab darstellen kann. Die Stadt kann ihre Wurzeln in dörflichen Ansiedlungen haben, aber sie ist etwas anderes als ein vergrößertes Dorf. Die politische Dimension und eine spezifische Arbeitsteilung sowie ihre qualitative und räumliche Konzentration sind entscheidende *differentiae specificae*.[10]

Die Entstehung der Stadt ist eng an die Formierung des Staates gebunden und Staat existiert meist nicht ohne Stadt bzw. einen speziellen Ort, ein übergreifendes Herrschaftszentrum. Historisch betrachtet heißt in dieser Hinsicht Stadt nach Weber (1964: 924f) eine ‚Fürstenstadt‘, d. h. eine ‚politische Stadt‘ mit ‚angeschlossenem Markt‘. Mit Stadt kann aber auch ‚Handelsstadt‘ oder ‚industrielle Stadt‘ mit jeweils spezifischer sozio-ökonomischer und politischer Integration und Funktionalität gemeint sein. Den genannten Autoren zufolge, die diese Typologien aufgestellt haben, gehören diese Arten von Städten unterschiedlichen gesellschaftlichen Formationen an. Folglich werden Städte häufig einer Gesellschaftstypologie

---

[10] S. hierzu Southall 1999; Benevolo [1983] 2000, Lefèbvre 1972, Weber 1964: 7. Abschnitt, Sjoberg 1965, Mumford 1961 u. a. m.

wie asiatisch, antik, feudal, patrimonial, modern, vorindustriell, industriell, kapitalistisch etc. zugeordnet. Southall (1998), um einen neueren Autor zu zitieren, arbeitet ebenfalls mit einer solchen Typologie; unterschiedliche Typen von Städten werden unterschiedlichen Produktionsweisen zugeordnet und weitere, z. B. geografisch-kulturelle ‚Untertypen' werden eingeführt. Andere Klassifikationen heben regionale oder auch baulich-räumliche Kriterien hervor, wie die islamische Stadt mit ihrer typischen Raumordnung. Hervorzuheben ist, dass die Aspekte der Räumlichkeit, außer in der Geografie und Architekturforschung, oft als eher nebenrangiges Phänomen betrachtet werden.

Die Behandlung des regionalen Beispiels Mandi steht im Kontext der oben gegebenen allgemeinen Bestimmungen. Eine Analyse anhand der dargelegten Kriterien ist durchaus gewinnbringend, sofern anstelle einer bloß formalen Subsumtion die Eigengesetzlichkeit Mandis sowie vor allem auch der südasiatische Kontext entsprechend berücksichtigt werden. Das gleiche gilt im Prinzip auch für die übergreifende Problemstellung einer Zuordnung von Städtewesen und Gesellschaftsformation bzw. des Zusammenhanges zwischen ihnen. Dennoch lassen sich, auch im Zusammenhang der oben eingeführten Frage der Klassifikationsmerkmale von Stadt, Momente oder Bestimmungen hervorheben, die sowohl die Besonderheit Mandis ausmachen, die Stadt aber auch als einen allgemeinen Typus im südasiatischen Kontext erscheinen lassen. Diese sind: 1. Mandi als Typus einer ‚traditionellen' indischen Fürstenstadt; 2. die Verschränkung von ideeller ‚dharmischer' und räumlich-sozialer Gliederung der Stadt und der Stadtviertel; 3. die Räumlichkeit der Kastenstruktur, das heißt zum Beispiel die räumlich-soziale Ausgrenzung wie auch Ausrichtung der Kasten, vor allem der hohen Kasten, auf das Herrschaftszentrum, die herrschaftlichen Tempel und den Bazar sowie die damit verbundenen Momente des Zugangs zu und Teilhabe an der Herrschaft, Symbolik der Macht und den sozialen und wirtschaftlichen Möglichkeiten, die über diese Zentren und den Markt vermittelt wurden bzw. noch werden. 4. Das mit kultureller Räumlichkeit verknüpfte Thema des Raum- und Körperverhaltens oder des ‚räumlichen Habitus'. 5. Die ‚Rhythmik' der Lokalität im Alltag und bei den bedeutenden Festen. 6. Die Aspekte und Bedeutung von Kommunalität in der Räumlichkeit der Nachbarschaften (*muhalla*) der Stadt. Diese Merkmale, die eng ineinander greifen, können als wesentliche Merkmale oder Aspekte einer kulturellen Räumlichkeit Mandis und als Vergleichsgrundlage für andere Fürstenstädte in Indien betrachtet werden. Nicht alle diese Themen können hier jedoch gleich ausführlich behandelt werden.

Die alte Stadt: Zur Geschichte Mandis

Die ersten Europäer, die nach Mandi kamen, waren G. Trebeck und W. Moorcroft. Trebeck ([1841] 1979: 172) berichtet:

> „The town presents little worthy of notice, although it is of some extent. [...] It is situated in the angle between the Byas and Sukheti rivers. The most conspicuous object is the palace of the Raja, which stands in the southern part of the town, and presents a number of tall white buildings, with roofs of slate, concave, like those of Chinese pagodas."

Des weiteren hebt Trebeck (ebd.: 172, 173) die Ähnlichkeit des Stadtbildes und der Häuser von Mandi mit Almora, einer alten Fürstenstadt in Garwhal in der Nachbarschaft von Nepal, hervor und beschreibt die Uferfront des Beas in Mandi, die Tiefe und Breite des Flusses, das im Tagesverlauf wechselnde Wasservolumen, den Fährdienst u. a. m., wie zum Beispiel die Gedenksteine (*barsele*) für die verstorbenen Raja vor der Stadt. Der französische Reisende G.T. Vigne, der 1839 die Stadt besuchte, beschreibt ebenfalls die Ansicht des Palastes und fährt fort:

> „The bazar is large and well stocked for so insignificant a place. A large part of the town is on the opposite side of the Byas, and accessible by a large ferry boat. The river passes the town to the west [...]. It is very deep at Mandi and flights of steps, or ghats, Hindu images, and a large figure of the monkey god Huniman, have been sculptured on the rock by the river side; and Thakur Devarees (Houses of the Lord) or Hindu temples are conspicuous in different places of the town." (Vigne [1844] 1981: 80, 81)

Diese Berichte sind treffend und heben wesentliche Aspekte der räumlichen Organisation des ‚traditionellen' Mandi hervor. Es sollte weiter festgestellt werden, dass Khatri in der Stadt numerisch wohl immer dominant waren; an zweiter Stelle folgten die Brahmanen. Neben dem Herrscher und der höchsten Rajput-Aristokratie, den engen Verwandten des Herrschers, lebten, außer einer Garde von Kriegern, nur wenige Rajput in der Stadt. Die meisten Rajput des Herrscherklans der Mandeal siedelten verstreut, in konzentrischen Kreisen der genealogisch-räumlichen Distanz zur Herrscherlinie, im Umland der Hauptstadt. Der Bevölkerungsanteil der Mitglieder niederer Kasten in der Stadt war in der Vergangenheit wohl relativ gering; etliche lebten im stadtnahen Umland bzw. im Außenraum der Stadt. Mandi war zur Zeit von Trebeck und Vigne eine kleine Stadt mit wahrscheinlich weniger als 4.500 Einwohnern. Auch die Bebauung war, soweit sich dies rekonstruieren lässt, nur in

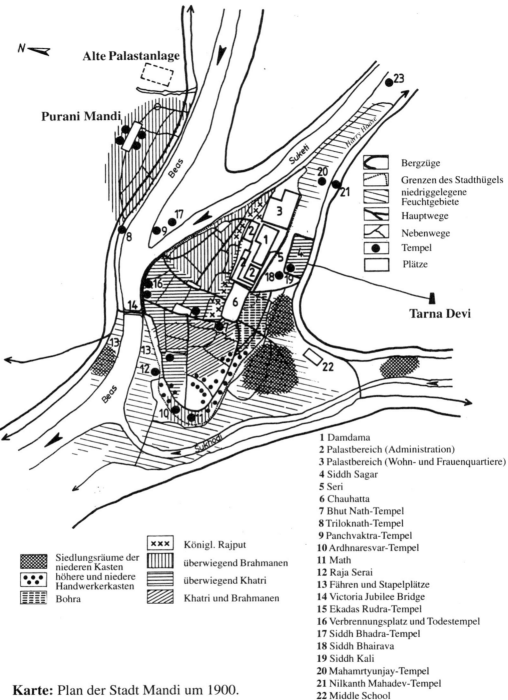

N

Alte Palastanlage

Purani Mandi

23

20

21

17

3

8 9

2 1

16 5

18 19

14 6

13 7

13 22

12

10 11

Bergzüge

Grenzen des Stadthügels

niedriggelegene
Feuchtgebiete

Hauptwege

Nebenwege

Tempel

Plätze

Tarna Devi

XXX Königl. Rajput

⬚⬚⬚ Siedlungsräume der
niederen Kasten

••• höhere und niedere
Handwerkerkasten

⊞ Bohra

⫿⫿ überwiegend Brahmanen

≡ überwiegend Khatri

▨ Khatri und Brahmanen

1 Damdama
2 Palastbereich (Administration)
3 Palastbereich (Wohn- und Frauenquartiere)
4 Siddh Sagar
5 Seri
6 Chauhatta
7 Bhut Nath-Tempel
8 Triloknath-Tempel
9 Panchvaktra-Tempel
10 Ardhnaresvar-Tempel
11 Math
12 Raja Serai
13 Fähren und Stapelplätze
14 Victoria Jubilee Bridge
15 Ekadas Rudra-Tempel
16 Verbrennungsplatz und Todestempel
17 Siddh Bhadra-Tempel
18 Siddh Bhairava
19 Siddh Kali
20 Mahamrtyunjay-Tempel
21 Nilkanth Mahadev-Tempel
22 Middle School
23 Barsele

Karte: Plan der Stadt Mandi um 1900.
(nicht maßstabgerecht)

der Nähe der Burg (Trebecks und Vignes ‚Palast‘) und unterhalb des Marktplatzes zum Ufer des Beas hin relativ dicht. In dieser wie manch anderer Hinsicht hatte Mandi sicherlich einen eher dörflichen Charakter, obwohl die europäischen Berichterstatter keinen Zweifel aufkommen lassen, dass es sich um eine Stadt handelt. Die entscheidenden Merkmale werden genannt: die alles dominierende Burg, der Fürstensitz, der Bazar, eine größere Anzahl von Tempeln und die *ghat*.[11] Aber es sind ebenfalls die Häuser, zumindest die der hohen Kasten, voran die der Rajput-Prinzen, der wohlhabenden Khatri aber auch Brahmanen, die dem Ort ein spezifisch städtisches Gepräge gaben und auch den Unterschied zu anderen Fürstensitzen in den ehemaligen ‚Punjab Hill States‘ ausmachten.[12]

Mandi war städtisch, aber dennoch war in der Räumlichkeit der Stadt eine strukturelle Nähe zum Dorf vorhanden. Die Raumordnung der Stadt war in hohem Maße durch die Gegebenheiten der natürlichen Umwelt bestimmt und ländlich geprägt. Das Wegesystem und die Nutzung der topografischen Struktur korrespondiert mit dörflichen Mustern, z. B. in der terrassenartigen Anlage von Häusern an Berghängen. Es handelt sich um ein gemeinsames kulturelles Muster, das sich vor allem auch in der Räumlichkeit des Kastensystems äußerte, die jeder Ansiedlung eine besondere Prägung gab. Auch sie korrespondierte mit topografischen Gegebenheiten und einer symbolischen sozio-religiösen Besetzung, die in der Region Mandi, wie andernorts, überdies mit räumlichen Grundklassifikationen wie oben und unten, innen und außen etc. verbunden war. In dieser Hinsicht ist kein substantieller Unterschied zwischen Stadt und Land festzustellen. Die Differenz von Stadt

---

[11] Der Begriff ghat bezieht sich hier auf die Steintreppen am Fluss. Es ist hervorzuheben, dass am gesamten Lauf des Beas nur Mandi *ghat* hat, bzw. die Uferformation des Beas sie nur hier zulässt.

[12] Diese Städte verfügten alle mehr oder weniger über ähnliche Merkmale. Die Herrscherhäuser versuchten, je nach Möglichkeit, ihrer Hauptstadt diese Merkmale zu verleihen, d.h. eine spezifische bauliche Erhabenheit zu gestalten, um somit ihre Herrschaft, die Macht der Götter der Hauptstadt und ihren Status und ihre Größe als Raja zu symbolisieren. Diese Symbolik sollte im Inneren, gegenüber den Dörfern, ihren Göttern und dem lokalen Adel wirken, sowie nach außen, gegenüber anderen Herrschern. Mandi, als relativ großer und wohlhabender Staat, zeichnete sich im Zirkel der regionalen Staaten in dieser Hinsicht besonders aus. Gleichzeitig ist noch auf den Unterschied zwischen Herrschersitzen und Hauptstädten hinzuweisen. Erstere konnten z. B. auch bewegliche Zeltstädte sein, wie dies in Nordindien unter den Moghul, besonders zur Zeit Aurangzebs über lange Zeiträume der Fall war. In anderen Fällen war der Herrschersitz mit Burg oder Palast und königlichen Tempeln nur von einer dörflichen Ansiedlung umgeben. Nagar in Kullu ist hierfür ein Beispiel. Nagar repräsentiert wahrscheinlich den Herrschersitz eines ‚Proto-‘ oder ‚frühen Staates‘.

und Land in Mandi war vor allem dadurch bestimmt, dass die Stadt Herrschaftssitz und religiöses Machtzentrum war und dass der Reichtum, die Macht und das Wissen am Hof, in den städtischen Tempeln, im Bazar und in den Stadtvierteln (*muhalle*) der hohen Kasten konzentriert waren. Mandi war überdies ein Zentrum für brahmanische und andere Schriftgelehrsamkeit. Herrscher und Palast sowie die hohen Kasten der Stadt appropriierten einen substantiellen Teil der Produktion der Dörfer. Die Stadt lebte vom Land, und dieses Verhältnis sowie die damit verbundene Asymmetrie ist eine wesentliche Grundlage der Differenz von Stadt und Land, die sich im kulturellen Feld bis ins System der Kleidung und der Speisen äußert. Die hohen stadtansässigen Kasten beanspruchten überdies gegenüber den Dorfbewohnern einen überlegenen Status; Stadtendogamie, hypergame Strukturen in den Kasten sowie andere Gegebenheiten der Sozialstruktur haben deutliche räumliche Aspekte. Ansätze einer vom ländlichen Raum unterschiedlichen Arbeitsteilung im Handwerk waren vorhanden, aber ländliche Handwerker wurden im hohen Maße über herrschaftliche Dienstleistungsverhältnisse für Arbeiten von den ‚Häusern' der hohen Kasten der Stadt und vom Hof rekrutiert.

Die strategische Lage von Mandi als Hauptstadt war günstig. Die Burg, Damdama, nahm einen Hügel ein, der eine beherrschende Position sicherte; sie war von der Stadt relativ leicht zugänglich, im Notfall aber auch effektiv zu verteidigen. Der Ort lag an einer alten Handelsstraße und an einem alten Übergang über den Beas, und entlang den Flussläufen führten die Wege ins Umland. Es gab verschiedene gute Trinkwasserquellen, und auch sonst waren die Lage und vor allem auch die topografischen Gegebenheiten für eine Stadtansiedlung günstig. Mandi hatte nie Stadtmauern, also kein sichtbaren Zeichen der Begrenzung.[13] Dennoch

---

[13] In der Terminologie Webers hatte Mandi auch keine ‚Außengemarkung', und es gab keine ‚Ackerbürger'. Es ist auch kein räumlich, politisch, oder rechtlich autonomer Status feststellen, und Mandi war, ebenfalls anders als zum Beispiel europäische Städte des Mittelalters oder der frühen Neuzeit, kein wirtschaftsregulierender Verband im Sinne der europäischen Rechts- und Wirtschaftsgeschichte. Es fehlte, um mit Weber (1964: 935f, 941 und 945f) zu argumentieren, ein Verbandscharakter der Stadt und überdies vor allem ein Bürgertum im Sinn der europäischen Geschichte.
Mandi hatte als Stadt vor der zweiten britischen ‚Minority Rule' in diesem Sinn keinen Verbandscharakter und keine festen, rechtlich fixierten Stadtgrenzen. In politisch-rechtlicher Hinsicht lag alle Macht beim Raja, dem Herrscher, und in Delegation, bei dem *wazir* des Staates, dem *kotwal* (städtischer Polizeivorsteher) wie dem Amt und der Person eines *kardars* oder *wazirs*, dem sowohl Abgabe- und Kataster- als auch Rechtsangelegenheiten für das Umland und die Stadt oblag. Die An- bzw. Abwesenheit der mit diesen Komplexen verbundener Institutionen haben notwendig ihren Ausdruck sowohl in der Stadtarchitektur als auch in der Raumordnung.

gab es in der Vergangenheit räumliche Grenzen, aber mehr im kognitiven und sozialem Sinn. In traditionellen dörflichen Raumkonzepten gab es gleichsam konzentrische Kreise der räumlichen Zugehörigkeit zu einer Lokalität, und ähnliche Muster finden sich in der Stadt Mandi. Räumliche Grenzen sind meist durch Flussläufe, Bäche, Bergrücken markiert, und an solchen Grenzen bzw. in den Grenzbereichen oder Randräumen finden sich generell *sthan*, hier im Sinn von heiligen Plätzen, an denen sich Gottheiten oder niedere Geister guter oder übler Natur manifestiert haben. Solche *sthan*, d. h. Orte der Manifestation einer Gottheit, können durch einen Tempelbau, einen Schrein, einen Baum, eine Flagge oder einen einfachen Stein etc. gekennzeichnet sein; sie markieren nicht nur Außengrenzen, sondern auch besondere räumliche Gliederungen im Stadtraum.[14] Auch die bauliche Verdichtung und die Konzentration bestimmter Kastengruppen war charakteristisch für das Stadtgebiet.

Die Frage nach der kulturellen Räumlichkeit einer Stadt wie Mandi kann nur im Zusammenhang mit der einheimischen Idee von Hauptstadt behandelt werden; hierfür sind einige historische Daten einzuführen. Etwa 1300 (nach Chr.) wurde der Herrschaftssitz des ‚Herrscherklans‘ der Mandeal in die unmittelbare Nähe der jetzigen Hauptstadt verlegt. Vorausgegangen war eine wesentliche territoriale Expansion des Herrschaftsgebietes.[15] Zwei oder drei Generationen später wurde weiter flussabwärts eine neue Siedlung als Herrschersitz gegründet, das heutige Purani Mandi, das der Stadt gegenüber am rechten Ufer des Beas liegt. Dieses Ereignis

---

[14] In etlichen Fällen begrenzten Tempel in Mandi den (alten) Stadtraum. Besonders markant ist dies am Ufer des Beas und an der südlichen Stadtgrenze, oberhalb des Suketi. Hier ist der alte Stadtraum durch eine Barriere von drei Tempeln begrenzt. Sie wurden nach lokaler Legende nach einem Sieg über die Truppen des südlichen Nachbarstaates Suket errichtet, und sie wurden Wächter- oder Schutzgottheiten bzw. -tempel gegen die natürlichen und übernatürlichen Feinde aus dem Süden. Im Siedlungsraum der hohen Kasten gab es an bedeutenderen Kreuzungen Steine mit den ‚Fußspuren der Devi‘. Jedes Viertel hatte einen solchen Stein. Sie finden sich auch an einigen großen Tempeln der Stadt. Heilige Bäume, vor allem nahe von Quellen oder an Kreuzungen gelten ebenfalls als *sthan* sowie besondere Landmarken.

[15] Ohne auf die schwierige Frage der Frühgeschichte des Staates in Mandi und damit verbundene Datierungsfragen weiter einzugehen, kann festgestellt werden, dass die Landschaften nördlich der Stadt Mandi am linken Ufer des Beas und südlich von Kullu, das Kerngebiet der Mandeal konstituierten, die ab ca. 1250 eine anscheinend unabhängige Macht etablierten und ihr Herrschaftsgebiet ausweiten konnten. Politische Strukturen waren in diesem Randgebiet schon seit langer Zeit vorhanden, ebenso wie alte Staaten in der Nachbarschaft der Region Mandis. S. hierzu Mandi State Gazetteer 1908, 1920, Hutchinson & Vogel [1933] 1982 Bd. II 373f, Man Mohan 1930 u. a. m.

bezeichnet den Übergang von einem ‚Häuptlingstum' zu einem etablierten Staat. Ab ca. 1520 konstituierte Mandi einen ‚frühen Staat', mit entsprechenden Institutionen und Symbolen und einem König. Letzterer war (mutmaßlich) mit einem angemessenen ‚sanskritischem' Ritual eingesetzt und trug wahrscheinlich bereits Titel wie ‚Herr der Erde, Zerstörer der Rivalen'. Ein besonderes, bauliches Symbol dieser Veränderung ist der Tempel von Shiva-Triloknath, Shiva als ‚Herr der drei Welten', der noch immer eine der fünf *kulaj* (‚Familiengottheiten') der Raja von Mandi beherbergt. Auf dem Gelände des Tempels finden sich einige sehr alte *barsele* (Gedenksteine für die verstorbenen Raja und ihre Frauen). Der Tempel verweist in seiner Ikonographie und Ausgestaltung auf die feste Einrichtung der Königsherrschaft und der diesbezüglichen brahmanischen Kulte und ist ein wichtiges Indiz für die Etablierung des Staates. Der Tempel lag außerhalb des Palastareals, am Ende der Siedlung mit Tempeln, in Stein gefassten Brunnen und Häusern von spezifischer Form, in der sich zugleich Status, Vermögen und Rang ausdrückte. Oberhalb und abgesondert von der Ansiedlung lag der befestigte Palast. Diese räumliche Konfiguration von Palast, Häuserreihen, einem Platz, der u.U. auch als Markt genutzt wurde, und von verschiedenen kleineren Tempeln, herrschaftlich und religiös überhöhten Brunnen und dem Haupttempel am südwestlichen Ende korrespondiert in der Form mit einer der klassischen idealen Stadtanlagen in Indien, in diesem Fall mit dem *vajra* (‚Donnerkeil'), oder nach frommer lokaler Version dem Schwert der Devi. Bei dem Erdbeben von 1905 wurde Purani Mandi völlig zerstört, und nur die alten Tempel und einige Brunnen blieben erhalten. Von der alten Palastanlage sind nicht einmal mehr Reste erhalten.

Wahrscheinlich bereits vor dem Bau des Triloknath-Tempels hatte Raja Ajbar Sen das jenseitige Ufer erobert und den lokalen adligen ‚Häuptling' (*rana*) vertrieben. Seit diesem Zeitpunkt wurde Mandi ein eigenständiger und zunehmend wichtiger politischer Faktor im ‚Zirkel der Staaten' dieser Region, und es fand eine erneute Verlegung der Hauptstadt, diesmal an das linke Ufer des Beas statt. Dieser Raum galt als Wildnis und wurde bestenfalls als Weideland genutzt. Er war aber bereits früher rituell besetzt, wovon ein alter Grottentempel nahe dem Übergang über den Beas zeugt, der mit den buddhistischen Traditionen dieser Region (bis zum 8.-9. Jahrhundert) assoziiert wird. Das erste eindeutig datierbare Bauwerk der neuen Hauptstadt ist ein Tempelbau, der Shiva in seiner Form als Bhut Nath (‚Herr der [üblen] Geister'), gewidmet ist. Die Tempelgründung und die damit verbundenen Rituale waren ein Akt der rituellen Besetzung des Raumes. Bhut Nath ist die Schutzgottheit und der Wächter der Stadt und verkörpert die *axis mundi* der Welt (*loka*), die den Raum der Hauptstadt konstituiert. Dieser Raum ist zugleich symbolisches und herrschaftliches Zentrum des Reiches (*rajya, riyasat*). Das gleiche gilt für die Gründung der Burg Damdama und die weitere Ausgestaltung des neu eröffneten Herrschaftsraums. Mit der Übersiedlung des Herrschers folgten auch die Höflinge, Staatsdiener, Priester, Händler, Handwerker und Dienstleistende unterschiedlicher Kastenaffiliation, so dass sich eine neue Stadt mit Bazar- und Wohnquartieren etablierte. Die Stadt und ihre räumliche Ordnung nahmen Gestalt an.

Auf zwei Tatsachen, die zumindest mittelbar mit der räumlichen Ordnung und einem Konzept kultureller Räumlichkeit zu tun haben, sollte noch hingewiesen werden. Die erste Erwähnung des Namens Mandi ist auf das Jahr 1520 datiert und bezieht sich auf Purani Mandi am rechten Beas-Ufer. Das Wort Mandi heißt wörtlich Markt. Lokal wird eine Herleitung von dem Rishi Mandavya bevorzugt, einem legendären Seher oder Heiligen, der an diesem Ort Askese geübt haben soll. Woher auch immer letztendlich das Wort Mandi hergeleitet ist, jedenfalls wurde der Name auf die neue Stadt übertragen. Purani Mandi blieb als Brahmanensiedlung zurück. Die Brahmanen von Purani Mandi hatten weiterhin wichtige Ämter und erhielten auch Priesterfunktionen in den Tempeln der neuen Stadt und ebenso am Hof und in den Häusern der hohen Kasten. Die für das Herrscherhaus wichtigen Götterstandbilder des alten Palastes in Purani Mandi wurden in der neu geweihten Burg etabliert; andere verloren stark an Bedeutung.

Nach der klassischen indischen Herrschaftstheorie gilt die Hauptstadt als eines der sieben Glieder oder Elemente (*anga*) des Staates. Die *anga* sind: 1. der Raja, der Herr und Gebieter, die Personifikation der Souveränität, dem als Souverän ‚Partikel von Göttlichkeit‘ immanent sind und der der erste und zentrale Anbeter und Opferherr (*jajman*) der Götter des Landes ist. 2. Gefolge und Minister des Königs. 3. *Janapada* und *rashtra*, die Bewohner und das Land, die Untertanen (*praja*), deren Wohl der Herrscher durch eine dem *dharma*[16] entsprechende Herrschaft befördern soll. 4. Die königliche Hauptstadt und Burg (*nagara, durga*). 5. Die königlichen Einkünfte, der Schatz (*kosha*). 6. Die Strafgewalt und die Armee (*danda*), und 7. die Alliierten des Königs am Rande seiner Herrschaft und im ‚Zirkel der Staaten.[17] Der Herrschaftsbereich, die Grenzen des Staates (*rajya*), reichten nach diesen Theorien, soweit wie die ‚strahlende Energie‘ (*tejas*) des Herrschers sich ausbreitete. Diese ineinandergreifenden Elemente bilden in der einheimischen Theorie eine organische Gestalt und sind für die Königsherrschaft konstitutiv. In der Hauptstadt sind diese Elemente gebündelt, so dass die Stadt (*nagara*) und ihre bauliche Ordnung ein besonderes Symbol der Herrschaft bilden; in der Hauptstadt sind diese Elemente der Herrschaft räumlich repräsentiert und symbolisiert. In Bezug auf die räumliche Struktur beinhaltet dies aber nicht nur die Anwesenheit des Herrschersitzes, des Thrones (*gaddi*), in der Stadt oder Burg sowie der Institutionen und Ämter der Herrschaft, sondern auch die weitere religiöse, politische und soziale und die entsprechende bauliche Besetzung des Raumes der Stadt als besonderem Symbol der Herrschaft. Die Rajas nach Ajbar Sen, ihre Brahmanen und Berater waren sich dessen bewusst: der Bau der neuen Stadt bzw. die weiteren Ausgestaltungen folgten ‚dharmischen' Prinzipien und somit zugleich klassischen Konzeptionen einer Hauptstadt.

Ungefähr 150 Jahre nach dieser Gründung war die Stadt Mandi mit einem integrierten System von Tempeln, Herrschafts- und sozialen Räumen ausgestaltet. Dieses System wurde später erweitert und ausgeschmückt oder ornamentiert, aber die Grundrelationen veränderten sich ebenso langsam wie das gesamte soziale und ökonomische System und die Staatseinkünfte. Der Niedergang des Königtums in Mandi im späten 18. und frühen 19. Jahrhundert ist auf externe und kriegerische Auseinandersetzungen zurückzuführen, die zu einem Verfall der königlichen Tempelstiftungen und Palastanlagen und zu einer starken Ausplünderung der städtischen sowie vor allem auch der ländlichen Bevölkerung führten. In der zweiten Hälfte des 19. und zu Beginn des 20. Jahrhunderts fanden im größeren Stil Renovierungen wie auch Neubauten von Tempeln und Palästen statt, und auch die Bazare wurden, zum Teil auf herrschaftliche Initiative, umgestaltet und erweitert. Diese Bautätigkeit, wie auch die wachsende Zahl der Wohnhäuser standen noch immer in Kontinuität mit dem alten System. Substantielle Veränderungen gab es erst nach

---

[16] *Dharma* ist eine ontologische Kategorie und hat dementsprechend sehr weite Konnotationen. *Dharma* wird manchmal mit ‚Moralität' übersetzt und beinhaltet ein Ideensystem transzendenter, kosmischer und lebensweltlicher Gesetzmäßigkeit und Ordnung, die als integrative kosmisch-religiöse und soziale, wertspezifische und in diesem Sinn als normative Ordnung bezeichnet werden kann. Der Begriff wird auch mit gerechter Ordnung, Tugend, Moralität, religiösem Verdienst, Rechtschaffenheit, Gesetz im allgemeinen und partikularen Sinn sowie als die Pflicht, das Gute, Wahre, die Norm, der Weg und der göttliche Plan der *jati* (Kaste, bzw. des Kastensystems) übersetzt. Kaste und Kastensystem sind unlöslich mit dem Konzept von *dharma* verwoben. Somit sind hier zwei grundlegende strukturierende Momente oder ‚Codes' festzustellen, die in einheimischer Konzeption grundsätzlich miteinander verklammert sind. Aber diese Ordnung beinhaltet in Bezug auf Raum oder die Ordnung des Raumes, wie oben impliziert, weit mehr Qualifikationen und mehrere eigene, aber auch verknüpfte ‚Codes', Klassifikations- und Wertemuster normativer Ordnung, die zugleich durch die *purushartha*, die vier ‚Ziele des Menschen', *artha* (Reichtum, Interesse, Haushaltskunst, Ökonomie, Staatskunst), *kama* (Zuneigung, Liebe, Lust), *dharma* und *moksha* (Erlösung) und ihre ‚Codes' bzw. ‚Sub-Codes' konditioniert sind.
[17] S. hierzu Kane 1993 Vol. III: 17f.; Kautiliya, ed. R. P. Kangle 1963: 6.1.1., Inden 1982: 102, Scharfe 1968: 134f. u. a. m.

1903 bzw. 1915, während der ersten und vor allem der zweiten britischen ‚Minority Rule' in Mandi. Unter der Ägide des letzten regierenden Raja wurden der neu eingeführte anglo-indische Baustil sowie damit verbundene Raumkonzeptionen übernommen und zunächst im ‚öffentlichen Bereich', später zunehmend auch in privaten Bauten, praktiziert. Die baulichen Zeugnisse dieser Epoche verschwinden zunehmend hinter der zeitgenössischen Architektur der letzten zwei bis drei Jahrzehnte und dem rapiden Umgreifen moderner urbaner Bebauung. Kulturelle Räumlichkeit der Stadt und des Umlandes verschmelzen zunehmend zu einem neuen Typus indischer Urbanität. Diese neue Urbanität, vor allem entlang den Hauptverkehrsstraßen, besteht aus einer wuchernden Ansammlung von Hütten und anderen Bauwerken aus Zement, Ziegeln, Wellblech und Eisen aber auch Marmor, von endlosen Reihen meist unterkapitalisierter Läden, Essbuden, Reparaturwerkstätten und Wohnbereichen sowie Slums in zerstörter Landschaft. Ein stark ausgeweiteter Verkehr gibt, bei veralteter Infrastruktur, dieser neuen indischen Urbanität – und so auch der kulturellen Räumlichkeit Mandi – noch ein besonderes Gepräge.

Die sozio-religiöse Ordnung der königlichen Hauptstadt

Um zum traditionellen Mandi zurückzukehren: Die neue Stadt lag zwischen dem Zusammenfluss des Beas und Suketi sowie dem Sukhodi Khad, der etwa eineinhalb Kilometer flussabwärts in den Beas mündet. Hier erhebt sich ein kleinerer, von der Uferfront des Suketi steil und vom Beas-Ufer aus langsam ansteigender Hügel. Auf seiner Spitze steht Damdama, die alte Burg, die als herrschaftliches Zeichen den Raum und das Bild der Stadt dominierte. Damdama liegt in östlichwestlicher Achse. Östlich davon und etwas tiefer gelegen befand sich eine Anzahl von weiteren Palast- und Nebengebäuden, die vom 17. bis 20. Jahrhundert entstanden. Südlich bzw. südwestlich des Palastbereiches bricht der Stadthügel steil ab und gibt Raum für eine Senke namens Seri, in der Ende des 17. Jahrhunderts von Raja Siddh Sen ein rechteckiger Teich mit Treppe angelegt wurde. An der Nordwestecke des Siddh Sagar (‚Ozean') genannten Teiches liegt der Doppeltempel von Siddh Kali und Siddh Bhairava, zwei furchteinflößenden tantrischen Gottheiten; der Siddh Kali-Tempel liegt unterhalb des Bhairava (Shiva)-Tempels und stand vor der Trockenlegung des Sagar um 1900 während der Regenzeit halb unter Wasser. In der Mitte des Sagar war ein Pfahl, auf dem ständig ein Licht brannte. Er markierte die Stelle, wo das abgeschlagene Haupt des Raja von Bangahal, eines Nachbarstaates von Mandi vergraben war; seine Gliedmaßen sollen an den vier

Ecken des Teiches liegen. Es handelt sich offenkundig um ein tantrisches Opfer, der dem Ort besondere religiöse Macht verlieh. Überdies gehört ein in Stein gefasster Teich mit vorgelagerter Treppe zu den königlichen Insignien und somit zu den Merkmalen einer Hauptstadt. Er repräsentierte einen besonderen herrschaftlich-religiösen Raum, und die Umkreisung des Siddh Sagar war Teil aller Prozessionen der Herrscher und des Staatsgottes. Hier versammelten sich früher auch die Götter des Landes, wenn sie anlässlich von Shivratri, der ‚Nacht Shivas‘ in ihrer tragbaren Form in die Hauptstadt kamen, um Madho Rao, der Staatsgottheit, und dem Herrscher zu huldigen und das Fest zu Ehren von Shiva zu feiern. Auch Tarna Devi, die ‚Schutzgöttin der Stadt‘ war in dieses Fest eingebunden, an dessen Ende von den Orakelpriestern einer mächtigen Berggottheit am Tempel des Siddh Sagar zum Wohl der Stadt und des Herrschers ein Tieropfer stattfand. Danach vollzog der Gott eine Prozession um den alten Stadtraum, um einen magischen Schutzring (*tantrik kar*) zu ziehen. Nach Osten, zum Suketi hin, geht Seri in ein niedriger gelegenes Gebiet über, in dem früher u. a. Teile des in Hauptstadt stationierten Militärs lagerten.

Auf der anderen Seite des Siddh Sagar, nach Südwesten gelegen, liegt ein relativ steil ansteigender Hügel, Tarna, auf dessen Spitze im 17. Jahrhundert der Tempel von Tarna Devi (Kali) gebaut wurde. Tarna Devi wird von vielen Stadtbewohnern als Schutzgöttin der Stadt betrachtet und hatte ein eigenes religiöses Fest (*mela*). Als heiliger Ort sollte Tarna nach traditioneller Konzeption unbewohnt sein, und in der Tat beschränkte sich die Bebauung auf wenige Häuser am unteren Teil; erst nach 1950 entstand ein dicht besiedeltes Wohnviertel. Die Grenze der Stadt nach Südosten symbolisierten drei Wächter- bzw. Schutztempel, und in ihrer Umgebung gab es ebenfalls keine Häuser. Es galt allgemein als unangemessen Wohnstätten zu nahe an einem heiligen Baum, Tempel oder den Verbrennungsplätzen zu bauen. In dem der Stadt am Suketi vorgelagerten Straßendorf (Mangwain) lebten moslemische und andere Handwerker unterschiedlicher, meist niederer Kastenzugehörigkeit.

Kehren wir zum Palastbereich zurück. In einem der Höfe, die zur alten Burg gehören befinden sich der Tempel Madho Raos (Krishnas), der im 17. Jahrhundert als Staatsgottheit etabliert wurde, sowie früher auch der Tempel von Raja Rajeshvari, der ‚Shakti‘ oder ‚weiblichen Macht‘ des Staates. Der Hof enthielt überdies einen überdachten Opferplatz. Im Hauptbau von Damdama befand sich in der Vergangenheit ferner der Tempel von Rupeshvari, der eigentlichen Familiengöttin (*kulaj*) des Herrscherhauses. Der alten Burg vorgelagert stand Naya Mahal, der im 19. Jahrhundert gebaute ‚neue‘ Palast. Etwas tiefer, in nordwestlicher Richtung ist

Chauhatta („viereckiger Platz, Kreuzung") gelegen, ein großer rechteckiger, ebener Platz, an dessen nördlicher Ecke dem Palastareal gegenüber, der Bhut Nath-Tempel steht. In Chauhatta mündeten alle größeren Wege, und von hier gingen die Wege in die alten Wohnviertel der hohen Kasten auf der nördlichen und nordöstlichen Seite des Stadthügels ab. Chauhatta war wahrscheinlich schon immer der Hauptbazar der Stadt und das Zentrum des Verkehrs und „öffentlichen Lebens" gewesen. Er füllt den Raum zwischen dem Bhut Nath-Tempel und dem Palastkomplex und vermittelt zwischen den beiden; Madho Rao machte bei seinen Prozessionen durch die Stadt immer in Chauhatta halt, um *darshan*, seinen Anblick zu geben und sich huldigen zu lassen. In Chauhatta befindet sich auch ein Stein mit dem Abbild der Fußspuren der Devi. Wie der Platz am Siddh Sagar diente Chauhatta als Raum für herrschaftliche und religiöse Prozessionen und für religiöse Aufführungen wie z. B. Ram Lila, d. h. Darstellungen aus dem Leben des Gottes Rama. In Chauhatta befand sich auch die Zollstation, und er war der Bazar, in dem die wichtigen Geschäfte getätigt und wichtige Neuigkeiten verbreitet und besprochen wurden.[18] Chauhatta gilt seit alters vor allem als Ort der Khatri, der alten dominanten Händlerkaste der Stadt, die auch wesentliche Teile des Staatsdienstes beherrschte, und deren Mitglieder bedeutende Landbesitzer im Staat und der Region waren.

---

[18] In der Zollstation wurde nicht nur der Stadtzoll bezahlt. Sie war auch das Amt, dem die Verpachtung von Verkaufs- und anderen Lizenzen unterstand. Sie war regelmäßiger Treffpunkt der Händler und Geschäftsleute der Stadt, zumal es dort immer Neuigkeiten zu erfahren gab.
Bazar bedeutet hier einen Ort an dem Güter regelmäßig ausgetauscht werden. Gleichzeitig beinhaltet der Begriff eine spezifische Institution und Form des Tausches, der Distribution und Produktion und vor allem auch der Kommunikation und Zirkulation ebenso wie auch eine spezifische Lebensweise und Mentalität, die durch regionale und lokale Gegebenheiten bestimmt ist. Mandi war ein kleiner Bazar, und obwohl es Ansätze zur Branchenbildung gab, ist er nicht mit den großen indischen oder islamischen Bazaren unterschiedlicher Typen zu vergleichen, auch wenn *en miniature* ähnliche Muster vorhanden waren. Die Läden waren überwiegend aus Holz gebaut und hatten massive Holztüren und Eisenriegeln; sie standen in Reihen um den Hauptplatz oder sie waren Gruppen von Wohnhäusern vorgelagert.
Der Markt oder Bazar in Mandi zog seine Bedeutung aus der Tatsache, dass die Stadt herrschaftliches und religiöses Zentrum des Staates war und aus der günstigen geografischen Lage. Hier deckten sich die Stadtbewohner und saisonal die Bauern des näheren und weiteren Umlandes ein. Der Hof und die Hofhaltung versorgten sich – vor allem durch Zulieferwesen – ebenfalls über den städtischen Markt. Hervorzuheben ist, dass sowohl der Hof als auch die Stadtbewohner hoher Kaste ihre Lebensmittel gewöhnlich nicht oder nur im geringen Umfang im Bazar bezogen, sondern direkt vom Land, primär von den eigenen Ländereien.

Die räumliche Verteilung der Bazare, wie auch die der Läden und Geschäftsbranchen in den Bazaren der Stadt, folgte praktischen Gegebenheiten und vor allem der Logik des alles bestimmenden Kastensystems. Der Karawanentransport und seine Logistik schufen ihre eigenen Bedingungen, und dasselbe galt für das Fährwesen in Mandi.

An der Hauptverbindungsstraße nach Kangra bzw. Kullu, die von Chauhatta halbkreisartig zum Fluss hinunter führte, befanden sich u. a. der Raja Serai, ein Rastplatz für Reisende, wo auch die Staatselefanten untergebracht waren, sowie Karawanenrastplätze, Essbuden, Läden und Werkstätten von Handwerkern. Aber dies ist in den Maßstäben von Mandi und des Handels der damaligen Zeit zu sehen. Seit ca. 1880 gibt es nahe des alten Fährplatzes eine große Hängebrücke über den Beas, die seither eine der wichtigsten Landmarken der Stadt ist. Durch den Bau verloren die alten Stapelplätze am Beas an Bedeutung. Dieser westlich-nordwestliche Randraum der Stadt schloss auch das Gebiet des Math, des Ordenssitzes der shivaitischen Sadhus in Mandi und die Gasse der Ölpresser ein. Am Math stand auch ein bedeutender Steintempel aus dem 17. Jahrhundert, in deutlichem Abstand zu den niedriger gewerteten Karawanen- und Lagerplätzen. Nach 1900 gründeten nahe der neuen Brücke reiche Khatri auf dem Stadthügel ein vornehmes Viertel. Bis dahin hatte dieser Raum als für die hohen Kasten unangemessen gegolten.

Auf der nach Norden zum Ufer des Beas hin abfallenden Seite des Stadthügels, unterhalb des Palastes und Chauhatta, liegen die alten Wohnviertel der hohen Kasten. Ihre Nachbarschaften und Viertel (*muhalle*) waren nach Norden und Osten ausgerichtet, die auspiziösen und mit Wohlsein verbundenen Himmelsrichtungen. Nach Westen bricht der Stadthügel steil ab; in der darunter gelegenen Schwemmebene des Sukhodi Khad, außerhalb der Sichtweite der Oberstadt, lag und liegt das größte Unberührbaren-Viertel. Die hinter dem Sukhodi aufsteigende Bergkette und die diesem Bereich westlich vorgelagerten Felder und Weiler waren bereits Außenraum. In diesem Bereich, außerhalb der Stadt in der Wildnis, wurde im 17. Jahrhundert als Wächter des Westens ein Ganesh-Tempel errichtet. Das Beas-Ufer nahe am Sukhodi Khad diente auch als Begräbnisplatz der verstorbenen Kleinkinder, die noch keine Feuerbestattung erhielten. Noch weiter außerhalb liegt seit langem die Kolonie der Leprakranken. Am oberen Lauf des Sukhodi südwestlich vor der Stadt war das Gefängnis. Die Hinrichtungsstätte befand sich dagegen unterhalb des Palastes, in der Nähe von Seri.

Die Häuser in den alten Stadtvierteln waren meist zwei-, selten dreistöckig; sie bestanden aus Naturstein und Holz und hatten Innenhöfe mit Galerien. Die Dächer waren aus Schiefer. Solche Häuser des sogenannten *chauki*-Typs waren Symbol für hohen Kastenstatus und Wohlhabenheit (Hesse 2001: 678f). Die Häuser der niederen Kasten und der Armen waren dagegen gewöhnlich einstöckig, oft mit nur einem oder zwei Räumen, und sie waren aus Lehm oder aus geschichtetem Bruchstein und Holzbalken gebaut und mit Schiefer oder Gras gedeckt. Grasdächer waren das negative Privileg der niederen, als ‚unrein' geltenden Kasten. Sie verschwanden weitgehend erst nach dem Ende der Königsherrschaft und der Standesgesetze, die Teil der dharmischen Ordnung des Staates und des Kastensystems waren.

Die Ausgestaltung der Uferfront des heiligen Flusses Beas mit Tempeln und Stufen (*ghat*), an denen die hohen Kasten ihre rituellen Bäder nahmen, soll an Benares erinnern. Diese Assoziation ist bewusst; Mandi wird lokal von vielen immer noch als ‚*choti Kashi*', ‚kleines Benares', bezeichnet. Die alten *ghat* und die Tempel am Flussufer – aus unterschiedlichen zeitlichen Schichten, auch des Wiederaufbaus bzw. der Restaurierung – bilden gleichsam einen heiligen Bezirk, an dessen östlichem Ende die Verbrennungsplätze für die hohen Kasten und ein diesem Bereich angeschlossener alter Todestempel liegen.[19]

Ein weiterer besonderer Raum ist die vom Zusammenfluss (*sangam*) von Beas und Suketi gebildete Landspitze. Sie liegt, vom Palast aus gesehen, auf dem anderen Ufer des Suketi, im Nordosten, vor dem Raum der alten Stadt. Hier befindet sich der exklusive Verbrennungsplatz des Herrscherhauses und der ‚königlichen Rajput' der Stadt und ein imposanter Steintempel der Panchvaktra, der ‚fünfgesichtigen' Form Shivas gewidmet ist und Ende des 17. Jahrhunderts gebaut wurde. Er war auch der Todestempel für die Herrschersippe. Oberhalb von Panchvaktra liegen ein weiterer alter Kali-Tempel sowie die *samadhi* (Bestattungsplätze) heiliger Männer. Das gesamte Gebiet oberhalb des Zusammenflusses, Paddal genannt, bildete einen besonderen Bereich, der als gefährlich und magisch aufgeladen galt. Oberhalb in einiger Entfernung von dem tantrisch besetzten Gebiet liegen zwei mit Vishnu assoziierte Tempel nebst kleinen Brahmanen-Ansiedlungen. Dieses Gebiet war in Ermangelung von Brücken über den Suketi nicht einfach erreichbar. Um 1900 wurde Paddal durch eine feste Brücke über den Suketi erschlossen, und für die Armee Mandis wurden Kasernen im anglo-indischen Stil gebaut. Ab 1948 wurden dort das Mandi College und sukzessive Sportanlagen und ein Stadion errichtet. Während der Herrschaft Raja Joginder Sens (1925-1948), und vielleicht schon zuvor, hatte dieses Gebiet eine wichtige Stellung bei einigen der religiösen Hauptfeste (Shivratri, Holi, Dashahra).

---

[19] Die niederen Kasten hatten ihre eigenen Verbrennungsplätze am Zusammenfluss von Beas und Sukhodi.

Es ist unmittelbar ersichtlich, dass Tempel wesentliche Landmarken bildeten und dem System der Räumlichkeit Mandis als Hauptstadt ein besonderes Gepräge gaben. Mandi war, wie betont, ein altes Zentrum des Tantrismus, des Shiva- und des Devi-Kultes. Diese Ordnung drückt sich in einem System von zehn tantrischen Formen Shivas und der Devi aus, deren Tempel in den unterschiedlichen räumlichen Zonen der Stadt liegen. Alle weiteren Shiva- und Devi-Tempel, die zahlreich in der Stadt vertreten sind, gelten als Wiederholungen bzw. Ausschmückungen dieser Ordnung. Seit dem 17. Jahrhundert kamen ein herrschaftlicher Krishna-Kult und Bhakti-Frömmigkeit hinzu, die ebenfalls in Tempelbauten Ausdruck fanden. Fromme Stiftungen sind seit langer Zeit wesentlicher Teil des Hindu-Königtums und der Königsherrschaft. Der Bau und Unterhalt von Tempeln, die Veranstaltung von großen Opfern und Ritualen sowie Gaben an Brahmanen, besonders in Form von Landtiteln, galt als heilige, dharmische Pflicht eines Königs und einer Rani. Die Reichen und Mächtigen der Stadt von hoher Kaste, die sich um die Herrschaft gruppiert hatten und ihre Position, auch als große Händler, aus der Beziehung zum Herrscherhaus ableiteten, errichteten ebenfalls Tempel; manchmal als Buße, um wieder in herrschaftliche Gnade aufgenommen zu werden, manchmal als Teil eines Gelöbnisses oder in Erinnerung an einen Ahnen etc. Die Mehrzahl der kleineren, aber auch größeren unter den über einhundert Tempeln der Stadt wurden irgendwann von Stadtbewohnern, zumeist von denen hoher Kaste, gegründet. Die großen und alten Steintempel wurden fast alle vom Königshaus gestiftet. Die wichtigsten Tempelbauten stammen aus dem 17. Jahrhundert, einer Zeit der äußeren Expansion Mandis und vor allem der Zerschlagung der Macht und Eigenständigkeit des lokalen Adels und somit der Stärkung der Königsherrschaft. Die Erbauer sind Shyam Sen (1664-1679) und vor allem Siddh Sen (1682-1727), der als großer Magier und Tantriker in die Geschichte Mandis einging.

Die Lage und Symbolik dieser gebauten Ordnung des Raumes – und vor allem die der königlichen Tempel – ist nicht gänzlich oder ohne weiteres den bisher eingeführten Konzepten zu subsumieren. Sie gestalten ein räumliches System eigener Ordnung, wobei die Vorstellung der Außengrenzen und des magischen Schutzes gegen Übel und üble Geister eine wichtige, aber keineswegs die alleinige Komponente ist. Ein wesentliches Konzept war auch das des *mandala*, hier im Sinn eines kreisförmigen und umschlossenen Raumes, der von der Profanität und Unreinheit durch Barrieren geschützt und umgrenzt ist und ein besonderes Zentrum hat. Nach Auskunft eines *raj-purohit* liegt der Stadtgründung ein *devi mandala*[20]

---

[20] Ein *devi mandala* ist ein magisches Diagramm, das die Göttin symbolisiert.

zugrunde, und in der Vorstellungswelt der frommen Städter korrespondiert die Ordnung der alten Tempel damit. Ein lokaler Schriftsteller bemerkte hierzu:

„Diese Ordnung ist da, und sie ist wahr, denn sie bezieht sich auf das *dharma*. Die Rajas in der Vergangenheit, aber auch die Leute in Mandi versuchten ihr Bestes, eine solche Form zu gestalten. Aber irgendwie schafften sie es nicht – jedenfalls nicht ganz. Dennoch: sie ist da, und wir wissen es."

Diese Aussage bezieht sich ebenso auf andere ideelle räumliche Ordnungskonzeptionen, die lokal als unabdingbarer Bestandteil der Ordnung galten, in der Empirie jedoch keine direkte geometrische Entsprechung haben. So ist auch die räumliche Distribution der z. B. von Siddh Sen gebauten Tempel in der Stadt und der sie umgebenden Wildnis kein unmittelbares Abbild dieser oder ähnlicher Ordnungskonzeptionen.

Lokal wurde also die traditionelle räumliche Ordnung der Stadt wie auch die Königsherrschaft als Teil der kosmologischen Ordnung vorgestellt. Ein Raum, ob Palast, Tempel, Haus, Stadt oder Dorf, beinhaltete rituelle Konstituierung und gleichzeitig soziale Aneignung und Besetzung. Um mit Eliade (1957) zu sprechen, war der Raum für den gläubigen oder nicht säkularisierten Menschen nicht nur der Ort von Praxis, sondern wurde als Emanation des Göttlichen, als durch kosmische, göttliche Ordnung bestimmt, gedacht und empfunden. Dasselbe galt ebenso für menschliches Tun und Handeln im Raum. So unterlag z. B. in einheimischem Denken auch jedem rituell gesatzten Bauwerk oder Raum ein *vastu mandala*[21], d. h. eine ‚Gründungsversammlung von Gottheiten'. Sie gelten nach der Theorie des *vastupurusha mandala* (und lokaler Adapation dessen) als die *lokpal*, die ‚Wächter der Himmelsrichtungen', wofür ihnen regelmäßig in alltäglicher Kultpraxis geopfert wurde und wird. Nach dieser Vorstellung sind jeder Himmelsrichtung – idealiter mit acht Unterabteilungen des Raumes und der Zeit – Gottheiten zugeordnet und zugleich bestimmte Qualitäten, Konsequenzen, Attribute bzw. Wertzuordnungen und magische Kräfte. Sie haben nach einheimischer Theorie ihren Einfluss auf den Raum, konditionieren ihn wie auch die Menschen. Diese Konzeptionen der Wertungen der Himmelsrichtungen hatte ihre Bedeutung im Bauen, der Ordnung des Raumes wie auch für die Ausrichtung des Menschen im Raum.

---

[21] Grundzüge dieser Vorstellungen finden sich in jedem Pancang (Almanach), die die Priester und fromme Laien benutzen, auf deren Wissen hier Bezug genommen wurde. Für Details dieser Theorie(n) siehe vor allem Kramrisch 1986: 1-98; Moore 1990: 169 f; aber auch Shukla 1995 passim. Die bei Kramrisch dargelegten Theorien des Tempelbaus haben in Mandi ihre lokale Entsprechung in den alten und großen Steintempeln der Stadt.

So wurden zum Beispiel der Osten aber auch der Norden als auspiziös (*shubh*) und der Süden und Westen als inauspiziös (*ashubh*) gewertet, und mit diesen Klassifikationen sind zugleich weitere Wertzuordnungen und Verhaltensnormen verbunden. Nach Süden wurden bis auf kurze Rituale in den Todeszeremonien im Prinzip keine Opfer vollzogen; er galt als Region Yamas, des Todesgottes. Mit den Füßen in Richtung Süden zu schlafen hieß im traditionellen Denken, in Richtung der Region Yamas zu gehen; dies sollte strikt vermieden werden. Die Andacht und Rituale sollten idealiter in Ausrichtung nach Osten oder Norden stattfinden. Es gab etliche solche Vorschriften der räumlichen Ausrichtung und Verhaltens die Teil der eingelebten Gewohnheit waren, und sie finden sich in Mandi unter anderem auch in der räumlichen Ausrichtung der Hauptkasten im Stadtraum. Die Koordinaten eines *vastupurusha mandala* und ihre qualitativen Zuordnungen sind in entsprechenden Diagrammen dargestellt und dem Raum unterliegend vorgestellt. Die einzelnen Felder eines solchen Diagramms sind in einem imaginären Koordinatensystem verbunden, und somit sind auch transitorische Zonen gegeben. Sie treffen sich in einem Zentrum, einem leeren Feld, das von einer Gottheit besetzt vorgestellt ist. Diese Konzeptionen hatten ihren Einfluss im Tempel- und Hausbau, aber auch im Bau oder der Ordnung der Stadt, auch wenn im letzteren Fall diese Ordnungskonzeptionen vielleicht weniger deutlich zutage traten. Im einheimischen Denken waren sie als Teil der heiligen Ordnung gewissermaßen notwendiger Bestandteil der gebauten Ordnung.

Ein grundlegendes Verhältnis der kulturellen Räumlichkeit war und ist noch immer das Kastenverhältnis als ontologische Struktur, Idee und Wertsystem. Als solche sind Kaste und Kastensystem eng verbunden mit den einheimischen Ideen von *dharma*, *purushartha*, aber letztendlich ebenso mit der Konzeption von *loka*, *vastupurusha mandala* etc. Kaste impliziert Hierarchie, und hierarchische Relation galt als notwendiger Teil der religiös-sozialen Ordnung und somit auch der kulturellen Räumlichkeit, in denen eine dharmische Ordnung und Hierarchie repräsentiert zu sein hatten, um nicht dem Untergang oder *a-dharma* anheim zu fallen. Die Basisopposition im System der Kasten ist in Mandi die Klassifikation in ,reine' (*bhitrake*, wörtlich ,die des Innenraumes') und ,unreine' (*baharke*, wörtlich ,die des äußeren Raumes'). Grundlage dieser Dichotomie ist die Konzeption von (rituell) rein und unrein (*shuddh*, *ashuddh*) sowie vom Standpunkt der ,Reinen' vor allem die Gefahr oder Potentialität der rituellen Verunreinigung durch die als ,unrein' im absoluten Sinn klassifizierten *baharke*. *Bhitarke* und *baharke* stellen ein primäres und substantielles Gegensatzpaar dar, und diese Kategorisierung beinhaltet zugleich eine komplementäre Opposition von hoch und niedrig, oben und unten (*umca, nica*). Innerhalb der Kategorie der *bhitarke* besteht eine Hierarchie von *svaran kul* und *nice* (niedrige) *bhitarke*. *Swaran kul* bezeichnet die hohen *bhitarke*; diejenigen die als *dvija* (‚Zweimalgeborene‘) gelten. Wörtlich heißt *svaran kul* goldene Deszendenz, und *svaran* (golden) impliziert Reinheit und Erhabenheit.[22]

Traditionell war die räumliche Trennung der Kasten im Gegensatz von *bhitarke* und *baharke* scharf und explizit, und in der kulturellen Räumlichkeit der Stadt war die Segregation des Reinen und Hohen bzw. des Unreinen und Niederen noch durch die Topografie und ihre Wertung verstärkt. Die niederen, von den hohen Kasten als unrein gewerteten Kasten, lebten im alten Stadtgebiet in den niedrig gelegenen, feuchten Quartieren nahe am Sukhodi, im als inauspiziös gewerteten Südwesten und Westen, unterhalb und in räumlicher Entfernung von den hohen, ‚reinen‘ Kasten. Sie hatten überdies ihre Weiler und Hütten im als niedrig gewerteten Außenraum oder im dörflichen Umland. Sie waren räumlich, sozial und herrschaftlich ausgegrenzt. Entsprechende räumliche Muster finden sich ebenso in den Dörfern Mandis und andernorts.

Die Kasten der niederen *bhitarke* galten als intermediär, und diese ‚Intermediärität‘ hatte ihren Ausdruck im Konzept des ‚Zwischen‘- oder ‚Randraumes‘ sowie des Außenraumes. Die unteren Kasten der *bhitarke* siedelten im Zwischenbereich, an den Rändern der Viertel der hohen Kasten, nahe der Bazarstraßen und vor allem an den niedrig gewerteten Bazarteilen und im Rand- und Außenraum der Stadt. Folglich siedelten sie auch im Randraum zu den niederen Kasten. Die Wertigkeit der Bazare sowie ihre Lage im Stadtraum ergibt sich aus der Art und der rituellen Qualität der Gegenstände, mit denen gehandelt und vor allem gearbeitet wurde. Die Moslemhandwerker der Stadt waren ebenfalls dem Rand- oder Außenraum zugeordnet, und wie die Kasten, die zu den *baharke* gerechnet wurden, durften sie den Innenbereich der Häuser der hohen Kasten nicht betreten.

Der räumliche Ausdruck des Verhältnisses von *umca* und *nica* (hoch und niedrig) hat jedoch einen weiteren, wesentlichen Aspekt. Das Palastareal von Damdama, der Sitz des Herrschers und der Herrschaft des Staates, bildet nach dem Shyamakali-Tempel auf Tarna und dem ebenfalls dort gelegenen Chota Tarna-Tempel den höchstgelegenen Teil des alten Stadtgebietes. Sozial und räumlich ausgedrückt steht die weltliche Herrschaft nur unter der Herrschaft der Götter. Dass die anderen Tempel,

---

[22] Zum Kastensystem in Mandi s. Hesse 1996 Teil II. Kap. II sowie Conzelmann 1996: Kap. II und III. Zu verweisen ist hier grundsätzlich auf die Arbeiten von Dumont 1980 und Marriott und Inden 1974, 1977.

Kastensystem in der Stadt Mandi und räumliche Zuordnung (vor 1948)

Rein, *shuddh*		**hoch, innen**
swaran kul,	Brahmanen	O./N. Innenraum
dvija	Rajput	O./N. um Palastareal
umce bhitarke	Khatri	O./N. Innenraum
	Bohra (Händler)	S./W. Innenraum
	Kanait (Bauern); kaum vorhanden, oder Diener der hohen Kasten)	O./W. Randraum, Innenraum
	Soniar (Goldschmiede)	W./am Innenraum
bhitarke **intermediär**		**intermediär**
	Jhir (Wasserträger/Hebamme)	Randraum, (am Innenraum)
nice bhitarke	Nai, Tarkhan (Barbier, Zimmerleute u. a.)	Randraum
	Mali, Saini, Kumhar (Gärtner, Gemüseanbauer, Töpfer)	Randraum, bzw. meist außerhalb der Stadt
	Teli, Lohar, Tarkhan, Julaha u. a., (Ölpresser, Schmiede, Zimmerleute, Weber)	Randraum/Außenraum S/W/NW
baharke		**Rand- Außenraum**
	Dumna, Koli, Dagi, (Korbmacher, Arbeiter)	Außenraum/W/SW/NW bzw. Umland
	Chamar, Chuhra Lederarbeiter, „Kehrer")	niedriggelegener Randraum/S/W
Unrein, *ashudh*		**niedrig**

vor allem Bhut Nath, der Schutz- und Gründungstempel der Stadt, alle niedriger als die Burg liegen, ändert nichts an der Überlegenheit der Götter. Aber das Vorrecht, unter den Menschen auf den höchsten räumlichen Punkt zu leben, lag bei den Königen, und Damdama war der höchste besiedelte Platz in der Hauptstadt. Dieses Privileg der Raja, über den Untertanen zu sein, war absolut. Nach lokalen Legenden wachten die Herrscher streng darüber, dass diese räumliche Ordnung und ihr Privileg nicht verletzt wurden. In der ersten Hälfte des 20. Jahrhunderts lockerte sich diese Konzeption; sie verschwand allerdings erst mit dem Ende der Königsherrschaft in Mandi im Jahre 1948.

Öffentlicher Raum als Ort der Begegnung und Trennung

Es ist durchaus üblich, Stadt nicht nur unter dem räumlichen Gesichtspunkt von Wohnen, Arbeiten etc. zu betrachten, sondern auch unter dem des öffentlichen Raumes, wobei gewöhnlich vorausgesetzt wird, dass der Wohnbereich einen privaten Raum darstellt. Öffentlicher Raum heißt dann der Raum der Verkehrsverbindungen, der Straßen, besonders Einkaufsstraßen, Boulevards, Märkte, ebenso wie der Plätze, Parks, der Raum des Flanierens etc. Zur öffentlichen Sphäre werden in Europa – und exportiert durch ökonomisch-kulturelle Expansion – auch öffentliche Gebäude und die Institutionen der öffentlichen Meinung und staatlichen Herrschaft gerechnet.[23] Während solche Zuordnungen für die Analyse städtischer Räume dieser Region ohne Zweifel nützlich sind, sind sie m. E. auf das ‚traditionelle‘ Mandi nicht ohne weiteres anwendbar.[24]

Die großen *chauki*-Häuser der Khatri in den zentralen Stadtvierteln sind zweifellos insoweit ein ‚privater‘ Bereich gewesen, als sie Unzugänglichkeit und Abgeschlossenheit nach außen vermittelten und die innere Sphäre des Hauses, die Geheimnisse, die rituelle Reinheit, die Frauen und Schätze vor Einblicken und Übergriffen schützten. In der rechtlichen Sphäre war diese ‚Privatheit‘ auch weitegehend anerkannt, obwohl Konfiskationen und Verletzung dieser Sphäre, wenn sie dem Willen des Herrschers entsprachen, letztendlich nicht verhindert werden konnten.

---

[23] S. a. Habermas 1990, Hölscher 1998, Vernant [1965] 1996, Benjamin 1968 u. a.
[24] Hervorzuheben ist, dass diese Frage hier nur unzureichend problematisiert werden kann, und nur einige Aspekte der räumlichen Dimension der Relation oder Kategorie von öffentlich und privat behandelt werden können. Die Kategorie oder das Problem von öffentlicher und privater Sphäre ist in der Untersuchung des traditionellen Staatswesens und der traditionellen Gesellschaft Mandis von außerordentlicher theoretischer wie praktischer Bedeutung.

Gleichzeitig bildeten ‚Häuser' Körperschaften deren Älteste bzw. Vorsteher nebst ihren Frauen, und unter ihnen die einzelnen Haushälter in hohem Maß über Eigentum und das Leben der einzelnen bestimmten, so dass hier der Begriff ‚Privatsphäre' im gängigen euro-amerikanischen Sinn kaum angemessen ist. Dasselbe galt im Prinzip für die Wohnverhältnisse in den Häusern, in denen nicht selten drangvolle Enge herrschte. Das Außentor war, wenn jemand im Haus war, tagsüber immer geöffnet, und gewöhnlich herrschte in den Häusern ein Kommen und Gehen.

Der Zugang zu den Häusern war vor allem durch den Kastenstatus bestimmt. Bedienstete der Kategorie der *baharke* konnten im Prinzip nur den niedriger liegenden Bereich des Innenhofes betreten, andere Mitglieder dieser Kasten höchstens den Vorraum am Eingang. Die häuslich-räumlichen Restriktionen, die von Mitgliedern höherer Kasten und bestimmten Kategorien von Verwandten zu beachten waren, sind grundsätzlich anders zu bewerten. Für die Nachbarschaften (*paros*), aber auch die Stadtviertel (*muhalle*) waren in der Vergangenheit ‚face-to-face-Beziehungen' typisch, und hierdurch wurden das räumliche Verhalten und die räumlichen Beziehungen im positiven wie im negativen Sinn geprägt. Dies bezieht sich auf gegenseitige Besuche vor allem der Frauen, Teilnahme an Festlichkeiten der Nachbarn, aber auch auf Anschuldigungen, Streit, nachbarschaftliche Schlichtung etc. In dieser Hinsicht war das Leben eher ‚dörflich, gemeinschaftlich' als ‚städtisch' geprägt, und praktisch jede Handlung geschah unter den Augen der Dienerschaft, Nachbarn und der eigenen *biradari* (Kaste).

Die Nachbarschaften oder Stadtviertel hatten die Tendenz, kastenspezifisch zu sein, aber Khatri, Rajput und Brahmanen lebten auch in enger Nachbarschaft. Die Leute der Nachbarschaft und des Viertels kannten einander, und auch die (höherkastigen) Dienstboten und niedrigkastigen Bediensteten der Häuser waren bekannt. Letztere konnten selbstverständlich die Wege von und zu den Häusern ihrer Herrschaft im Inneren der *muhalle* benutzen, und die Zeiten zu denen sie kamen und gingen, waren allgemein bekannt. Aber sie hatten nach Beendigung ihrer Arbeit das Viertel schnell wieder zu verlassen, sie hatten nicht herumzustehen und sollten an den Rändern der Wege gehen. Höherkastigen mussten sie ausweichen, ihr Blick sollte gesenkt sein und ihr Schatten nicht auf den eines Hochkastigen fallen. Brahmanen, Rajput aber auch Khatri achteten gewissenhaft auf die Einhaltung dieser Verhaltensregeln. Diese alltäglichen Regeln des Kastensystems waren allgemein verinnerlichte, eingelebte Gewohnheit. Abseits der Hauptwege hatten Unbekannte ihre Anwesenheit bzw. ihre Beziehungen zu diesem Raum zu erklären. Die ‚Häuser' der hohen Kasten, vor allem Brahmanen, hielten Kühe, die von Bediensteten der Bauernkaste (Kanait) versorgt wurden. Heu und Brennholz wurden von *baharke* zum Haus gebracht. Die Chamar (Lederarbeiter) beseitigen das tote Vieh aus Häusern oder Straßen.[25]

Die größeren Einkaufs- und Durchgangsstraßen werden heute als öffentlicher Raum bezeichnet. Diese Relation galt in der Vergangenheit ebenso, aber es ist zu berücksichtigen, dass in Mandi, wie andernorts, in diesem Bereich die kulturelle Räumlichkeit und somit auch das Raumverhalten ebenfalls durch das Kastenverhältnis, die gesellschaftliche Position und die damit verbundenen Verhaltensnormen bestimmt war. Die Mitglieder der niederen Kasten kauften relativ selten im Bazar. Nahrung bzw. Nahrungsreste, gebrauchte Kleider oder Lumpen erhielten sie als Teil ihrer Entlohnung; Salz, Tabak, Öl und Ähnliches erstanden sie meist in Läden des Randraumes, z. B. nahe am Umladeplatz für die Karawanen, oder im Bohra Bazar in der Nähe zum Raum der niederen Kasten. *Baharke* durften grundsätzlich die Läden nicht betreten, und die Waren wurden ihnen hingestellt oder herausgereicht. Mitglieder der niederen Kasten sollten sich in Chauhatta nicht aufhalten und am Rande, aber in gebührlicher Entfernung von den Läden gehen. Das galt auch für andere Durchgangswege. Sie durften auch nicht die Tempel der hohen Kasten betreten. Um die Tempel herum lag, eventuell durch Mauern markiert, ein magisch-ritueller Raum, der für *baharke* tabuisiert war.

Das Körper- und Raumverhalten der hohen Kasten und der Mächtigen der Stadt und des Staates war dem diametral entgegengesetzt. Die Welt der Frauen der hohen Kasten fand in *parda*, hinter dem ‚Vorhang‘, statt. Haupt- und Nebenfrauen des Raja sowie die Frauen der hohen Rajput-Nobilität waren am striktesten von der Außenwelt abgeschieden. Wenn eine Rani (Hauptfrau eines Raja) den ihr vorbehaltenen inneren Palastbereich verließ, um die Tempel des weiteren Palastbereiches aufzusuchen, ging sie stets mit Gefolge. Den Palastbereich verließ sie nur in einer verhangenen Sänfte und mit entsprechender Eskorte – zur Zeit des letzten Raja im verhangenen Rolls Royce oder in ihrem eigenen Wagen mit Fahrer und Bediensteten. Brahmini und Khatriani waren nicht im gleichen Maß den Ehrenregeln der männlichen Gesellschaft unterworfen. *Parda* beinhaltet für sie ebenfalls hohen Status, Vornehmheit sowie ‚keusche Zurückhaltung‘ und Ehrerbietung gegenüber den älteren männlichen Verwandten und den Brahmanen, die regelmäßig ins Haus kamen. Aber ihre Welt war im Alltag weniger vollständig auf das eigene Haus beschränkt, sondern schloss die ‚Häuser‘ der Nachbarschaft und vor

---

[25] In diesem Fall z. B. betraten Niedrigkastige das Haus; es war hierdurch wie durch den Tod der Kuh, rituell verunreinigt, und es hatte vom *purohit* (brahman. Hauspriester) rituell gereinigt zu werden.

allem die der Verwandtschaft ein. Frauen konnten sich in der Nachbarschaft mit zunehmendem Alter immer freier bewegen. Wenn sie jedoch die Nachbarschaft verließen, taten sie dies nur in Gruppen, oder in Begleitung von Männern. Die religiösen Bäder der Frauen im Beas, die mit bestimmten kalendarischen Festen, individuellen Gelübden (*vrata*) und Ereignissen des Lebenszyklus verbunden waren, wurden von den reformorientierten Khatri nach 1915 zunehmend als unschicklich empfunden, sie konnten aber nicht völlig unterbunden werden. Frauen gingen auch in Begleitung von Männern auf Pilgerreisen zu den heiligen Stätten Nordindiens und unternahmen mit Verwandten kleinere Pilgerreisen zu Tempeln im Umland von Mandi. In jedem Fall korrespondierte der Grad von *parda* mit dem Kasten- bzw. herrschaftlichem Status.

Der ‚öffentliche Raum‘ war in erster Linie ein Raum der Männer der hohen Kasten, die das Leben im Bazar und an den Tempeln bestimmten. Sie vertraten die ‚öffentliche Meinung‘, und die angesehenen Männer (*bhalle manas*) führten die Kastengerichtsbarkeit an. Der Ort dieser Kastengerichte wechselte je nach der Schwere des Falles. Eine Verhandlung im Bhut Nath-Tempel oder vor Madho Rao war eine große ‚öffentliche‘ Angelegenheit, bei der grundsätzlich Brahmanen zugegen waren. Die Khatri machten die Geschäfte, im Bazar und außerhalb, als Steuerpächter, Geldverleiher, ‚Unternehmer‘ (*thekedar*) oder als Bedienstete der Regierung (*sarkar*). Brahmanen waren vorwiegend als Priester, aber auch als Staatsdiener, Köche und anderes tätig. Bohra waren überwiegend kleine Händler. Aber alle waren direkt oder indirekt abhängig vom Raja; Geschäfte, Anstellungen, und das Land, von dem sie lebten oder auf dem ihre Häuser standen, waren nach einheimischer Ideenwelt (letztlich) durch den Raja verliehen. Alles, was mit dem Palast zu tun hatte, war für die Städter – und erst recht für die Dörfler – von einer besonderen Aura umgeben.

Staatsdienst, selbst in subalterner Position, galt als besondere Teilhabe an der Macht und Herrschaft des Herrschers und als persönlich-herrschaftliches Verhältnis; jene, die sich in räumlicher Nähe des Herrschers aufhielten, hatten es verinnerlicht und repräsentierten es, nach Rang und Position verschieden, im ‚räumlichen Gestus‘ und Habitus. Im Prinzip galt dies aber auch für diejenigen, die Herrschaft als Staatsdiener in subalternen Positionen vertraten und kaum direkte Beziehungen zum Herrscher hatten.[26] In und um Damdama gab es in erheblicher Menge das, was man als Amtsstuben bezeichnen könnte; d. h. Plätze bzw. Winkel auf Veranden und auch Räume, in denen die Staatsdiener und subalternen Schreiber arbeite-

---

[26] Siehe hierzu auch Hesse 1994: 259-261.

ten. Die Vorleser und persönlichen Schreiber (*munshi*), bzw. Adjudanten (*munsahib*) des Raja sowie die hohen Staatsdiener hatten zu bestimmten Stunden, am Vormittag und am frühen Abend, wenn der Herrscher Amtsgeschäfte führte, präsent zu sein. Aber die Vorstellung von Amtsstuben und Amtszeiten im imperialen anglo-indischen Sinn, wie sie in Mandi mit der zweiten Minority Rule nach 1915 offiziell eingeführt wurden, ist für das ‚traditionelle Mandi‘ wohl kaum zutreffend. Die Minister, der Wazir und die höheren Würdenträger erschienen bei Hof, führten aber einen erheblichen Teil ihrer Amtsgeschäfte von ihrem Wohnsitz aus, wo sich Bittsteller und Klienten regelmäßig einfanden. Es gab im Palastbereich Archive mit Kataster- und Steuerlisten etc. Hier regierte auch die Hierarchie von Entscheidungsträgern, und es gab regelmäßigen Publikumsverkehr. Aber es war eine besondere Welt mit beschränktem Zugang. Dasselbe galt noch mehr für den Herrscher und seine Rechtsprechung. Öffentlich im allgemeineren Sinn waren die Stände der Petitionsschreiber in Chauhatta unterhalb des Gerichts sowie die Zollstation und das Amt des *kotwal*, wo auch kleinere Strafsachen ad hoc abgeurteilt wurden.

Es waren die hochkastigen Männer, aber auch die physisch arbeitenden – Träger, Kulis, Boten, Mittelsleute – die im Stadtraum und vor allem im Bazar präsent waren. Allgemeine Treffpunkte für die höherkastigen Bediensteten, aber auch für die jüngeren Männer waren die Wasserquellen bzw. Brunnen, wobei die niederen Kasten die Trinkwasserstellen der hohen Kasten strikt zu meiden hatten. Die erste öffentliche Schule für Jungen wurde 1870 eingeführt; um 1920 wurde sie zu einer High School aufgestockt, die von den höheren Kasten stark frequentiert wurde, da ein höherer Schulabschluss und Kenntnisse der englischen Sprache den Zugang zu höheren Posten und zu gesellschaftlichem Aufstieg versprachen. Ein förmlicher Schulabschluss und ein College Diplom, das nur außerhalb von Mandi erworben werden konnte, wurde nach 1930 für den Erwerb oder Erhalt eines hohen Status immer wichtiger. Gleichzeitig wurden mit dem Studium außerhalb Mandis neue Weltanschauungen und Moden in die Welt der Städter eingeführt, die sie rasch übernahmen. Damit formierten sich auch neue Dimensionen kultureller Räumlichkeit. Die Mädchenschule der Stadt entstand um 1930.

Rhythmik der Räumlichkeit

Die ‚Rhythmik der Räumlichkeit‘ in der Stadt war in hohem Maß durch die Tages- und Jahreszeiten, den Zyklus der jährlichen Feste sowie Zeiten für Verlöbnisse und Hochzeiten bestimmt. Todesfälle konnten jederzeit eintreten. Die Leichenzüge, die nur von Männern begleitet wurden, führten über Hauptwege des Viertels bis zum Verbrennungsplatz, wo die Verbrennungsriten und weitere Zeremonien des Seelengeleits in räumlich angemessener Ausrichtung stattfanden.

Auch der Rhythmus des Tages und des Jahres waren jeweils mit besonderen Formen von Räumlichkeit bzw. räumlichen Zuordnungen im Stadtraum verbunden. Vor Sonnenaufgang begaben sich die Männer zu den Uferstellen außerhalb der Stadt, um ihre Notdurft zu verrichten. Hochkastige Frauen benutzten eine Latrine im Haus, Kinder auch die Straße vor den Wohnhäusern. Auch die *puja* in allen städtischen Tempeln begann vor dem Morgengrauen. Wenn die Männer ihr Morgenbad an den *ghat* oder im Haus genommen und ihre *puja* verrichtet hatten, wurden die Läden geöffnet. Dies sollte bald nach Sonnenaufgang geschehen. Staatsdiener, diejenigen, die ein Leben als ‚*absentee landlord*' führten oder deren Geschäfte nicht zeitlich gebunden waren, verließen das Haus erst später, nach der ersten aus Reis bestehenden Hauptmahlzeit am späten Vormittag. Bis dahin konnten sie im Haus Amtsgeschäfte geführt und Besucher empfangen haben. Zur Reismahlzeit kehrten Ladenbesitzer und andere meist ins Haus zurück. Nach dieser Mahlzeit sollten die Männer generell das Haus verlassen und zumindest für einige Zeit dieses gänzlich den Frauen überlassen. Die Männer kehrten entweder in die Läden zurück oder strebten Amtsgeschäften zu; andere vertrieben sich die Zeit, indem sie im Bazar und in Läden von Bekannten herumsaßen. Etwa gegen zwei Uhr zog man sich ins Haus zurück oder döste im Bazar oder den Amtsräumen vor sich hin. Am Nachmittag, spätestens wenn die Kühe von den Weiden im Umland zurückgebracht wurden, kehrten noch einmal Leben und Aktivität ein. Während die Ämter schlossen, eilten Staatsdiener und Höflinge in Wahrnehmung ihrer verschiedenen Aufgaben zum Palast. Andere machten Besuche, ergingen sich in Chauhatta, oder am Siddh Sagar oder saßen an einem Tempel oder freien Platz herum. Sie taten dies aber nie allein, sondern immer in kleineren oder größeren Gruppen. Der frühere und mittlere Nachmittag war auch die Zeit, in der verheiratete Frauen ihr Elternhaus oder andere Verwandte besuchten. Jüngere Frauen taten dies praktisch täglich, ob allein, oder in Gruppen von Frauen. Wenn sie nach Einbruch der Dunkelheit nach Hause zurückkehrten, wurden sie von einem männlichen Verwandten oder Diener begleitet. Viele besuchten am Abend einen der Tempel, allen voran Bhut Nath. Die Abendmahlzeit wurde früh eingenommen.[27] Nachts sollten in Chauhatta und um den Palast die Männer des *kotwal* wachen.

---

[27] Das veränderte sich langsam mit der Einführung der Elektrizität um 1936. Als Beleuchtung dienten früher Kienspane oder Öllampen. Kerosin- oder Petroleumlampen tauchten in Mandi erst nach 1920 auf.

Auch der Wechsel der Jahreszeiten hat für die Räumlichkeit seine Bedeutung. Insbesondere Hochzeiten, Verlöbnisse und die Vorbereitungen dazu bestimmten die räumlich-sozialen Bewegungen im Stadtraum. Heiraten sind saisonal gebunden. Es gibt Zeiten – mehrere Monate im Jahr – in denen keine Heiraten stattfinden dürfen; die günstigen Perioden sind daher von erhöhter sozialer und ritueller Aktivität gekennzeichnet. In der Vergangenheit versammelten sich zu großen Hochzeiten Hunderte von Leuten. Vor allem Khatri, aber auch hochrangige Brahmanen heirateten stadtendogam. Bei einer Hochzeit in den hohen Kasten zog der Zug des Bräutigams (*janit*) nach Chauhatta, wo er kurz bei den ‚Fußspuren der Devi‘ halt machte, die der Bräutigam berührte, um Segen zu erbitten. Erst dann konnte sich der *janit* mit Musik, Fackeln und Feuerwerk zum Haus der Braut begeben. Hochzeitszüge der niederen Kasten durften nicht über Chauhatta ziehen, und außerhalb ihrer eigenen Viertel keine Musik spielen.

Ein anderer für die Räumlichkeit wichtiger Aspekt waren der agrikulturelle Zyklus und die Zeit des *barsat* (Sommer-Monsuns), in der die Bewegung von Menschen und Gütern stark eingeschränkt war. Mit dem Ackerbauzyklus von zwei Aussaaten und Ernten waren regelmäßige Bewegungen der Khatri und anderer städtischer Landbesitzer zu ihren Ländereien verbunden, um die Ernte und die Aufteilung zwischen Landbesitzer und Pächter zu überwachen und andere Geschäfte, vor allem Geld-Verleih, zu tätigen. Der Besitz umfasste nicht selten mehrere Landhäuser in unterschiedlichen Regionen, die von den männlichen Familienmitgliedern sukzessive besucht wurden. In den größeren Landhäusern hielten sich die Khatri, wie die Rajput-Nobilität, nicht selten Nebenfrauen aus der Bauernkaste (Kanait), die zu den rituell reinen Kasten gehören. Reiche Leute verbrachten unter Umständen mit ihren Familien auch die heißen Monate oder die Regenzeit in ihren Landhäusern. Für die Priesterschaft waren der *barsat* mit seinen Festen und Ritualen, die Ahnengedenktage im Herbst, die *Nauvratre* (im Herbst und Frühjahr) zu Ehren der Devi ebenso wie die Heiratssaison Zeiten, in denen ihre Anwesenheit in der Stadt erforderlich war.

Die Frage der zeitlich-räumlichen Rhythmik des jährlichen Festzyklus und ihre ‚kulturelle Räumlichkeit‘ ist ein Thema für sich. Die großen Feste waren für die hochkastige Bevölkerung der Stadt stets mit dem Besuch der Häuser der Verwandtschaft und von Tempeln, vor allem von Bhut Nath aber auch Tarna Devi, verbunden. Der Raja führte jährlich verschiedene Prozessionen durch, davon zwei an hohen religiösen Festtagen, bei denen ebenfalls die Staatsgottheit in ihrer Sänfte zugegen war. Bei diesen Gelegenheiten zeigte sich der Staat in Form der Insignien der Herrschaft, des Wazirs, der Minister und anderer Würdenträger, der hohen

Rajput-Nobilität, Prinzen und nahen Verwandten des Herrschers und des Militärs, das die Prozession anführte und abschloss. Herrscher und Staatsgottheit wurden bei diesen Anlässen immer von einer Musikkapelle begleitet. Das größte religiöse Ereignis in Mandi war Shivratri, ein mehr als einwöchiges Fest mit elaborierter Choreografie oder ‚kultureller Räumlichkeit‘ und vielfachen Bedeutungsebenen.

Stadt und Slum

Schließlich soll das Problem der Slums oder der sog. ‚Verslumung‘ angesprochen werden, zumal in bestimmten Richtungen der neueren entwicklungssoziologischen oder sozialanthropologischen Stadtforschung asiatische Städte vor allem über die Frage der Slumbildung studiert und definiert werden. Diese Forschungen haben wichtige Ergebnisse gezeitigt, aber damit behandeln sie den Gegenstand nur partiell, als *pars pro toto*. ‚Slums‘ oder *basti* sind ein Tatbestand, ebenso wie die dort herrschenden Lebensbedingungen. Aber dabei ist zwischen modernen und sogenannten traditionellen Slums zu unterscheiden. Die Ursachen moderner Slums sind vielfältig und sind eng mit der Industrialisierung, der Ausweitung der Kapitalproduktion, der Krise der agrikulturellen Lebensweise oder der Dörfer und vor allem auch mit dem hohen Bevölkerungswachstum verbunden. Allgemein gilt, dass die Ordnung von Slums anfänglich eine Übertragung dörflicher Ordnungsmuster und Lebensweisen auf eine neue Umgebung und ihre Anpassung an neue Überlebens- und Produktions- bzw. Arbeitsbedingungen darstellte. Diese Ordnungsmuster transformierten und transformieren sich mit der Herausbildung und Reproduktion eines Reservoirs von billiger, ungelernter oder angelernter Arbeitskraft nahe den Produktionsstätten oder Orten häuslicher Dienstleistung. Diese neue soziale Ordnung trägt noch eine Weile die alte soziale, dörfliche Ordnung und ‚traditionelle‘ Wertvorstellungen, Klassifikationen und normative Handlungsmuster weiter. Gleichzeitig werden die neue Ordnung und Organisationsformen der Industriegesellschaft in ihrer rohen Form assimiliert und verinnerlicht, und dies bringt neue Formen der Organisation, der Klassifikation, neue Werte aber auch neue Formen der Solidarität und des Widerstandes hervor. Slums haben ihre eigene kulturelle Räumlichkeit. Solche Siedlungen von eng gedrängten, schäbigen Hütten, Zelten und Buden, offener Kanalisation, schlechter Infrastruktur etc., können auf von der Regierung, den Stadtbehörden oder von Unternehmen zugewiesenem Land wachsen; in diesem Fall haben die Bewohner mehr oder minder feste Besitztitel und Siedlungsrechte sowie Mietzahlungspflichten. Ebenso oft handelt es sich um sogenannte ‚wilde‘, unauthorisierte Ansiedlungen, die jederzeit von den Behörden beseitigt werden können. Slums sind ein Armutsphänomen, aber nicht jeder, der in einem Slum wohnt, gehört zu den Ärmsten der Armen. In modernen Slums leben eventuell Mitglieder unterschiedlichster Kasten; mehrheitlich jedoch gehören die Bewohner den unteren Kasten an, die schon immer arm waren.

Slums mit dem dort herrschenden sozialen Elend sind ein wichtiger Teil der Ordnung gegenwärtiger Städte, und nicht nur von Großstädten, sondern auch von urbanen Zusammenballungen, die aus alten Kleinstädten, Marktflecken oder großen Dörfern erwachsen sind. Jedoch auch die ‚traditionellen' Städte Indiens hatten ‚Slums'. Der Begriff in seiner gegenwärtigen Konnotation mag vielleicht unangemessen sein, aber alte Städte wie Delhi, Lahore, Agra, etc., wie auch die kleineren Herrschersitze, Markt- und Produktionszentren hatten mehr oder minder große Viertel von Hütten, Zelten, Lehm- oder Steinbehausungen, die von großer räumlicher Enge und übelsten Lebensbedingungen gekennzeichnet waren. Sie wurden oft von Mitgliedern der niederen Kasten bewohnt. In jedem Fall waren solche Viertel der Armen und der niederen Kasten und die dort herrschenden Lebensbedingungen wesentlicher Teil der sozialen und räumlichen Ordnung traditioneller Städte. Auch früher war der Zuzug in die Städte immer ein bedeutender Faktor um dem Elend in den Dörfern zu entfliehen, eine Überlebensmöglichkeit zu finden oder sogar eine Karriere zu machen. Im Gegensatz zu früher gibt es in den modernen Slums jedoch kein Massensterben durch Hunger oder Epidemien mehr.

Die Verwandtschaftsverbände der niederen Kasten in Mandi siedelten in räumlich engen Nachbarschaften im Randraum oder in den niedrig gelegenen Feuchtgebieten am Sukhodi. In diesen Vierteln herrschten ohne Zweifel Elend und periodisch oder chronisch Hunger. Gegenwärtig gibt es in Mandi moderne Slums nur in relativ geringem Umfang. Am schlimmsten sind die Verhältnisse in den Zelt- und Hüttensiedlungen der Tagelöhner bzw. Saisonarbeiter aus Rajasthan und Bihar. Die alten Viertel der niederen Kasten sind von moderner Slumbildung kaum betroffen. Es ist eher das Gegenteil zu beobachten. Einzelne Familien und Verwandtschaftsverbände der alteingesessenen niederen Kasten haben ihre Armut hinter sich gelassen. Insgesamt ist der Zustand ihrer Häuser und ihrer Viertel ungleich besser als zu ‚*state time*', und ein Teil der Chamar und anderer sogenannter Harijan sind durch Arbeitsplatzreservierungen zu einem Wohlstand gekommen, der dem Spektrum der unteren Mittelklasse entspricht und auch im Hausbau und anderen Formen kultureller Räumlichkeit Ausdruck findet. Die Tempelkomitees der niederen Kasten und ihre Kastenräte kämpfen durchaus mit Erfolg für bessere Infrastruktur und andere Verbesserungen der Räumlichkeit ihrer Viertel. Letztere sind zum guten Teil Einlösungen von Wahlabkommen.

Zusammenfassung

Besondere Zeichen der Stadt als Herrschaftssitz waren neben der Burg und dem dazugehörenden Areal von Palästen, Tempeln und administrativen Gebäuden, die großen Häuser (*mahal*, ‚Palast') der nahen Verwandten der Herrscher in der Umgebung des Palastareals sowie die alten Stadtviertel der hohen Kasten im Innenbereich der Stadt. Zu den besonderen Merkmalen der Raumstruktur Mandis gehörten auch die sakralen Zeichen der Königsherrschaft, die Tempelbauten und andere Landmarken, wie der Bazar und seine baulich-soziale Ordnung und Gestalt. Die sukzessive Ausweitung des Stadtgebietes und der einzelnen Viertel im Laufe der Zeit ist rekonstruierbar. Der herrschaftlich-sakrale Bereich des Palastes war räumlich von mehreren konzentrischen Kreisen umgeben, die im gebauten Raum der Stadt eine spezifische religiös-soziale, politische und wirtschaftliche Ordnung repräsentierten. Hierbei waren die Kategorie des Innen- und Außenraums, des Zwischenraums und des Zentrums von Bedeutung. Wichtig waren ebenso andere einheimische Konzeptionen wie ‚rein', ‚unrein', ‚innen' und ‚außen', ‚oben' und ‚unten', ‚hoch' und ‚niedrig', die des *mandala*, u. a. m. Hierzu gehört desgleichen das Konzept des *loka*, den ein so ausgerichteter und rituell besetzter Raum nach einheimischem Denken darstellt. Loka ist ein extrem komplexer Begriff und beinhaltet sowohl makro- als auch mikrokosmische Dimensionen und schließt kosmologische Ideen der drei, sieben oder neun Welten ein. *Loka* verweist, wie Gonda (1966) darlegt, auf religiös-kosmische, lokale, temporale wie auch soziale Seiten und bezieht sich ebenso auf die Leute (*loka*), die in einem *loka* leben.

Die im Verlauf der Darstellung eingeführten einheimischen Ordnungskategorien sind wesentlicher Bestandteil sozialer und symbolischer Klassifikation wie auch der kulturellen Räumlichkeit. Sie sind polysem und symbolisch besetzt; in ihrer räumlichen Umsetzung und im einheimischen Denken sind sie oft durch andere als strikt geometrische Bestimmungen, die wir vielleicht anlegen möchten, gekennzeichnet. Die bauliche Ordnung, ihre genannten Charakteristika und ihre spezifische Distribution im Stadtraum verweisen auf grundlegende konzeptionelle und ideelle soziale Ordnungsprinzipien, die in Beziehung zur Idee der dharmischen Ordnung und damit verbundenen Konzeptionen stehen, die ihrerseits als ontologische indische Seinskategorien notwendig die räumliche Ordnung bestimmen. Räumliche Ordnung repräsentiert notwendig Basisideen ideeller Konzeptionen, sozialer und symbolischer Klassifikation und in dieser Hinsicht auch spezifische Codes sozialer Werte.[28] Klassifikationen wurden hier als sprachlicher, baulicher oder symbolischer Ausdruck der Gestaltung und der Konstituierung der apperzipierten Welt und ihrer Ordnung in Raum und Zeit betrachtet. Sie können mythisch oder real sein, aber sie sind gesellschaftlich produziert und Teil des ‚kollektiven Bewusstseins‘ und in diesem Sinn auch der ‚*mentalité*‘. Sie repräsentieren ‚Denkstile‘, beinhalten Sinnstiftung und Zuordnung, wobei der Sinngehalt und die symbolischen Bedeutungsebenen nicht *eo ipso* klar begrenzt sein müssen.[29] Der gebaute, physisch angeeignete, rituell und herrschaftlich besetzte und klassifizierte Raum, ist Resultat gesellschaftlicher Prozesse und durch das überlieferte normative Ideen- bzw. das kulturelle System strukturiert.[30] Die kulturelle Räumlichkeit ist also nicht nur einfach da; sie wird gesellschaftlich produziert und reproduziert. Eine Räumlichkeit repräsentiert somit eine überlieferte Ordnung; sie ist gleichsam Bühne für spezifische Muster sozialer und hierarchischer Interaktion sowie für soziales Handeln. Die räumlich-physischen Bedingungen der Natur, Dreidimensionalität und relative Größenordnungen sind jedoch ebenso wesentlicher Teil einer Theorie der kulturellen Räumlichkeit; das gleiche gilt für das Licht, die Farben, die Geräusche, die Gerüche etc. und die Geschwindigkeit sozialer Prozesse ebenso wie die Frage oder das Problem der Ästhetik und des ästhetischen Bewusstseins.

Grundmoment jeder kulturellen Räumlichkeit in Indien sind Kaste und Kastensystem als zentrale gesellschaftliche und dharmische Ordnung, mentale Struktur oder Geisteszustand. Zumindest in der Vergangenheit waren sie wesentliches strukturierendes Prinzip kultureller Räumlichkeit. Während andere traditionelle Ideen kosmisch-dharmischer Ordnung und Räumlichkeit in den Hintergrund treten, setzt sich Kaste in transformierter Form fort. Die Bedeutung von Kaste bzw. die alten Werte des Kastensystems sowie das daran gebundene hierarchische Prinzip und der ‚code of conduct‘ verändern sich unter den ideologischen Bedingungen und der Verfassungsnorm des Egalitarismus. Die beschriebenen alten Interaktionsmuster und der alte Habitus der kulturellen Räumlichkeit sind praktisch verschwunden oder haben sich substantiell verändert. Die kastenspezifische Ordnung der alten Stadtviertel ist in Mandi aber noch weitgehend erhalten. Neue Mobilität, damit

---

[28] Vergleiche auch Khare 1983; Douglas 1982, 1987; Marriott 1989; Marriott & Inden 1974; 1977, Needham 1979 u. a. m.

[29] Siehe hierzu unter anderem auch Mary Douglas 1991: Kap.I und passim.

[30] Die Frage der Strukturierung des Raumes ist in der Tat, wie vor allem auch Werlen 1995 und 1997 betont, für eine Theorie der kulturellen Räumlichkeit wesentlich. Dabei wurde hier (implizit) vor allem auf Giddens Bezug genommen, auch wenn ein etwas anderer methodologischer Rahmen gewählt wurde. Siehe Giddens 1995: 67-69, 120f und Kap. III passim)

verbundene Anonymität, neue Berufe, Reichtum, politische Position, materiell orientiertes symbolisches Kapital sowie neue Formen der räumlichen Interaktion in der Gesellschaft, der Architektur und Strukturierung moderner Wohnviertel, aber auch eine globale ‚remittance economy‘, ihre Symbole, ihre kulturelle Räumlichkeit und der Glaube an sie, setzen jedoch selbst in Mandi das alte normative Ideensystem und damit auch das von Kaste und Kastensystem zunehmend, aber noch keineswegs vollständig, außer Kraft. Sie bewirken wesentliche Veränderungen in den alten strukturellen Formen. Die moderne politische Dimension von Kaste ist selbst ein substantielles Element der Veränderung. Neue ideologische Formen haben ihren Ausdruck in der kulturellen Räumlichkeit und somit auch zum Beispiel in den neuen Formen des Bauens. Letztere speisen sich vor allem aus funktionaler Notwendigkeit und einer Ästhetik oder Fantasie, die sich moderner säkularer wie alter religiöser Symbole bedienen. Meist sind es jedoch endlos wiederholte Baupläne einer Planungsbehörde oder eines Bautyps, die entsprechend den Bedingungen der Örtlichkeit und den finanziellen Mitteln und Vorstellungen des Auftragebers modifiziert werden. Wie das alte Mandi eine bestimmte politische und ökonomische Ordnung repräsentierte, symbolisiert die gegenwärtige kulturelle Räumlichkeit in fast allen Aspekten das Auftauchen einer neuen gesellschaftlichen Ordnung Indiens in der ihr eigenen, zunehmend homogenen kulturellen Form. Noch sieht man in Mandi im alten Stadtraum, vor allem am Abend, Kühe; es sind aber vorwiegend Jersey-Kühe und nur noch selten das kleine lokale, dunkelfarbige Bukkelrind.

Mandi ist ohne Zweifel ein Beispiel für eine ‚traditionelle‘ indische Stadt, und als Hauptstadt eines geografisch kleinen, relativ alten Hindu-Königreiches weist sie in mancher Hinsicht exemplarische Züge auf.[31] Kathmandu, Bhaktapur, Benares oder auch Vijayanagara und Delhi, hervorragend untersuchte Beispiele, haben, wie alle anderen, ihre jeweils spezifische kulturelle Räumlichkeit und räumliche Ordnung.[32] Mandi kann sich nicht mit der Größe, Bedeutung oder Heiligkeit dieser Städte messen, aber darum sollte es eigentlich auch nicht gehen. Jedoch finden sich, wie kaum anders zu erwarten, viele Parallelen und Gemeinsamkeiten in be-

---

[31] Es ist hervorzuheben, dass Untersuchungen zur räumlichen Struktur und kulturellen Räumlichkeit von Städten nicht sehr zahlreich sind, so dass die Vergleichsgrundlage relativ dünn ist.

[32] S. vor allem Lévy & Rajopadhaya 1992, Toffin 1992, 1993, aber auch Pieper 1975, Gutschow 1981, 1982, Gutschow & Klöver 1975 und Eck 1985 und Gutschow & Michaels für Benares, Dallapiccola 1985 für Vijayanagra, Blake 1993, Frykenberg 1986, Kaul 1985 u. a. für Delhi aber auch R. Fox 1969, Fox 1970, Östör 1980, 1982, Duncan 1990 u. a. für Städte in anderen Regionen Südasiens.

zug auf die symbolische Organisation bzw. Besetzung und Klassifikation des Raumes. Die Struktur und Klassifikation des Raumes ist überall mit spezifischen, wie für Mandi hervorgehobenen Mustern und Konzeptionen normativer ideeller und sozialer Ordnung verbunden, die einen diversen Bereich von idealen Prinzipien, Werten und kognitiven Mustern umfassen und gleichzeitig einen allgemeinen und partikularen, lokalen Ausdruck der kulturellen Räumlichkeit haben.

Literatur

ARDENER, SHIRLEY (1981) *Women and Space. Ground Rules and Social Maps*, New York (St. Martin's Press).

BAYLY, SUSAN (1999) *Caste, Society and Politics in India from the Eighteenth Century to the Modern Age. The New Cambridge History of India IV. 3*, Cambridge (Cambridge University Press).

BENEVOLO, LEONARDO [1983] (2000) *Die Geschichte der Stadt, Frankfurt a. M.* (Campus).

BENJAMIN, WALTER (1968) Paris, die Hauptstadt des XIX. Jahrhunderts. In: BENJAMIN, W., *Illuminationen*, Frankfurt a. M. (Suhrkamp): 185-200.

BENJAMIN, WALTER (1968) Über einige Motive bei Baudelaire. In: BENJAMIN, W., *Illuminationen*, Frankfurt a. M. (Suhrkamp): 201-245.

BLAKE, STEPHEN P. (1993) *Shahjahanabad. The Sovereign City in Mughal India 1639-1739*, Cambridge (Cambridge University Press).

BOLLNOW, OTTO FRIEDRICH (1963) Mensch und Raum, Stuttgart (Kohlhammer).

BROADBENT, GEOFFREY; BUNT, RICHARD; JENCKS, CHARLES (1980) *Sign, Symbols and Architecture*, Chichester, New York (John Wiley & Sons).

CONZELMANN, ELISABETH (1996) *Heirat, Gabe, Status. Kaste und Gesellschaft in Mandi*, Berlin (Das Arabische Buch).

DALLAPICCOLA, A. (1985) *Vijayanagara: City and Empire. Vol. I. Texts*, Stuttgart (Franz Steiner).

DOUGLAS, MARY (1987) *How Institutions Think*, London (Routledge & Kegan Paul).

DOUGLAS, MARY (ed.) (1982) *Essays in the Sociology of Perception*, London (Routledge & Kegan Paul).

DUMONT, LOUIS (1980) *Homo Hierarchicus. The Caste System and Its Implications*, Chicago (Chicago University Press).

DUNCAN, JONATHAN (1990) *The City as Text: The Politics of the Landscape. Interpretation in the Kandyan Kingdom*, Cambridge (Cambridge University Press).

DURKHEIM, ÉMILE [1893] (1977) *Über die Teilung sozialer Arbeit*, Frankfurt a. M. (Suhrkamp).

DURKHEIM, ÉMILE [1912] (1981) *Die elementaren Formen des religiösen Lebens*, Frankfurt a. M. (Suhrkamp).

DURKHEIM, É. & MAUSS, M. [1903] (1970) *Primitive Classification*, London (Cohen & West).

ECK, DIANA (1985) *Benares. Stadt des Lichts*, Frankfurt a. M. (Insel).

ELIADE, MIRCEA (1957) *Das Heilige und das Profane. Vom Wesen des Religiösen*, Hamburg (Rowohlt).

FOX, RICHARD G. (1969) *From Zamindar to Ballot Box. Community Change in a North Indian Market Town*, Ithaca, New York (Cornell University Press).

FOX, RICHARD G. (ed.) (1970) *Urban India: Society, Space and Image*, Durham (Duke University).

FRYKENBERG, ROBERT E. (ed.) (1986) *Delhi Through the Ages. Selected Essays in Urban History, Culture and Society*, Delhi (Oxford University Press).

GIDDENS, ANTHONY (1995) *Die Konstitution der Gesellschaft*, Frankfurt a. M. (Campus).

GIDDENS, ANTHONY (1997) *Die Konsequenzen der Moderne*, Frankfurt a. M. (Suhrkamp).

GONDA, JAN (1966) *Loka. World and Heaven in the Veda*, Amsterdam (N. V. Noord-Hollandsche Uitgevers Maatschappij).

GUTSCHOW, NIELS (1982) Patan. Historical Development, Spatial Structure, Social and Ritual Topography. In: *Khumbu Himal* 13: 262-272.

GUTSCHOW, NIELS (1980) *Stadtraum und Ritual der newarischen Städte im Kathmandu-Tal*, Stuttgart (Kohlhammer).

GUTSCHOW, N. AND KLÖVER, B. (1975) *Ordered Space, Concepts and Functions in a Town of Nepal*, Wiesbaden (Franz Steiner).

GUTSCHOW, NIELS & MICHAELS, AXEL (eds.) (1987) *Heritage of the Kathmandu Valley. Proceedings of an International Conference in Lübeck, June 1985*, Sankt Augustin (VGH Wissenschaftsverlag).

GUTSCHOW, NIELS AND MICHAELS, AXEL (1993) *Benares. Tempel und religiöses Leben in der heiligen Stadt der Hindus*, Köln (Dumont).

HABERMAS, JÜRGEN (1990) *Strukturwandel der Öffentlichkeit*, Frankfurt a. M. (Suhrkamp).

HEIDEGGER, MARTIN (1991) *Sein und Zeit*, Tübingen (Niemeyer).

HESSE, KLAUS (1994) Sarkari naukari. Einige theoretische Bemerkungen zur Konzeption des Staatsdienstes im traditionellen Mandi. In: *Zeitschrift für Ethnologie* 119: 249-266.

HESSE, KLAUS (1996) *Staatsdiener, Händler und Landbesitzer*, Münster (Lit Verlag).

HESSE, KLAUS (1996a) No Reciprocation? Wife-Givers and Wife-Takers and the *bartan* of the *samskara* among the Khatris of Mandi, Himachal Pradesh. In: *Contributions to Indian Sociology* (n. s.) 30, 1: 109-140.

130

HESSE, KLAUS (2001) ‚Haus' und ‚Häuser' in Mandi. In: LÖNNE, DIRK W. (Hg.), *Tohfae-Dil. Festschrift zu Ehren von Prof. Helmut Nespital*, Reinbek (Dr. I. Wezler Verlag für Orientalistische Fachpublikationen): 675-698.

HÖLSCHER, TONIO (1998) *Öffentliche Räume in frühen griechischen Städten*, Heidelberg (Universitätsverlag Winter).

HUTCHINSON, J. AND VOGEL, J. P. [1933] (1982) *History of the Punjab Hill States. 2 Bde.*, Simla (Department of Language and Culture, Himachal Pradesh).

INDEN, RONALD B. (1982) Hierarchies of Kings in Early Medieval India. In: MADAN, T. N., *Way of Life. King, Householder, Renouncer. Essays in Honour of Louis Dumont*, New Delhi (Vikas).

KANE, PANDURANG VAMAN (1993) *History of Dharmashastra. Volume III*, Poona (Bhandarkar Oriental Research Institute).

KANGLE, R. P. (ed.) (1963) *The Kautiliya Arthashastra Part II. An English Translation with Critical and Explanatory Notes*, Bombay (University of Bombay).

KAUL, H. K. (ed.) (1985) *Historic Delhi. An Anthology*, Delhi (Oxford University Press).

KHARE, RAVINDRA S. (1983) *Normative Culture and Kinship. Essays in Hindu Categories, Processes and Perspectives*, Delhi (Vikas).

KRAMRISCH, STELLA [1946] (1986) *The Hindu Temple. 2 Vols.*, Delhi (Motilal Banarsidass).

LAWRENCE, D. L. AND LOW, S. M. (1991) The Built Environment and Spatial Form. In: *Annual Review of Anthropology* 19: 453-505.

LEFÈBVRE, HENRI (1972) *Die Revolution der Städte*, Frankfurt a. M. (Syndikat).

LEFÈBVRE, HENRI (1992) *The Production of Space*, London (Blackwell)

LÉVY, R. & RAJOPADHYAYA, K. R. (1992) *Mesocosm. Hinduism and the Organization of a Traditional Newar City in Nepal*, Delhi (Motilal Banarsidass).

MANDI STATE GAZETTEER (1908) *Punjab State Gazetteers. Vol. XIIa. Mandi State. 1904*, Lahore (The ‚Civil and Military Gazette' Press).

MANDI STATE GAZETTEER (1920) *Punjab Gazetteers. Mandi State*, Lahore (Superintendent, Government Printing, Punjab).

MAN MOHAN (1930) *History of Mandi State*, Lahore (The Times Press).

MARRIOTT, McKIM (1989) Constructing an Indian Ethnosociology. In: *Contributions to Indian Sociology* (N. S.) 23: 1-40.

MARRIOTT, McKIM AND INDEN, RONALD B. (1974) Social Stratification: Caste. In: *Encyclopedia Britannica 15th ed.*, Vol. 27, Chicago u. a. (O. Encyclopedia Britannica Inc.): 348-356

MARRIOTT, McKIM, AND INDEN, RONALD B. (1977) Towards an Ethnosociology of South Asian Caste Systems. In: DAVID, K. (ed.), *The New Wind: Changing Identities in Asia*, The Hague (Mouton): 227-240.

McGREGOR, R. S. (1993) *The Oxford Hindi-English Dictionary*, Delhi (Oxford University Press).

MOORE, MELINDA (1990) The Kerala House as a Hindu Cosmos. In: MCKIM, MARRIOTT, *India Through Hindu Categories*, New Delhi (Sage): 169-202.

MOORCOFT, WILLIAM AND TREBECK, GEORGE [1844] (1979) *Travels in the Himalayan Provinces of Hindostan and the Punjab from 1819 to 1825. 2 Bde.*, Karachi (Oxford University Press).

MUMFORD, LEWIS (1961) *The City in History. Its Origins, Its Transformations and Its Prospects*, New York (Harcourt).

NEEDHAM,RODNEY (1975) Polythetic Classification: Convergence and Consequences. In: *Man*, 10: 349-369.

NEEDHAM,RODNEY(1979) *Symbolic Classification*, Santa Monica (Goodyear).

OLIVER, PAUL (ed.) (1975) *Shelter, Sign and Symbol*, London (Barrie& Jenkins).

ÖSTÖR, AKOS (1980) *The Play of the Gods: Locality, Ideology, Structure and Time in the Festivals of a Bengali Town*, Chicago (The University of Chicago Press).

ÖSTÖR, AKOS (1982) Bazaar in Bengal. A Cultural and Structural Study. In: *Man in India* 62: 19-61.

RAPOPORT, AMOS (1982) *The Meaning of the Built Environment: A Nonverbal Communication Approach*, Beverly Hills (Sage).

SCHARFE, HARTMUT (1968) *Untersuchungen zur Staatsrechtslehre des Kautalya*, Wiesbaden (Harroassowitz).

SJOBERG, GIDEON (1965) *The Preindustrial City. Past and Present*, New York (Free Press).

SOUTHALL, AIDAN (1999) The City in Time and Space, Cambridge (Cambridge University Press).

TOFFIN, GÉRARD (1990) Le Palais et le Temple, Paris (CNRS Éditions).

TOFFIN, GÉRARD (1993) Le Territoire des Dieux. Essai sur la Géographie Politique du Panthéon Néwar de la Vallée du Népal. In: *Purusartha* 15, 131-152.

VERNANT, JEAN PIERRE [1965] (1996) *Der maskierte Dionysos. Stadtplanung und Geschlechterrollen in der griechischen Antike*, Berlin (Klaus Wagenbach Verlag).

VIGNE, G. T. [1844] (1981) *Travels in Kashmir, Ladakh, Iskardo. 2 Bde.*, New Delhi (Sagar Publications).

WEBER, MAX (1964) *Wirtschaft und Gesellschaft*, Köln (Kiepenheuer & Witsch).

WERLEN, BENNO (1987) *Gesellschaft, Handlung und Raum*, Wiesbaden (Franz Steiner Verlag).

WERLEN, BENNO (1995) *Sozialgeographie alltäglicher Regionalisierungen. Band I. Zur Ontologie von Gesellschaft und Raum*, Wiesbaden (Franz Steiner Verlag).

WERLEN, BENNO (1997) *Sozialgeographie alltäglicher Regionalisierungen. Band II. Globalisierung, Region und Regionalisierung*, Wiesbaden (Franz Steiner Verlag).

Räumliche Überlagerungen.
Die kulturelle Konstruktion der Insel Rabi als neues Heimatland der diasporischen Banabans in Fiji

Wolfgang Kempf

Seit sich die Erkenntnis durchgesetzt hat, dass die Verbindung von Ort und Kultur keineswegs als natürliche, essentielle Konstante vorausgesetzt werden kann, ist das imaginative Kartenwerk der Ethnologie mit seinen klar umrissenen, separat lokalisierten Kulturen aus den Fugen geraten. Weil die Präferenz für Verweilen und Verwurzelt-Sein das professionelle Nachdenken von Ethnologinnen und Ethnologen über die genuine, kulturelle Differenz der „Anderen" lange Zeit strukturierte, blieben Dynamik und Bewegung eher ausgespart oder galten als Abweichungen von einem sedentären Zustand, der nur zu oft als Norm zugrunde gelegt wurde (siehe Appadurai 1988; Clifford 1997; Malkki 1995a, b, 1997). Dieser konzeptionellen Einsperrung von Kulturen an festgelegten Orten (Appadurai 1988: 37) steht nun ein stetig wachsendes Forschungsfeld gegenüber, das mit dem verstärkten Interesse für Mobilität, Migration, Flucht, Exil, Diaspora, Transnationalität, Hybridisierung und Displatzierung jenen rezenten Herausforderungen zu begegnen versucht, die aus der zunehmenden Vernetzung des Lokalen und Globalen erwachsen (siehe Kearney 1995). So wird die Dekonstruktion essentialisierender räumlicher Verankerungen des Kulturellen von einem ernsthaften Bemühen um einen neuen Atlas kultureller Landschaften begleitet, der auf der historisch spezifischen Konstruktion räumlicher Identifikations- und Bezugspunkte in einem globalen Machtfeld der Verbindungen und Wechselbeziehungen beruht (Appadurai 1996; Clifford 1997; Gupta and Ferguson 1997a, b; Kearney 1995; Lavie and Swedenburg 1996; Olwig and Hastrup 1997). Dass inmitten dieser rezent ausgebrochenen, multilokalen Betriebsamkeit unserer Disziplin vor einer neuen Flüchtigkeit, einer allzu euphorischen Nomadologie gewarnt wird, die mit der einseitigen Überbetonung des Fluiden und Mobilen die ethnologische Bodenhaftung verlieren könnte, erscheint notwendig und sinnvoll (Olwig 1997: 35-36; siehe auch Clifford 1997: 36; Miller 1993: 33). Eine de-essentialisierte Erfassung räumlicher und kultureller Realitäten aus indigener Sicht sollte vielmehr um eine ausgeglichene Perspektive bemüht sein, die bei der Konstituierung von Ort und Kultur sowohl lokale Beständigkeit als auch Bewegung berücksichtigt. Nur so ist der komplexe Prozess der kulturellen Konstruktion zu verstehen, mit dem Menschen ihre Orte und Gemeinschaften der Identifikation inmitten globaler und hierarchischer Vernetzungen schaffen (Clifford 1997: 2-3, 36; Gupta and Ferguson 1997b: 38, 40, 43-46; Hastrup and Olwig 1997: 12-13; Malkki 1995b: 515-517).

Im Rahmen dieser rezenten Diskussion wende ich mich einer diasporischen Gemeinschaft in Ozeanien und ihrer Konstituierung einer neuen Heimat zu. Mein Augenmerk gilt den Banabans auf der Insel Rabi, die innerhalb des heutigen Staates Fiji eine geografische und kulturelle Enklave bilden. Die mikronesische Bevölkerungsgruppe stammt ursprünglich von Banaba – auch „Ocean Island" genannt. Dabei handelt es sich um eine Insel im Zentralpazifik, die während der britischen Kolonialära durch jahrzehntelangen, extensiven Phosphatabbau in weiten Teilen verwüstet wurde. Von der britischen Kolonialadministration zunächst annektiert und später in die ehemalige „Gilbert and Ellice Islands Colony" eingegliedert, gehört Banaba seit der Unabhängigkeit der Kolonie im Jahre 1979 zum nationalen Territorium des neu entstandenen Staats Kiribati. So besitzen die Banabans gegenwärtig zwei Heimatinseln, die mehr als 2000 Kilometer voneinander entfernt sind und zwei unterschiedlichen pazifischen Nationalstaaten angehören (siehe Karte 1). Banaba in Kiribati stellt für die Banabans den identitätsstiftenden Ursprungsort dar, mit dem sie durch Vorfahren, Traditionen und Landbesitz verbunden bleiben. Zugleich ist die Herkunftsinsel als zukünftige, gemeinsame Heimat *aller* Banabans unerreichbar geworden, da sie durch den Phosphatabbau größtenteils ökologisch ruiniert wurde und schon aufgrund der begrenzten Landmasse von etwa sechzehn Quadratkilometern nur noch einen Bruchteil der gegenwärtigen Bevölkerung aufnehmen könnte. Diese Deterritorialisierung geht mit einer Reterritorialisierung auf der Insel Rabi in Fiji einher, die seit der Umsiedlung im Jahre 1945 für die überwiegende Mehrheit der Banabans[1] zum zweiten Heimatland geworden ist. Eine weitläufige Zerstreuung und Assimilation bringen die Banabans auf Rabi mit einem Prozess der Auflösung von Präsenz und Differenz in Verbindung, der die Gefahr des völligen Verschwindens der Banaban-Gemeinschaft impliziert. Die Banabans betrachten daher die Insel Rabi als gegenwärtige, geografische Basis, die ein Überleben in der Diaspora als eigenständige Gruppe mit einer unverkennbaren Kultur und ethnischen Identität garantiert (vgl. Hermann n.d.a).

---

[1] Die Insel Rabi ist zirka 68 Quadratkilometer groß (vgl. Maude 1946: 11; Derrick 1951: 252). Im August 1998 lebten nach Auskunft des *Rabi Council of Leaders* 3898 Mitglieder der Banaban-Gemeinschaft auf der Insel. Kleinere Gruppen von Banabans sind auch an anderen Orten Ozeaniens ansässig, vor allem in verschiedenen Regionen Fijis, in Kiribati und auf Nauru.

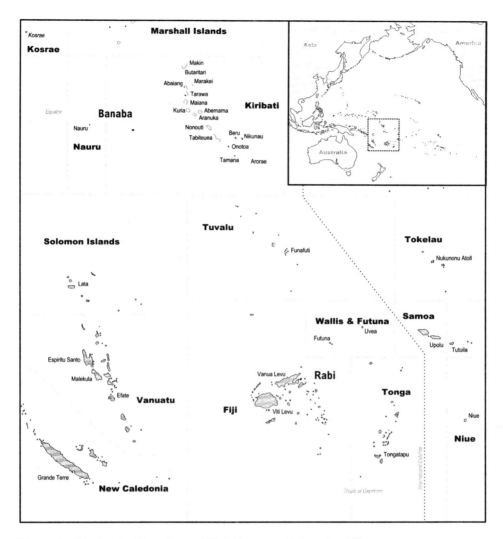

Karte 1: Die Inseln Banaba und Rabi im westlichen Pazifik

Der Begriff „Diaspora" ist für James Clifford „[...] a signifier not simply of transnationality and movement but of political struggles to define the local, as distinctive community, in historical contexts of displacement" (1997: 252; vgl. Brah 1996: 190-195). Dieser machtpolitisch eingebundenen Konstituierung des Lokalen durch die Diaspora-Gemeinschaft der Banabans werde ich mich im Folgenden zuwenden. Mein Augenmerk richtet sich in diesem Zusammenhang auf ein historisch signifikantes, ineinandergreifendes Gefüge von Displatzierung und Relokalisierung, innerhalb dessen die Insel Rabi von den Banabans zu einem neuen Heimatland geformt und ausgestaltet wurde. Im Vordergrund steht dabei zunächst der politische Prozess der kulturellen Konstruktion und räumlichen Aneignung der Insel Rabi durch die Banabans im Rahmen kolonialer Machtstrukturen. Während der ersten zehn Jahre nach ihrer Umsiedlung hat die diasporische Gemeinschaft mit der Übertragung der vier traditionellen Dörfer Banabas auf die lokale Landschaft der neuen Insel in Fiji eine *Collage* der beiden Inseln Rabi und Banaba realisiert. Diese von den Banabans in die Insel eingeschriebene Bindung an ihren ursprünglichen Herkunftsort Banaba offenbart eine spezifische Artikulation der fortgesetzten, kollektiven Beziehung zum Herkunftsland, die für Diaspora-Kulturen generell kennzeichnend ist (vgl. Brah 1996: 190-195; Cohen 1997: 28, 184-185; Gupta and Ferguson 1997b: 39; Lavie and Swedenburg 1996: 14). Ich werde aufzeigen, dass die Banabans mit dem von der Kolonialadministration kontrollierten und legitimierten politischen Akt der räumlichen Inskription ihr Anrecht auf beide Inseln – Rabi ebenso wie Banaba – untermauerten und damit zugleich die Anbindung und Erinnerung an ihre Herkunftsinsel aufrechterhielten. Die indigene Konstruktion einer räumlichen Überlagerung und gegenläufigen Ordnung, die ich als „Banaba auf Rabi" bezeichnen werde, machte aus Rabi eine Insel des Anders-Seins, einen Ort der Differenz innerhalb der sie umgebenden fijianischen Inselwelt.

Die Evokation eines „Banaba auf Rabi" zeugt nach meiner Auffassung vom Bestreben der Banabans, für ihre Gemeinschaft in Fiji einen sicheren und bleibenden Ort des Überlebens zu schaffen und für die kommenden Generationen auszubauen. Diese räumliche Konstruktion der Abgrenzung und Differenz im Dienste der Gestaltung und Erhaltung einer eigenen ethnischen Identität kann jedoch unter veränderten politischen Bedingungen zum Gegenstand von Kontroversen über die kulturelle Bedeutung von Orten avancieren. So werde ich darlegen, dass sich die Banabans im Kontext der Politisierung von Ethnizitäten seit den Militärputschen von 1987 auf regionaler Ebene verstärkt mit Forderungen von indigenen Fijianern konfrontiert sehen, die ihr „traditionelles" Recht auf die natürlichen Ressourcen von Rabi mit dem Verweis auf historisch überlieferte Besitzansprüche rechtfertigen und geltend machen. Diese existentiell als bedrohlich empfundenen Erfahrungen der Banabans mit gegensätzlichen fijianischen Definitionen und Repräsentationen der Insel Rabi bestätigen das durchgehende Muster eines häufig gespannten Verhältnisses von Diaspora-Gemeinschaften zu ihrem jeweiligen Gastland (vgl. Cohen 1997: 26,186; Clifford 1997: 252-253). Die profunde Verunsicherung der Banabans und ihrer räumlichen Identifikation mit Rabi resultiert dabei nach meinem Dafürhalten vor allem aus der Konfrontation mit einem fijianischen Traditionalismus, der demokratische Strukturen und staatsbürgerliche Rechte auszuhöhlen droht. Andererseits spielen auch die parallelen Konzeptualisierungen der ethnischen Identität bei den Banabans und den indigenen Fijianern eine Rolle, die in beiden Fällen eine essentielle Verbindung von Land und Leuten betonen und aufseiten der Banabans subtile Identifikationen mit dem hegemonialen Traditionalismus der Fijianer mit sich bringen kann.

Meine Ausführungen zur Konstituierung von Rabi als Ort des Anders-Seins durch räumliche Überlagerungen sollen zeigen, dass die kulturelle Konstruktion von Ort und Identität bei den diasporischen Banabans wesentlich von Displatzierung und wechselnden hierarchischen Machtverhältnissen geprägt ist. Bevor ich mich jedoch den diasporischen Banabans in Fiji und damit der Aufgabe zuwende, die indigene Konstituierung von Rabi über das fortwährende Bezugnehmen zu der vom Phosphatabbau zerstörten Heimatinsel Banaba darzulegen, werde ich mit einer historischen Skizze der Displatzierungen der Banabans den dafür notwendigen Kontext schaffen.

Displatzierungen der Banabans: ein historischer Rückblick

Die Geschichte der Banabans – soweit sie uns gegenwärtig zugänglich ist – macht deutlich, dass diese Gruppe bereits eine Reihe von Displatzierungen durchlaufen hatte, bevor sie nach dem Zweiten Weltkrieg nach Fiji umgesiedelt worden war. Unter dem Begriff der Displatzierung werden in der Regel zwei unterschiedliche Konfigurationen der Dynamik von Menschen und Kulturen gefasst. Flucht, Migration, Exil und Diaspora bilden eine Formation der Bewegung, die das Verlassen und/oder den Verlust des Herkunftsgebiets beschreiben. Der andere Pol des Konzepts umfasst demgegenüber solche Gesellschaften und Kulturen, die in ihren angestammten Orten, Regionen und Territorien durch die hegemoniale, westlich-kapitalistische Einflussnahme grundlegende Displatzierungen erfahren (Bammer 1994: XI; Gupta and Ferguson 1997: 37-38; Lavie and Swedenburg 1996: 15-16). Die Banabans haben im Laufe ihrer Geschichte beide Formen der Displatzierung durchlaufen.

Das 19. Jahrhundert brachte die Banabans in zunehmenden Kontakt mit der westlichen Welt und führte zeitweise zu dramatischen Umbrüchen der lokalen Kultur und Lebensweise. Obwohl historische Quellen von 2000 bis 3000 Bewohnern berichten, die in der ersten Hälfte des 19. Jahrhunderts auf Banaba gelebt haben sollen, gehen vorsichtige Schätzungen der indigenen Inselbevölkerung inzwischen nur noch von etwas mehr als 1000 Banabans aus (Maude and Lampert 1967: 416; Silverman 1971: 85). Spuren westlicher Einflussnahme auf Banaba waren in dieser Zeit bereits unübersehbar. So lebten damals offenbar eine Hand voll Europäer, zumeist desertierte Matrosen, mit der Lokalbevölkerung auf „Ocean Island" zusammen; und einzelne Männer der Banabans waren auf europäischen Schiffen weit über die vorkoloniale Welt der inter-insularen Verbindungen hinausgekommen (siehe Ellis 1935: 10-11, 14-15; Maude and Maude 1994: 72-81, 91; Silverman 1971: 85-87). Eine gravierende Dürreperiode in den Jahren nach 1870 zog eine folgenschwere Hungersnot nach sich und verursachte unter der Lokalbevölkerung einen beträchtlichen demographischen Einschnitt. Notorische Wasserknappheit und wiederkehrende Dürren gehörten wahrscheinlich seit jeher zu den existentiellen Rahmenbedingungen auf Banaba, die den Banabans flexible Strategien und Strukturen des Überlebens abverlangten (siehe Silverman 1971: 87). Doch in diesen Jahren der Trockenheit veranlasste die existentielle Notlage, die aufgrund des anhaltenden Nahrungs- und Wassermangels viele Todesopfer forderte, einen erheblichen Teil der indigenen Bevölkerung, die Insel auf vorbeikommenden Schiffen in Richtung Karolinen, Neukaledonien, Fiji, Samoa, Tahiti und Hawaii zu verlassen (siehe Maude and Maude 1932: 262, 1994: 82-91; Maude and Lampert 1967: 415-416; Silverman 1971: 85-87). Obwohl eine größere Zahl der abgewanderten Banabans nach mehreren Jahren offensichtlich wieder auf ihre Herkunftsinsel zurückkehrte, hatte sich die indigene Bewohnerschaft infolge dieser dramatischen Ereignisse um mehr als die Hälfte verringert. Sowohl die protestantische Mission, die im Jahr 1885 mit der Christianisierung begann, als auch Albert F. Ellis, der im Jahr 1900 die Phosphatvorkommen der Insel explorierte, gaben an, dass um die Jahrhundertwende noch etwa 450 Banabans auf Banaba anzutreffen waren (siehe Ellis 1935: 12; Maude and Maude 1994: 90-91; Maude and Lampert 1967: 416; Silverman 1971: 89; siehe Karte 2).

Die Entdeckung von hochwertigem Phosphat im Jahr 1900 konfrontierte die durch Tod und Abwanderung deutlich reduzierte Bevölkerung Banabas mit kulturellen, sozialen und ökologischen Umwälzungen von bis dahin ungekanntem Ausmaß. Auf die Annektierung der Insel durch Großbritannien im Jahr 1901 folgte fünfzehn Jahre später mit der Eingliederung Banabas in die „Gilbert and Ellice Islands Colony" eine weitere Displatzierung. Neben der kolonialen Inbesitznahme sahen sich die Banabans innerhalb kürzester Zeit mit Epidemien, Landenteignung, Phosphatabbau, Ressourcenzerstörung, Rassensegregation, interner Dislokation sowie der unaufhaltsamen Expansion einer landintensiven, industriellen und administrativen Infrastruktur konfrontiert. Durch den stetigen Import

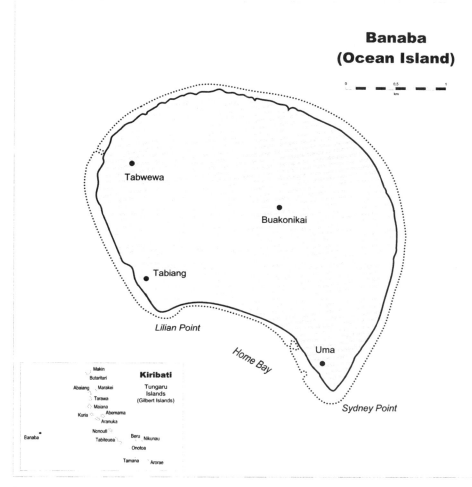

**Banaba
(Ocean Island)**

Tabwewa

Buakonikai

Tabiang

Lilian Point

Home Bay

Uma

Sydney Point

Makin
Butaritari
Abaiang Marakei
Tarawa
Maiana
Kuria   Abemama
Aranuka
Nonouti
Banaba   Tabiteuea   Beru Nikunau
Onotoa
Tamana   Arorae

Kiribati

Tungaru
Islands
(Gilbert Islands)

Karte 2

von Arbeitskräften aus Japan, China sowie der damaligen „Gilbert and Ellice Islands Colony" (siehe Munro and Bedford 1990; Shlomowitz and Munro 1992)
waren die Banabans schnell zur Minderheit auf ihrer Insel geworden. Zu der nach-
haltigen Displatzierung durch Kolonialisierung und Industrialisierung kam hinzu,
dass Kolonialadmi-nistration und Phosphatgesellschaft seit 1909 in verschiedenen Anläufen wiederholt Szenarien entwarfen, diskutierten und in Umlauf brachten, die eine Umsiedlung der Banabans zum Ziel hatten (siehe Williams and
Macdonald 1985: 89,148,257). Die fortgesetzte und immer deutlicher sichtbar
werdende Zerstörung der Insel hatte nicht nur bei den Banabans zu vielfachen
Protesten geführt. Auch die Kolonialadministration der „Gilbert and Ellice Is-

139

lands Group", die ihren Hauptsitz inzwischen nach Banaba verlegt hatte, sah die Notwendigkeit der Wiederherstellung und Neubepflanzung von Abbaugebieten oder den Kauf einer neuen Insel für die zukünftigen Generationen der Banabans, falls der Phosphatabbau nicht eingeschränkt würde (Williams and Macdonald 1985: 87-89). Von dem Kolonialbeamten A.W. Mahaffy stammte der Vorschlag, die Banabans auf die in der Gilbert Gruppe gelegene Insel Kuria umzusiedeln (siehe Karte 2). Albert Ellis, der den Phosphatabbau auf Banaba beaufsichtigte, befürwortete diese Idee und schrieb im Juli 1909 an den Repräsentanten der Firma in Melbourne, A.H. Gaze:

> „If the Banabans are shifted, we can then work all the village lands ultimately, thereby immensely increasing the total output of the Island. [...] From a humanitarian point of view, it gives the Banabans a better chance. At present they are unfortunately dying off rapidly from various diseases, some of which we do not appear able to check. At Kuria, they would revert to their original primitive state, and be much healthier, I think."[2]

In diesen Zeilen ist ein sich formierender Diskurs erkennbar, der auch in den kommenden Jahrzehnten die Politik der Phosphatgesellschaft gegenüber den Banabans auf Banaba bestimmen sollte. Demzufolge betrachtete man die Präsenz der Banabans (und ihre zunehmende Weigerung, weiteres Land zu verkaufen) als grundsätzliches Hindernis für den Phosphatabbau; nur eine Umsiedlung der Gemeinschaft konnte der Firma freie Hand über alle vorhandenen Phosphatvorkommen geben. Überdies, so argumentierten Vertreter der Phosphatgesellschaft, seien die Banabans den veränderten Lebensumständen im Kontext einer wachsenden Industrialisierung und westlichen Zivilisierung ohnehin nicht gewachsen und zeigten akute Anzeichen eines allgemeinen kulturellen und physischen Niedergangs. Die Umsiedlung auf eine andere Insel wäre daher nicht nur für die Phosphatfirma von Nutzen; auch den Banabans würde diese Wiederansiedlung das zukünftige Überleben sichern, sah man in dieser Aktion doch eine Retribalisierung, die einer allgemeinen Revitalisierung förderlich wäre (vgl. Maude 1946: 16-17).

Den Banabans war seit dieser Zeit ebenfalls bewusst geworden, dass ihre eventuelle Umsiedlung auf eine andere Insel Eingang in das Kalkül und die Planung der auf ihrer Insel agierenden kolonialen Mächte gefunden hatte. In den kommenden Jahrzehnten spielten Phosphatgesellschaft und Kolonialadministration diese

---

[2] Siehe NAA, MP 1174/1 1085, Ocean Island Correspondence, 1909, A.F. Ellis to A.H. Gaze, 22nd July 1909.

Forderung in immer neuen Varianten durch; neben den Inseln Kuria sowie Takaeang (Aranuka), Fanning und Washington in der „Gilbert and Ellice Islands Colony" waren dabei auch Nauru, Kosrae in den Karolinen und verschiedene Standorte in Fiji (darunter die Inseln Kioa und Wakaya) als neue Heimat der Banabans in Erwägung gezogen worden.[3] Die Banabans sprachen sich über lange Zeit hinweg mehrheitlich gegen jegliche Umsiedlungspläne aus. Unter dem Eindruck von Zwangsenteignungen ihres Grund und Bodens Ende der 1920er, Anfang der 1930er Jahre sowie angesichts der unaufhaltsam fortschreitenden Zerstörung des eigenen Landes begannen sie jedoch den Kauf einer Insel für zukünftige Generationen in Erwägung zu ziehen und in ihren anti-kolonialen Diskurs zu integrieren (siehe Maude 1946: 10-11). Mitte des Jahres 1940 äußerten die Banabans daher den Wunsch, eine Insel in der britischen Kolonie Fiji besichtigen und kaufen zu wollen. Eine Insel in der „Gilbert and Ellice Islands Colony" kam für sie nicht in Betracht, gedachten sie doch die nach ihrer Einschätzung überlegenen Vorteile und Annehmlichkeiten eines Standorts in der westlich-kolonial geprägten Welt Fijis mit den Bedürfnissen nach einer Revitalisierung der eigenen Kultur und Identität zu kombinieren.[4] Von der Nähe zu kolonial-administrativen Zentren wie der in Fiji angesiedelten *Western Pacific High Commission*, versprachen sich die Banabans darüber hinaus Einsicht, Einflussnahme und gerechte Entschädigung für das erlittene Unrecht im Zusammenhang mit dem fortgesetzten Phosphatabbau auf Banaba (vgl. Binder 1977: 90-91, Silverman 1971: 145-46, Williams and Macdonald 1985: 310). Die Banabans und die *Western Pacific High Commission* in Suva hatten allerdings zwei unterschiedliche fijianische Inseln ins Auge gefasst

---

[3] Siehe NAA, MP 1174/1 1080, Correspondence, A.F. Ellis to the Representatives, The Pacific Phosphate Company Ltd, Melbourne, 12th March 1919. MP 1174/1 148, The Pacific Phosphate Company Limited, Melbourne letters to and from A.F. Ellis, number 3, A.F. Ellis to the Representatives, The P.P.C. 31st July 1919. R 176/2 38 (Central Office) – Engineering Department: Files and papers relating to Ocean Island leases 1928-1979 (1900-1979), Notes on provisional Agreement re Ocean Island Question (Confidential), A.F. Ellis, 2nd January 1924. R40, Secretarial Management: Memoranda for Board of Commissioners, single number series 1924-1927; 64-95, Memorandum for the Commissioners No 76, 6th May 1925; Memorandum for the Commissioners No 94, 11th January 1927. R 176/2 38 (Central Office) – Engineering Department: Files and papers relating to Ocean Island leases 1928-1979 (1900-1979), Memorandum re Land required at Ocean Island by the British Phosphate Commissioners, 11th October 1927. NAF, The High Court of Justice, Documents 36/1940-44, Telegram from High Commissioner to Resident Commissioner, Gilbert & Ellice Islands Colony, 8th June 1941.
[4] Siehe NAA, R40, Secretarial Management: Memoranda for Board of Commissioners, single number series, 1921-81; 121-135, Memorandum for the Commissioners No 124, 12th August 1940. Siehe auch Silverman 1971: 145-146.

Phosphatabbau auf Ocean Island (Banaba)
aus: R 32/1, Ocean Island 6, Ocean Island photograph album, August 1910 - June 1913, No 539, National Archives of Australia, Melbourne Office.

und so konnte zunächst keine Einigkeit erzielt werden.[5] Eine geplante Erkundung beider Inseln in Fiji durch eine Delegation von Banabans musste schließlich zurückgestellt werden, da seit dem Kriegseintritt der Japaner alle verfügbaren Schiffe für Eva-kuierungsmaßnahmen von Zivilpersonen benötigt wurden.[6] Während die japanische Armee im Zentralpazifik weiter vorrückte, erwarb die *Western Pacific High Commission* in Fiji im März 1942 die von ihr favorisierte Insel Rabi vom Phosphatgeld der Banabans.[7]

Die Kriegshandlungen hatten Banaba bereits im Dezember 1941 erreicht, als die Insel wiederholt von japanischen Flugzeugen bombardiert worden war. Im August 1942 brachte die japanische Armee die Phosphatinsel schließlich in ihre Gewalt. Die einrückenden Soldaten fanden dort die einheimischen Banabans, mehrere hundert Einheimische der Gilbert und Ellice Inseln, eine kleine Abordnung zurückgebliebener Europäer sowie die vorsätzlich unbrauchbar gemachten Einrichtungen der Phosphatindustrie vor. Die Zeit der japanischen Besatzung war in erster Linie von Plünderungen, Zwangsverordnungen, Misshandlungen, Unterernährung, unzulänglicher medizinischer Versorgung und Tod gekennzeichnet. Von den sechs internierten Europäern überlebte keiner die harschen Bedingungen dieses militärischen Regimes. Eine Anzahl von Inselbewohnern fiel willkürlichen Hinrichtungen zum Opfer.[8] Aufgrund des mangelnden Nachschubs an Nahrungsmitteln und dem daraus entstehenden Notstand wurden die Banabans zusammen mit anderen von den Gilbert und Ellice Inseln stammenden Bewohnern schließlich von den Japanern auf die Inseln Tarawa, Nauru und Kosrae verteilt, wo sie bis Kriegsende zum Teil Zwangsarbeit verrichten mussten und ihr Dasein häufig unter großen Entbehrungen zu fristen hatten (Kempf n.d.a; Maude 1946: 12; Silverman 1971: 147; Williams and Macdonald 1985: 340).

Nach Ende des Krieges versammelte die britische Kolonialadministration die von Krankheit und Unterernährung geschwächten, überlebenden Banabans in Tarawa. Mit der Begründung, eine Rückkehr nach Banaba sei wegen kriegsbe-

---

[5] Siehe NAF, The High Court of Justice, Documents 36/1940-44, Telegram No 590, High Commissioner to Resident Commissioner, Gilbert and Ellice Islands Colony, 5th October 1941. Telegram No 121A, Ag.R-Cr., G.&E.I.C. to High Commissioner, 13th February 1942.
[6] Siehe NAF, The High Court of Justice, Documents 36/1940-44, Telegram No 655, Ag.R-Cr., G.&E.I.C.to Assistant High Commissioner, 1st December 1941.
[7] Siehe BSLUA, Maude Papers I.F.6., H.E. Maude „The Purchase of Rabi for the Banabans". Siehe auch Williams and Macdonald 1985: 338.
[8] Siehe NAA, MP 742/1, 336/1/1612 War crimes – Atrocities Ocean Island – Massacre of 130 natives, death of Europeans, 1945-1948. Siehe auch Ellis 1946; Maude and Maude 1994: 92-104.

dingter Zerstörungen nicht möglich, legte man den Banabans nahe, auf der Insel Rabi in Fiji den Neuanfang zu wagen. Sollten sie nach zwei Jahren zu der Auffassung kommen, nach Banaba zurückkehren zu wollen, so die Kolonialverwaltung, dann wollte man diesem Wunsch entsprechen. Am 15. Dezember 1945, jenem Tag, der von der Banaban Gemeinschaft auf der Insel Rabi bis heute als zentraler Feiertag angesehen und respektiert wird, landeten 703 Banabans zusammen mit 300 in die Gemeinschaft aufgenommenen Gilbert-Insulanern auf ihrer neuen Insel in Fiji (siehe Maude 1946: 12-13; Silverman 1971: 147-148; vgl. Teaiwa 1997: 134). Nach Abwanderung, Kolonisierung, Phosphatabbau, wechselnden Umsiedlungsszenarien und der Zerstreuung durch die Japaner während des Zweiten Weltkriegs war die Umsiedlung der Banabans nach Fiji somit nur ein Abschnitt in einer historischen Serie von Displatzierungen.

Die Insel Rabi als neue Heimat der Banabans

Die Situation der Banabans war in den ersten Monaten nach ihrer Ankunft in Fiji äußerst kritisch. Aus Kostengründen hatten die zuständigen Behörden für die rund tausend Menschen, die mit der „Triona", einem Schiff der Phosphatgesellschaft, nach Rabi gebracht worden waren, Zelte aus Armeebeständen aufgebaut. Die Zeltsiedlung war an der Nordwestseite der Insel in Nuku errichtet worden, ein Ort, den man unter den vormaligen Besitzern von Rabi, der Firma *Lever's Pacific Plantations Proprietary, Limited* zum Zentrum der auf der Insel betriebenen Plantagenwirtschaft ausgebaut hatte. Er besaß bereits eine Anlegestelle, fünfzehn größere Gebäude und einen Trockner zur Herstellung von Kopra. Schon sechs Wochen nach der Ankunft der Banaban-Gemeinschaft verzeichnete der Administrationsbeamte Major D. G. Kennedy, der die Ansiedlung der Neuankömmlinge vor Ort leitete, in einem Begleitbrief zu seinem Bericht über den Fortschritt des Siedlungsprogramms „[a] slight depression of spirits among the older people".[9] Die Nachwirkungen der entbehrungsreichen Kriegsjahre in Verbindung mit provisorischen Zeltunterkünften, mangelhafter medizinischer Versorgung, ungewohntem Klima und einer fremden Umgebung brachten Apathie, Krankheit und eine auffallend erhöhte Sterblichkeitsziffer mit sich. Zwischen der Ankunft Mitte De-

---

[9] Siehe NAF, F 37/269-2 Banabans on Rabi, D. Kennedy to the Colonial Secretary, Suva, Fiji, 28th January 1946, Seite 2.
[10] BSLUA, Maude Papers I.F.6., „The Health of the Banabans 1946-48", Major D. Kennedy to P.D. Macdonald, Assistant Colonial Secretary Fiji, 8th June 1946.

zember und Anfang Juni 1946 starben nach offiziellen Angaben 27 Menschen.[10] Pearl Binder schreibt über die Eindrücke des Regierungsbeamten Macdonald, der im Juni 1946 die Insel Rabi besuchte: „Years later [Paddy Macdonald] told me of his horror at the state of the Banaban community as he then found them, all wretched, ill and in hopeless despair. He felt they were on the point of total extinction" (Binder 1977: 107).

Die Banabans fühlten sich getäuscht, vernachlässigt, verunsichert und begannen einige Monate nach ihrer Ankunft gegen ihre Lebensbedingungen auf Rabi zu opponieren. Eine wichtige Forderung der Repräsentanten der Banaban-Gemeinschaft war die Ablösung von Major Kennedy. Auf Tarawa, so klagten sie, habe der Regierungsbeamte ihnen Bilder von Häusern auf Rabi gezeigt, in denen sie unterkommen würden. Stattdessen müssten sie nun, mit Nahrungsmitteln unzureichend versorgt, in Zelten ausharren. „When we first landed on Rabi we lived in tents where we still are and we feel that Major Kennedy cannot assist us", wurde einer der Wortführer in einem Regierungsprotokoll über eine Versammlung mit den Banabans zitiert.[11] Sehr viel schwerer wog jedoch die allgemeine Verunsicherung der Banabans über die unklaren Besitzverhältnisse und Rechte in Bezug auf Rabi und Banaba (siehe Maude 1946: 15-16; Silverman 1971: 162). Die Banabans befanden sich auf dem Zeltplatz an einem liminalen Ort: über ihren Verbleib auf der neuen Insel hatten sie noch keine endgültige Entscheidung gefasst; Rabi blieb für diese Übergangsphase nach wie vor offizielles Eigentum des *High Commissioners* in Suva; und Banaba oder „Ocean Island", wie es häufig auch genannt wurde, war in unerreichbare Ferne gerückt. Rotan Tito, der damalige Führer der Banabans und der erste Vorsitzende der neu geschaffenen politischen Führung der Gemeinschaft – des *Rabi Island Council* – brachte die Befürchtungen, aber auch das räumliche Dazwischen-Sein der Umgesiedelten in dem Satz zum Ausdruck: „We agree to stay on Rabi Island for ever if Ocean Island is not taken away from us".[12]

In der Kolonialadministration war man um den Erfolg des gesamten Projekts der Ansiedlung der Banabans auf Rabi besorgt. Die Forderung der Banabans, Major Kennedy abzuberufen, wurde daher zügig umgesetzt. Schon im August 1946 übernahm Major F.G.L. Holland als Distriktbeamter die Leitung auf der Insel. Unter dem neuen Regierungsbeamten verließ die Banaban-Gemeinschaft Schritt für Schritt das Zeltlager in Nuku, baute an ausgewählten Orten Häuser aus Busch-

---

[11] Siehe NAF, F 37/269-2 Banabans on Rabi. Meeting at Rabi Island to meet some of the elders at their request, 13th June 1946, Seite 3.
[12] Siehe NAF, F 37/269-2 Banabans on Rabi. Meeting at Rabi Island to meet some of the elders at their request, 13th June 1946, Seite 12.

material und gründete damit die ersten Siedlungen auf der Insel. Am 16. September 1946 schrieb Holland an den *Secretary* der *Western Pacific High Commission*:

„I have the honour to refer to the names of the three main settlements on Rambi: Nuku, Vunisinu and Suetolu. These were centres of copra production, each having accommodation solely to that purpose. The arrival of the Banabans has expanded the settlements to the status of villages. It is desired to substitute new names for the old, and Nuku becomes Nuka, Vunisinu becomes Tengea, and Suetolu becomes Rakentai.

2. The name Nuka provides minimum alteration of the former name, and one that is appropriate in that it means, middle or central. Tengea relates to a hardwood tree found on Ocean Island, which is found also at the place now so named at Rambi. Rakentai means, the rising of the sun, and is the most poetical of the three names selected. Rakentai lies due east from Nuka, the headquarters village. Selection of names has had all the safeguards against parochial or sectional jealousy, and the new names have been greeted with delight by the Banaban community. I shall be glad to learn when the names of Nuka, Tengea and Rakentai may be used officially. It is hardly necessary to point out the importance of means which tend to indicate the permanence of the Banaban tenure of Rambi.

3. I may add that the various bays around Rambi carry English names, Dawson, Katherine, Virginia and so on. These names will remain unchanged except that the vernacular equivalents will be adopted in non-English intercourse, for example Dawson Bay becomes Manokun Totin (Bay of Dawson), Katherine Bay becomes Manokun Katarina, and so on."[13]

Mit diesem anfänglichen Prozess der Ansiedlung sowie der Umbenennung etablierter Lokalitäten in die ihnen vertraute Sprache schlugen die Banabans ein neues Kapitel in der räumlichen Geschichte[14] von Rabi auf. Die Banabans fanden auf der Insel Rabi die Spuren vorausgegangener, vielfacher Inskriptionen vor, die sowohl fijianischer als auch europäisch-kolonialer Herkunft waren. Diese bereits

---

[13] Siehe NAF, F 128/6 Banaban Settlement at Rabi Island. Miscellaneous. F.G.L. Holland to the Secretary to the Western Pacific High Commission, Suva, Fiji, 16th September 1946.
[14] Paul Carter (1987) hat anhand der europäisch-westlichen Kolonisierungsgeschichte Australiens die Macht der Sprache bei der Aneignung eines fremden Territoriums herausgearbeitet. Während Carter jedoch in seiner historischen Studie über das koloniale Benennen und Definieren der australischen Landschaft als Prozess des Übersetzens in vertraute Kategorien, der Besitznahme und der Enteignung vorrangig die westliche Perspektive favorisiert (zur Kritik siehe Gregory 1994: 176-184), gilt mein Interesse eher den Banabans und ihrer sprachlichen Praxis der räumlichen Inbesitznahme im Kontext von Umsiedlung und kolonialer Kontrolle.

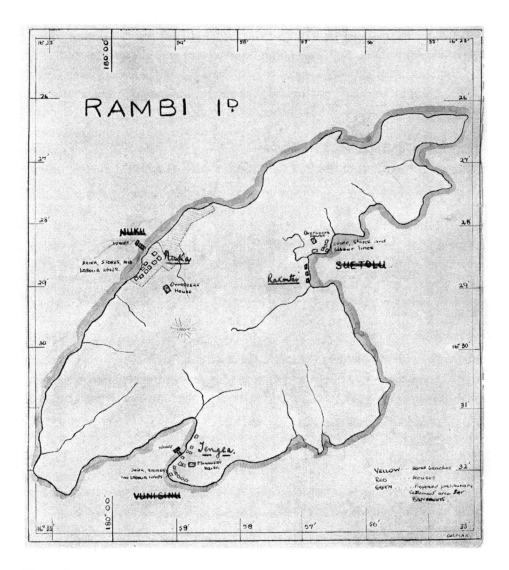

Karte 3

Quelle: Maude Papers I.B. Holland Papers (4) Correspondence and papers on Banaban affairs 1931-1949. Barr Smith Library, Special Collection, University of Adelaide, Australia

bestehende, vorstrukturierte hybride Räumlichkeit beeinflusste die Aneignungen des Inselraums durch die Neuankömmlinge wesentlich mit. Bei der Wahl ihrer drei Siedlungsstandorte etwa besetzten die Banabans die von der Firma *Lever's Pacific Plantations* eingerichteten Zentren der Kopraproduktion (vgl. Silverman 1971: 211) und folgten auf diese Weise der kolonialen Infrastruktur einer vorhandenen Plantagenwirtschaft, die ihrerseits wiederum von fijianischen Ortsnamen wie Nuku, Vunisinu und Suetolu durchzogen war. Die Banabans, die aus dem Zeltlager in Nuku fortgingen und sich an diesen drei Orten niederließen, zeigten mit der Umbenennung dieser bestehenden fijianischen Ortsnamen ihre Entschlossenheit, sich die neue Insel anzueignen. Dieser Akt der Umbenennung wies von Beginn an einen klaren Bezug zur Herkunftsinsel Banaba auf. Der Ortsname *Tengea* stammte vom gleichnamigen Hartholzbaum auf Ocean Island, den die Banabans an dem neuen Siedlungsort auf Rabi wiedererkannten. *Nuka* und *Rakentai* hatten durchaus die sprachlichen und geografischen Bezüge zu „Zentrum" und „Sonnenaufgang", die Major Holland hervorhob; dabei sollte jedoch nicht übersehen werden, dass es sich bei diesen Bezeichnungen zudem um konkrete Flurnamen handelte, die auf Banaba gebräuchlich waren und nun von den Banabans auf Rabi übertragen wurden. Der enge Bezug zu Banaba kommt darüber hinaus in einer weiteren, möglicherweise zu einem späteren Zeitpunkt vorgenommenen Namensänderung zum Ausdruck, die Holland in einer Auflistung vom Dezember 1948 erwähnt: die höchste Bergspitze von Rabi erhielt den Namen *Maungani Banaba* und wurde von dem Beamten als *Mount Banaba* ins Englische übersetzt und vermerkt.[15] Diese Namensänderungen aus der Anfangsphase der Besiedlung von Rabi machen deutlich, dass die Banabans darauf bedacht waren, den Anspruch auf ihre Herkunftsinsel Banaba in die fijianisch-koloniale Landschaft zu schreiben. Die Ansiedlung ging von Beginn an Hand in Hand mit einer diskursiven Politik der metaphorischen Übertragung von Banaba auf Rabi, die das Anrecht der Banabans auf die Kontrolle über beide Inseln – Rabi *und* Banaba – artikulierte und räumlich verankerte.

Der politische Prozess der räumlichen Aneignung war der Siedlergemeinschaft der Banabans dennoch keineswegs freigestellt, sondern blieb in die bestehenden

---

[15] Siehe BSLUA, Maude Papers Part I B. Holland Papers (4) Correspondence and papers on Banaban affairs 1931-1949, „Rambi Island 31st December, 1948". Der Berg ist in früheren Karten auch als „Mt Alto" eingezeichnet, ein Name der vermutlich von den vormaligen amerikanischen Besitzern von Rabi in der zweiten Hälfte des 19. Jahrhunderts stammt (siehe auch Derrick 1951: 251-252). Es gibt zudem eine Karte im fijianischen Nationalarchiv in Suva, auf der die Bergspitze mit ihrem fijianischen Namen *Delai Rabi* (oder *Ndelairambe*) und mit ihrem neuen Namen *Maungani Banaba* vermerkt ist.

Die Anlegestelle und das zweistöckige Verwaltungsgebäude in Nuka, Rabi Island, Fiji. Foto: Wolfgang Kempf, 1997

kolonialen Machtverhältnisse eingebettet. Die lokalen Umbenennungen der Banabans wurden von der Administration einerseits toleriert und unterstützt, andererseits aber auch überwacht und reguliert. Major Holland teilte die Umbenennungen der neuen Ansiedlungen in seinem Brief an die *Western Pacific High Commission* vor allem aus zwei Gründen mit. Zum einen gab er der Hoffnung Ausdruck, dieser Vorgang würde nun nach den schwierigen ersten Monaten auf eine dauerhafte Ansiedlung der Banabans hindeuten. In erster Linie war das Schreiben des Regierungsbeamten jedoch eine Anfrage an die koloniale Verwaltung, inwiefern diese neuen Ortsnamen auch offiziell anerkannt würden. Der gesamte Prozess der Umbenennung bedurfte der Abklärung mit den Karten und Landverzeichnissen der kolonialen Institution des *Lands and Survey Department,* bevor die Namensänderungen der Banabans offiziell registriert und kartiert werden konnten.[16] Die amtliche Zustimmung zur Namensänderung erfolgte, weil in der Behörde keine Einträge über Landnamen auf Rabi vorhanden waren. Aktennoti-

---

[16] Siehe NAF, F 128/6 Banaban Settlement at Rabi Island. Miscellaneous. E.R. Berington to the Secretary, Western Pacific High Commission. Names of Settlements on Rabi, 02nd October 1946; vgl. Derrick 1951: 251-253.
[17] Siehe NAF, F 128/6 Banaban Settlement at Rabi Island. Miscellaneous. Notizen A (28.09.1946) und B (01.10.1946), Blatt 29.

zen weisen zudem darauf hin, dass man von kolonial-administrativer Seite den Ansiedlungsprozess der Banabans in diesem fragilen Stadium des Übergangs nicht unnötig behindern wollte.[17] Die von den Behörden genehmigte Umbenennung der neuen Siedlungen hielt Major Holland auf Rabi anschließend in einer bemerkenswerten Karte fest, in der die fijianischen Ortsnamen durchgestrichen und durch die neuen Bezeichnungen der Banabans ersetzt wurden (siehe Karte 3).[18] Rabi war jedoch andererseits auch umrahmt von englischen Bezeichnungen wie *Virginia Bay*, *Georgia Point*, *Catherine Bay*, *Dawson Bay*, *Albert Bay* oder *Elizabeth Cove* – Zeichen der vormaligen amerikanischen Besitzer der Insel, die das Land in der zweiten Hälfte des 19. Jahrhunderts bewirtschaftet und später an die *Lever's Pacific Plantations* weiterverkauft hatten. Diese Namen – wie übrigens auch der fijianische Inselname Rabi selbst – blieben von formalen Umbenennungen ausgeschlossen: „The English names of capes and bays had already been recorded in the Office of the Director of Lands, and these were not changed, except that the Gilbertese equivalents are used by the Banabans and Gilbertese".[19] Innerhalb dieses kolonialen Machtsystems der Unterstützung und Kontrolle von Ansiedlung und Inskription der Neuankömmlinge auf Rabi nutzten die Banabans die ihnen zur Verfügung stehenden Möglichkeiten, um ihren Anspruch auf beide Inseln räumlich festzuschreiben.

Die Hoffnung auf ein dauerhaftes Verbleiben der Banabans auf Rabi, die man in der Kolonialverwaltung hegte und die sich mit der Umbenennung der neuen Siedlungsorte bereits angedeutet hatte, erfüllte sich schließlich. In einer geheimen Wahl im Mai 1947 entschied sich die Mehrheit der Banabans, die Insel Rabi zu ihrer zukünftigen Heimat zu machen. Dieser Entschluss, dem über 80% der Banabans zugestimmt hatten, wurde gegenüber der Kolonialadministration im sogenannten *Statement of Intentions* schriftlich niedergelegt und beglaubigt.[20] Bereits im darauffolgenden Jahr forderten die politischen Vertreter der Banaban-Gemeinschaft entschieden – aber vergeblich – die Unabhängigkeit der beiden Inseln Rabi und Banaba, die nach den Vorstellungen der Bittsteller einzig dem *Rabi Island Council* und dem Repräsentanten der britischen Krone in Fiji unterstellt

---

[18] Siehe BSLUA, Maude Papers Part I B. Holland Papers (4) Correspondence and papers on Banaban affairs 1931-1949, „Rambi Island 31st December, 1948".
[19] Siehe BSLUA, Maude Papers Part I B. Holland Papers (4) Correspondence and papers on Banaban affairs 1931-1949, Handing-Over Statement, F.G.L. Holland, 31. January 1949, Seite 3.
[20] Siehe BSLUA, Maude Papers Part I B. Holland Papers (4) Correspondence and papers on Banaban affairs 1931-1949, Copy Statement of Intentions, 12.05.1947. Siehe auch Silverman 1971: 167.

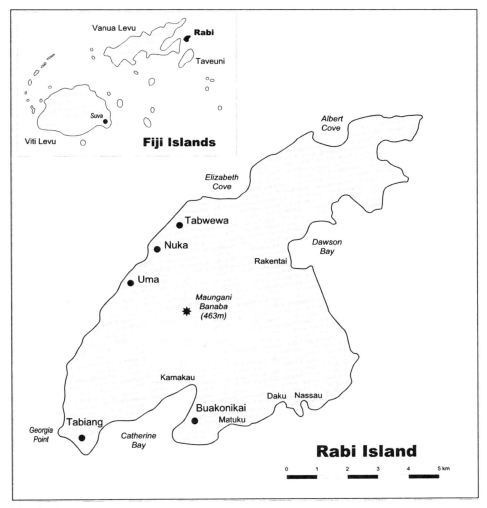

Karte 4

werden sollten.[21] Weitere Schritte der Banabans, um die eigenen Ansprüche auf beide Inseln zu bekräftigen, wurden in die Wege geleitet. Am 17. Februar 1950 schrieb Rotan Tito, der Vorsitzende des *Rabi Island Council* an den *Governor* in Suva: „We certify to you that there is no more two-mindedness amongst true Banabans concerning Rambi, which is their real Home, and their land for ever and ever, Amen".[22] Die Entschiedenheit, mit der Rabi als Heimat zukünftiger Genera-

---

[21] Rotan Tito schrieb am 30. Juni 1948 im Namen des damaligen *Rambi Island Council* an den *Administrative Officer* von Rabi: „[...] Our hearts are united in asking the British Government for something of the greatest importance, for which the British Empire has given life and blood, and that is, Independence. We ask to be granted our Independence,

tionen von Banabans in diesem Brief proklamiert wurde, fand ihre Entsprechung in der Bautätigkeit der Banabans, die sich daran gemacht hatten, Häuser aus Stein und Zement zu errichten. A.F. Ellis, der nach seinem Besuch bei den Banabans auf Rabi im Jahre 1948 über die dortigen Entwicklungen auf dem Laufenden gehalten wurde, berichtete im August 1950: „[...] the Banabans had built three cement block houses on their own and a firm has put up 12 houses by contract. [...] The two-storey building for store and offices which they have just completed is evidently a very fine building".[23] Das von den Banabans initiierte Bauprogramm für permanente Gebäude während der ersten Hälfte der fünfziger Jahre ging mit der Entscheidung einher, die ursprünglichen vier Dörfer der Herkunftsinsel Banaba *Tabwewa*, *Uma*, *Tabiang* und *Buakonikai* auf Rabi neu zu begründen. Rabi, das zeigte sich auch in dieser Folgezeit des fortgesetzten Aufbaus, konnte seinen neuen Bewohnern erst eine Zukunft bieten, nachdem der Herkunftsort Banaba auf dieser fijianischen Insel in dauerhafte räumliche Strukturen gegossen war.

Im Gegensatz zur Frühphase der Ansiedlung und der Umbenennungen durch die Banabans ist diese anschließende, zweite Übertragung eines Banaba auf Rabi meines Wissens in den verfügbaren Archivdokumenten nur sehr spärlich dokumentiert.[24] *Oral History* Berichten älterer Banabans zufolge hatte man etwa zwischen 1950 und 1955 jeder der vier neuen Siedlungen ein festes Kontingent von permanenten Häusern zugeteilt. In diesem Zeitraum wurde der Grundstein für die gegenwärtige Siedlungsstruktur in der westlichen Hälfte von Rabi gelegt, wo heute die überwiegende Mehrzahl der Banabans in den Dörfern Tabwewa, Uma, Tabiang und Buakonikai lebt. Die Ansiedlung, die in der unmittelbaren Umgebung des Verwaltungszentrums Nuka[25] entstanden war, wurde in Tabwewa umbe-

---

under England, as follows: Rambi Island in Fiji is truly our new homeland, and we beg that it may no longer be subject to the Government of Fiji, nor also subject to the Government of the Gilbert and Ellice Islands Colony, but that its administration may be handed over to the Rambi Island Council, with the Governor at Suva. Banaba, (Ocean Island) our old homeland, is now subject to the Government of the Gilbert and Ellice Islands Colony. We beg that the administration of Ocean Island may be handed over to the Rambi Island Council, with the Governor at Suva." Siehe BSLUA, Maude Papers Part I B. Holland Papers (5) Banaban Financial matters, 1931-1949, Rotan Tito, Chairman, The Rambi Island Council to the Administrative Officer, Rambi Island, 30th June 1948.

[22] Siehe NAF, F37/269-3, Settlement of Banabans on Rabi Island, Rotan Tito for The Rambi Island Council to the Governor, Suva, 17th February, 1950.

[23] Siehe BSLUA, Maude Papers Part I B. Holland Papers (6), A.F. Ellis to Major F.G.L. Holland, 22nd August 1950.

[24] Dies mag damit zu tun haben, dass in dem fraglichen Zeitraum zwischen 1950 und 1955 kein Administrationsbeamter oder Berater der Banabans auf Rabi lebte (siehe Silverman 1971: 176).

nannt – ein Dorf, das auf Banaba traditionell die Führungsrolle unter den vier Dörfern beanspruchte und nun entsprechend mit dem administrativen Hauptort der Insel assoziiert war. Südlich von Tabwewa wurde an der Küste das Dorf Uma neu errichtet. Aus Tengea, der weit unten im südlichen Teil von Rabi gelegenen Siedlung ging der Ort Buakonikai hervor. Das Dorf wird mit seinem neuen Namen – vor allen anderen umbenannten Siedlungen auf Rabi – im Jahr 1955 in den historischen Dokumenten erstmals genannt. Ein Teil der Bevölkerung von Rakentai im Osten der Insel siedelte in den fünfziger Jahren auf Initiative ihres damaligen Führers an die Westküste (zwischen Uma und Buakonikai) um und begründete an diesem Standort das heutige Dorf Tabiang (siehe auch Silverman 1971: 211; siehe Karte 4). Im Kontext dieser Reorganisation der Banaban-Siedlungen erfolgte *Oral History* Berichten zufolge auch die feste Zuteilung der großen, bestehenden Kokosnuss-plantagen an die jeweiligen Dörfer. Demnach erhielt Tabwewa ein Anrecht auf die Plantagen Nassau und Daku, dem Dorf Uma wurde Matuku zugeteilt, Buakonikai bekam Kamakau und für Tabiang war weiterhin Suetolu/Rakentai vorgesehen (vgl. Silverman 1971: 210). Die Zuordnung von Dörfern und Plantagen, die im übrigen bis in die Gegenwart Gültigkeit besitzt, macht deutlich, dass die Banabans zwar Umbenennungen (etwa ihrer Siedlungen) durchführten, gleichzeitig jedoch auch eine Vielzahl fijianischer Namen, wie beispielsweise die der Kokosnussplantagen beibehielten. Diese Kontinuität der Benennung gilt für eine ganze Reihe von weiteren Plätzen auf Rabi, deren fijianische Bezeichnungen auch in den gegenwärtigen, offiziellen Karten des *Rabi Council* zu finden sind und von den Banabans im Alltag verwendet werden.

Das aktive Übertragen räumlicher Strukturen der Herkunftsinsel Banaba auf die fijianische Insel Rabi – ein Ort, der im Verlauf seiner Geschichte selbst bereits Gegenstand mehrfacher Überschreibungen geworden war – ging mit dem Bestreben der Banabans einher, beide Inseln unter ihre Kontrolle zu bringen. Durch diesen politischen Prozess der Überlagerung zweier Inseln schufen die Banabans ein „Banaba auf Rabi", einen Inselraum des Anders-Seins, der die Beziehung zur Heimatinsel im Zentralpazifik herstellen und eine eigenständige Banaban-Identität in der Diaspora garantieren sollte. Die neue Insel blieb zwar eingebunden in

---

[25] Die Siedlung, die sich um die Verwaltungsstation herum gebildet hatte, war aufgeteilt in *Nuka meang* (Nord-*Nuka*) und *Nuka maiaki* (Süd-*Nuka*) (siehe Derrick 1951: 251). Nach der Umbenennung der Dörfer hat man den Namen *Nuka* für das Verwaltungszentrum beibehalten. In der Alltagssprache oder in Liedern der Banaban-Gemeinschaft auf Rabi findet man heute sowohl die Bezeichnung „*Nuku*" als auch „*Nuka*". Die offizielle Karte der Insel Rabi, die Angestellte des *Rabi Council of Leaders* angefertigt und in Gebrauch haben, weist den Ort als „*Nuka*" aus.

die historischen und räumlichen Beziehungen der fijianischen Inselwelt, hatte ihren fijianischen Namen „Rabi" behalten und konnte auch nach der Besiedlung durch die Banabans weiterhin eine Vielzahl fijianischer Ortsbezeichnungen und Landschaftsnamen aufweisen. Zugleich war die Insel nun jedoch auch unveräußerlicher Besitz der mikronesischen Banabans geworden und mit ihrer spezifischen Geschichte der kolonialen Ausbeutung und Displatzierung verbunden. Die Verhandelbarkeit und Rekontextualisierbarkeit von Orten eröffnete dieser umgesiedelten Gruppe die Chance, sich jenseits ihrer zerstörten Heimatinsel Banaba als ethnische Gemeinschaft neu zu konstituieren. Wie außerordentlich wichtig räumliche Wandelbarkeit für das Selbstverständnis der Banabans ist, weil sie ein „Banaba auf Rabi" real werden lässt und damit ein Überleben der Banabans als ethnischer Gruppe in Fiji gestattet, möchte ich anhand eines Zitats aus dem Brief eines führenden Politikers der Banabans in den sechziger Jahren darlegen:

> „Soon after World War Two, the Banabans were brought to Rabi Island in a British Phosphate Commission ship and left there with about 50 Army tents and two months' rations of flour, biscuits, sugar and corned beef. [...] Without their faith in the living God they might have given up and scattered in search of jobs all over Fiji, thus ending the Banaban race. [...] In only eight or ten more years the Ocean Island phosphate will be exhausted and the royalty, inadequate as it is, will end. Then the Banabans on Rabi will be in a very sorry plight. Again they could face the end of their race through dispersal forced upon them by sheer economic necessity."[26]

Im Kontext dieses Beitrags würde es zu weit führen, im einzelnen auf die in diesem Schreiben zur Sprache kommenden historischen, politischen und ökonomischen Zusammenhänge einzugehen. Vielmehr geht es mir darum, mit Hilfe dieses Zitats eine wichtige Komponente im allgemeinen Diskurs der Banabans aufzuzeigen. Die Passage soll illustrieren, dass Rabi nach der Ankunft der Siedler am 15. Dezember 1945 zu einer geografischen und kulturellen Enklave innerhalb von Fiji ausgebaut wurde, die im lokalen Diskurs der Banabans für das Fortbestehen ihrer Gemeinschaft zentrale Bedeutung erlangte. Dieser Prozess ist darauf ausgerichtet, Rabi mit Banaba in Beziehung zu setzen und den diasporischen Banabans innerhalb dieser reorganisierten und gelebten räumlichen Verflechtungen das kulturelle und physische Überleben zu sichern (siehe Kempf n.d.b, n.d.c).

---

[26] Brief von Rev. Tebuke Rotan im August 1969 an Rev. Lord Soper, Privatarchiv Rev.Tebuke Rotan, Rabi Island.

Verunsicherungen der Banabans auf Rabi

Die Insel Rabi wurde von den Banabans zu einem Ort der Stabilisierung und Fixierung ihrer ethnischen Identität ausgebaut, während ihre ethnische Identität zugleich den Anspruch auf die fijianische Insel begründete und legalisierte. Ein Mitglied der administrativen Elite der Banabans erklärte in einem Interview[27] von 1998:

> „[Rabi Island] keeps the Banabans as a close neat group. They have a basis to come back to, you see. [...] They just don't become faceless in this bigger Fiji. You see! Rabi is always recognized as the Banabans' home. When you talk of Rabi, you talk of us [lacht]. It is an identity in itself. You talk of Banaba, you talk of Banabans. In Fiji you talk of Rabi, you talk of the Banabans. But we are now Rabians. [...] We are called Rabians, provided it is understood that the Rabians are Banabans."

Über längere Zeit hinweg stand bei den Banabans auf Rabi zunächst das Bemühen im Vordergrund, die Besitzansprüche auf ihre Herkunftsinsel Banaba einzufordern, festzuschreiben und unwiderruflich zu machen. Diese Ausrichtung hatte vor allem mit der Intensivierung ihres Kampfes um ein angemessenes Mitspracherecht sowie gerechtere Kompensationsleistungen in Zusammenhang mit dem bis ins Jahr 1979 fortgesetzten Phosphatabbau auf Banaba zu tun; doch auch die Unabhängigkeit der Gilbert-Inseln im Jahre 1979 und die vorausgegangenen politischen Auseinandersetzungen um die von den Briten forcierte Eingliederung von Banaba in den neu begründeten Staat Kiribati waren für diese Fokussierung verantwortlich. Als die Banabans sich schließlich wieder in stärkerem Maße der Weiterentwicklung von Rabi zuwandten (siehe Dagmar 1989: 206-207), brachten die zwei unblutigen Militärputsche in Fiji im Jahre 1987 und die daran anschließenden politischen Umgestaltungen eine neue existentielle Herausforderung für diese Gemeinschaft mit sich. Der militärisch geführte Umsturz der demokratisch gewählten Regierung wurde von einer Mehrheit der indigenen Fijianer befürwortet. In der Hinwendung zu einem gesteigerten fijianischen Nationalismus brachten sie vor allem ihre historisch verfestigten Ressentiments gegen die wirtschaftlich und politisch einflussreichen Fiji-Inder – den Nachfahren von südasiatischen Kontraktarbeitern, aber auch Handwerkern und Händlern, die unter britischer Kolonialherrschaft nach Fiji gekommen waren und sich dort niedergelassen hatten – zum

---

[27] Um die Identitäten meiner Gesprächspartner zu schützen, habe ich bei sämtlichen Interviewzitaten auf Namensnennungen verzichtet.

Ausdruck. Dabei schreckten radikale Fraktionen nationalistischer Fijianer auch vor gewalttätigen Übergriffen gegenüber Fiji-Indern nicht zurück. Als Folge der beiden Staatsstreiche erhielt Fiji im Jahre 1990 eine neue Verfassung, die das Primat der politischen Vorherrschaft indigener Fijianer gesetzlich verankerte und die Autorität sowie den Einfluss der etablierten fijianischen Führungselite aus den östlichen Landesteilen sichern sollte (Kaplan 1988; 1993: 48-53; Kelly 1988; Lal 1990, 1992: 267-328; Lawson 1996: 37-75). Eine beträchtliche Zahl von Fiji-Indern emigrierte seither ins Ausland, vor allem nach Nordamerika, Australien und Neuseeland (siehe Kaplan 1993: 51; Lal 1992: 327-329).

Mit dem Erstarken des ethnisch-nationalistischen Bewusstseins in Fiji seit Ende der 1980er Jahre – so konnte ich während meiner 15-monatigen Feldforschung in den Jahren 1997 und 1998 erfahren – waren auf regionaler Ebene auch fijianische Besitzansprüche auf die Insel Rabi unüberhörbar geworden. Aufgrund der darin implizierten Möglichkeit von Enteignung, Vertreibung und Zerstreuung sehen sich die Banabans auf Rabi als ethnische Minderheit in ihrer zukünftigen Sicherheit gefährdet. Eine Einschätzung auf Rabi lautete:

„We are just a very very small group. If they [the Fijians] can do that to a substantial group like that [the Fiji-Indians], they can just do it to us any time. So you know, I think what we have always been for is our security. And we do not have that until now. We appreciate the government's attempt that we can feel secure on Rabi. But I think the reality of day-to-day politics makes us apprehensive."

Die Banabans betonen im allgemeinen ihre grundsätzlich guten, freundschaftlichen Beziehungen zu den einheimischen Fijianern. Sie stellen heraus, dass diese Nähe der beiden ethnischen Gruppen auf die gemeinsame pazifische Herkunft zurückzuführen sei, die auf einem kommunalistisch-reziproken Ethos (vgl. Hermann 2001: 244), auf dem Respekt für traditionelle Strukturen sowie dem Bekenntnis zum Christentum basiere. Obwohl die Banabans im politischen und ethnischen Spannungsfeld zwischen indigenen Fijianern und Fiji-Indern immer ihre Neutralität betont haben, geht die Betonung der prinzipiellen Verbundenheiten mit den Fijianern auch mit dem Diskurs einer gemeinsamen Distanz zu den Fiji-Indern einher, die hauptsächlich mit Individualismus, westlich-kapitalistischer Wirtschaftsweise, nicht-christlichen Glaubensformen und politischen Machtansprüchen auf nationaler Ebene assoziiert werden (vgl. Kaplan 1993: 51-53; Ravuvu 1987: 326; Toren 1989: 151-152; Thomas 1990: 139-140, 1992: 80-81). Die Banabans bringen zudem ihr Kleinsein, ihre Hilflosigkeit und Verwundbarkeit als wichtigen Bestandteil ihrer spezifischen Ethnizität ins Spiel. Sie wollen damit deutlich machen, dass die Banabans als eigenständige ethnische Gruppe innerhalb der fijianischen Nation keine den Fiji-Indern vergleichbare demographische, ökonomische und politische Herausforderung darstellen. Andererseits sehen sich die Banabans gerade seit den Militärputschen von 1987 in einer Opferrolle, die sie mit der ebenfalls diasporischen Gemeinschaft der Inder in Fiji teilen.

Während die Banabans ihre freundschaftlichen Beziehungen zu den indigenen Fijianern unterstreichen, lassen sie auch keinen Zweifel daran, dass sie auf der nationalen Ebene ihren rechtlich verankerten Status innerhalb Fijis nicht in Frage gestellt sehen. In diesem Zusammenhang gilt es zunächst festzuhalten, dass die Banaban Gemeinschaft seit der *Banaban Land Ordinance* von 1953 im kollektiven Besitz von Rabi Island ist. Später wurde das Eigentumsrecht an Rabi auf die politische Vertretung der Banabans, das *Rabi Council of Leaders* übertragen, das den Grundbesitz im Namen der Gemeinschaft treuhänderisch verwaltet. Der *Banaban Lands Act* im Kapitel 124 der *Laws of Fiji* in der revidierten Fassung von 1985 definiert auf Seite 4 das Land, das sich im Besitz der Banaban-Gemeinschaft befindet, folgendermaßen: „‚Rabi Island‘ means the island of Rabi, above highwater, situate [sic] off the east coast of Vanua Levu." Die fijianische Regierung gewährt den Banabans überdies einen speziellen Status der Selbstverwaltung, den das *Rabi Council of Leaders* wahrzunehmen hat (*Laws of Fiji* 1985; vgl. Hermann n.d.b; Teaiwa 1997: 132). Auf der nationalen politischen Ebene sehen die Banabans diese verbrieften Rechte auf die Insel Rabi nach wie vor garantiert. Doch in dem oben genannten Zitat klingt auch die zweite politische Ebene der fijianischen Forderungen und Handlungsweisen im regionalen, alltäglichen Miteinander an, die den Banabans in zunehmendem Maße Sorgen bereitet. So werden sie auf der regionalen Ebene mit neuen Machtansprüchen einer lokalen fijianischen Führungsschicht und ihrer Gefolgschaft konfrontiert, die vor allem „traditionelles" fijianisches Recht zur Durchsetzung ihrer Interessen in den Vordergrund stellen. Zwei Ressourcen, die für das Überleben der Banaban-Gemeinschaft von grundlegender Bedeutung sind, spielen in diesem Kontext eine entscheidende Rolle: das Land von Rabi sowie das die Insel umgebende Meer mit seinen Fischgründen (vgl. Kempf n.d.c).

In Bezug auf die Fischereirechte muss vorausgeschickt werden, dass Fischen als männliche Tätigkeit in der traditionellen Aufgabenverteilung zwischen Mann und Frau ein wichtiger Baustein der Banaban-Ethnizität ist. Die Assoziation der männlichen Geschlechtsidentität mit der Rolle des Fischers geht mit dem Verweis der Banabans einher, dass Fisch auf Banaba traditionell die vorrangige Subsistenzgrundlage darstellte (siehe Dagmar 1987; Maude and Lampert 1967; Maude and Maude 1994; Silverman 1971). Obwohl sich mit den Geldeinkünften aus dem Phosphatabbau und der Umsiedlung nach Rabi in Fiji grundlegende Veränderungen im wirtschaftlichen Bereich ergeben haben, legen die Banabans nach wie vor großes Gewicht auf ihr traditionelles Expertentum als Fischer (vgl. Dagmar 1989: 213-214). Doch auf der Insel Rabi hat sich für die Banabans neben den veränderten ökologischen Rahmenbedingungen im Hinblick auf das Fischen auch eine neue rechtliche Situation ergeben, die in jüngster Zeit offenbar eine Zuspitzung erfahren hat. Ein älterer Banaban erklärte:

„That is another part of dislocation. We have no fishing ground here on Rabi. This we did not know when we came. But there was such things as fishing rights as far as Fijians are concerned. And we understand that fishing right. Because we also have it in our custom. But their fishing right begins just there – high-water mark. And it goes into the rivers [of Rabi Island]. So we cannot fish without agreement. [...] The sea on this side comes under the fishing right of the *Tui* Tunuloa. So he asked that we do not fish without his right. We honor that. But then we can fish for subsistence. [...] In this we have disagreements. What does subsistence mean? And what does commercial activity mean? To us, part of subsistence means that to get enough money to buy basic requirements. The necessities. That is subsistence. It would appear that to the *Tui* Tunuloa he interprets this as commercial activity. And he does not allow that. And this is where we are having difficulty. [...] But what is important to us here on Rabi is to maintain good relationships with our Fijian neighbors here. [...] Politically that is very important. [...] This can have bigger repercussions. Can even threaten our position on Rabi. Our security on Rabi here. [...] We had no trouble fishing. It's just recently that it has become a political issue. And the Fijians are using it.“

Bei dem erwähnten *Tui* Tunuloa handelt es sich um den Inhaber des fijianischen Titels für das Amt des politischen Oberhaupts von „Tunuloa", einer Region auf Vanua Levu, die der Insel Rabi vorgelagert ist.[28] Grundlage für die Autorität und den Status eines lokalen fijianischen Oberhaupts ist die Kontrolle über das Land (fijianisch: *vanua*), wozu auch Rechte an einem dazugehörigen Abschnitt des Meeres gehören (siehe South and Veitayaki 1997: 295, 305; vgl. Ravuvu 1983: 75-76). Der angesprochene Konflikt zwischen Fijianern und Banabans über die Nutzung

---

[28] Tunuloa ist ein Distrikt (*tikina*) auf Vanua Levu (siehe die Karte der *Tikinas* in Ravuvu 1988: XX). Zur Struktur der politischen Führerschaft in Fiji siehe Nayacakalou 1985.

der Fischgründe (fijianisch: *qoliqoli*) bestätigt zunächst einen in Fiji generell zu beobachtenden Trend zur Auseinandersetzung um eine knapper werdende Ressource. Die Fischerei dient aufgrund der gestiegenen Anforderungen der Bargeldökonomie an die einzelnen Haushalte in fast keiner Region Fijis mehr ausschließlich dem Subsistenzbedarf, sondern wird mit dem Verkauf des überschüssigen Fangs auf lokalen Märkten in zunehmendem Maße auch kommerziell genutzt, wobei die Folgen dieser Kommerzialisierung vor allem in der deutlichen Abnahme des Fischbestands, in der territorialen Ausweitung der Fangaktivitäten über die traditionellen Fischgründe hinaus sowie im Anstieg der Kontroversen und Entschädigungsforderungen in Zusammenhang mit der Nutzung von Fischfanggebieten zu Tage treten (South and Veitayaki 1997: 295-297). Diese Dynamik hat auch in den Gewässern um Rabi zum Interessenskonflikt zwischen Banabans und Fijianern geführt. Die Forderung des fijianischen Oberhaupts an die Banabans, den Fischfang ausschließlich am Subsistenzbedarf der Gemeinschaft auszurichten, bedeutet eine ökonomische Einschränkung, die im politischen Kontext eines erstarkten fijianischen Nationalismus die Autorität der lokalen fijianischen Führungselite herausstellt, um auf diese Weise den eigenen Anspruch auf diese umkämpfte Ressource und damit den Vorrang fijianischer Interessen gegenüber der ethnischen Minorität auf Rabi durchzusetzen. Zugleich geht diese Demonstration der uneingeschränkten Kontrolle über die Fischgründe als einem wichtigen Bestandteil der *vanua* mit der Bekräftigung und Abgrenzung der fijianischen Identität gegenüber den Banabans als „Anderen" einher.

Neben einer verstärkten Reglementierung der Fischerei durch ein politisch benutztes, fijianisch-traditionelles Recht hat eine weitere Entwicklung zur Unsicherheit der Banabans auf Rabi wesentlich beigetragen. Dabei handelt es sich um fijianische Konstruktionen von Tradition, die auf regionaler Ebene einen historisch überlieferten Titel „*Tui* Rabi" ins Spiel bringen und darauf ausgerichtet sind, die bestehenden rechtlich verbindlichen Eigentumsverhältnisse durch eine fijianische Version der traditionsgebundenen Verbindung von Land und Menschen in Zweifel zu ziehen und gegebenenfalls umzukehren:

„There is a lot of prospect on Rabi. And in Fiji. But we need to secure our position first. And unless that is done, things will remain cloudy for us. Murky. Insecure. Put it that way: insecure. And I think we are living in false security. [...] But I think the real disturbance to our security will not come from the Fijian Government but will come from people who previously owned this place. [...] The Rabi people. They are called people from Rabi. And they were moved from here. [...] So there is somebody called the *Tui* Rabi, who is the chief of Rabi. A title that still exists today although he has no island. And the Fijian tradition – this is where we have difficulty with Fijian tradition. You see when things are more or less Fijianized in here, in Fiji right now. You go everywhere, it's a Fijian tradition that must come first. And when they bring in this *sevusevu*[29] and perform traditional ceremonies, the title of *Tui* Rabi still exists. And if they are going to make an official ceremony for Rabi, it will be addressed to the *Tui* Rabi – who is not on Rabi. Acknowledging his sovereignty as it were – tradition – sovereignty on Rabi. This encourages *Tui* Rabi to try and come back to the island. When the British Government was here, it was okay. But now that the Fijians are taking over, this is now more marked – doing things the Fijian Way."

Die in jüngster Zeit mit Vehemenz artikulierte lokale Identität der fijianischen Rabi Leute und ihrem Oberhaupt, die heute auf der benachbarten Insel Taveuni leben und einen Anspruch auf die Insel Rabi erheben, beruht auf Konstruktionen von historischen Ereignissen aus der ersten Hälfte des 19. Jahrhunderts. Bekannt ist aus dieser Zeit vor allem, dass der damalige *Tui Cakau*, in dessen Herrschaftsbereich die Insel Rabi fiel, von den Tonganern Mitte des Jahres 1855 militärische Hilfe erbeten hatte, um gegen rebellierende Untertanen auf Rabi vorzugehen (siehe Derrick 1950: 116; Teaiwa 1997: 134). Nachdem die Tonganer den lokalen Widerstand gebrochen und die Insel erobert hatten, flohen überlebende fijianische Bewohner von Rabi offenbar zu benachbarten Verbündeten und wurden dort aufgenommen. In einer zunächst umstrittenen, letztlich von kolonialer Seite jedoch anerkannten Transaktion verkaufte König Georg von Tonga die Insel Rabi im Jahre 1870 an amerikanische Pflanzer. Später wurde sie wiederum an die Firma *Lever's Pacific Plantations* weiterveräußert.[30] Wie bereits ausgeführt, erwarb dann die *Western Pacific High Commission* im Jahre 1942 die Insel Rabi als mögliches, zukünftiges Domizil der mikronesischen Banabans.

Im regionalen Kontext der alltäglichen Begegnungen setzt nun die ethnisch-traditionalistische Politik der Fijianer seit den Militärcoups von 1987 graduell

---

[29] Im Rahmen der respektvollen Begrüßung von (hochrangigen) Gästen, aber auch dem Vorbringen eines Anliegens, besteht ein *isevusevu* in der Regel aus der formellen Präsentation eines frischen Kavastrauchs (Piper methysticum) oder getrockneten Bestandteilen der Kavapflanze. In dem speziellen Kontext der hier aufgeführten Interviewpassage symbolisiert der Verweis auf das *sevusevu* zudem die Tatsache der zeremoniellen Anerkennung eines Titels *Tui* Rabi (vgl. Ravuvu 1987: 25-26).
[30] Siehe NAF, Land Claim R/No 1 (in P.33), Report on Rambi Island, Claimed by John Hill & John & Edward Dawson. Siehe auch NAF, F 37/269 – 3, Director of Lands to Colonial Secretary, 26.10.1948.

neue Akzente, die bei den Banabans das Bewusstsein verstärken, auf fijianischem Land und unter der traditionalen Autorität der fijianischen, politischen Elite zu leben. Diese regionale fijianische Politik des auf ethnischen Konstruktionen beruhenden Zugriffs auf lokale Ressourcen findet jedoch in einzelnen Fällen auch bei nationalen Institutionen Unterstützung. Dies zeigte sich beispielsweise Anfang der 1990er Jahre, als die Banabans auf ihrer Insel Rabi ein neues Krankenhaus erhielten:

> „Take the building of this new hospital here. When the old hospital was to be demolished, the army was to come and demolish the building. [...] Well the army is mostly Fijian, so they sought advice from the Fijian Affairs. Fijian Affairs advised them to perform the ceremony in front of *Tui* Rabi. Ceremony of demolishing. – So they – without our knowledge and without Council's knowledge a Fijian ceremony was being performed in front of *Tui* Rabi for something that was to be done on Rabi. [...] And when this hospital was completed and it was opened, *Tui* Rabi came and sat here. Without our knowledge the ceremony, the traditional Fijian opening ceremony was done here by the Minister in the presence of *Tui* Rabi. And the ceremony was done by the people of *Tui* Rabi. That disturbed us here. Made us more insecure. As we know, *Tui* Rabi has been very vocal trying to make a comeback. [...] Because his title still survives till today. It will continue to be one of the Fijian titles. Honored. There will always be somebody called *Tui* Rabi. With his own group of people and without a land. [...] The legal position would be that we are safe here. We are safe here. But then circumstances can be forced upon us to make us sell out."

Vor dem Hintergrund dieser rezenten Entwicklungen haben die Banabans auf Rabi das Bewusstsein entwickelt, in „Unsicherheit" zu leben. Sie machen die Erfahrung, dass die von der Nationalregierung gegebenen gesetzlichen Garantien zwar wirksam sind und nach wie vor Bestand haben. Doch die auf der regionalen politischen Bühne erstarkten ethnischen Identitäten der indigenen Fijianer und deren konsequente, politische Einflussnahme zeigen auch auf nationaler Ebene (bei Institutionen wie etwa der fijianischen Armee, oder dem *Fijian Affairs Board*) Rückwirkungen und Solidaritätseffekte, die mit der zeremoniellen Anerkennung eines *Tui* Rabi bestehende rechtliche Verhältnisse unterlaufen und langfristig möglicherweise destabilisieren könnten. So sind die Banabans nun vor allem mit der fortlaufenden Notwendigkeit konfrontiert, durch eine auf Zurückhaltung und Vermittlung angelegte Politik der Sicherung von Rabi, die Insel als zukünftige, geografische Basis ihrer diasporischen Gemeinschaft zu halten.

Schlussbetrachtungen

„[D]iasporic journeys are about settling down, about putting roots elsewhere" (Brah 1996: 182). Aus dem Wechselspiel von Reisen und Niederlassen gehen neue Orte der Identifikation in der Diaspora hervor. Dabei nehmen historische und politische Faktoren entscheidenden Einfluss auf das fortlaufende, kulturell eingebettete Schaffen und Definieren solcher Orte. Dies zeigt die Rekonfiguration von Rabi als neues Domizil der umgesiedelten Banabans in Fiji. Im Kontext der historisch spezifischen Verschränkung von Displatzierung und Relokalisierung nahmen die Banabans eine räumliche Überlagerung und Abgrenzung vor, die ihrer Gemeinschaft ein neues Zentrum und Zuhause in der Diaspora geben und zugleich die bleibende Bindung an das Ursprungsland aufrecht erhalten sollte. Die aktive Übertragung der vier traditionellen Siedlungen der Herkunftsinsel ließ aus Rabi einen Ort des Anders-Seins innerhalb der hegemonialen räumlichen Ordnung Fijis werden, der darauf angelegt war, die ethnische Identität, kulturelle Einzigartigkeit und relative politische Selbstbestimmung der Banabans zu sichern. Diese kolonial unterstützte, indigene Politik der Konstituierung eines „Banaba auf Rabi" macht deutlich, dass die Verhandelbarkeit und Veränderlichkeit von räumlichen Strukturen für die umgesiedelten Banabans von existentieller Bedeutung war und bis heute geblieben ist. Die von historischen, machtpolitischen und kulturellen Kontexten grundsätzlich abhängige Variabilität räumlicher Konstruktion bedeutet für eine diasporische Gemeinschaft wie die der Banabans auf Rabi allerdings nicht nur Chance und Zukunft; sie kann innerhalb wechselnder politischer Rahmenbedingungen des Gastlandes auch zur Bedrohung werden.

Die Bedeutungen von Orten, ihre rechtmäßige Verfügbarkeit, überlieferte Vergangenheit und zukünftige Nutzung bleiben anfechtbar und veränderbar. Geografische Imaginationen sind daher häufig Gegenstand von Kontroversen, konkurrierenden Interpretationen und gegenläufigen Praktiken (Jess and Massey 1995: 134). Die Banabans machen diese Erfahrung der kontroversen räumlichen Repräsentationen im postkolonialen Kontext einer ethnisch-traditionalistischen Politik der „Fijianisierung". Vor allem seit den Militärputschen in der zweiten Hälfte der 1980er Jahre findet sich die diasporische Gruppe in einem Umfeld extrem nationalistischer Stimmen von indigenen Fijianern wieder, die in ihre Forderungen nach der Rückgabe von fijianischem Land auch die Insel Rabi einschließen. Während der britischen Kolonialära in Fiji entfalteten die Banabans vor dem Hintergrund ihrer vielfachen und existenzbedrohenden Displatzierungen eine räumliche Politik der Inbesitznahme, die es ihnen ermöglichte, aus Rabi einen identitätsstiftenden, fokalen Ort der Präsenz und Differenz zu formen. Unter den veränderten politischen Bedingungen in Fiji erscheint diese rezent gewachsene räumliche, soziale und kulturelle Formation des Anders-Seins nun exponiert und prekär; die relokalisierte Minorität der Banabans ist zusammen mit ihrer Insel Rabi vor allem auf regionaler Ebene sichtbar, angreifbar und verletzbar geworden. Die von den Banabans wahrgenommenen rivalisierenden Ansprüche der Fijianer um Besitzrechte und die zukünftige Nutzung von Rabi weisen auf ein Ringen um die adäquate Repräsentation dieses Ortes hin. Während die Fijianer überlieferte Titel und traditionelle Rituale ins Spiel bringen, um den Anspruch auf Rabi als fijianisches Land zu legitimieren, pochen die Banabans vor allem auf die kolonialhistorischen Umstände ihrer Umsiedlung und die daraus hervorgegangenen staatsbürgerlichen Rechte in Fiji, die eine gesetzlich verbriefte Verankerung von Rabi als „Banaban Land" garantieren. In diesem Zusammenhang bezieht sich die wachsende Besorgnis und Unsicherheit der Banabans auf die generelle Artikulation eines fijianischen Nationalismus, der die Unvereinbarkeit traditionaler Strukturen mit „externen", westlich-demokratischen Grundsätzen und Institutionen postuliert (siehe Lawson 1996: 40-41, 75).

Doch die Banabans auf Rabi kennen noch eine weitere Dimension ihrer existentiellen Verunsicherung, die mit dem leisen Wirken einer spezifischen kulturellen Logik räumlicher Konstituierung verbunden ist. Die räumliche Überlagerung von Rabi hat aus der Insel ein vielschichtiges Siedlungsgebiet voller Ambiguitäten entstehen lassen. Die von den Banabans vorgenommene Rekonstituierung und Abgrenzung der Insel Rabi als „Banaban Land" geht zugleich mit der Bestätigung fijianischer Spuren der Insel und damit einer Anpassung an bestehende diskursive Konstruktionen von räumlichen Ordnungen einher. Die Banabans haben eine große Zahl fijianischer Ortsnamen (wie etwa die lokalen Bezeichnungen der Kopraplantagen, die Namen von Plätzen, landschaftlichen Besonderheiten, historischen Stätten u.a.m.) beibehalten. Auch der Name der Insel selbst, „Rabi", ist fijianischen Ursprungs und kann daher von einem „*Tui* Rabi" entsprechend in der fijianischen Tradition und Geschichte verankert werden. Inmitten der etablierten räumlichen Rekonfigurationen, die den Besitzanspruch der umgesiedelten Banabans auf Rabi mit dem Verweis auf ihre Herkunftsinsel fortlaufend in das Land einschreiben, werden somit auch fijianisch-traditionale Charakteristika der Insel anerkannt und im Alltag reproduziert. Die von den Banabans konstituierte Nähe zu den indigenen Fijianern, die auf eine gemeinsame Verankerung in einer pazifischen Tradition der Kommunalität und Reziprozität in Opposition zur individualistisch-westlichen Lebensweise von Europäern und Fiji-Indern zurückgeführt wird, birgt auch

Identifikationen mit dem hegemonialen fijianischen Traditionalismus. Der neo-traditionale Diskurs indigener Fijianer, der die enge Verbindung zum eigenen Land *vanua* als essentielles Moment der kollektiven und individuellen Identität betont (siehe z.B. Dickhardt 2001; Ravuvu 1988; Ward 1995 u.a.), ist den Banabans keineswegs fremd. Ihre Strategie der räumlichen Überlagerung, der Bezugnahme zu ihrem Ursprungsland Banaba, beruht auf vergleichbaren Überzeugungen und Identifikationen.

Die Banabans berufen sich auf eine traditionelle Verbundenheit mit ihrer Herkunftsinsel sowie den daraus abgeleiteten, unveräußerlichen und natürlichen Rechten auf Ressourcen wie Land und Meer, die ihnen ähnlich gelagerte, fijianische Diskurse durchaus nachvollziehbar erscheinen lassen. Erinnern wir uns, dass ein Mitglied der Banaban-Gemeinschaft im Kontext des Konflikts mit autochthonen Fijianern um die Fischereirechte bei Rabi sagte: „And we understand that fishing right [of the Fijians]. Because we also have it in our custom". Gerade die Banabans haben in ihrem politischen Kampf mit der britischen Kolonialregierung um Entschädigungszahlungen für die Zerstörung ihres Landes sowie um die Unabhängigkeit ihrer Insel Banaba die traditionelle Bindung an ihr Land zur Grundlage ihrer unverwechselbaren, ethnischen Identität gemacht, die sie vor allem von den Gilbertese/I-Kiribati unterscheiden sollte. Dieser indigene Diskurs, der die Verflochtenheit von traditioneller Herkunft, Land, und ethnischer Identität herausstellte, um die souveräne Kontrolle über Banaba zu erlangen, war auch im Jahre 1998 bei den Banabans auf Rabi präsent:

„We have our spiritual ties with our land [on Banaba]. Our concept about land and landownership is more deeply rooted in us. It affects our very person. It is part of our self. Land is part of our self. We cannot alienate ourselves from our land. Now, in Western society, land is a universal thing and it's just one of those things that you can possess and you can do away with any time. [...] But to us it reaches deeper than that. It's our root, you know. It's our very identity."

Trotz unterschiedlicher kultureller, geografischer und kolonialhistorischer Bedingungen teilen die Banabans mit den Fijianern die allgemeine Überzeugung einer unverrückbaren, spirituellen Verbindung zwischen Land und Leuten sowie einer darauf aufbauenden Herausbildung und Politisierung ihrer jeweiligen ethnischen Identität (vgl. für die Fijians Ward 1995: 248). Für die Banabans ist dieser Bezugspunkt Banaba/Ocean Island und sie wissen und verstehen, dass indigene Fijianer fijianisches Land in ähnlicher Weise betrachten. Im Kontext dieser kulturellen Logik räumlicher Konstruktion erfolgte die Aneignung der Insel Rabi durch die Banabans. Neben der Übertragung von Banaba auf Rabi haben die Banabans zugleich unveräußerliche, fijianische Grundzüge dieser Insel beibehalten und routinisiert. Der politische Diskurs der Banabans über ihre Verwurzelung in ihrem Herkunftsland Banaba hat nach meiner Auffassung auch den Sinn für eine überlieferte, fijianische Substanz von Rabi gefördert. Doch während die Banabans der Insel Rabi zugestehen, dass sie nach wie vor fijianische Vergangenheit atmet, ist die Insel zugleich zum unverwechselbaren Bestandteil ihrer ethnischen Identität und zum geografisch lokalisierten Garanten für das kollektive Überleben ihrer diasporischen Gemeinschaft geworden. In diesem kulturell konstituierten Zwischenraum von Dislokation und existentieller Identifikation haben sich die Banabans eingerichtet. Einerseits erkennen die Banabans eine Kontinuität fijianischer Tradition und Geschichte an, wenn sie feststellen: „There will always be somebody called *Tui* Rabi." Andererseits haben sie das Bewusstsein: „We are called Rabians, provided it is understood that the Rabians are Banabans" – und unterstreichen damit den historisch begründeten Anspruch ihrer displatzierten Gemeinschaft auf Rabi. Die Insel besitzt für die Banabans (noch) nicht jene ursprünglichen, traditionellen Qualitäten einer archaischen Residenz, die Banaba als Heimatland der Vorfahren ausweisen. Doch seit der Ansiedlung auf Rabi vor mehr als fünfzig Jahren ist ein kontinuierlicher Aneignungsprozess in Gang gesetzt worden, der die Insel zur verbürgten und unanfechtbaren Heimat zukünftiger Generationen von Banabans machen soll. Für diasporische Minderheiten wie die Banabans in Fiji ist die Frage der dauerhaften Verwurzelung eng mit den politischen Machtverhältnissen innerhalb des Gastlandes verknüpft. Gerade weil historische, politische und kulturelle Prozesse die Definition und Repräsentation von Orten und Identitäten entscheidend prägen, besteht jedoch auch für die Banabans weiterhin die Chance, aus der Insel Rabi einen sicheren Ort des Überlebens für ihre Gemeinschaft zu machen.

Danksagungen

Die 15-monatige Feldforschung und die einmonatige Archivforschung wurden zwischen September 1997 und Dezember 1998 durchgeführt. Mein besonderer Dank gilt der Deutschen Forschungsgemeinschaft für die großzügige Förderung des gesamten Projekts. Dem *Rabi Council of Leaders* möchte ich für die Feldforschungsgenehmigung ebenso danken, wie meinen Gesprächspartnern auf der Insel für ihre bereitwillige und produktive Zusammenarbeit. Den Mitarbeitern der *National Archives of Fiji*, der *Barr Smith Library, University of Adelaide, Australia* und der *Australian National Archives, Melbourne Office* sei für ihre bereitwillige und kompetente Hilfe sehr gedankt. Steffen Herrmann danke ich für die Anfertigung der Karten. Brigitta Hauser-Schäublin, Michael Dickhardt und Elfriede Hermann haben eine frühere Version dieses Artikels gelesen und mit ihrer konstruktiven Kritik zur Verbesserung des Aufsatzes wesentlich beigetragen; auch ihnen möchte ich dafür herzlich danken.

Archivalische Quellen

National Archives of Australia, Melbourne Office (= NAA): CA 244 British Phosphate Commissioners, Melbourne (Central Office), 1920 – 1987.

National Archives of Fiji, Suva (= NAF)
The High Court of Justice, Rotan Tito & Ors v. Sir Alexander Waddell, KCMG, & Ors., Rotan Tito and The Council of Leaders v. Her Majesty's Attorney General, London.

Barr Smith Library, Special Collection, University of Adelaide, Australia (= BSLUA): The Maude Papers.

Literatur

APPADURAI, A. (1988) Putting Hierarchy in Its Place. In: *Cultural Anthropology* 3: 36-49.
APPADURAI, A. (1996) *Modernity at Large. Cultural Dimensions of Globalization*, Minneapolis (University of Minnesota Press).
BAMMER, A.(1994) Introduction. In: BAMMER, A. (ed.), *Displacements. Cultural Identities in Question*, Bloomington u. Indianapolis (Indiana University Press): XI-XX.
BINDER, P. (1977) *Treasure Islands: The Trials of the Ocean Islanders*, London (Blond and Briggs).
BRAH, A. (1996) *Cartographies of Diaspora: Contesting Identities*, London u. New York (Routledge).
CARTER, P. (1987) *The Road to Botany Bay: An Essay in Spatial History*, London (Faber & Faber).
CLIFFORD, J. (1997) *Routes: Travel and Translation in the Late 20th Century*, Cambridge, MA (Harvard University Press).

COHEN, R. (1997) *Global Diasporas: An Introduction*, London (UCL Press).

DAGMAR, H. (1989) Banabans in Fiji: Ethnicity, Change, and Development. In: HOWARD, M. C. (ed.), *Ethnicity and Nation-Building in the Pacific*, Tokyo (The United Nations University): 198-217.

DERRICK, R. A. (1950) *A History of Fiji. Volume One*, Suva (Printing and Stationary Department).

DERRICK, R. A. (1951) *The Fiji Islands: A Geographical Handbook*, Suva (Government Printing Department).

DICKHARDT, M. (2001) *Das Räumliche des Kulturellen: Entwurf zu einer kulturanthropologischen Raumtheorie am Beispiel Fiji*. (Göttinger Studien zur Ethnologie Band 7), Hamburg (Lit Verlag).

ELLIS, A. F. (1935) *Ocean Island and Nauru: Their Story*, Sydney (Angus and Robertson).

ELLIS, A. F. (1946) *Mid-Pacific Outposts*, Auckland (Brown and Stewart Limited).

GREGORY, D. (1994) *Geographical Imaginations*, Cambridge, MA (Basil Blackwell).

GUPTA, A.; FERGUSON, J. (1997a) Culture, Power, Place: Ethnography at the End of an Era. In: GUPTA A; FERGUSON, J. (eds.), *Culture, Power, Place: Explorations in Critical Anthropology*, Durham u. London (Duke University Press): 1-29.

GUPTA, A.; FERGUSON, J. (1997b) Beyond „Culture": Space, Identity, and the Politics of Difference. In: GUPTA, A.; FERGUSON, J. (eds.), *Culture, Power, Place: Explorations in Critical Anthropology*, Durham u. London (Duke University Press): 33-51.

HASTRUP, K.; OLWIG, K. F. (1997) Introduction. In: OLWIG K. F.; HASTRUP, K. (eds.), *Siting Culture. The Shifting Anthropological Object*, London u. New York (Routledge): 1-14.

HERMANN, E. (2001) Kulturelle Differenz via Gender-Differenz: Reflexionen im Kontext von Diskursen der Fiji-Banabans. In: SCHLEHE, J. (Hg.), *Interkulturelle Geschlechterforschung: Identitäten – Imaginationen – Repräsentationen*, Frankfurt a. M. (Campus Verlag): 236-250.

HERMANN, E. (n. d. a) Emotions, Agency, and the Dis/Placed Self of the Banabans in Fiji. In: MEIJL, T. VAN; MIEDEMA, J. (eds.), *Shifting Images of Identity in the Pacific*, Leiden (KITLV Press) (in Vorbereitung).

HERMANN, E. (n. d. b) *Ethnic Community and Self as Ongoing Projects: Banaban Responses to Post-Colonial Politics*. Paper presented at the 100th Annual Meeting, American Anthropological Association, November 28-December 2, 2001, Washington, D.C.

JESS, P.; MASSEY, D. (1995) The Contestation of Place. In: MASSEY D.; JESS, P. (eds.), *A Place in the World? Places, Cultures and Globalization*, Oxford (Oxford University Press).

KAPLAN, M. (1988) The Coups in Fiji: Colonial Contradictions and the Post-colonial Crisis. In: *Critique of Anthropology* 8: 93-116.

KAPLAN, M. (1993) Imagining a Nation: Race, Politics, and Crisis in Postcolonial Fiji. In: LOCKWOOD, V. S.; HARDING, T. G.; WALLACE, B. J. (eds.), *Contemporary Pacific Societies: Studies in Development and Change*, Englewood Cliffs, N. J. (Prentice Hall, Inc): 34-54.

KEARNEY, M. (1995) The Local and the Global: The Anthropology of Globalization and Transnationalism. In: *Annual Review of Anthropology* 24: 547-565.

KELLY, J. D. (1988) Fiji Indians and Political Discourse in Fiji: From the Pacific Romance to the Coups. In: *Journal of Historical Sociology* 1 (4): 399-422.

KEMPF, W. (n. d. a) The Drama of Death as Narrative of Survival: Dance Theater, Traveling, and Spaces of Identity among the Banabans in Fiji. In: MEIJL, T. VAN; MIEDEMA, J. (eds.), *Shifting Images of Identity in the Pacific*. Leiden: KITLV Press (in Vorbereitung).

KEMPF, W. (n. d. b) „*Songs Cannot Die*": *Displacement, Ritual Composing and the Politics of Identity on Rabi Island in Fiji*, Unpublished Manuscript.

KEMPF, W. (n. d. c) *Composing Ethnic Identity in a Heterotopic Homeland: Banaban Cultural Politics on Rabi Island in Fiji*. Paper presented at the 100th Annual Meeting, American Anthropological Association, November 28-December 2, 2001, Washington, D.C.

LAL, B. V. (ed.) (1990) As the Dust Settles: Impact and Implications of the Fiji Coups. In: *The Contemporary Pacific* 2 (1), Special Issue.

LAL, B. V. (1992) *Broken Waves: A History of the Fiji Islands in the Twentieth Century*, Honolulu (University of Hawaii Press).

LAVIE, S.; SWEDENBURG, T. (1996) Introduction: Displacement, Diaspora, and Geographies of Identity. In: LAVIE, S.; SWEDENBURG, T. (eds.), *Displacement, Diaspora, and Geographies of Identity*, Durham u. London (Duke University Press): 97-117

LAWS OF FIJI (1985) Chapter 124, Banaban Lands. Volume VII (Containing Chapters 120-126), Suva (Government Printer).

LAWSON, S. (1996) *Tradition Versus Democracy in the South Pacific: Fiji, Tonga and Western Samoa*, Cambridge (Cambridge University Press).

MALKKI, L. H. (1995a) *Purity and Exile: Violence, Memory and National Cosmology Among Hutu Refugees in Tanzania*, Chicago u. London (The University of Chicago Press).

MALKKI, L. H. (1995b) Refugees and Exile: From „Refugee Studies" to the National Order of Things. In: *Annual Review of Anthropology* 24: 495-523.

MALKKI, L. H. [1992] (1997) National Geographic: The Rooting of Peoples and the Territorialization of National Identity among Scholars and Refugees. In: GUPTA, A.; FERGUSON, J. (eds.), *Culture, Power, Place: Explorations in Critical Anthropology*, Durham u. London (Duke University Press): 52-74.

MAUDE, H. C. AND H. E. (1932) The Social Organization of Banaba or Ocean Island, Central Pacific. In: *Journal of the Polynesian Society* 41: 262-301.

MAUDE, H. C. AND H. E. (eds.) (1994) *The Book of Banaba*, Suva (Institute of Pacific Studies).

MAUDE, H. E.; LAMPERT, R. J. (1967) The Stalactite Fish Hooks of Ocean Island. In: *Journal of the Polynesian Society* 76: 415-425.

MAUDE, H. E. (1946) *Memorandum on the Future of the Banaban Population of Ocean Island; With Special Relation to their Lands and Funds*, Auckland (Gilbert and Ellice Islands Colony).

MILLER, C. L. (1993) The Postidentitarian Predicament in the Footnotes of A Thousand Plateaus: Nomadology, Anthropology and Authority. In: *Diacritics* 23: 6-35.

MUNRO, D.; BEDFORD, R. (1990) Labour Migration from the Atolls: Kiribati and Tuvalu. In: MOORE, C.; LECKIE; J.; MUNRO, D. (eds.), *Labour in the South Pacific*, Townsville (James Cook University of Northern Queensland): 172-177.

NAYACAKALOU, R. R. (1985) *Leadership in Fiji*, Suva u. Melbourne (Institute of Pacific Studies and Oxford University Press).

OLWIG, K. F.; HASTRUP K. (eds.) (1997) *Siting Culture: The Shifting Anthropological Object*, London u. New York (Routledge).

OLWIG, K. F. (1997) Cultural Sites: Sustaining a Home in a Deterritorialized World. In: FOG OLWIG, K.; HASTRUP, K. (eds.), *Siting Culture: The Shifting Anthropological Object,* London u. New York (Routledge): 17-38.

RAVUVU, A. (1983) *Vaka i Taukei: The Fijian Way of Life*, Suva (Institute for Pacific Studies).

RAVUVU, A. (1987) *The Fijian Ethos*, Suva (Institute for Pacific Studies).

RAVUVU, A. (1988) *Development or Dependence: The Pattern of Change in a Fijian Village*, Suva (University of the South Pacific).

SHLOMOWITZ, R.; MUNRO, D. (1992) The Ocean Island (Banaba) and Nauru Labour Trade, 1900-1940. In: *Journal de la Société des Océanistes* 94: 103-117.

SILVERMAN, M. G. (1971) *Disconcerting Issue: Meaning and Struggle in a Resettled Pacific Community,* Chicago u. London (The University of Chicago Press).

SOUTH, G. R.; VEITAYAKI, J. (1997) Fisheries in Fiji. In: LAL, B. V.; VAKATORA, T. R. (eds.), *Fiji in Transition. Volume* 1, Suva (School of Social and Economic Development, USP): 291-311.

TEAIWA, T. K. (1997) Rabi and Kioa: Peripheral Minority Communities in Fiji. In: LAL, B. V.; VAKATORA, T. R. (eds.), *Fiji in Transition. Volume* 1, Suva (School of Social and Economic Development, USP): 130-152.

THOMAS, N. (1990) Regional Politics, Custom and Ethnicity in Fiji. In: *The Contemporary Pacific* 2(1): 131-146.

THOMAS, N. (1992) Substantivization and Anthropological Discourse: The Transformation of Practices into Institutions in Neotraditional Pacific Societies. In: CARRIER, J. G. (ed.), *History and Tradition in Melanesian Anthropology*, Berkeley (University of California Press): 64-85.

TOREN, C. (1989) Drinking Cash: The Purification of Money in Ceremonial Exchange in Fiji. In: BLOCH, M.; PARRY, J. (eds.), *Money and the Morality of Exchange*, Cambridge (Cambridge University Press): 142-164.

WARD, R. G. (1995) Land, Law and Custom: Diverging Realities in Fiji. In: WARD, R. G.; KINGDON, E. (eds.), *Land, Custom and Practice in the South Pacific*, Cambridge (Cambridge University Press): 198-249.

WILLIAMS, M.; MACDONALD, B. K. (1985) *The Phosphateers: A History of the British Phosphate Commissioners and the Christmas Island Phosphate Commission*, Melbourne (Melbourne University Press).

Landkonflikt und politische Räumlichkeit:
Die Lokalisierung von Identität und Widerstand in der nationalen Krise Indonesiens

Martin Rössler

Als ich mich im Jahre 1997 erneut bei den Makassar in Süd-Sulawesi aufhielt, erhielt ich unverhofft die Gelegenheit, das nur selten durchgeführte *accera' kalompoang*-Ritual mitzuerleben, wie ich es dreizehn Jahre zuvor zum ersten und einzigen Male hatte beobachten können. Es handelt sich dabei um das bei weitem bedeutendste und aufwändigste Ritual der Makassar. Über mehrere Tage hinweg kommen mehrere Hundert – bisweilen weit über Tausend – Teilnehmer aus vielen umliegenden Dörfern des Hochlandes von Gowa zusammen, um in zahlreichen rituellen Sequenzen den lokalen Heiligtümern ein Büffelopfer darzubringen.[1] Ursprünglich hat in diesem Ritual vor allem die politische Bedeutung der Handlungen im Mittelpunkt gestanden, und zwar insofern, als es die Siedlungen innerhalb eines Dorfterritoriums oder auch mehrere Dorfterritorien als politische Einheit zusammenführte, bevor man gemeinsam in den Krieg zog.[2]

Speziell in diesem politischen Zusammenhang stellt sicherlich eine nicht nur für den außenstehenden Beobachter besonders faszinierende Handlungssequenz das sogenannte *pa'ngaru* dar. Dabei handelt es sich um überlieferte, längere Reimgedichte, mittels derer Männer aus dem Volk den politischen Führern Treue, Folgsamkeit und Loyalität bis in den Tod hinein geloben. Dies geschieht in der Form, dass man sich einzeln dem politischen Führungsrat gegenüber hinkniet, die Kopfbedeckung abnimmt und den Text mit gezogenem Kris (*sele*) rezitiert, oder besser gesagt – wie es eine frühere holländische Quelle ausdrückt – den Anführern in einem Zustand höchster emotionaler Erregung entgegenschreit (Chabot 1950: 118). Im Jahre 1997 gab es nun bemerkenswert viele, darunter vor allem auch jüngere Männer, die diesen Treueschwur in der geschilderten Weise vorbrachten. Da ich

---

[1] Zu einer detaillierten Darstellung dieses Rituals siehe Rössler 1990a und 2000. – Die Makassar zählen etwa 1,8 Millionen Menschen und leben im Inland überwiegend vom Nassreisanbau.

[2] Der Begriff des Dorfterritoriums wird an späterer Stelle genauer erläutert. – Daneben wurde das Ritual anlässlich der Amtseinsetzung eines politischen Führers, zur symbolischen Reinigung der Heiligtümer und in Verbindung mit dem Einlösen individueller Gelübde durchgeführt. Nur zu diesem letztgenannten Anlass wird es heute noch veranstaltet; siehe Rössler 2000: 176f.

viele Jahre zuvor mir einige der Texte von älteren Männern hatte diktieren lassen, waren mir nicht nur Stil und Sprache der *pa'ngaru,* sondern auch die Inhalte einiger der Verse noch weitgehend geläufig (s. Rössler 1987: 386). Daher fiel mir auf, dass zu dieser erneuten Gelegenheit bestimmte Passagen besonders häufig rezitiert wurden. Dies galt insbesondere für die folgende:

To'do'-pulinna buttaya cora ri bentembassia
Benteng-ta'timpung tonasa' ta'manra'bayya
Wir Sklaven des Landes sind wie der Glanz auf dem eisernen Pfahl
[Das Land] ist der Pfahl, der nicht weicht, das Kernholz, das nicht fällt

Mit Bezug auf den die Landschaft beherrschenden Vulkanberg, das topografische Zentrum des Hochlandes von Gowa, hieß es:

Hört auf den Fluss, das Schwert aus Wasser [*Je'ne'berang*]
Das sich nie lösende Ankertau von Gowa
Hört auf den Berg, den ‚Mund des Ewigen Herrn' [*Bawakaraeng*]
Den niemals nachgebenden Anker, der so unverrückbar steht wie ich

Die Emotionalität, die sich anlässlich dieser individuellen Vorträge entlud, war – ganz im Gegensatz zu früher – außerordentlich. Manche Männer schienen kaum zu beruhigen zu sein. Das Land (*butta*) in seiner Ausdehnung von Osten nach Westen und der heilige Berg standen im Zentrum der Texte – die Bedeutung dieser Konzepte wird ausführlich zu erläutern sein.

Zunächst sei jedoch erwähnt, dass die Situation selbst eine für mich vollständig neue Erfahrung darstellte, indem sie nämlich vieles zu widerlegen schien, was ich viele Jahre zuvor während meiner ersten Feldforschung in der Region erlebt, mit den Einheimischen diskutiert und anschließend interpretiert hatte. Im Jahre 1984 hatte ich notiert, dass nur einige wenige Männer halbherzig, leise und von vielen Versprechern begleitet, kaum erinnerte und oft wahllos untereinander kombinierte Textfragmente vortrugen (s. Rössler 1987: 193). Man hatte mir, als ich im Anschluss bat, mir die Texte ins Notizbuch zu diktieren, erläutert, dass die *pa'ngaru* in der Tat eine bedeutende Tradition des makassarischen Volkes darstellten, eine Erinnerung gleichermaßen an große kriegerische Ruhmestaten wie an verwegene Fürsten, für die jeder Mann bedingungslos sein Leben wagte. Allein die aktuelle Umsetzung dieser Tradition in die Praxis war mir – gelinde gesagt – mehr als mühselig erschienen. Die alten Männer hatten mir indes bestätigt, dass in der Tat niemand mehr die Texte richtig kennen würde. Es sei aber einerlei, da dies ohnehin heute

Foto 1: Ein Mann beim *pa'ngaru* vor den politischen Anführern.
Foto: Martin Rössler, 1997

der Vergangenheit angehöre und nur noch eine bescheidene Pflege der Tradition sei. Denn seit dem faktischen Beginn der niederländischen Kolonialzeit Anfang des 20. Jahrhunderts – erst nach 1906 erlangten die Kolonialtruppen Zugang zum makassarischen Kernland –, und noch deutlicher nach der Unabhängigkeit Indonesiens gab es Krieg auf der Basis der traditionellen politischen Organisation, das heißt, auf der Grundlage der im *pa'ngaru* beschworenen Loyalität des Volkes gegenüber dem Adel, nur noch in der Erinnerung der alten Leute. Seitdem sind die verwegenen Fürsten und adligen Kriegsminister landesweit biederen Bürokraten und Offizieren der nationalen Armee gewichen. Nur noch während des Rituals habe man überhaupt die Gelegenheit, ein *pa'ngaru* zu hören, hatte man mir gesagt.

Entsprechend hatte ich gefolgert, dass wie in vielen anderen Regionen Indonesiens auch dieses Ritual kaum mehr als verkümmerte Folkore, ein ausgedünntes und entseeltes Brauchtum darstellte.[3] Offensichtlich aber hatten sich die Verhältnisse jetzt, dreizehn Jahre später, deutlich verändert: Der Stellenwert von Handlung und

Texten war augenscheinlich ein anderer geworden. Sie wurden auch in vielen Gesprächen und oft nächtelangen Diskussionen, die ich diesbezüglich im Anschluss an das Ritual führte, wieder mit Inhalten gefüllt und zum aktuellen Tagesgeschehen in Beziehung gesetzt.

Es hatte sich im gesellschaftlichen, wirtschaftlichen und vor allem auch im politischen Umfeld viel verändert. Aus einer weitgehend isolierten Dorfgemeinschaft, in der es weder Elektrizität noch Zeitungen oder andere Medien gegeben hatte, in der während der achtziger und frühen neunziger Jahre auf dem Höhepunkt der Macht Präsident Suhartos eine Informationssperre, eine oft wörtlich formulierte Abgeschiedenheit vom Weltgeschehen als Normalzustand empfunden wurde, in der man vor allem Schulbildung als die große Chance einer als noch fern empfundenen Zukunft sah (die erste Generation von Kindern hatte die damals noch neue Grundschule absolviert), war eine in vielerlei Hinsicht neue soziale Gemeinschaft geworden. In fast allen Haushalten des seit 1993 elektrifizierten Dorfes gab es nun Radios, in der Mehrheit Fernseher, in vielen sogar Farbfernseher.[4] Anders als früher drangen über diese Medien sowie über Zeitungen und Zeitschriften, die Verwandte und Freunde aus der Stadt mitbrachten, nun zahlreiche Informationen über das Geschehen im In- und Ausland in die Bergregion.[5] Studenten aus Ujung Pandang[6], sogar aus Jakarta kamen in die Dörfer, um politische Diskussionen zu führen – Jahre zuvor ein undenkbarer Vorgang, da Politik als Gesprächsthema praktisch tabuisiert war. Auch die junge Reformbewegung (*gerakan reformasi*; s. Soetrisno 1999; Manning & van Diermen 2000) war ein allgegenwärtiges Thema. Entsprechend waren die Korruption unter den Mächtigen, an der Spitze die Staatsführung, das Unrecht der nationalen Armee in Osttimor, das allgemein schwindende Vertrauen in wirtschaftliche Scheinstabilität und Scheinbildung unvermittelt in

---

[3] Für solche Phänomene, die zu jener Zeit in anderen Regionen Indonesiens dokumentiert waren, vgl. Acciaioli 1985; Volkman 1987 und Siregar 1979.

[4] Vgl. Rössler 1987: 40; 1997a: 303. Im Jahre 1984 hatte es im ganzen Dorf (damals 160 Haushalte) 4 durch Benzingeneratoren betriebene Fernsehgeräte gegeben (keine genauen Zahlen zu Radios); 1991 waren in einer Stichprobe von 50 Haushalten bereits 9 Fernsehgeräte und 33 Radios vorhanden gewesen.

[5] 1990 hatte der Anteil der nicht lesefähigen Erwachsenen noch 37% betragen. Da zu jenem Zeitpunkt praktisch alle Kinder ein Schule besuchten, hatte sich der Anteil der Lesefähigen 7 Jahre später entsprechend erhöht.

[6] Am 13.Oktober 1999 wurde Ujung Pandang wieder der frühere Name Makassar gegeben, was schon im Vorfeld angesichts der latenten Konkurrenzsituation zwischen Bugis und Makassar ebenfalls ein hochbrisantes Politikum darstellte (s. Antweiler 2000: 113; van Dijk 2001: 460). Da die hier behandelte Thematik in der Zeit vor der Umbenennung angesiedelt ist, behalte ich die damals gültige Ortsbezeichnung bei.

174

das Bewusstsein der Dorfbewohner gedrungen. Nationale wie internationale Wirtschaft und Politik hatten Einzug gefunden und wurden an jedem Ort und zu jeder Gelegenheit diskutiert. Es blieb dabei durchaus nicht bei allgemeinen Thesen. Vielmehr wurden durchaus konkrete regionalbezogene Fragen besprochen und zum Teil drastischen Forderungen Ausdruck verliehen: Endlich wieder Autonomie für die Provinz Süd-Sulawesi, endlich die javanische Dominanz ablegen. Ein junger Mann, der kurz zuvor eine Technikerschule in Ujung Pandang abgeschlossen hatte, sagte mir:

> „Wir wollen wieder *wir* sein wie früher [d. h. im 17. Jh.], als Gowa ganz Indonesien beherrschte, oder wie es zuletzt nach dem Krieg [d. h. 1945-50] war, als das Land Süd-Sulawesis das Machtzentrum Ostindonesiens war! Die Javaner müssen endlich verschwinden! Sie sind an allem schuld. Es ist unser Land!" [7]

Es wurden auch Namen von Offizieren und Zivilisten genannt, denen man zutraute, politische Führungsrollen in einem autonomen Land Süd-Sulawesi zu übernehmen. Interessant war dabei vor allem, dass durchgehend zwei miteinander verbundene Argumente dominierten: Erstens die ethnische Gemeinschaft (der Makassar und/oder der Bugis)[8] und zweitens immer wieder auch das Land, *butta*.

In diesen Tagen des Jahres 1997 begann die bis heute andauernde politische Krise Indonesiens. Vier Wochen nach dem geschilderten Ritual setzte der dramatische Kursverfall der Rupiah ein – der Anfang des wirtschaftlichen Niederganges in Indonesien – , wenige Monate später trat Präsident Suharto gezwungenermaßen zurück.

Die geschilderte Situation wirft eine ganze Reihe von Fragen auf, deren Beantwortung hier nicht vollständig erfolgen kann. Ich möchte daher gezielt drei Aspekte herausgreifen, die sich alle auf das Konzept des Landes, des Bodens beziehen,

---

[7] Die gleiche Idee der potentiellen Autonomie Ostindonesiens spielte eine Rolle im Zusammenhang mit dem Kampf um die Präsidentschaft, den wenig später Habibie führte (van Dijk 2001: 454, 465f). – Im Laufe der letzten Jahre wurden diese Tendenzen immer radikaler: Anfang Januar 2002 formulierte das *Komite Persiapan Penegakkan Syariat Islam* (KPPSI) auf einem Kongress ein Referendum, das die Unabhängigkeit der Provinz Süd-Sulawesi von Indonesien für den Fall verlangt, dass die Einführung des islamischen Rechtes (*syaria*) auf andere Weise nicht durchzusetzen sei (*The Jakarta Post* 2.1.2002).

[8] Zu diesem auf der Basis ethnischer Kriterien umstrittenen Verhältnis zwischen Makassar und Bugis siehe Pelras 1977; Rössler 1997b; Antweiler 2000: 148ff. Für die Makassar der ländlichen Regionen ist die Abgrenzung gegenüber den Bugis von primärer Bedeutung; die anderen großen ethnischen Gruppen Süd-Sulawesis (Mandar und Toraja) spielen hingegen kaum eine Rolle.

die in jüngerer Zeit speziell im Zentrum des ethnologischen Interesses gestanden haben, und die sich zwischen einem übergreifenden regionalen Rahmen und dem Lokalspezifischen bewegen. Es soll zunächst versucht werden, eine allgemeine Problemstellung zum Thema der Delokalisierung[9] von Kultur als einem spezifischen Aspekt der vielzitierten ‚Globalisierung‘ zu skizzieren. Danach soll ein Bereich angeschnitten werden, der während der vergangenen Jahre für mehrere Regionen Indonesiens diskutiert wurde, und zwar der lokale politische Widerstand im Zusammenhang mit Identitätskonstruktionen und den landesweit differenzierten Konflikten um Land. Die anschließenden Abschnitte behandeln die theoretische Problematik von ‚Land‘ – insbesondere unter den Begrifflichkeiten des ‚Ortes‘ und des ‚Raumes‘ – vor dem lokalspezifischen Hintergrund Süd-Sulawesis, und zwar speziell anhand der Repräsentation von Räumlichkeit in der traditionellen wie gewandelten politischen Praxis. Abschließend soll der Versuch unternommen werden, die Phänomene des politischen Widerstandes und der Identitätskonstruktion im Kontext einer kulturellen Räumlichkeit auf einer allgemeinen Ebene zu interpretieren.

Lokalität und Delokalisierung von Kultur

Die erwähnten Veränderungen innerhalb der dörflichen Gemeinschaften des makassarischen Hinterlandes legen zunächst die Betrachtung eines heute viel diskutierten Problems nahe, nämlich der generellen Lokalisierung von Kultur, wie sie früher und heute der ethnografischen Literatur zu Grunde lag bzw. zu Grunde liegt. Über Geertz’ bekannte Spezifizierung der lokalisierten Kultur: „Anthropologists don’t study villages, they study *in* villages“ (1973: 22) gehen neuere Ansätze insofern weit hinaus, als sie das bloße Konzept *des* Dorfes als solches kritisieren. Dabei ist das Argument zentral, dass das Konzept des traditionellen Dorfes als eine gegebene Lokalität, innerhalb derer sich die von Ethnografen studierten Subjekte bewegen, als eine in sich geschlossene Innenwelt heute eine Illusion darstelle. An begrenzte Lokalitäten gebundene Forschungsstrategien und ethnografische Berichte könnten angesichts multipler globaler Vernetzungen nicht länger eine Aussagekraft über eine ‚Kultur‘ beanspruchen (z. B. Bruner 1999; Hastrup & Olwig 1997;

---

[9] Ich ziehe im allgemeinen Sinne den Begriff der Delokalisierung (Bruner 1999: 475) demjenigen der Deterritorialisierung (Gupta & Ferguson 1992; Appadurai 1996) vor, insbesondere weil das ‚Territorium‘ im hier diskutierten Kontext eine spezifische Bedeutung aufweist (siehe auch Anm. 2).

Geertz 1995: 42f; Gupta & Ferguson 1992; Gupta & Ferguson 1997). Es ist aber unwahrscheinlich, dass diese Illusion sämtliche Ethnografen zu allen Zeiten wie ein unabwendbarer und dennoch stets unbemerkter Schatten verfolgt haben soll, denn zweifelsohne waren gerade Dörfer vielerorts – unter anderem in Sulawesi – noch vor wenigen Jahrzehnten auch aus indigener Sicht in sich weitgehend geschlossene Welten, die sich in vielen Fällen jeweils als Zentrum einer nahezu eigenständigen Kultur definierten, wie auch Geertz über den malaiischen Archipel im 16. Jahrhundert schreibt:

> „There were hermetical tribes, most of them pagan, in inland Sumatra, Borneo, the Celebes, and the bypassed islands of the eastern archipelago. A scattered accumulation of sharply distinctive, deeply idiosyncratic places, some of them drawn toward the sea, toward risk, rivalry, money, and ethnic mélange, some hiding themselves, defensively, in jungles, uplands, or sheltered inlets." (Geertz 1995: 35)

Jedoch haben sich die Zeiten geändert, und so soll an dieser Stelle auf die erwähnten neuen Perspektiven des ‚Dorfes als Illusion' näher eingegangen werden. Es mehren sich in der Tat weltweit die Evidenzen, dass die Kultur nicht mehr allein *im Dorf* ist, wo Geertz sie einst auf der Mikroebene interpretieren wollte. Das Dorf kann heute schon insofern nicht mehr das sein, was es einst war, als umfassende Aspekte dessen, was Kultur im Dorf ausmacht – ‚Dorf' für diesen Zweck zunächst einmal als rein physische Materie definiert –, heute zweifelsfrei außerhalb desselben lokalisiert sind. Sie sind beispielsweise lokalisiert in der Provinzhauptstadt, wo Entscheidungen im Rahmen der Regionalpolitik getroffen werden, wo nicht nur das Wellblech und die Möbel für die Häuser des Dorfes, sondern auch Sportschuhe namhafter westlicher Hersteller produziert werden, wo jeder Schuljunge eine Meinung über die Vorteile einer schwäbischen gegenüber einer bajuwarischen Luxuslimousine hat, und wo BBC und CNN über Satellitenschüsseln in vielen Häusern empfangen werden. Weitere Aspekte der dörflichen Kultur sind in der Hauptstadt lokalisiert, in der die internationale Politik gemacht wird und in der die erwähnten produktions- und konsumbezogenen Phänomene in noch weit umfassenderen Dimensionen anzutreffen sind. Kultur im Dorf ist potentiell auch lokalisiert in jedem anderen Ort der Insel, wohin es vor allem die jungen Leute zieht, die eine gut bezahlte Lohnarbeit suchen oder die angesichts vielfach erweiterter Perspektiven einfach nur der immer deutlicher wahrgenommenen Enge des Herkunftsortes entkommen wollen. ‚Kultur im Dorf' ist aber auch auf irgendeiner anderen

Insel, in Singapur, Malaysia, vielleicht in Nordamerika und Europa lokalisiert, das heißt, in der vielzitierten Diaspora, wo Verwandte und Freunde oder Bekannte von Verwandten und Freunden wohnen und lernen, wo sie Wissen, materielle und immaterielle Kultur erwerben und in das Dorf mitbringen. Der stetige Wissensfluss, der Fluss von Symbolen, Gütern und Geld scheint die kulturellen und sogar die physischen Grenzen des Dorfes mehr und mehr aufzulösen (s. Bruner 1999).

Diese und vergleichbare Phänomene können unter dem Etikett der sogenannten Delokalisierung von Kultur zusammengefasst werden. Das soll heißen, dass die Kultur nicht mehr an einen festen Ort gebunden ist, sondern dass sie sich vielmehr – möglicherweise zu verallgemeinernd zusammengefasst – irgendwo zwischen dem konkreten Ort des Dorfes und der Gesamtheit einer nicht konkret fassbaren, unermesslichen Außenwelt befindet. Arjun Appadurai (1991, 1996) hat diese rezente Wirklichkeit einer nicht länger lokalisierbaren Qualität von Kulturen bekanntermaßen als *ethnoscapes* bezeichnet und damit eine mehr und mehr diffuse Landschaft von delokalisierten Gruppenidentitäten und imaginierten Welten beschrieben, die resultiert aus multipler, auch transnationaler Migration und der sich dadurch verändernden sozialen, räumlichen und kulturellen Reproduktion von Identität. Diese Verhältnisse gelten für sehr viele rezente Gemeinschaften, und es scheint sich hier tatsächlich eine neue Qualität kultureller Wirklichkeit zu erschließen. Ganz ohne Zweifel trifft dieses Phänomen auch auf die von mir untersuchte makassarische Gemeinschaft zu, wie gerade im Kontext einer Langzeitstudie mehr als deutlich wird (s. Rössler 1997a: 104f).

Einen Punkt gilt es dabei jedoch zu bedenken. Er betrifft einerseits die Überlegungen, die ich angesichts der rituellen Texte angestellt hatte und die ich in anschließenden Gesprächen mit den Einheimischen als ein dominantes, aktuelles Thema bestätigt bekam, sowie andererseits eine theoretische Thematik, die in jüngster Zeit ein immer größeres Gewicht in der ethnologischen Diskussion erhält[10], nämlich den ontologischen Stellenwert des ‚Landes‘ sowie ausgehend davon des Ortes und des Raumes – Begriffe, die an späterer Stelle präzisiert werden. Es ist doch zu fragen, welche Rolle eigentlich das Land als *locus* und als menschlicher Lebensraum in diesem Prozess der *De-lokalisierung* spielt. Stellt die metaphorische Betonung von Land und von Lokalität im makassarischen Ritual ebenso wie die rezent elaborierte Erörterung der kulturellen Bedeutung von Land, Ort und Raum nicht einen offensichtlichen Widerspruch zu dem Begriff der Delokalisierung dar? Haben sich die „sharply distinctive, deeply idiosyncratic places" tatsächlich

---

[10] Siehe vor allem Werlen [1987] 1988, 1995 und 1997; Dickhardt 2001.

spurlos in einer konturenlosen, imaginierten Weltgesellschaft aufgelöst? Kann Kultur dann überhaupt nicht mehr in einer partikularen Landschaft lokalisiert sein; ist sie wahrhaftig in einer transnationalen und analytisch kaum noch fassbaren Meta-Kultur aufgegangen (s. Hastrup & Olwig 1997: 2)?

Bevor ich mich dem letztgenannten Aspekt in theoretischer Hinsicht zuwende, soll zunächst einer komplementären Frage nachgegangen werden, um die alltags-politische Relevanz des hier behandelten Gegenstandes zu beleuchten, nämlich der Frage, warum und vor welchem sozio-kulturellen Hintergrund es unter den Umständen einer scheinbar allgegenwärtigen Delokalisierung überall in Indonesi-en (und nicht nur dort) intensive und oftmals gewalttätige Auseinandersetzungen um das Land gibt. Auch eine neuere Darstellung der Struktur von Landkonflikten in Südostasien, wie sie Iorns und Hollick (1998: 12) vornehmen, geht für diese Problematik von der Staffelung fest umrissener Einheiten wie folgt aus: Dorf-Ethnie-Nation-Region-Global. Dies – und insbesondere die hier suggerierte Eingrenzbarkeit von ,Dorf' und ,Ethnie' – stellt eindeutig einen Widerspruch zur Idee der rezenten Delokalisierung von Kultur dar, auch wenn in dem betreffenden Beitrag beispielsweise die Einflussnahme ausländischer Wirtschaftsinteressen auf lokale Landkonflikte betont wird. Ich möchte zunächst kurz skizzieren, wie sich diese Konflikte um das Land in verschiedenen Regionen Indonesiens darstellen.

Land als Gegenstand von Konflikt und Widerstand

Es ist diesbezüglich sinnvoll, zwei Aspekte zu unterscheiden, und zwar erstens die staatliche Landaneignung und zweitens die Landkonflikte, die im Zusammenhang mit Migration bzw. Transmigration stehen. Wenden wir uns zunächst der staatli-chen Landaneignung zu.

Die Kombination aus nationalem Wirtschaftswachstum und gleichzeitig drasti-schem Bevölkerungsanstieg bedeutet immer steigenden Druck auf Landressourcen. Dabei wächst vor allem derjenige Anteil von genutztem Land überproportional, der dem ,nationalen Fortschritt', das bedeutet zuvorderst der staatlichen Nutzung bzw. der makroökonomischen Expansion zugedacht ist (s. Iorns & Hollick 1998: 3). Dieser Sachverhalt führt wiederum nahezu automatisch zu Konflikten zwischen staatlichen Organen und denjenigen Bevölkerungsteilen, die von der genannten Art der Nutzung nicht profitieren bzw. denen sogar bedeutende Nachteile daraus erwachsen.

In der von mir untersuchten Region wurden zum Beispiel vor wenigen Jahren viele Leute gezwungen, ihr Land zu verkaufen (und somit fast logischerweise übervorteilt zu werden) für die Anlage von Straßen, taiwanesischen Fabriken oder japanischen Edelsteinminen. Vor zehn Jahren wurden im Distrikt ParangloE (ebenfalls Süd-Sulawesi) Tausende Menschen wegen eines Staudammbaus in den Norden der Insel umgesiedelt und ihre heiligen Stätten und Gräber der Überflutung preisgegeben. Auch Rechtsstreitigkeiten werden immer häufiger, weil Staat und Steuer als wachsende Bedrohung der eigenen Autonomie in Bezug auf das Land angesehen werden.[11] Ähnlich gab es seit den siebziger Jahren vor allem auf Java gewaltige Anstrengungen, die Exportlandwirtschaft und insbesondere den Prozess der Industrialisierung voranzutreiben. Ungeachtet der ökologischen Schäden bedeutete dies für die ländliche Bevölkerung, dass viele Leute ihr Ackerland gezwungenermaßen zu Schleuderpreisen an Großunternehmen verkaufen mussten (s. Soetrisno 1999; Kusumaatmadja 2000). Häufig wurden auch überhaupt keine Kompensationszahlungen geleistet.[12] Wo fruchtbares Land in Industrieland umgewandelt wurde, sank die landwirtschaftliche Produktion, und es wurden dadurch immer mehr Haushalte landlos. Da die Plantagen und neuen Industrieanlagen entgegen den Versprechungen von staatlicher Seite kaum zusätzliche Arbeitsplätze boten, entwickelte sich rasch eine deutliche Polarisierung zwischen den Massen verelendeter, landloser Haushalte und einer kleinen Elite von Großgrundbesitzern mit Besitzflächen von über 1.000 ha (s. Lucas 1992; Lucas & Warren 2000). Alle Hindernisse für diese räumliche Restrukturierung wurden von staatlichen Organen rücksichtslos und nicht selten mit Waffengewalt ausgeräumt. Entsprechend gab es lange Zeit kaum Widerstand gegen die staatlichen Praktiken.

Etwa im Juni 1998 begann dann die Reformbewegung (*gerakan reformasi*) in den ländlichen Gebieten Einfluss zu nehmen. Damit hatte sich etwas Entscheidendes verändert: Es hatte nämlich nun ein massiver Widerstand eingesetzt (s. Lucas

---

[11] Rund 42% (231 Fälle) aller in Indonesien gerichtlich ausgetragenen Landrechtsstreitigkeiten in 1998 bezogen sich allein auf Java. Allerdings ist die betroffene Fläche mit 7.249 ha relativ klein im Verhältnis zur analog betroffenen Fläche auf den Außeninseln (820.102 ha; 322 Fälle; davon Süd-Sulawesi 13.110 ha; 12 Fälle). Quelle: Lucas & Warren 2000: 225; s.a. Lucas 1992.

[12] Neueren Schätzungen zufolge wurden für etwa 40% des neu angelegten Plantagenlandes keine Kompensationszahlungen (*ganti rugi*) von staatlicher Seite an die ehemaligen Landbesitzer geleistet (*Indonesian Observer* 24.5.2000). Der ehemalige indonesische Umweltminister (1993-98) Sarwono Kusumaatmadja (2000: 208) nennt eine Zahl von 900.000 ha, die allein auf Java von Ackerland zu Bauland umgewandelt wurden. Das als Kompensation gedachte überhastete Anlegen von Ackerflächen in Kalimantan resultierte in einer ökologischen Katastrophe: immensen Wald- und Buschbränden.

& Warren 2000: 227f). Es kam zu Besetzungen annektierten Landes, auf dem sich oftmals bereits Firmen angesiedelt hatten. Bauern plünderten die Ernte auf geschätzten 2 Millionen ha (!) von Feldern der Großgrundbesitzer und pflügten Plantagen, brachliegendes Bauland wie auch die prestigeträchtigen Golfplätze der Reichen um. Große neue Hühnerfarmen und Fischzuchtanlagen, die auf einstigen Reisfeldern angelegt waren, wurden zerstört. In waldnahen Siedlungen drangen Hunderte von Leuten in die im Staatsbesitz befindlichen Wälder ein und schlugen massenhaft wertvolle Teakbäume.

Man kann angesichts dieser Szenarien zum einen die Frage stellen, wieso der Widerstand so unvermittelt eine andere Qualität angenommen hatte. Diese Frage ist vergleichsweise einfach zu beantworten, indem die Möglichkeiten für Kontrollausübung und Repressalien seitens der staatlichen Organe in einer Zeit der nationalen Verunsicherung wie gegen Ende der neunziger Jahre längst nicht mehr in dem Maße gegeben waren wie zuvor. Zum anderen muss aber auch reflektiert werden, was für Dimensionen dieser in den Medien wie auch in der wissenschaftlichen Literatur nicht weiter differenzierte ‚Widerstand' eigentlich einschließt. Die indonesischen Sozialwissenschaftler und Publizisten Hendro Sangkoyo (1999) und Aristides Katoppo (2000) gaben kürzlich Hinweise darauf, dass in diesen Fällen ‚Land' weitaus mehr bedeutet als ökonomischen Wert, mehr als bloße Ressource – wenngleich dies natürlich nicht heißen kann, dass die Bedeutung als ökonomische Ressource für die Betroffenen zweitrangig wäre. Dennoch ist festzuhalten:

„For indigenous communities, land [...] has a very strong social function and provides a sense of identity. Land also provides a link with the spiritual and religious aspects of their lives. For many indigenous peoples, there is a sacred link between the people and the land." (Katoppo 2000: 215)

Diese Äußerung knüpft an die heute viel diskutierte Erkenntnis an, dass Land – als wesentliche Komponente des Raumes – vor allem auch kulturelle Bedeutungen trägt. Der gewaltsame Widerstand, der unvermittelt einsetzende Kampf um das Land kann also nicht allein daraus erklärt werden, dass vielen Menschen ihr wichtigster Kapitalbesitz bzw. die Grundlage ihrer wirtschaftlichen Existenz entzogen wurde. Einzubeziehen sind vielmehr unbedingt auch die Beziehungen zwischen dem Boden und dem sozialen Gefüge der darauf siedelnden Gemeinschaften sowie weiterhin die Bedeutungen des Landes als Komponente einer komplexen kulturellen Räumlichkeit.

Besonders interessant ist aber darüber hinaus, dass gerade die betroffenen javanischen Siedlungsgemeinschaften gleichzeitig als Musterbeispiele für das Konzept einer delokalisierten Kultur gelten können, da sich innerhalb Indonesiens insbesondere die javanische Kultur seit der frühen Kolonialzeit weitaus länger und intensiver als die Kulturen auf den anderen Inseln des malaiischen Archipels im Dialog zwischen der Innenwelt und der internationalen Außenwelt befunden hat. Der intensive Kampf, der hier seit kurzer Zeit um das Land geführt wird, zeigt offensichtlich, dass bereits auf dieser Ebene Delokalisierung nicht bedeuten kann, dass das Land an Bedeutung verloren hat. Bevor wir auf diesen Punkt zurückkommen, soll zunächst der zweite der oben genannten Punkte angesprochen werden, nämlich Landkonflikte im Zusammenhang mit Migration bzw. Transmigration.

Die indonesischen Inseln wurden seit jeher durchwandert. Ohne hier auf die umfangreichen prähistorischen und historischen Wanderbewegungen einzugehen, muss insbesondere das Ausmaß herausgestellt werden, in dem jüngere Migrationswellen in Gestalt spontaner Migration wie staatlicher Transmigrationsprogramme Millionen von Menschen hauptsächlich von den überfüllten Inseln Java, Madura und Bali in dünn besiedelte Regionen wie Ost- und West-Kalimantan, Westpapua, die Molukken, Süd-Sumatra oder Zentralsulawesi ‚um-bewegt‘ haben.[13] Allein bis zum Jahre 1994 betrafen diese Umsiedlungen insgesamt nahezu sieben Millionen Menschen (Indonesia Watch 2001). Die Siedler und Migranten trafen auf zahlenmäßig meist relativ kleine Gruppen von autochthonen Einwohnern, die sich kulturell deutlich von ihnen unterscheiden. Die indigenen Bevölkerungsgruppen sind – anders als die Javanesen, Maduresen und Balinesen – weder Muslime noch Hindus, sondern aus offizieller Sicht wie auch aus Sicht der Einwanderer ‚ungebildete Heiden‘, deren – um ein typisches Beispiel für die Argumentation zu nennen – „rationale und dynamische mentale Kapazitäten" erst noch entwickelt werden müssten (s. Persoon 1998: 290). Solche Werturteile haben in Indonesien bedeutende kulturpolitische bzw. staatskulturelle Hintergründe. Die schätzungsweise 1,5 Millionen Mitglieder der betreffenden indigenen Gruppen – deren Zahl wiederum nicht eindeutig festzulegen ist – werden heute nicht wie in Malaysia als *orang asli* (indigene Menschen), sondern kollektiv als *masyarakat terasing* (isolierte Gesell-

---

[13] Umsiedlungsprojekte wurden bereits unter niederländischer Kolonialverwaltung zu Beginn des 20. Jahrhunderts begonnen. Unter Präsident Sukarno als *transmigrasi* systematisiert, begann die Transmigration unter Suharto seit den siebziger Jahren in großem Stil durchgeführt zu werden. Im Jahre 2000 stoppte Präsident Wahid das Programm aus Anlass der blutigen Konflikte zwischen Transmigranten und Autochthonen vorübergehend (s.u.). – Zu Bevölkerungsbewegungen im 19. und 20. Jh. siehe Gooszen 1999: Kap. 2 & 3.

182

schaft) bezeichnet, ein amtlich-politischer Begriff, der das früher übliche *suku-suku terasing* (isolierte Stämme/Gruppen) ablöste. Dadurch sollte verdeutlicht werden, dass die ‚Zurückgebliebenen' ungeachtet ihrer bedeutenden kulturellen Differenzierung untereinander eine Ganzheit bilden, die es geschlossen der uniformen Indonesianisierung zuzuführen gilt.[14] In manchen programmatischen Schriften der Administration gewinnt man den Eindruck, als werde diesen Gruppen schlichtweg der Status des Menschseins abgesprochen; sie werden politisch und kulturell vollständig marginalisiert. Auch in dieser Hinsicht gewinnt der Raum eine unmittelbare Beziehung zur politischen Situation, und zwar speziell das für Indonesien typische Verhältnis zwischen räumlich-kulturellen Zentren und ihrer Peripherie:[15]

„The notion of *marginality* has a particular significance in Indonesia, where state rule has been seen as emanating from the concentrated potency of ‚exemplary centers' which extend toward more and more unruly peripheries. This set of meanings underscores the importance of dicussing marginality in relation to particular political cultures." (Tsing 1993: 22)

In Bezug auf die Landproblematik kommt hinzu, dass unangepasste Landwirtschafts-Programme für die Neusiedler zu umfassenden Umweltzerstörungen führten, die gleichermaßen den indigenen Gruppen die Nahrungsgrundlage entzogen. Auch kamen Siedler und Transmigranten nicht alleine. Sie wurden begleitet von staatlichen Verwaltungsstellen, Militärposten, von Entwicklungshelfern und internationalen Industrieunternehmen, die Kraftwerke, Staudämme, Flugplätze und Brücken bauten. Dies bedeutet aus einer anderen Perspektive, dass auch hier, in der multikulturellen Welt der Umsiedlungsgebiete, die delokalisierte Kultur zur Alltagswirklichkeit geworden war. Bald wurde aber deutlich, dass die indigenen Gruppen nicht nur um ihre Landrechte, also um Ressourcen kämpfen mussten, sondern dass sie sich in ihrer gesamten kulturellen Existenz bedroht fühlten. Es

---

[14] Aus offizieller Sicht haben diese Gruppen allerdings überhaupt keine ‚Kultur'. Die Kriterien zur Einordnung in die Kategorie der *masyarakat terasing* sind sehr uneinheitlich (ökonomisch d. h. Brandrodungsfeldbau, religiös d. h. kein Monotheismus, sozial d. h. nur Familien-fokussiert etc.), oft beliebig und aus ethnologischer Sicht unakzeptabel. Siehe hierzu Persoon 1998 und zur Illustration u. a. George 1996a: 27 und Atkinson 1983. Einen guten Überblick über die indonesische Kulturpolitik vermitteln Kipp [1993] 1996: 105f und Schefold 1998.
[15] Siehe hierzu Kartodirdjo 1997 sowie Errington 1989, 1990.

wurde auch sehr schnell deutlich, dass sie sich wehrten, und zwar, wie ethnologische Studien in den achtziger und neunziger Jahren zeigten, zunächst weitgehend auf indirekte, symbolische oder metaphorische Weise.

Ein besonders illustratives Beispiel für das letztgenannte Phänomen stellt die in mehreren Regionen Indonesiens untersuchte metaphorische Umsetzung der Kopfjagd im Ritual dar.[16] Traditionell demonstrierte die Kopfjagd feindlichen Nachbarn, wo Grenzen gezogen sind, wo das Land der Innenwelt aufhört und das der Außenwelt anfängt (s. Colombijn 2001: 27f). Obwohl die Kopfjagd bereits unter kolonialer Verwaltung verboten worden war, erhielt man dieses Medium bis vor kurzem beispielsweise in Kalimantan, auf den kleinen Sunda-Inseln oder in Zentralsulawesi symbolisch aufrecht – oftmals mit Kokosnüssen als Surrogat für menschliche Köpfe. Die Gegner, gegen die sich die marginalisierten Gruppen wehrten, waren aus indigener Sicht die ‚neuen Feinde': Militärs, Bürokraten, ausländische Firmen – und insbesondere auch Migranten.

Als die Medien während der politischen Krise Indonesiens in den letzten Jahren (vor allem 1997, 1999 und 2001) Bilder verbreiteten, die vor allem im Dayak-Gebiet West-Kalimantans massenhaft abgeschlagene Köpfe von Migranten aus Madura zeigten, die auf Zäunen und Wegbarrieren aufgespießt waren[17], als im gleichen Zusammenhang auch Zeugnisse kannibalistischer Handlungen vorlagen, stellte sich nicht zuletzt der Ethnologie ein Problem. Viele Jahre lang hatte man wie erwähnt argumentiert, dass die Ethnologie Widerstand seitens marginalisierter Gruppen heutzutage in erster Linie als eine kulturelle Institution betrachten müsse. Nicht Revolution (Wolf 1969), Rebellion oder Verweigerung (Scott 1985; 1990) wie in früheren Dekaden sozialwissenschaftlicher Konfliktforschung, sondern Metaphern, Symbole und Zeichen der Gewalt wurden als der wahre Fokus aktuellen ethnologischen Erkenntnisstrebens auf diesem Gebiet angesehen. Nun brach in aller Medien-Öffentlichkeit die physische Gewalt insbesondere seitens der Dayak jäh hervor, und das ethnologische Kartenhaus der Symbole und Metaphern schien angesichts dessen in sich zusammenzufallen.

---

[16] Siehe z. B. George 1996a & 1996b; Hoskins 1996a & 1996b. Ein verwandtes Phänomen stellt die Furcht vor sogenannten Regierungs-Kopfjägern dar, die nach Überzeugung der indigenen Gruppen vom Staat oder von westlichen Großunternehmen ausgesandt werden, um unter den Einheimischen Köpfe als Bauopfer für Großprojekte zu nehmen. Beispiele finden sich bei Tsing 1993 & 1996; Drake 1989; Erb 1991; Forth 1991.

[17] Siehe hierzu van Dijk 2001: 390f; Colombijn 2001: 37; Uni GhKassel 2001. Heidhues (2001) vermittelt einen Überblick über die historische Einbettung des Konfliktes zwischen Maduresen und Dayak, der im Prinzip bis in das 19. Jahrhundert zurückreicht.

Es ist abermals die Frage, ob es bei diesen Konflikten, wie in offiziellen Stellungnahmen wiederholt zu hören war, primär um Ressourcenzugang und Landrechte ging (Indonesia Watch 2001; vgl. Colombijn 2001: 36). Zweifelsohne ist dies ein sehr bedeutsamer Aspekt, denn Land bedeutet für die betroffenen Gruppen im weitesten Sinne die Sicherung ihrer Existenz. Außerdem beziehen sich Landrechte aus Sicht des indonesischen Agrar- und Forstgesetzes nur auf genutzte (d. h. intensiv genutzte) Flächen und nicht auf Regenwald und Brachflächen, wie sie für die Dayak wirtschaftlich bedeutsam sind. Das von ihnen genutzte Land ist folglich aus staatlich-rechtlicher Perspektive nicht ‚genutzt‘. Andererseits muss in Entsprechung der oben getroffenen Überlegungen jedoch auch gefragt werden, inwiefern hier eine Dimension des Landes relevant wird, die sich über diesen ressourcenbezogenen Aspekt hinausgehend auf seine kulturellen Bedeutungen erstreckt.

Man kann den Zugang zu diesen kulturellen Bedeutungen von Land – in einem umfassenden Sinne verstanden – auf unterschiedliche Weise gewinnen. In Anlehnung an Michel de Certeau (1984: 117f) ist es beispielsweise sinnvoll, Ort (*lieu, place*) von Raum (*espace, space*) analytisch zu unterscheiden. Der Ort bezeichnet dabei die stabile Ordnung, in der bestimmte Elemente positioniert sind, also eine homogene und isotrope Räumlichkeit. Zwei Elemente können nicht denselben Ort besetzen, wie es beispielsweise für die Positionen von Bergen, Flüssen und Bäumen als Elementen des physischen Landes zutrifft.

Der Begriff des Raumes schließt hingegen Richtungen sowie zeitliche Rhythmen und Bewegungen ein. Er ist alles andere als statisch, sondern definiert aus den Schnittpunkten mobiler Elemente und bezieht sich somit auch auf die menschliche Bewegung, die menschliche Wahrnehmung der Dynamik der Elemente und die soziale Praxis innerhalb derselben.[18] Raum wird folglich als die vom Menschen gelebte Praxis des Ortes verstanden: Die Kartografie als die geordnete Repräsentation des Wissens über eine Landschaft wird durch das Durchwandern der Landschaft in Beziehung gesetzt zur Praxis, durch die dieses Wissen erworben bzw. bestätigt wird (s. Pannell 1997: 163). In Anlehnung an ein bewährtes Axiom der

---

[18] In ganz ähnlicher Weise verhält es sich mit dem Begriff des ‚Hauses‘, der in Südostasien neben der materiellen Dimension der Behausung reiche soziale Konnotationen aufweist (Carsten & Hugh-Jones 1995; Rössler 1998).

[19] Siehe Gray 1999: 442f. In einem ähnlichen Sinne betrachtet Moore (1986: 2f) Raum als Verkörperung sozialer Bedeutungen analog zur Sprache, indem weniger abstrakte Symbolsysteme (*langue*), sondern konkrete Äußerungen und Praktiken in partikularen Kontexten (*parole*), also die Operationalisierung von Symbolen, untersucht werden sollten.

strukturalistischen Perspektive entspricht die Kartografie einer gegebenen Landschaft *la langue*, das Durchwandern derselben Landschaft hingegen *la parole*.[19] Auf diese Weise kann folglich der Faktor der menschlichen Kultur in die Diskussion eingebracht und von daher ein Zugang zum Verständnis der Problematik von Land, Ort und Raum ermöglicht werden.

Weiterhin stellt sich nun die Frage, welche Folgerungen sich für das Fallbeispiel Süd-Sulawesi ergeben, das heute sowohl Merkmale einer ,delokalisierten Kultur‘ aufweist als auch von staatlichen Landaneignungen betroffen ist. Des weiteren – dies sei vorweg genommen – findet sich auch hier eine wachsende Marginalisierung der lokalen Kultur, und zwar in dem Sinne, dass zahlreiche Elemente traditioneller Überlieferungen und Überzeugungen seitens staatlicher Organe als ,heidnisch‘ und ,hinterwäldlerisch‘ diffamiert bzw. aktiv bekämpft werden (s. Rössler 1987; 1997b). Wenngleich in anderer Ausprägung, so liegen also hier prinzipiell identische Verhältnisse wie in den geschilderten Fällen aus Kalimantan, Zentralsulawesi oder Java vor. Bevor im Folgenden die kulturellen Dimensionen des Landes unter den zuletzt genannten Aspekten anhand des Fallbeispiels erläutert werden, sollen um des besseren Verständnisses willen zunächst die Grundlagen der lokalen soziopolitischen Organisation in Süd-Sulawesi zusammengefasst werden.

Sozio-politische Organisation in Süd-Sulawesi

Die soziale Organisation der makassarischen Gesellschaft basiert auf vielfach miteinander vernetzten, kognatischen Verwandtengruppen (*verwantengroepen*, Chabot 1950), die bezüglich einer sozial-räumlichen Orientierung insofern von Relevanz sind, als ihr jeweiliger Kern mit einem bestimmten Dorfterritorium assoziiert und somit eine enge Verzahnung aus Räumlichem und Sozialem konstruiert wird.[20] Insbesondere dieses Dorfterritorium (*butta*, *pa'rasangeng* oder auch *ada'*), das die Makassar als einen komplexen kulturellen Mikrokosmos auffassen, weist weiterhin unmittelbare Bezüge zur politischen Räumlichkeit auf (s. u.; Rössler 1987:

---

[20] Dies gilt im Prinzip für alle sozialen Schichten mit Ausnahme der Sklaven, d. h. sowohl für den Adel, der seinerseits vom niederen Adel bis zum Hochadel in sich geschichtet ist, als auch für die Freien, unter denen es ebenfalls subtile Rangunterschiede gibt.

[21] Das Verhältnis zwischen verwandtschaftlich definierten Gruppen und dem Raum des Dorfterritoriums ist in der früheren ethnografischen Literatur widersprüchlich diskutiert worden, insofern als mal das Territorium (ter Haar 1939: 15, 41), mal die verwandtschaftliche Organisation (Chabot [1950] 1996) als entscheidender Fokus der sozio-politischen Organisation bezeichnet wurden.

58f; Rössler & Röttger-Rössler 1996: 31, 34).[21] Politisch relevant sind darüber hinaus kognatische Deszendenzgruppen, deren Mitglieder zur Besetzung eines politischen Amtes berechtigt sind, wie zum Beispiel für das Amt des Dorfführers (*karaeng*).[22] Für den vorliegenden Beitrag sei hervorgehoben, dass hinsichtlich der Räumlichkeit der sozialen und politischen Praxis nicht nur die Verwandtengruppen, sondern auch die kognatischen Deszendenzgruppen ihre Herkunft, ihr historisches Werden und ihr gesamtes Selbstverständnis mit dem Raum des Dorfterritoriums sowie mit spezifischen Lokalitäten oder Landmarken innerhalb desselben assoziieren.

Der symbolische Fokus einer Verwandtengruppe innerhalb eines Dorfterritoriums wird insbesondere durch das Phänomen verdeutlicht, dass der Identität der betreffenden Gruppe durch den Namen dieses Territoriums Ausdruck verliehen wird, und zwar nach dem Prinzip *tu* <Name des Territoriums>.[23] In allgemeiner Hinsicht werden aus emischer Perspektive ‚Menschen des Bodens‘ (*tu pa'butta*)[24] von ‚Menschen der Umgebung‘ (*tu palili'*) unterschieden. Es ergibt sich folglich eine gleichermaßen soziale wie räumliche Kategorisierung von ‚Wir-von-Hier‘ gegenüber ‚Ihr-von-Außen‘, also auch hier ein Kontrast zwischen einer Innen- und einer Außenwelt. Zwar kann dies aus einer etisch-analytischen Perspektive ‚objektiv‘ nicht zutreffen, weil konkrete soziale bzw. verwandtschaftliche Grenzen einer mit einem Dorfterritorium assoziierten kognatischen Gruppe nicht festzulegen sind. Die anhand überlieferter Grenzen definierte Räumlichkeit des Territoriums wird jedoch auf die amorphen sozialen Bindungen projiziert und verleiht letzteren dadurch eine symbolische Kohäsion, eine Gestalt zur Definition von Identität bzw. Differenz.[25] Besonders deutlich äußert sich diese konzeptuelle Übereinbringung der territorial definierten Gruppenidentität der ‚Menschen des Bodens‘ und verwandtschaftlicher Bindungen im Kontext bestimmter Riten, im Verlaufe derer

---

[22] Die Bezeichnungen für die einzelnen politischen Ämter (*gallarang, ana'karaeng, pinati* usw.) der Dorfräte sowie zum Teil auch die daran gebundenen Aufgaben und Kompetenzen sind selbst innerhalb enger gefasster Regionen hochgradig variabel. Ich beschränke mich im vorliegenden Beitrag auf die Diskussion des *karaeng*.

[23] Das Wort *tu* bedeutet ‚Mensch‘.

[24] Auch in der frühesten buginesischen Geschichtsschreibung werden diese ‚Menschen des Bodens‘ (hier *pa'banua*) bereits betont; s. Pelras 1996: 105.

[25] Das entscheidende Kriterium für die Einordnung eines Individuums aus indigener Sicht als ‚Mensch des Bodens‘ ist zunächst ein konkreter Sachverhalt, nämlich Landbesitz auf dem Dorfterritorium. Darin eingeschlossen ist sowohl einstiger – und inzwischen möglicherweise veräußerter oder vererbter – Landbesitz als auch ein normatives Anrecht auf ein Stück Land, das ein potentieller Erbe bzw. eine potentielle Erbin – selbstverständlich kein Käufer – erheben kann.

Kinder, die an anderen Orten geboren wurden und/oder wohnen, die jedoch verwandtschaftlich zur eigenen Gruppe gerechnet werden, an den ‚Ort ihres Ursprunges' gebracht und darin eingebunden werden. Solche Riten, durch die in Appadurais Terminologie *local subjects* ‚produziert' werden (1995: 205), können im Prinzip in jedem normalen Haus eines Verwandten des betreffenden Kindes durchgeführt werden. Sie zentrieren sich jedoch auch häufig um lokale Heiligtümer, die je nach Sprache und/oder Region *kalompoang, gaukang* oder *arajang* genannt werden, und die einen ganz bedeutenden Fokus sozialer Bindungen innerhalb der Gruppe darstellen.[26] Sie bilden, wie im Folgenden noch präzisiert werden wird, in übergreifender Perspektive das herausragende Symbol für die Identität der gesamten Gruppe im Sinne gemeinschaftlicher Herkunft und genealogischer Verbundenheit, und sind des weiteren besonders relevant im politischen Bereich.

Politische Autorität kann der traditionellen Vorstellung zufolge eine Person nur dann ausüben, wenn die ihr zugrundeliegende Macht übernatürlich legitimiert ist. Eine solche Legitimation wird in ganz Süd-Sulawesi dadurch konstituiert, dass der Ursprung der politischen Führungsämter über Mythen in Beziehung zum Göttlichen gesetzt wird. Autorität und somit ein Führungsamt (z. B. das des *karaeng*) ausüben kann nur ein Individuum, das seine genealogische Herkunft (in kognatischer Rechnung, s. o.) auf eine aus dem Götterhimmel herabgestiegene ‚Erste Herrscherin' (*tumanurung*) zurückführen kann, die einen Gegenstand aus ihrem Besitz – das spätere Heiligtum – hinterließ.[27] Die Heiligtümer sind die eigentlichen Träger politischer Macht; die jeweiligen Amtsinhaber gelten nur als irdische, jeweils temporäre Exekutive dieser göttlichen Macht. Die Legitimation von Machtausübung wird vor allem dadurch periodisch reaktualisiert und reproduziert, dass die übernatürliche Herkunft der Prinzipien politischer Führung über die materielle Symbolik der Heiligtümer rituell repräsentiert wird (s. Rössler 1990a; 2000).

Grundlagen räumlicher Orientierung

Ähnlich wie in anderen Teilen des malaiischen Archipels (s. Barnes 1993, Fox 1997, Wassmann & Dasen 1998; vgl. Wassmann 1994) besteht die Grundlage des räumlichen Orientierungssystems der Makassar aus zwei absoluten Referenzachsen, und zwar aus den Achsen (ins Deutsche übertragen) *Ost–West* sowie *Nord–Süd*, in

---

[26] Diesen Zusammenhang zwischen dem Kult um lokale Heiligtümer und sozialen Bindungen umschreibt der niederländische Begriff *vereringsgemeenschap* (Chabot 1950).
[27] Siehe hierzu u. a. Bouman 1928; Kooreman 1883; Korn 1952 und Mattulada 1977.

deren Schnittpunkt das zentrale, annähernd dreitausend Meter hohe Vulkanmassiv – der heilige Berg – eine wichtige Rolle einnimmt. In Abhängigkeit von der lokalen Topografie repräsentiert eine der Achsen gleichzeitig die wichtige *Bergwärts-Seewärts*-Achse. Westlich des Massivs, in Gowa, lautet die genannte Entsprechung (abermals deutsche Bezeichnungen) *Osten=Berg, Westen= See,* südlich davon (etwa in Bantaeng) entsprechend *Norden=Berg, Süden= See.* In Bezug auf die indigene Bezeichnung der Himmelsrichtungen ist das System im Vergleich zwischen Gowa und Bantaeng jedoch ebenfalls um 90° gedreht: *Timboro'*, in Gowa als deutsch ,Süden' zu übersetzen, wird in Bantaeng zum ,Osten' etc.[28] Daraus folgt, dass sich die einzelnen Termini nicht an Sonnenauf- bzw. untergang orientieren, sondern an topografischen Gegebenheiten, speziell am Berg-Meer-Gegensatz, der auf relativ kleinen vulkanischen Inseln innerhalb kurzer Entfernungen nachvollziehbar ist. Gleichfalls werden das Gute/das Leben mit der bergwärtigen Richtung, das Böse/ der Tod mit der seewärtigen Richtung assoziiert, so dass räumliche Orientierungen gleichzeitig mit kulturellen Wertungen versehen sind.[29] Eine besondere Bevorzugung einer Himmelsrichtung etwa für die Position des Wohnhauses, wie sie in vielen Gegenden Indonesiens üblich ist, gab es dennoch nicht; erst mit dem Islam entstand eine Orientierung am Sonnenverlauf, indem das Haus möglichst nach Süden oder Osten (im Sinne des Sonnenaufgangs!) hin ausgerichtet sein sollte.[30]

Die grundlegenden Orientierungen lauten für die Untersuchungsregion westlich des heiligen Berges wie folgt:

Osten	= *rai'/raya*	≡ hinauf	≡ bergwärts/oben	= *nai'/rateang* [31]
Westen	= *lau'*	≡ hinab	≡ talwärts/unten	= *naung/ rawanngang* [32]
Nord	= *wara'* [33]			
Süd	= *timboro'* [34]			

---

[28] Diese Drehung des Systems um 90° findet sich gleichfalls in Bali und auch häufig bereits zwischen benachbarten Dörfern innerhalb einer Region (s. Swellengrebel 1960: 36-42; Wassmann & Dasen 1998: 697; Hauser-Schäublin, in diesem Band).

[29] In Sulawesi gibt es jedoch keine Wertung der Richtungen im Sinne von ,rein' gegenüber ,unrein', wie sie in Bali wohl hinduistischen Ursprunges ist (Wassmann & Dasen 1998: 693; Hauser-Schäublin, in diesem Band).

[30] Der Grund ist, dass vom Eingang aus gesehen traditionell die Füße im Schlaf nach rechts ausgestreckt, der Kopf entsprechend dem linken Teil des Hauses zugewandt sein soll. Um die Füße nicht in Richtung auf die heiligen Stätten des Islam gen Westen hin zu orientieren, muss also der Hauseingang entweder nach Süden (= Füße nach Osten) oder nach Osten (= Füße nach Norden) hin ausgerichtet sein (Mardanas et al. 1985: 8,73f). In der heutigen Praxis sind mir solche Überlegungen allerdings noch niemals untergekommen.

Aus diesen ursprünglich auf die Monsunwinde bezogenen Bezeichungen entwickelten sich in einigen austronesischen Sprachen Bezeichnungen für die Haupt-
himmelsrichtungen (s. Blust 1980: 220; Barnes 1993: 166), die bis heute für die
Orientierung im Alltag verwendet werden. So dienen ,nach Westen' (*kalau'*) oder
,unten'/,abwärts' (*rawa/rawanngang*) bzw. ,nach Osten' (*anrai'*) oder ,oben'/,auf-
wärts' (*rate/rateang*) anstelle der relativen Begriffe ,links' und ,rechts' im Alltag
als wichtigste geozentrische Orientierungsreferenzen, und zwar nicht nur im Ma-
kro-, sondern auch im Mikroraum.[35] Man sagt, dass man entweder nach oben oder
nach unten geht, um Verwandte in einem fernen Dorf zu besuchen, dass der see-
wärtige Garten im eigenen Dorf besseren Boden als der bergwärtige habe. Aber
auch der Sitznachbar wird darauf hingewiesen, dass die gesuchte Streichholzschach-
tel bergwärts – auch wenn unmittelbar neben ihm – liege.[36] In Ergänzung dazu, als
einzige jedoch in einem relativen Sinne, wird die Unterscheidung zwischen einem
,Davor' (*dallekang*) und einem ,Dahinter' (*bokoang*) getroffen, wobei wohl auch
diese Termini ursprünglich eher absolute Orientierungen bezeichneten, nämlich
das ,Gerichtetsein auf [...]' (*pa'dalle'*) bzw. die ,Rückseite' (*boko*) (s. Cense 1979:
121,156).

Neben und in Ergänzung zu diesen Orientierungen ist ein Kontrast zwischen
Peripherie und Zentrum von Bedeutung. Die Peripherie, der Rand (*biring*) bezeichnet eine räumliche Grenze im weitesten Sinne, sei es die Grenze des Territoriums (*biring pa'rasangeng*) oder sei es der ,Rand des Himmels', der Horizont
(*biring langika*). Das Inland (*lembang*) wird entsprechend als Gegensatz zum
Küstenland (gleichfalls *biring*) konzeptionalisiert. Besonders wichtig ist der Begriff des Zentrums: *pocci'* (buginesisch *posi*), der wörtlich übersetzt ,Nabel' bedeutet, und zwar gleichermaßen für den menschlichen Nabel wie im übertragenen
Sinne. Am ausgeprägtesten tritt der Begriff im Zusammenhang mit dem ,Zentrum

---

[31] Das dem Wort *raya* (balinesisch *kaya*) zugrundeliegende proto-austronesische *daya* bezeichnet das ,(Landes-) Innere'; s. Dempwolff 1938; Blust 1980; zu allen makassarischen
Termini s. Cense 1979.

[32] *Lau'* entspricht etymologisch malaiisch *laut* = Meer/seewärts, balinesisch *kelod*.

[33] *Wara'* entspricht dem malaiischen *barat* = Westen.

[34] *Timboro'* entspricht dem malaiischen *timur* = Osten.

[35]Gleichwohl werden ,links' und ,rechts' (*kairi/kanang*, aus dem Malaiischen *kiri/kanan*)
durch die zunehmende Verbreitung der indonesischen Nationalsprache im Alltagsgebrauch
immer üblicher.

[36] Diese Orientierungen werden stets vergegenwärtigt, ohne dass man etwa erst überlegen
muss, wo von der augenblicklichen Körperposition aus der Berg nun gerade liegt.

190

des Hauses' (makassarisch *pocci'balla'*, buginesisch *posi bola*) sowie mit dem ‚Zentrum des Landes' (makassarisch *pocci'tana*, buginesisch *posi tana*) auf, wobei es sich in beiden Fällen um Zentren handelt, die eine unmittelbare Beziehung zum Überzeugungssystem aufweisen: In ihnen konzentrieren sich Ahnenseelen (im Haus) bzw. Gottheiten (in Bezug auf das Land respektive das Dorfterritorium). Andere Zentren, die in der Regel nur für spezielle landwirtschaftliche Riten relevant werden, finden sich vielerorts auf dem Territorium, wie zum Beispiel in Gestalt der Opferhäuser (*saukang*). Oftmals sind solche Zentren (Bäume, Feldparzellen, Felsen) aber für den uneingeweihten Beobachter überhaupt nicht erkennbar, da sie keinerlei Spuren menschlicher Einwirkung aufweisen: Allein das indigene Wissen konstituiert sie in diesen Fällen. Im rituellen Kontext – häufig auch beim *accera' kalompoang* – werden für begrenzte Dauer weitere räumliche Zentren konstruiert und in Handlung einbezogen, wie etwa durch bestimmte Sitzordnungen oder Umkreisen. Insgesamt spielen Zentren und Orientierungsachsen gleichermaßen für das Haus als Mikrokosmos[37] wie für die Landschaft und den Makrokosmos eine bedeutsame Rolle.

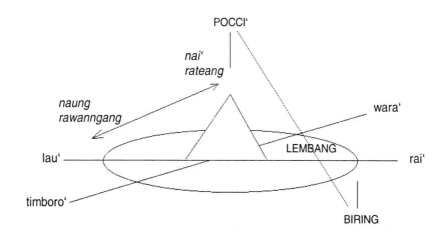

Raumbezüge traditioneller Politik

Das makassarische Reich Gowa[38], das wie die übrigen Reiche auch von einem Hochadel regiert wurde, war ursprünglich in mehrere Fürstentümer (jeweils unter der Regentschaft des niederen Adels) untergliedert, von denen jedes wiederum aus mehreren der erwähnten Dorfterritorien bestand. Die politische Führung eines Dorfterritoriums entstammte der Schicht der Freien.[39] Es sind diese Dorfterritorien, die dem oben erwähnten Fokus eines komplexen kulturellen Mikrokosmos mit unmittelbarem Bezug zur politischen Räumlichkeit gleichkommen. Oralen Traditionen zufolge war jedes Dorfterritorium ursprünglich politisch autonom. Seine Grenzen konkretisieren dabei jedoch nicht allein die weitgehend amorphen Bindungen der darauf siedelnden Verwandtengruppe im Sinne einer lokalisierten, nahezu geschlossenen Identität, sondern stehen auch in einer engen Beziehung zum lokalen Überzeugungssystem. Erst die Einbeziehung des letzteren erlaubt es im Grunde, überhaupt von einem politischen Territorium zu sprechen. Dieses ist charakterisiert als ein ‚Land‘ im Sinne eines umfassenden Kulturraumes, wie er auf Basis des protoaustronesischen Lexems *banua (bzw. des ‚urindonesischen‘ banu[v]a^c; Dempwolff 1937: 39f; 1938: 23) in vielen austronesischen Sprachen verbreitet ist (vgl. a. Parmentier 1987: 56f). Ein besonders gut dokumentiertes Beispiel liefert das fijianische vanua, ein Begriff für die Einheit aus physischem Territorium, den darauf siedelnden Menschen, ihren kulturellen Traditionen und Lebensformen (Dickhardt 2001 und Beitrag in diesem Band). Im modernen Makassarischen ist der Begriff banoa bzw. banua/wanuwa nicht mehr üblich, er ist aber gleichwohl aus der altmakassarischen Literatur bekannt (s. Cense 1979: 67; Patunru 1969: 138; Friedericy [1928] 1929: 419; vgl. Pelras 1996: 176f). Er wurde offensichtlich ersetzt durch den Begriff butta, der – wörtlich gleichfalls ‚Land‘, ‚Boden‘ – eine identische Bedeutung annahm, wie bereits anhand der oben erwähnten gegenseitigen Entsprechung des makassarischen tu pa'butta und des buginesischen pa'banua – beides bedeutet ‚Menschen des Bodens‘ – ersichtlich wurde. Für solche ‚Menschen des Bodens‘ besteht eine bedeutsame Verantwortung in Bezug auf das Land, insofern als dieses sowie das Recht auf seine Nutzung von den Ahnen

---

[38] Bis zur Eroberung der Festung Somba Opu durch die Niederländische Vereinigte Ostindische Compagnie im Jahre 1669, dem faktischen Beginn der Kolonisierung, bestand Süd-Sulawesi aus einer Reihe von Reichen, deren Entstehen in das 12. Jh. fiel (s. Pelras 1996; Friedericy 1933; Errington 1989).

[39] Zur Systematik der sozialen Schichten siehe Friedericy 1933 und Röttger-Rössler 1989.

Foto 2: Die zentrale Parzelle eines ‚Reisfeldes des Fürsten'. Die Betelpalme, heute eine weithin sichtbare Landmarke, ersetzte einen Mangobaum, an dessen verbliebenem Stumpf sich ein wichtiger Opferplatz befindet.
Foto: Martin Rössler, 1985.

geerbt wurde und somit eine moralische Verpflichtung aufseiten der Lebenden besteht, es respektvoll zu bewahren und der Tradition entsprechend zu bestellen.[40] Bereits auf diese Weise wird das Territorium in das Überzeugungssystem eingebunden.

Speziell im Kontext des Politischen spielt unter den genutzten Ländereien insbesondere das sogenannte ‚Reisfeld des Fürsten' (*butta karaenga, sossorang, butta gaukang*) eine wichtige Rolle, das sich in jedem Dorfterritorium findet und dessen Ertrag dem jeweils amtierenden *karaeng* zukommt. Es stellt eines jener dem Uneingeweihten absolut unauffälligen Zentren dar, die oben erwähnt wurden. Insofern als dieses Feld der Überlieferung zufolge einst die Bevölkerung der aus dem

---

[40] Damit verbunden sind einige Riten, die sich an die Ahnen und an übernatürliche Wesen richten, die als die wahren Besitzer des Bodens (*patanna butta*) gelten (s. Rössler 1987: 77; 1997a: 206f).

Götterhimmel herabgestiegenen ‚Ersten Herrscherin' schenkte, die es später ihren irdischen Amtsnachfolgern zur Nutzung hinterließ, manifestiert sich jedoch gerade hier der Einklang des territorialen Raumes mit der politischen Struktur und dem Überzeugungssystem in besonderer Weise.

Ein jedes Dorfterritorium hatte, wie erwähnt, feste Grenzen, die nach wie vor im traditionell-politischen Sinne als unverrückbar aufgefasst werden. Solchermaßen definiert, waren Dorfterritorien im Verlauf der Geschichte immer wieder politischen Zusammenschlüssen, Eroberungen und umgekehrt Abspaltungen unterworfen.[41] Eine besonders zentrale Rolle für die politische Räumlichkeit des *banua/butta* kam den Heiligtümern zu, die jeweils im politischen Zentrum des Territoriums, das heißt in der Hauptsiedlung, aufbewahrt wurden. Der Zugang zu einem Verständnis der Beziehung zwischen Territorium, Politik und Überzeugungssystem erfolgt vor allen Dingen über die Heiligtümer.

Im traditionellen Überzeugungssystem gliedert sich der Makrokosmos in eine ‚Welt' (*lino*) im Sinne eines irdischen Raumes, eine Oberwelt (*boting langi'*) und eine Unterwelt (*padatiri*). Auf der Erde leben die Menschen, in der Oberwelt die Götter und in der Unterwelt verschiedene machtvolle Wesen. Die Seelen der Ahnen vermitteln zwischen den Menschen und den diversen Mächten der Ober- und Unterwelt, und sie sind auch räumlich an keine der drei Welten gebunden. Eine ganz entscheidende Rolle spielt der die Landschaft beherrschende zentrale Berg. Der lokalen Mythologie zufolge repräsentierte der Gipfel einst das Urland, das aus einem unendlichen Meer herausragte und auf dem auch alle Lebewesen geschaffen wurden. Er ist der Sitz der Götter, insbesondere der höchsten Gottheit, des ‚Herrn der Welt' (*karaeng patanna lino*)[42], wohin auch die Seele eines Menschen nach dem Tode zurückwandert, und er ist der Mittelpunkt der Landschaft nichtmenschlicher Wesen als Teil der sakralen Topografie.[43] Der Berggipfel wird als *pocci'tana*, als das ‚Zentrum des Landes' bezeichnet – wörtlich auch aufzufassen

---

[41] Siehe Niemann 1889. Bis heute werden orale Traditionen zitiert, die zu großen Teilen aus einer Aneinanderreihung von Eroberungen und Abtretungen von Land bestehen (z. B. Kern 1931).

[42] Siehe Renre 1978: 96; Rössler 1987: 76f, 1990b. – Durch den islamischen Einfluss wird die höchste Gottheit heute durchweg als *karaeng Alata'ala* (Makassarisch/Arabisch, ‚Herr-Gott') bezeichnet, der ebenfalls auf dem Gipfel des Berges und somit im räumlichen Zentrum des Landes lokalisiert ist.

[43] Siehe Hauser-Schäublin, Beitrag in diesem Band. Das heißt aber nicht, dass der Berggipfel eine ‚Leerstelle' innerhalb der Alltagstopografie bildet, die nicht betreten wird. Im Gegenteil wird er in Verbindung mit religiösen Motiven relativ häufig bestiegen. Allerdings ist dies offiziell verboten, seit in den achtziger Jahren eine ganze Gruppe von Studenten im

als der ‚Nabel der Welt' und als absoluter Mittelpunkt des eigenen Lebensraumes, über dessen Grenzen hinaus Unordnung, Gefahr und das Böse herrschen.[44]

Mit Bezug auf das oben Gesagte ist der heilige Berg als physische Materie oder auch als Position im Koordinatensystem einer Landkarte zunächst nichts weiter als ein Ort. Aber bereits dadurch, dass der Berg seine ortsbezogen statische Position je nach der körperlichen Position eines Fußgängers *relational* verändert – das er jeweils rechts, links, vor ihm oder hinter ihm liegen kann –, wird er Teil des gelebten Raumes. Manche Arbeitsvorgänge auf den Reisfeldern der Makassar sind wesentlich dadurch geprägt, dass die arbeitenden Menschen das Gesicht immer dem heiligen Berg zuwenden müssen. Dies bedeutet, dass der Mensch seine relative Position zum Berg als Zentrum des Kosmos nicht verändern darf. Dieser Sachverhalt, der für die alltägliche Arbeit eine Rolle spielt, stellt eine Verhaltensregel dar, die als Erfordernis des kulturellen Raumes gelten kann. Gleiches gilt im übrigen für das *pa'ngaru*: Auch hierbei wendet der Sprecher das Gesicht dem heiligen Berg zu, der politische Führungsrat, dem der Treueeid dargebracht wird, sitzt zwischen Sprecher und Berggipfel. Der Berg ist weiterhin Teil dieses Raumes insofern, als er in der Regenzeit ein anderes Aussehen gewinnt als zur Trockenzeit und dass er somit als eine der wichtigsten Orientierungsmarken für den Verlauf der Jahreszeiten gilt: Brillant stahlgrau im wolkenlosen Himmel der Trockenzeit, kündigt der Berg die nahende Regenzeit dadurch an, dass er sich dunkel grünblau verfärbt und sich immer mehr hinter dichten Nebel- und Wolkenbänken zurückzieht, bis er zu Beginn der Felderbestellung tage- und wochenlang überhaupt nicht zu sehen ist. Auch die Herkunft und die Wanderbewegungen bestimmter sozialer Gruppen werden mit ihm verbunden, so unter anderem das Einwandern derjenigen Gruppe, die als Vorfahren des heutigen lokalen Adels gilt. Diese Wanderung – deren Zeitpunkt man nicht mehr zu nennen vermag – verlief auf einer genau bezeichneten Route „entlang des Fußes"[45] des heiligen Berges. Die räumliche Zuordnung ist hier präziser im überlieferten Wissen verankert als die zeitliche.

Aufstieg bei schlechtem Wetter tödlich verunglückte. Auch solche Unfälle werden indes vornehmlich als Zeichen der göttlichen Macht des Berges aufgefasst, denn für Städter steht der sportliche Ehrgeiz der Besteigung im Vordergrund, der den Berg nach Auffassung der Hochlandbewohner entweiht.

[44] Diese Vorstellung ist im gesamten insularen Südostasien verbreitet. Berge und daneben auch Paläste als vom Menschen geschaffene Orte nehmen besonders häufig Positionen als heilige Zentren ein; Bali mit dem berühmten Gunung Agung und dem Tempelsystem stellt ein prägnantes Beispiel dar (s. Kartodirdjo 1997: 58f; Hauser-Schäublin 1997).

[45] Der ‚Fuß' des Berges wird mit dem gleichen Begriff – *bangkeng* – belegt wie der menschliche Fuß.

195

Der traditionellen Vorstellung zufolge liegt nicht nur der Ursprung allen Lebens auf dem heiligen Berg, sondern auch der Ursprung der politischen Organisation. Dies insofern, als der Überlieferung zufolge die Erste göttliche Herrscherin auf einem Bambusfloß den Fluss herabgetrieben kam, der in der Nähe des Berges entspringt. Man fand sie auf einem bestimmten Felsen, dem ‚Roten Stein' (*batuejayya*) inmitten des Flusses. Sie heiratete einen Irdischen und wurde somit zur Begründerin der Deszendenzgruppe der *karaeng*. Als göttliche Erschafferin der politischen Führung aus dem ‚Zentrum des Landes' und gleichzeitig als mythische Ahnin jedes nachfolgenden *karaeng* repräsentiert sie die Vermittlung zwischen kosmologischer Ordnung und politischen Institutionen, die zusätzlich durch das Heiligtum aus ihrer Hinterlassenschaft – das materielle Symbol der politischen Ordnung schlechthin – konsolidiert wird. Wie in anderen Regionen Indonesiens auch (s. Keane 1997: 212), weist die *Materialität* der makassarischen Heiligtümer[46] sowohl zeitliche als auch räumliche Eigenschaften auf. In zeitlicher Hinsicht verbindet sie die Gegenwart, in der sie fortexistiert, mit der Vergangenheit, in der ihr Ursprung liegt. In räumlicher Hinsicht macht sie weit voneinander entfernte Orte – an denen Mitglieder der Verwandtengruppe geboren werden und/oder wohnen – materiell präsent. Wenngleich die Orte selbst im Verborgenen, an ihren jeweiligen Lokalitäten verbleiben, so verleiht ihnen die Materialität des Heiligtums dennoch dadurch gemeinsame Bande, dass die verstreut lebenden Menschen über soziale und kulturelle Beziehungen in einem spezifischen symbolischen Fokus – dem Zentrum ihres als ursprünglich definierten Lebensraumes – vereint sind. Auch hierdurch werden unterschiedliche Orte zu einem kulturellen Raum verdichtet.

Von besonderer Bedeutung ist im Zusammenhang des Politischen schließlich noch das ebenfalls innerhalb der höchstrangigen kognatischen Deszendenzgruppe vererbte Amt des ‚weiblichen Führers' (*ada'bainne*), das der rituellen Versorgung des lokalen Heiligtums zugeordnet ist.[47] Die Einbeziehung dieses Amtes und der daran gebundenen Aufgaben in die Betrachtung der politischen Struktur zeigt nicht

---

[46] Die Heiligtümer können die unterschiedlichste Gestalt aufweisen. Besonders häufig sind Fahnen, Blankwaffen, metallene oder Porzellangefäße, Musikinstrumente oder andere Gegenstände des täglichen Gebrauchs.

[47] Die *ada'bainne* gilt von daher als die im Grunde höchste politische Würdenträgerin. Für die praktische Umsetzung von Politik war und ist sie allerdings von geringer Bedeutung; es handelt sich eher um das Amt einer Priesterin. Beide Führungsämter werden unabhängig voneinander vererbt. Die Amtszeit einer *ada'bainne* endet erst mit ihrem Tode und umfasst daher in der Regel mehrere Amtsperioden von *karaeng*. – In den historischen Bugis-Reichen von Luwu', Soppeng und Boné gab es auch weibliche Herrscherinnen (s. Pelras 1996: 179).

nur eine politische Komplementarität des Männlichen und Weiblichen auf, sondern gleichzeitig einen Bezug zwischen ‚weltlicher' Politik und ihrer übernatürlichen Basis. Es ergibt sich auch hier eine Analogie zwischen sozio-politischer und kosmologischer Ordnung, zwischen denen bestimmte Institutionen, Symbole und naturräumliche Elemente – mit der zentralen Position des heiligen Berges – vermitteln, so dass der Raum des Landes als eine Einheit aus diesen einzelnen Ordnungen konstituiert wird. Daraus ist nun auch deutlich abzuleiten, inwiefern der Berg im eingangs zitierten rituellen Text (*pa'ngaru*) ebenso unverrückbar stehen kann wie die politische Loyalität des Sprechers. Als Ort steht der Berg ohnehin unverrückbar; als Teil und vor allem als das Zentrum (*pocci'*) des komplexen kulturellen Raumes wird er jedoch gleichgesetzt mit einer dauerhaften Stütze der politischen Autoritätsstruktur, die letztendlich in diesem Zentrum ihren mythologischen Ursprung hat.

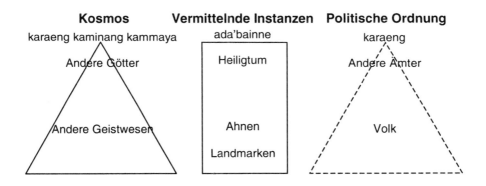

Kosmos	**Vermittelnde Instanzen**	**Politische Ordnung**
karaeng kaminang kammaya	ada'bainne	karaeng
Andere Götter	Heiligtum	Andere Ämter
Andere Geistwesen	Ahnen	Volk
	Landmarken	

Wenn ein Einheimischer im Hochland von Gowa das Land und die Landschaft betrachtet, so vergegenwärtigt er sich gleichzeitig immer auch historisch-politische Prozesse. Diese schließen den Ursprung aller Lebewesen wie auch den Ursprung der politischen Organisation auf dem heiligen Berg ein, also Mythen und die geschichtliche Entwicklung verwandtschaftlicher Gruppen, die über konkrete historische Ereignisse und/oder Personen mit naturräumlichen Elementen und Landmarken in Verbindung gebracht werden (s. Hirsch 1995: 8f; Pred 1986). Es gibt dabei innerhalb der Verwandtengruppen häufig unterschiedliche Interpretationen dieser Verbindungen, so zum Beispiel auch widersprüchliche Auffassungen darüber, welche kognatische Deszendenzgruppe Anspruch auf den Status als Nachfahren der ersten Siedler und damit gleichzeitig auf die politische Führungsrolle erheben kann. Gleichwohl beziehen sich alle entsprechenden Überlieferungen auf spezifische Landmarken wie Felsen, exponierte Hügel und Bäume, oder Flussinseln. Neben dem erwähnten ‚Roten Stein', auf dem sich die göttliche ‚Erste Herrscherin' niedergelassen haben soll, existiert in der untersuchten Gemeinschaft beispielsweise noch eine weitere Variante der Legitimation politischer Führung. Auch diese ist an eine Landmarke in Gestalt eines hohen Baumes auf einem exponierten Hügel gebunden, auf dem sich in unbestimmer Vorzeit ein der Magie kundiger Mann niedergelassen haben soll, der die Gemeinschaft begründete und später ihr erster politischer Führer wurde. Ein Teil der Bevölkerung bezeichnet sich als Nachfahren dieses Mannes und definiert entsprechend eine kognatische Deszendenzgruppe, deren Mitglieder ebenfalls Anerkennung als ursprüngliche politische Führungsgruppe beanspruchen. Es ergeben sich aus dieser Situation latente Konflikte, die aber, da sie heute außerhalb der formalen Politik angesiedelt sind (s. u.), nur im Kontext der sozialen Abgrenzung und/oder der Definition sozialen Ranges von Bedeutung sind. Auch die Assoziation solcher sozialer Bindungen mit einer konkreten Lokalität und das Aushandeln politischer Ansprüche wird heute eigentlich nur noch durch rituelle Handlungen artikuliert, die sich an den betreffenden Landmarken orientieren. Im gleichen Sinne werden die Gräber von Vorfahren der einzelnen traditionell politisch relevanten Deszendenzgruppen, an denen anlässlich bestimmter Riten Opfer dargebracht werden, zur Legitimierung politischer Führung herangezogen.

Es bestehen also in vielerlei Hinsicht enge Zusammenhänge zwischen der historisch definierten Beziehung einzelner Gruppen zu Elementen des Territoriums einerseits und zur sozio-politischen Hierarchie andererseits. Letztere ist ohne das soziale Wissen über die Komponenten und die Ordnung des Raumes nicht legitimierbar, so dass die kulturelle Räumlichkeit des Territoriums konstitutiv für die traditionelle politische Ordnung ist.[48] Bergzüge, exponierte Bäume, Felsen, Felder, Gärten sowie Fluss- und Bachläufe nehmen in Verbindung mit Ahnen, Gottheiten und anderen übernatürlichen Wesen Positionen im Mythos, in oralen Traditionen und kollektiven Erinnerungen ein und erhalten somit eine Qualität als

---

[48] Vgl. Fox 1997: 8f. – Dies heißt jedoch nicht, dass unterschiedlichen Rängen auch prinzipiell unterschiedliche Räume zugeordnet wären wie in Bali (vgl. Hauser-Schäublin, Beitrag in diesem Band). Die auf hinduistisch geprägtem Hintergrund basierende soziale Differenzierung Balis muss unterschieden werden vom makassarischen Rang-System, das weitaus mehr Ähnlichkeiten mit dem fijianischen aufweist (Röttger-Rössler 1989; Dickhardt 2001). Allerdings muss dabei der Hochadel in gewisser Hinsicht ausgeklammert werden, der in jedem Reich u. a. eigene sakrale Zentren definierte und auch heute noch definiert.

Schlüsselfaktoren bei der Konstruktion der Identität einer sozio-politischen Gruppe auf ihrem Land als territoriale und politische Einheit. Aus komplementärer Perspektive sind Mythen, Traditionen und Erinnerungen an Ereignisse und soziale Prozesse immer eingebettet in die Landschaft, die somit zu einer Ordnung benannter und bedeutungsvoller Lokalitäten innerhalb eines gesamthaften sozio-politischen Raumes wird.[49] Aus spezifischen, vordergründig sichtbaren Lokalitäten/Orten wird in dieser Wahrnehmung ein – vordergründig unsichtbarer – kultureller Raum als prozesshafte, politisch-historische Erfahrung. Es bildet sich somit ein komplexes System raumzeitlicher Orientierung heraus, wie es ähnlich bereits Émile Durkheim und Marcel Mauss ([1903] 1963) im Sinne eines ‚sozial definierten Raumes' formulierten, der geprägt ist durch die enge Verbindung von topografischen Merkmalen und sozialen Beziehungen, wobei ein bestimmter, bereits oben genannter, Aspekt hier von besonderer Bedeutung ist: *Jenseits* ist es fremd.

Die Identifikation mit Raum ist generell von großer Relevanz für persönliche, soziale und kulturelle Identitäten.[50] Der vielschichtige Begriff der Identität kann in diesem Sinne sogar umschrieben werden als ein primär *räumlich* definierter, *lokalisierter* Sinn kultureller Zugehörigkeit (Appadurai 1995). Dabei ist der Raum insbesondere von Bedeutung einerseits als eine Struktur der Erinnerung, andererseits jedoch auch als ein Bewusstsein des historisch gewachsenen Verhältnisses der eigenen Gruppe gegenüber der Außenwelt (Waterson 1997). Und gerade dieser letztgenannte Aspekt steht nun wiederum in einer direkten Relation zum eingangs umrissenen Begriff der Delokalisierung, der sich ja seinerseits – wenn auch in einem nur indirekten Sinne – auf dieses Verhältnis zwischen Innen und Außen bezieht.

Für die gegenwärtige sozio-kulturelle Praxis ist von entscheidender Bedeutung, dass die geschilderten Erfahrungen und raumzeitlichen Orientierungen – in idealisierter Form – periodisch in rituelle Handlung umgesetzt und auf diese Weise immer wieder von neuem vergegenwärtigt werden können (s. Hirsch 1995: 22f). Die im rituellen Rahmen vertretenen politischen Institutionen, die Konzeptionen kosmischer Ordnung, die Symbole des Heiligtums, des Bambusfloßes (der Ersten Herrscherin) und zusätzlich naturräumliche Elemente wie das Wasser des Flusses, spezifische Bäume und Felsen (wie der *batuejayya*) werden bis heute im Rahmen eines großen Rituals zusammengeführt, nämlich des *accera' kalompoang*, wie es den Ausgangspunkt des vorliegenden Beitrags bildete. Hier wird somit eine Entität aus dem physisch konkreten Territorium, seiner (einstigen) politischen Autono-

---

[49] Vgl. Waterson 1997 für Toraja, McWilliam 1997 für West-Timor und Pannell 1997 für die Molukken.
[50] Siehe hierzu u. a. Werlen 1997: 116; Pannell 1997; Basso 1996; Hirsch 1995.

mie, der sozialen Gruppe seiner Bewohner, ihren Überzeugungen und kulturellen Traditionen in ihrer entlang der traditionellen Grenzen definierten räumlichen Ausgedehntheit reproduziert. Jedoch gehören all diese Aspekte, was die politische Realität im heutigen Alltag betrifft, der Vergangenheit an.

Politischer Wandel

Der politische Wandel, der sich in den letzten Jahrzehnten vollzogen hat, erstreckt sich auf eine personale und eine territoriale Dimension. In Bezug auf erstere ist wichtig, dass die politische Führung der neuen Verwaltungseinheiten[51] – auch auf den unteren Ebenen – heute in der Regel kaum mehr eine Bindung an die lokalen sozialen Gemeinschaften aufweist. Selbst für die Besetzung des Amtes eines Dorf-chefs (*kepala dusun*) gilt, dass seitens der verantwortlichen Stellen Schulbildung anstelle von Deszendenz das entscheidende Kriterium ist. Traditionelle Politik hat im informalen Sinne – personifiziert durch Dorfräte traditioneller Struktur – nach wie vor Bestand. Sie erstreckt sich jedoch nur noch auf Bereiche, die von der offiziellen Administration nicht berührt werden, wie z. B. die Brautgeldzahlungen oder Landstreitigkeiten, sofern die Beteiligten nicht auf einer Regelung in der Amts-stelle bestehen.[52] Da alle Verwaltungsaufgaben von Regierungsbeamten wahrge-nommen werden, ist die Rolle des Dorfrates wie generell die Repräsentation tradi-tioneller politischer Strukturen heute auf den rituellen Kontext beschränkt. Ty-pisch für diese Konstellation sind die häufigen Konflikte, die sich aus der Opposi-tion zwischen formaler Führung und dem informalen Dorfrat ergeben (Rössler 1987, 2000). Während sich letzterer auf die Legitimität seiner Funktion im Rah-men der traditionellen sozio-politischen Ordnung beruft, ist er aus Sicht der Admi-nistration heute nicht mehr als ein symbolischer Bewahrer einer überkommenen Tradition und politisch bedeutungslos.

---

[51] Darunter fallen im einzelnen Provinz (*propinsi*), Regierungsbezirk (*kabupaten*), Distrikt (*kecamatan*), Subdistrikt (*desa* bzw. *kelurahan*) und Dorf (*dusun* bzw. *lingkungan*). – Die Veränderungen durch die rezente Einführung der regionalen Autonomie (*otonomi daerah*) fließen in den vorliegenden Beitrag nicht ein.

[52] Ein solcher Vorgang ist außerdem immer mit beträchtlichen Kosten verbunden, so dass man offizielle Amtsgänge möglichst zu vermeiden trachtet. Kommt es zu bewaffneten Aus-einandersetzungen, die vor allem bei Landstreitigkeiten als beinahe unvermeidlich gelten, wird heute nahezu immer die Polizei eingeschaltet und somit automatisch ein amtlicher Vorgang in die Wege geleitet. Auch die häufigen Diebstahlsdelikte werden nicht als eine Sache der traditionellen Regierung angesehen.

Insbesondere die ideologischen Grundlagen traditioneller politischer Macht und Autorität sehen sich seit Jahrzehnten einem starken Druck seitens der formalen Administration ausgesetzt: Sie stellen eine ganz wesentliche Komponente des prä-islamischen Überzeugungssystems dar und sind somit aus der Sicht der heutigen Administration primärer Ausdruck des ‚ungebildeten Heidentums', das mit einer modernen Gesellschaft unvereinbar und für den Fortschritt hinderlich ist. Dieser Aspekt bildet einen bedeutenden Ansatzpunkt für das Verständnis der heute allge-mein geltenden Opposition zwischen einerseits formal-administrativer und ande-rerseits informal-traditioneller Politik. Dieses Phänomen weist auf der Lokalebene viele Parallelen zu den erwähnten Auseinandersetzungen zwischen einer politi-schen wie kulturellen *Mainstream*'-Orientierung der übergreifenden indonesischen Gesellschaft und der Rolle des nicht darin integrierten *Anderen* auf – egal ob es sich dabei um die Mitglieder der ‚isolierten Gesellschaft' (*masyarakat terasing*) oder – wie im makassarischen Beispiel – um die Bewahrer einer aus offizieller Sicht über-kommenen Tradition inmitten einer Gesellschaft handelt, die aufgrund anderer Kriterien gemeinhin nicht als *terasing* klassifiziert wird.[53] Der Effekt der Abwertung und Marginalisierung ist in beiden Fällen der gleiche.

Im Hinblick auf das Territoriale, und damit unmittelbar auf die Räumlichkeit des Politischen, ist hervorzuheben, dass sich die administrativen Grenzen nicht mehr notwendigerweise an den traditionellen Grenzen orientieren, wie es selbst wäh-rend der Kolonialzeit noch weitestgehend der Fall gewesen war, indem die einzel-nen Dorfterritorien einfach in Verwaltungskomplexe umbenannt, in ihren Grenzen meist jedoch nicht angetastet wurden (s. Patunru 1969: 138; Friedericy [1928] 1929). Heute werden Grenzen vornehmlich anhand demographischer Kriterien gezogen, indem etwa ein Subdistrikt nur eine bestimmte Einwohnerzahl aufwei-sen darf und bei steigender Bevölkerungszahl entsprechend geteilt wird; dieser Vorgang kann im Prinzip beliebig wiederholt werden. Es ist dies ein typisches Beispiel dafür, wie Autorität willkürlich Raum produzieren und manipulieren kann, und wie umgekehrt Raum immer auch ein Produkt des politischen Prozesses ist (Pile 1997: 3, 28). Entsprechend ergeben sich Konsequenzen für das Verhältnis zwischen der idealistischen Konstruktion einer traditionellen Räumlichkeit von Politik einerseits und aktuellen administrativen Prozessen andererseits: Sie sind weitgehend unvereinbar. Dies rief schon in den achtziger Jahren Unmut hervor

---

[53] Siehe oben und Persoon 1998; Schefold 1998. Dabei spielt der Islam eine ganz entschei-dende Rolle. Gerade weil die Gesellschaften Süd-Sulawesis als historische Wegbereiter des Islam in Indonesien gelten (insofern sind sie *Mainstream*), werden prä-islamische Glaubens-relikte um so heftiger von offizieller Seite bekämpft (Rössler 1987, 1997b).

und führte auf lokaler Ebene zu Auseinandersetzungen zwischen Vertretern der formalen Administration und traditionellen Amtsträgern (s. Rössler 2000). In Ergänzung dazu haben sich auch die Dorfsiedlungen im Verlauf der Jahrhunderte deutlich verändert (Pelras 1975; Mardanas et al. 1985: 8f). Die früheren Wehrdörfer in exponierter Lage, denen man oft noch heute bestimmte Landmarken zuweist, wurden durch Umsiedlungsprojekte, Umstrukturierungen von Landbesitz und vor allem durch den Bevölkerungsanstieg der letzten Jahrzehnte verlagert bzw. in langgezogene Straßendörfer oder lockere, ausgedehnte Siedlungsverbände umgestaltet.

Wurde die politisch-territoriale Struktur im Hinterland während der Kolonialzeit weitgehend bewahrt, so kam es also nach der Unabhängigkeit Indonesiens und insbesondere während der letzten zwanzig Jahre zu tiefgreifenden Veränderungen. Formale Administration steht heute in keinerlei Zusammenhang mit einer Räumlichkeit, an die Politik nach traditionellem Verständnis gebunden war, und somit liegen keine offiziellen Bedenken vor, wenn historisch gewachsene politische Räume – als Einheiten von Boden, sozialen Gruppierungen, ihren Überzeugungen und Traditionen – von neuen Grenzen bzw. neuen Verwaltungseinheiten (*rukun kampung, dusun* etc.) nahezu beliebig durchschnitten werden. Nur noch anlässlich bestimmter Riten werden traditionelle Grenzen der Siedlungen und des Dorfterritoriums symbolisch abgesteckt und – zumindest für wenige Stunden – die ursprüngliche politische Räumlichkeit neu belebt. Genau in diesem Kontext wird die Unvereinbarkeit zwischen traditioneller politischer Räumlichkeit und der gegenwärtigen administrativen Struktur gegenwärtig und in das individuelle Bewusstsein gerückt.

Ritual und Räumlichkeit

Die im politischen Kontext relevanten Riten schließen Übergangs-, Landwirtschafts- und Intensivierungsriten ein.[54] Zwar weisen einige Übergangs- und landwirtschaftliche Riten insofern einen politischen Bezug auf, als häufig dem politischen Raum (der Siedlung, dem Dorfterritorium oder bestimmten Landmarken) entscheidende

---

[54] Zu dieser Klassifikation von Riten siehe Rössler 1987: 127f. Manche traditionellen Intensivierungsriten werden heute nicht mehr durchgeführt, zum Beispiel das *akkawaru butta* anlässlich der Amtsübergabe von einem *karaeng* an seinen Nachfolger, zu dem die physischen Grenzen des Territoriums unter Begleitung diverser Opferhandlungen vollständig abgeschritten wurden.

Bedeutung für ihre Durchführung zukommt, doch sind es insbesondere die Intensivierungsriten, wie unter anderem das *accera'kalompoang*, die auf die symbolische Repräsentation traditioneller politischer Strukturen und politischer Räumlichkeit fokussiert sind. Nur innerhalb dieses rituellen Kontextes wird der Raum als Einheit von territorialen Elementen, politischen Institutionen und kosmologischen Strukturen heute noch reproduziert und periodisch reaktualisiert. Es besteht somit ein Kontrast zwischen dem Raum des alltäglichen Handelns und demjenigen des nichtalltäglichen, rituellen Handelns, der in dieser Form allem Anschein nach nicht Teil der traditionellen politischen Kultur war (vgl. Hauser-Schäublin, Beitrag in diesem Band).

Im Mittelpunkt der Riten stehen dabei das Heiligtum als gleichermaßen spiritueller Fokus des Landes und der darin lokalisierten sozialen Gemeinschaft, sowie – in verbalisierter Form wie auch als Orte der Durchführung spezifischer ritueller Handlungen – bestimmte naturräumliche Elemente. Dabei handelt es sich, wie das eingangs zitierte *pa'ngaru* zeigt, insbesondere um den heiligen Berg und den Fluss, auf dem der Überlieferung zufolge die erste göttliche Herrscherin herabgetrieben kam. Die Institution der Dorfregierung wird während des Rituals auf zweierlei Weise besonders herausgestellt: zum einen im Verlauf verschiedener Mahlzeiten, zum anderen bei der Entgegennahme des eingangs vorgestellten Treueeides (*pa'ngaru*) seitens einzelner Mitglieder des Volkes. In beiden Fällen wird eine relationale Positionierung von Amtsinhabern und Bevölkerung in festgelegten Sitzordnungen entlang der Achsen von ‚Oben' (*rate*) nach ‚Unten' (*rawa*) strikt beachtet. Die räumliche Unterscheidung des Oben gegenüber dem Unten wird hier analog auf die sozio-politische Hierarchie übertragen; anders ausgedrückt, wird die sozio-politische Hierarchie durch relationale Positionierungen räumlich umgesetzt. Ebenso wie die Ordnung der Rangunterschiede auf der sozialen Ebene, so ist auch ihre räumliche Umsetzung permanent Gegenstand situationaler Aushandlungen und Modifikationen (s. Röttger-Rössler 1989).

Am deutlichsten kommt die Einheit aus kosmischer Ordnung, politischen Institutionen und räumlichen Strukturen in den Handlungen am Opfertier sowie in Gestalt des zeremoniellen Floßes (*raki'*) – des Symbols der Ankunft der Ersten Herrscherin – zum Ausdruck. Der Büffel wird vom *karaeng* getötet und bereits dadurch symbolisch der politischen Führung zugeordnet. Anschließend wird das Opfer den vier Himmelsrichtungen auf der (Mittel-) Welt (S – *timboro'*, N – *wara'*, O – *rai'*, W – *lau'*) bis zum jeweiligen Horizont (*biring*), der Ober- und Unterwelt (*rate*, *rawa*)[55], den Göttern sowie den politischen Institutionen gegenüber bezeugt. Die genannten Dimensionen begrenzen den kulturellen Lebensraum vollständig nach allen Richtungen und definieren auch hier wieder die Differenz zum räumlichen Jenseits, der Außenwelt. Die Einbeziehung der politischen Institutionen weist abermals darauf hin, dass diese untrennbarer Teil dieses Lebensraumes sind. Das Tier wird schließlich – neben dem zum gemeinschaftlichen Verzehr bestimmten Fleisch – in spezifische Teile zerlegt, die jeweils symbolische Bedeutung aufweisen. So sind der zuerst abgetrennte Kopf und das *bungasa*' [56] dem Heiligtum zugeordnet, das rechte Hinterbein der Dorfregierung insgesamt sowie die Haut, Teile des rechten Hinterbeins und Innereien ihren einzelnen Mitgliedern. Das aus Bambus geflochtene Floß wird nach Abschluss des Rituals im Wasser des genannten Flusses versenkt. Alle bösen Mächte und unreinen Kräfte, die im Verlauf der rituellen Reinigung in diesem Behältnis eingefangen wurden, werden nun dem Wasser, das seinen Ursprung am Götterberg hat, übergeben und somit unschädlich gemacht (s. Rössler 1990a: 355f). Da dieses Wasser, das wie das Floß selbst der Ersten Herrscherin als Transportmedium diente, als Symbol der Reinheit auch in einigen anderen rituellen Sequenzen eine Rolle spielt, schließt sich hier der symbolische Kreis aus Naturraum, kosmischer Ordnung und politischer Struktur. Insofern als das Land als Einheit aus Territorium und Überzeugungssystem im rituellen Kontext in die Vermittlung politischer Organisation einbezogen wird, sind in diesen Riten alle essentiellen Aspekte der gelebten räumlichen Sinn- und Lebensordnung des Landes sowie des kulturellen Selbstverständnisses seiner Bewohner repräsentiert.

Entsprechend der heute nicht mehr alltagsrelevanten traditionellen Politik werden diese Riten immer häufiger nur unvollständig durchgeführt, das heißt vor allem, dass die Anzahl der rituellen Sequenzen deutlich reduziert wird, da einzelne Handlungen und Texte in Vergessenheit geraten sind. Hinzu kommt aber – und dies ist entscheidend –, dass gerade solche aufwändigen Riten auf deutliche Kritik seitens der Regierungsstellen stoßen, die kaum eine Gelegenheit ungenutzt lassen, die 'heidnischen Bräuche' an sich wie auch die 'wirtschaftliche Verschwendung' (der teuren Opfertiere) anzuprangern (vgl. Keane 1997: 3). Da man die vielen Teilnehmer nicht in Häusern verstecken kann, bemüht man sich zumindest, das Ritual möglichst schnell zu beenden. Dies wurde durch das *accera' kalompoang* von 1997 bestätigt, dessen zeitlicher Umfang mit knapp zwei Tagen deutlich be-

---

[55] Auch hier steht die Konzeption von 'Oben' gegenüber 'Unten' wieder in räumlicher Analogie zur relationalen Positionierung innerhalb der Sitzordnungen.

[56] Das *bungasa*' ('das Vornehmste') besteht aus allen Teilen des Tieres (Fleisch, Innereien und Haut) und wird als allererstes zusammengestellt. Auf die Bedeutung des Kopfes wird gegen Ende des Beitrages nochmals eingegangen.

scheidener war als derjenige des Rituals von 1984, das länger als drei Tage währte.[57]

In *inhaltlicher* Hinsicht jedoch hatte sich bis zum Jahre 1997, wie eingangs dieses Beitrages betont, eine genau gegensätzliche Entwicklung vollzogen: Es waren das Land und der Berg, die im Mittelpunkt der rituellen Texte standen und die im Umfeld des Rituals Gegenstand vieler Gespräche waren, die ihrerseits nichts anderes ausdrückten als eine ausgeprägte Opposition zu den gegenwärtigen politischen Verhältnissen, indem in idealisierter Weise die traditionelle Politik und vor allem ihre Einbettung in die Räumlichkeit der überlieferten Lebenswelt reaktualisiert wurde. Als Reaktion auf den rezenten politischen Wandel (noch dazu in einer Zeit der nationalen politischen Krise), als eine Antwort auf die immer deutlicher zu Tage tretende Diffamierung traditioneller Werte und Überzeugungen und auf die Marginalisierung weiter Bereiche der überlieferten Kultur weist dieses Phänomen alle Züge des symbolischen Widerstandes auf, der in anderen indonesischen Kontexten in ganz ähnlicher Weise beschrieben wurde.

Folgerungen: Widerstand, Identität und politische Räumlichkeit

Die dargelegten Punkte bewegen sich zwischen den Problemfeldern des Widerstandes, der Identität, der Frage der Lokalisierung von Widerständen und Identitäten, und somit letztendlich des Komplexes kultureller, speziell politischer Räumlichkeit. Diese Aspekte sollen abschließend in komplementärer Form diskutiert werden.

(1) Im Hinblick auf die Natur des Widerstandes haben wir es im makassarischen Beispiel nicht mit einem Prozess regelmäßiger und massiver Gewaltausübung wie unter anderem in Kalimantan während der letzten Jahre zu tun, was sicherlich auch daran liegt, dass hier die direkten staatlichen Eingriffe in den Lebensraum (noch) nicht so umfassend waren wie in Kalimantan. Widerstand muss jedoch nicht unbedingt in derart eindeutig gerichteten Aktionen wie Gewaltanwendung artikuliert

---

[57] Ein noch aufwändigeres Ritual (*a'jaga*) in einem Hochlanddorf wurde 1984 sogar an nur einem Tag vollendet: Es fand unter Beteiligung der lokalen Administration statt und wurde zudem von einem Team des Regionalfernsehens gefilmt. Der Tonkommentar bezeichnete, ganz in Entsprechung der Folklorisierung lokaler Traditionen, die kurze Dauer des Rituals als Folge einer ‚modernen Einstellung' der Dorfbewohner. Tatsache war, dass die Verwaltungsbeamten großen Druck ausübten. Zudem verspürte das sich natürlich betont ‚modern' gebende TV-Team keinerlei Lust, in einem Bauerndorf zu übernachten; man wollte die Dreharbeiten daher unbedingt an einem Tag beenden.

werden, sondern kann sich auch darin äußern, dass die betroffenen Akteure ihrer grundlegend ambivalenten Haltung (beispielsweise zwischen ‚Moderne' und ‚Tradition', zwischen ‚Staat' und ‚eigener Gruppe') Ausdruck verleihen und in diesem Sinne ihre marginalisierte authentische Kultur – einschließlich traditioneller Überzeugungen wie der politischen Raumkonzeptionen – artikulieren und in Entsprechung der veränderten Verhältnisse reproduzieren und aktualisieren. Es geht in diesem Kontext nicht primär um zielgerichtete oder gar gewalttätige Handlung, sondern um die subtile Äußerung einer gemeinsam konstruierten Identität in einem begrenzten lokalen Rahmen (s. Abu-Lughod 1990; Ortner 1995). Diese Einschränkungen machen das Problem keineswegs belanglos, denn es ist dabei zu beachten, dass nicht nur die Betrachtung der Verräumlichung von Dominanz und Widerstand auf der konkreten lokalen Ebene erst ein Verständnis der Relation von Lokalem und Globalen ermöglicht (Pile 1997: 14), sondern auch, dass bei einer angemessen breiten Definition von ‚Widerstand' dieser sehr wohl auf rein verbale Aktionen bzw. rituelle Metaphern beschränkt sein kann.[58] Es ist ebenfalls nicht notwendig, in diesem Zusammenhang zwangsläufig von einem allgemein geteilten, kollektiven Bewusstsein auszugehen, indem sich beispielsweise sämtliche Beteiligten darüber einig wären, *die* traditionelle politische Räumlichkeit wieder als kulturellen Standard zu proklamieren, zumal letztere ohnehin als idealisiertes Konstrukt verstanden werden muss. Gerade in einer kulturell marginalisierten Situation ist es vielmehr typisch, dass die Betroffenen nicht nur ambivalente Einstellungen aufweisen – und z. B. durchaus bemüht sind, sich als ‚gute Staatsbürger' zu präsentieren –, sondern dass ihr Bewusstsein über die eigene Situation fragmentiert und widersprüchlich ist, wenn sich nicht gar die meisten Beteiligten dieser Situation größtenteils unbewusst sind.[59] Dazu trägt auch wesentlich bei, dass die Menschen den ideologischen Anforderungen und den widersprüchlichen kulturellen Ordnungen, mit denen sie der moderne Staat konfrontiert, häufig nicht in adäquatem Maße zu begegnen wissen (vgl. George 1996b: 82f). Gerade diese Alltagsrealität miteinander verwobener kultureller Ordnungen erzeugt aber Ängste sehr differenzierter bzw. ebenfalls widersprüchlicher Natur: „Animism? What is it? I

---

[58] Eine solche Definition von Widerstand ist z. B.: „an individual or group action - linguistic, bodily, or pragmatic - toward the expression or empowerment of self or a collectivity, and against words or actions interpreted as ‚domination'" (Lazarus-Black 1994: 269*n*.5). Formen des Widerstandes, die unter eine solche Definition fallen, sind von nahezu unbegrenzter Vielfalt (s. Pile 1997: 14f; Routledge 1997: 69).

[59] Im Gegensatz dazu ist sich die dominante Elite – in diesem Falle die Administration – ihrer Macht sehr wohl bewusst (s. Kaplan & Kelly 1994).

206

don't know this animism. I only know that I am afraid, afraid of the spirits and afraid of the government."[60] Solche subjektiven Einstellungen, die nicht aus einer simplen Opposition zwischen Dominanz und Subordination resultieren, sondern Ausdruck einer hochgradigen Verunsicherung über den faktischen Status von Machtrelationen sind, stellen wichtige Komponenten politischen Widerstandes dar (vgl. Appadurai 1999). Dieser Widerstand ist immer auch verräumlicht, da er ja *irgendwo* stattfindet, und die räumlich-kulturellen Bedingungen seines Entstehens werden gerade dann zugänglich, wenn die dahinter stehenden Machtbeziehungen als fließend, inkonsistent und mehrdeutig aufgefasst werden. Gleichzeitig hat die Verräumlichung von Widerstand nun auch Konsequenzen für die multiplen und mehrdeutigen Räume politischer Identitäten (s. Pile 1997: 3, 14ff; Routledge 1997: 83).

(2) Die Diskussion des Aspektes der Identität, wie sie hier verstanden wird, bezieht sich primär auf das beschriebene Verhältnis zwischen kultureller Marginalisierung und der staatlichen Ordnung, die dafür verantwortlich zeichnet und die täglich bemüht ist, unter anderem den *animisme* mittels der ‚Moderne' restlos auszumerzen. Die Konstruktion von Identität – und analog die Konstruktion von Differenz, die Wahrnehmung des ‚Anderen', des ‚Außen' – ist immer in entscheidendem Maße bestimmt von den Beziehungen zwischen Menschen und ihren Aktivitäten in einem spezifischen Lebensraum bzw. von der Zuordnung des Anderen und seiner Aktivitäten zu einem anderen Lebensraum (Astuti 1995: 471f). Dieser ‚andere' oder ‚äußere' Lebensraum wird in den Augen vieler indonesischer Gruppen heute nicht länger durch die traditionellen Feinde besiedelt, sondern primär von der *imagined community* des Staates, von einer hegemonialen Administration, die massiven Anspruch auf die Kontrolle *aller* Lebensräume in ihrem Einflussbereich erhebt.

Natürlich darf nicht der Eindruck entstehen, dass die betreffenden Menschen in ihrem alltäglichen Denken und Handeln ausschließlich mit ihren Problemen in der Auseinandersetzung mit Staat und Administration befasst sind, eben gerade weil der Staat prinzipiell ‚außen' ist. Diese Tatsache impliziert, dass er grundsätzlich eher entfernt denn präsent ist: Näher liegt im Alltag immer das Innen, der eigene Lebensraum (vgl. Keane 1997: 39f). In Situationen der politischen Krise jedoch, und speziell anlässlich eines Rituals inmitten einer solchen Krise, das einen eminent politischen Charakter aufweist, gibt es einen solchen Alltag nicht. Vielmehr ist hier eine Situation gegeben, in der Traditionen und die Probleme der aktuellen

---

[60] Ein älterer Mann, zitiert bei George 1996a: 41, zur alltäglichen Polemik von Regierungsbeamten und Lehrern gegen den ‚Animismus'.

Politik in vielerlei Form zusammenfließen und kondensiert werden, und in der durch die Performanz des Intensivierungsrituals Äußerungen von Widerstand und Identität geradezu zwangsläufig evoziert werden. Das Ritual ist in sich selbst – phasenweise von überwältigender Emotionalität geprägt – in dieser Hinsicht ein zwingender Anlass. Insofern kann das *accera' kalompoang* in seiner konkreten Durchführung als die Umsetzung eines Ideals der lokalisierten Selbstbestimmung und Selbstachtung interpretiert werden. Es geht dabei keineswegs um eine radikale Zurückweisung oder gar Bekämpfung der formalen Kontrolle durch Regierung bzw. Administration oder Ähnliches, sondern es geht darum, dass die beteiligten Menschen zu diesem Anlass sich selbst gegenüber das Recht beanspruchen, diese Autorität des ,Außerhalb', die Hegemonie des ,Jenseits' auf der Basis ihrer eigenen kulturellen Überzeugungen grundsätzlich in Frage zu stellen und ihre Differenz diesem Außenstehenden gegenüber zu artikulieren (vgl. Hoskins 1996b: 242; Kipp [1993] 1996: 12). Ebenso wie in den Riten der Kopfjagd aus anderen Regionen Sulawesis und Indonesiens wird hier gleichermaßen Konzeptionen von Identität und Differenz Ausdruck verliehen, das heißt, es werden die Beziehungen zwischen der Außenwelt und der Innenwelt einschließlich der eigenen Vergangenheit konzeptionalisiert. Insofern repräsentiert die rituelle Symbolik primär den Faktor der Macht in Verbindung mit politischer Räumlichkeit. Es ergibt sich daraus eine komplexe Konstruktion und Reproduktion sämtlicher interner wie externer Dimensionen des dörflichen politischen Gemeinwesens in seiner aktuellen Situation. Speziell der Rückgriff auf die historische Vergangenheit – und damit auf die historisch-kulturelle Räumlichkeit – beinhaltet für die Gemeinschaft die Möglichkeit, eine autonome Geschichte zu rekonstruieren, und zwar auch hier vornehmlich unter der Vorgabe, eine Abgrenzung gegenüber der heute allgegenwärtigen und allmächtigen Außenwelt der staatlichen Ordnung zu schaffen (vgl. George 1996a: 195; 1996b: 84).

(3) Schließlich muss in diese Überlegungen noch der Aspekt der Lokalisierung bzw. Delokalisierung von Kultur im erwähnten Sinne einbezogen werden, denn auf alle genannten Beispiele ist diese Problematik, wie dargelegt wurde, heute unbedingt zutreffend. Auf der anderen Seite finden sich jedoch auch in allen Fällen deutliche Hinweise darauf, dass speziell der Begriff der Delokalisierung zu verallgemeinernder Natur ist. Einer der Hauptgründe dafür ist, dass er die Bedeutungen der Kontinuität einer kulturellen Räumlichkeit ignoriert, die eine in unmittelbarer Hinsicht *lokalisierte*, historisch gewachsene Identität mit dem Land verbindet. Deutlich wird diese räumlich definierte kulturelle Zugehörigkeit, die kulturelle Produktion von Lokalität (Appadurai 1995), bereits anhand der für die indonesischen

208

Beispiele überraschend spät getroffenen Erkenntnis, dass kulturelle Räumlichkeit im Kontext von Landkonflikten als eine der wichtigsten Motivation für Widerstand gegen staatliche Willkür angesehen werden muss.

Lokalisierung ist aufzufassen als die im historischen Prozess vollzogene Etablierung, Ausdehnung und/oder Einschränkung von Grenzen, die das Innere vom Äußeren differenzieren – also abermals das ‚Wir' vom ‚Anderen', wie es im Makassarischen durch den Kontrast der *tu pa'butta* und der *tu palili'* exemplifiziert wird. Es entsteht über diesen historischen Prozess somit einerseits ein kollektiv konstruierter und geteilter *interner* Lebensraum, der durch kulturelle Praktiken perpetuiert wird (s. Steedly 1996). Darüber hinaus aber muss andererseits beachtet werden, dass Lokalisierung auch eine Rekonstruktion lokaler Wissensformen in der Auseinandersetzung mit veränderten *externen* Bedingungen bedeutet, und dass dies insofern immer auch eine *Relokalisierung* im Sinne einer lokalen Erschaffung neuer, transformierter sozialer Konzeptionen als *Bestandteil* regionaler, nationaler und globaler Prozesse bedeutet (Long 1996: 50). Diese sozio-politischen Prozesse der Relokalisierung oder des *Place Making* (Gupta & Ferguson 1997: 5f), innerhalb derer dominante kulturelle Elemente wieder aufgenommen und in transformierter Form auf gegenwärtig aktuelle Machtrelationen übertragen werden, bieten gleichzeitig eine Basis für die Konstruktion von Identitäten und die Formulierung von Widerständen. Nicht nur die lokalen kulturellen Elemente sind jedoch entscheidend, sondern gleichermaßen ihre Wechselwirkung mit den externen Machtrelationen, denn letztere sind immer auch konstitutiv für die Produktion von Lokalität wie auch parallel dazu für die simultane Konstruktion von Identität und Differenz (Gupta & Ferguson 1997: 13f). Widerstand und Identitätskonstruktion stehen folglich in einem direkten Zusammenhang mit (Re-) Lokalisierung.

Die Art und Weise, wie sich der Zusammenhang von Widerstand in Gestalt von Landkonflikten und kultureller Räumlichkeit in der sozialen und politischen Praxis artikuliert, ist innerhalb Indonesiens sehr unterschiedlich ausgeprägt. In Java dominiert seit einiger Zeit die Gewaltausübung seitens der betroffenen Bevölkerung, eine Tatsache, welche die hintergründige Bedeutung des Kulturellen für das Land lange zu verschleiern schien. Im Hochland von Süd-Sulawesi wie in vielen anderen Regionen, in denen staatliche Eingriffe in die Landnutzung (Aneignung oder Besiedelung von ‚Außen') Seite an Seite mit einer Marginalisierung weiter Bereiche der indigenen Kultur ein allgegenwärtiges Problem für die Bevölkerung darstellen, wird die Auseinandersetzung mit der Landproblematik noch auf überwiegend symbolische und metaphorische Weise geführt. Im Regierungsbezirk Jeneponto sowie auf der südöstlichen Halbinsel Sulawesis allerdings – letztere ist ebenfalls ein wichtiges Transmigrationsgebiet – schlug die Symbolik in jüngerer Zeit ebenfalls schon in Gewalt um, als dort zahlreiche Migranten getötet und ihre Siedlungen niedergebrannt wurden (s. van Dijk 2001: 381).

Der Übergang von der Metaphorik der Gewalt zur direkten Gewaltausübung wird sicher besonders deutlich anhand der Migrations-Gebiete in Kalimantan. Diesbezüglich müssen zwei miteinander verbundene Aspekte der Gewaltausübung unterschieden werden. Bei dem ersten handelt es sich um den Fokus auf den menschlichen Körper als Objekt physischer Gewaltanwendung, wie er speziell in den Praktiken der Kopfjagd und kannibalistischer Akte hervortritt, bei dem zweiten um den Fokus auf die Räumlichkeit selbst. Bezüglich des erstgenannten Aspektes hat Appadurai (1999) dargelegt, wie gerade in Konflikten um Raum und Räumlichkeit der menschliche Körper zum Gegenstand oft albtraumhafter Szenarien physischer Gewaltanwendung wird, indem über dieses ‚Medium‘ der bislang maskenhaft-konturenlose Nachbar (etwa der maduresische Migrant) in eine reale Person, in ein körperlich identifizierbares Monstrum umgewandelt wird, und wie somit in einer Situation tiefgreifender sozialer Verunsicherung ein physisch konkretes Feindbild produziert wird, das den Raum des Jenseits repräsentiert. Hier findet sich dann folglich der direkte Bezug zum zweiten Aspekt, nämlich zu Orten und Räumen.

Gerade die Kopfjagd stellt ein überliefertes kulturelles Medium dar, mit Hilfe dessen – andere Zielsetzungen an dieser Stelle ausgenommen – Raum abgegrenzt werden kann. Kartographische Grenzen zwischen *Orten* gab es traditionell im Regenwald nicht. Grenzen zwischen der Innenwelt und der Außenwelt wurden vielmehr durch kulturelle Praktiken wie die Kopfjagd innerhalb des Gruppenterritoriums im Sinne einer verräumlichten politischen Ordnung gezogen. Diesseits war die Welt des Menschlichen, jenseits das Nicht-Menschliche: Erst die Kopfjagd-Reise ins Jenseits, über die imaginierte Grenze hinaus, brachte für die Gruppe die verunsichernde Erkenntnis, dass die in der Außenwelt lebenden Wesen aussahen wie Menschen, dass sie ihnen selbst auf verstörende Weise ähnelten. Da dies mit ihrem Überzeugungssystem nicht zu vereinbaren war, stellte Gewaltanwendung durch das Nehmen von Köpfen dann eine Strategie dar, um das aus dem Gleichgewicht geratene Weltbild, die räumlich-kosmische Ordnung wieder herzustellen (s. Colombijn 2001: 27f). Wie bedeutsam das kulturelle Moment in diesem Zusammenhang ist, zeigt die Tatsache, dass das Symbolische, das Metaphorische dieses kulturellen Phänomens in der rituellen Umsetzung nahezu einhundert Jahre lang aufrechterhalten wurde, nachdem die gewaltsame physische Praxis bereits zu Beginn der Kolonialzeit verboten worden war. Wenn ehemalige Regenwald-Jäger sich nun heute, umgeben von westlichen Ingenieuren, javanischen Militärs und einer Majorität maduresischer Transmigranten, als Bauern oder Arbeiter auf entwaldeten Hügeln wiederfinden (Hoskins 1996a: 42), so mögen sie zwar einerseits in den mannigfachen globalisierten *spaces* der postmodernen Terminologie leben, doch haben sie andererseits – vor allem aus ihrer eigenen Sicht heraus – ihren kulturellen Raum verloren. Das seit kurzer Zeit unter solch massivem Druck wieder aufgenommene tatsächliche Nehmen von Köpfen der Migranten, als drastische Umsetzung physischer Gewalt in Hunderten oder gar Tausenden von Fällen[61], zeigt nichts weniger als dass ein kulturelles Medium wieder belebt wird – nur in einer anderen Dimension praktischer Umsetzung –, das sich auf Grenzziehungen in einer historisch definierten Räumlichkeit bezieht.

Ergänzend zeigt sich schließlich, dass deutliche Parallelen bestehen zwischen dem makassarischen Ritual und der Kopfjagd, und zwar insofern als auch bei der vergleichenden Betrachtung dieser beiden Phänomene nicht eindeutig zwischen Symbolik und Gewalt getrennt werden kann. So weist die physische Praxis der Kopfjagd viele symbolische Komponenten auf – neben den von George (1996a) dargelegten Aspekten ist dies im hier diskutierten Kontext ja z. B. auch das Markieren des eigenen Raumes vermittels abgeschlagener Köpfe auf Wegbarrieren –, wie auch das makassarische Ritual bedeutsame Komponenten physischer Gewaltanwendung beinhaltet. Letztere beziehen sich insbesondere auf das Töten des Büffels, das Abtrennen seines Kopfes (!) sowie das gemeinschaftliche Verzehren des Tieres. Maurice Bloch (1992) zufolge wird durch solche Handlungen eine symbolische Transformation dergestalt vollzogen, dass die nicht-transzendente Vitalität des noch lebenden Tieres durch den Tötungsakt in eine externe Vitalität umgewandelt wird, die dann ihrerseits als zubereitetes Fleisch von den Ritualteilnehmern konsumiert und als sehr spezielle ,Stärkungs-Nahrung' im Wortsinne einverleibt wird (1992: 65). Im Einklang mit der hier verfolgten Argumentation legt Bloch weiterhin dar, wie in Bezug auf politisch-räumliche Konsequenzen solcher ritueller Handlungen „the consumption of animals [...] can be represented as merely a preliminary to expansionist violence against neighbours" (1992: 6).

Zwischen metaphorischer und physischer Gewalt besteht also kein Widerspruch, denn auch die extreme Form physischer Gewaltausübung ist in Wahrheit nicht substantiell verschieden von der im Ritual symbolisierten Gewalt. Zudem sind

---

[61] Die hohe Anzahl dieser Gewalttaten entspricht in keiner Weise der traditionellen Praxis der Kopfjagd (s. Hoskins 1996a: 38). Somit haben die veränderten Qualitäten der politischen Situation auch in Bezug auf die lokalen Reaktionen veränderte Qualitäten zur Folge.

beider Grundlagen letztendlich im kulturell konstituierten Raum zu suchen. Über seine Bedeutung als Territorium im Sinne des Ortes – auf das sich Fragen der Ressourcennutzung und des Landrechts beziehen – hinaus beinhaltet Land in allen zitierten Beispielen immer auch eine kulturelle Konzeption von Raum, der durch die soziale Praxis konstituiert wird und der seinerseits die soziale Praxis konstituiert. Kulturelle Bedeutungen sind der Räumlichkeit dabei nicht inhärent, sondern sie werden durch das Handeln sozialer Akteure konstituiert. Räumlichkeit stellt folglich keine direkte Reflexion kultureller Codes und Bedeutungen dar, sondern einen durch die soziale Praxis entwickelten Kontext, der viele – auch alternierende – Bedeutungen beinhalten kann (s. Moore 1986: 8, 116). Dieser Sachverhalt, dessen vielschichtige Implikationen durch die erwähnten Fallbeispiele illustriert wurden, geht weit über die Einordnung von Landkonflikten in Gestalt starrer, rein territorialer Kategorien hinaus, die sich auf die konventionellen Dorf-Ethnie-Nation-etc.-Stufen beschränken (Iorns & Hollick 1998: 12). Kulturelle Räumlichkeit, als ein wesentlicher Bestandteil der rezenten Wirklichkeit der heute zunehmend *delokalisierten* wie eben über diese Räumlichkeit selbst auch *relokalisierten* Kulturen der Dayak und der Javanesen, der Makassar und der Maduresen, transzendiert die nur sehr oberflächlich fixierten Grenzen zwischen den Territorien, den Orten des Dorfes, der Ethnie und auch der Nation und äußert sich im Kontext von Landkonflikten in einem breiten Spektrum menschlichen Denkens und Handelns: zwischen Symbolik und Gewalt.

Der Begriff der De-Lokalisierung scheint zu beinhalten, dass der *Locus* aufgehoben wird. Geht man jedoch davon aus, dass Lokalität als ein physisch konkreter Modus der Räumlichkeit nur eine Dimension einer viel weitergreifenden kulturellen Räumlichkeit darstellt, so erweisen sich die mit der Konzeption ‚Delokalisierung‘ verbundenen Aussagen als hinsichtlich dieser Räumlichkeit nicht haltbar. Vielmehr unterstützt das Überschreiten von Grenzen zwischen einstmals voneinander getrennten Innen- bzw. Außenwelten, wie es heute unter ‚Globalisierung‘ verstanden wird, die Rekonstituierung und Reproduktion kultureller Räumlichkeit, unter Einbeziehung neuer und transformierter Bedeutungen, in vielerlei Hinsicht. Es muss folglich die Frage gestellt werden, warum – wie es in jüngerer Zeit die Kultur- und Sozialwissenschaften durchweg betonen – die Konzeption des räumlich gebundenen, lokalisierten kulturellen Ganzen dekonstruiert werden sollte, wenn gleichzeitig viele der von uns untersuchten Individuen und Gruppen eben solche kulturellen Kontexte rekonstruieren und über diesen dynamischen Prozess des *Place Making* oder des *Siting of Culture* ihr Selbstverständnis als Individuen und Gruppen reproduzieren (s. Hastrup & Olwig 1997: 3,11ff). Sie schaffen auf diese Weise spezifische Schnittstellen der Identifikation mit ihrem Lebensraum inmitten aller darüber hinausreichenden Dimensionen – einschließlich der globalen. Lokalitäten wie auch Räumlichkeit insgesamt können somit als ein kulturell konstituiertes Medium politischen Handelns dienen, das u. a. dem Prozess der Marginalisierung begegnen will. Ein politisches Ritual, wie es zu Beginn dieses Beitrages geschildert wurde, bietet dann eine öffentliche Bühne, um die erwähnten Schnittstellen innerhalb der diffusen und mehrdeutigen Beziehungen zwischen dem Lokalen, dem Nationalen und dem Globalen, wie sie heute für den Alltag der betroffenen Menschen charakteristisch sind, zu konstruieren, zu transformieren und zu reaktualisieren. Ein solcher Prozess ist von Relevanz auch oder gerade auch in Situationen der Krise und der Gewaltausübung, und seine Analyse kann helfen, die Praxis des heute allgegenwärtigen Konfliktes um Land und des politischen Widerstandes in einem umfassenden Sinne zu verstehen.

Literatur

ABU-LUGHOD, LILA (1990) The Romance of Resistance: Tracing Transformations of Power Through Bedouin Women. In: *American Ethnologist* 17: 41-55.

ACCIAIOLI, GREG (1985) Culture as Art; From Practice to Spectacle in Indonesia. In: *Canberra Anthropology* 8 (1/2): 148-172.

ANTWEILER, CHRISTOPH (2000) *Urbane Rationalität; Eine stadtethnologische Studie zu Ujung Pandang (Makassar), Indonesien*, Kölner Ethnologische Mitteilungen Band 12, Berlin (Reimer)

APPADURAI, ARJUN (1991) Global Ethnoscapes: Notes and Queries for a Transnational Anthropology. In: FOX, R. G. (ed.), *Recapturing Anthropology; Working in the Present*, Santa Fe (School of American Research Press): 191-210.

APPADURAI, ARJUN (1995) The Production of Locality. In: FARDON, R. (ed.), *Counterworks; Managing the Diversity of Knowledge*, London (Routledge): 204-225.

APPADURAI, ARJUN (1996) *Modernity at Large; Cultural Dimensions of Globalization*, Minneapolis (University of Minnesota Press).

APPADURAI, ARJUN (1999) Dead Certainty: Ethnic Violence in the Era of Globalization. In: MEYER, B; GESCHIERE, P. (eds.), *Globalization and Identity: Dialectics of Flow and Closure*, Oxford (Blackwell Publishers): 305-324.

ASTUTI, RITA (1995) „The Vezo are not a Kind of People": Identity, Difference, and ‚Ethnicity' among a Fishing People of Western Madagascar. In: *American Ethnologist* 22 (3): 464-482.

ATKINSON, JANE M. (1983) Religions in Dialogue; The Construction of an Indonesian Minority Religion. In: *American Ethnologist* 10 (4): 684-696.

BARNES, ROBERT H. (1993) Everyday Space: Some Considerations on the Representation and Use of Space in Indonesia. In: WASSMANN, J.; DASEN, P. R. (Hg.), *Alltagswissen*, Freiburg (Universitätsverlag): 159-178.

BASSO, KEITH H. (1996) *Wisdom Sits in Places: Landscape and Language Among the Western Apache*, Albuquerque (University of New Mexico Press).

BLOCH, MAURICE (1992) *Prey into Hunter: The Politics of Religious Experience*, Cambridge (Cambridge University Press).

BLUST, ROBERT (1980) Early Austronesian Social Organization: The Evidence of Language. In: *Current Anthropology* 21: 205-247.

BOUMAN, M. A. (1928): Het bakoe-wezen in Zuid-Celebes. In: *Koloniale Studien* 12 (1): 34-49.

BRUNER, EDWARD M. (1999) Return to Sumatra: 1957, 1997. In: *American Ethnologist* 26 (2): 461-477.

CARSTEN, JANET; HUGH-JONES, STEPHEN (eds.) (1995) *About the House: Lévi-Strauss and Beyond*, Cambridge (Cambridge University Press).

CENSE, A. A. (1979; in samenwerking met Abdoerrahim) *Makassaars-Nederlands woordenboek; met Nederlands-Makassaars register*, 's-Gravenhage (Nijhoff).

DE CERTEAU, MICHEL (1984) *The Practice of Everyday Life*, Berkeley (University of California Press).

CHABOT, HENDRIK TH. (1950) *Verwantschap, stand en sexe in Zuid-Celebes*, Groningen/Djakarta (Wolters).

CHABOT, HENDRIK TH. [1950] (1996) *Kinship, Status and Gender in South Celebes*, Leiden (KITLV Press).

COLOMBIJN, FREEK (2001) What is so Indonesian about Violence? In: WESSEL, I.; WIMHÖFER, G. (eds.), *Violence in Indonesia*, Hamburg (Abera): 25-46.

DEMPWOLFF, OTTO (1937) *Vergleichende Lautlehre des austronesischen Wortschatzes. Zweiter Band: Deduktive Anwendung des Urindonesischen auf austronesische Einzelsprachen*. Beihefte zur Zeitschrift für Eingeborenen-Sprachen, 17. Berlin (Reimer).

DEMPWOLFF, OTTO (1938) *Vergleichende Lautlehre des austronesischen Wortschatzes. Dritter Band: Austronesisches Wörterverzeichnis*. Beihefte zur Zeitschrift für Eingeborenen-Sprachen, 19. Berlin (Reimer).

DICKHARDT, MICHAEL (2001) *Das Räumliche des Kulturellen. Entwurf zu einer kulturanthropologischen Raumtheorie am Beispiel Fiji*, Göttinger Studien zur Ethnologie Band 7, Münster (LIT).

DIJK, KEES VAN (2001) *A Country in Despair: Indonesia between 1997 and 2000*, Leiden (KITLV PRESS).

DRAKE, RICHARD ALLEN (1989) Construction Sacrifice and Kidnapping Rumor Panics in Borneo. In: *Oceania* 59: 269-279.

DURKHEIM, ÉMILE; MAUSS, MARCEL [1903] (1963) *Primitive Classification*, Chicago (The University of Chicago Press).

ERB, MARIBETH (1991) Construction Sacrifice, Rumors and Kidnapping Scares in Manggarai: Further Comparative Notes From Flores. In: *Oceania* 61: 114-126.

ERRINGTON, SHELLEY (1989) *Meaning and Power in a Southeast Asian Realm*. Princeton (Princeton University Press).

ERRINGTON, SHELLEY (1990) Recasting Sex, Gender, and Power; A Theoretical and Regional Overview. In: ATKINSON, J. M.; ERRINGTON, S. (eds.), *Power and Difference; Gender in Island Southeast Asia,* Stanford (Stanford University Press): 1-58.

FORTH, GREGORY (1991) Construction Sacrifice and Head-Hunting Rumours in Central Flores (Eastern Indonesia): A Comparative Note. In: *Oceania* 61: 257-266.

FOX, JAMES J. (1997) Place and Landscape in Comparative Austronesian Perspective. In: FOX, J. J. (ed.), *The Poetic Power of Place; Comparative Perspectives on Austronesian Ideas of Locality,* Canberra (Australian National University): 1-21.

FRIEDERICY, H. J. [1928] (1929) De Gowa-Federatie. In: *Adatrechtbundels* 31, 's-Gravenhage (Nijhoff): 364-427.

FRIEDERICY, H. J. (1933) De standen bij de Boegineezen en Makassaren. In: *Bijdragen tot de Taal-, Land- en Volkenkunde* 90: 447-602.

GEERTZ, CLIFFORD (1973) *The Interpretation of Cultures*, New York (Basic Books).

GEERTZ, CLIFFORD (1995) *After the Fact: Two Countries, Four Decades, One Anthropologist*. Cambridge MA (Harvard University Press).

GEORGE, KENNETH M. (1996a) *Showing Signs of Violence; The Cultural Politics of a Twentieth-century Headhunting Ritual*, Berkeley (University of California Press).

GEORGE, KENNETH M. (1996b) Lyric, History, and Allegory, or the End of Headhunting Ritual in Upland Sulawesi. In: HOSKINS, J. (ed.), *Headhunting and the Social Imagination in Southeast Asia,* Stanford (Stanford University Press): 50-89.

GOOSZEN, HANS (1999) *A Demographic History of the Indonesian Archipelago, 1880-1942*. Leiden (KITLV Press).

GRAY, JOHN (1999) Open Spaces and Dwelling Places: Being at Home on Hill Farms in the Scottish Borders. In: *American Ethnologist* 26 (2): 440-459.

GUPTA, AKHIL; FERGUSON, JAMES (1992) Beyond „Culture": Space, Identity, and the Politics of Difference. In: *Cultural Anthropology* 7 (1): 6-23.

GUPTA, AKHIL; FERGUSON, JAMES (1997) Culture, Power, Place: Ethnography at the End of an Era. In: GUPTA, A.; FERGUSON, J. (eds.), *Culture, Power, Place: Explorations in Critical Anthropology*, Durham (Duke University Press): 1-29.

HAAR, B. TER (1939) *Beginselen en stelsel van het adatrecht*, Groningen/Batavia (Wolters).

HASTRUP, KIRSTEN; OLWIG, KAREN FOG (1997) Introduction. In: OLWIG, K. F.; HASTRUP, K. (eds.), *Siting Culture; The Shifting Anthropological Object*, London (Routledge): 1-14.

HAUSER-SCHÄUBLIN, BRIGITTA (1997) *Traces of Gods and Men. Temples and Rituals as Landmarks of Social Events and Processes in a South Bali Village*, Berlin (Reimer).

HEIDHUES, MARY SOMERS (2001) Kalimantan Barat 1967-1999: Violence on the Periphery, In: WESSEL, I.; WIMHÖFER, G. (eds), *Violence in Indonesia*, Hamburg (Abera): 139-151.

HIRSCH, ERIC (1995) Landscape: Between Place and Space. In: HIRSCH, E.; O'HANLON, M. (eds.), *The Anthropology of Landscape: Perspectives on Place and Space*, Oxford (Clarendon Press): 1-30.

HIRSCH, ERIC; MICHAEL O'HANLON (eds.) (1995) *The Anthropology of Landscape: Perspectives on Place and Space*. Oxford (Clarendon Press).

HOSKINS, JANET (1996a) Introduction: Headhunting as Practice and as Trope. In: HOSKINS, J. (ed.), *Headhunting and the Social Imagination in Southeast Asia*, Stanford (Stanford University Press): 1-49.

HOSKINS, JANET (1996b) The Heritage of Headhunting: History, Ideology, and Violence on Sumba, 1890-1990. In: HOSKINS, J. (ed.), *Headhunting and the Social Imagination in Southeast Asia*, Stanford (Stanford University Press): 216-248.

INDONESIA WATCH (2001) Transmigration, Landrechte und indigene Völker. In: HOMEPAGE VON WATCH INDONESIA! <http://home.snafu.de/watchin/Handbuch/Transmigration_Kapitel.html>

INDONESIAN OBSERVER: <http://www.indoexchange.com/indonesian-observer>

IORNS MAGALLANES, CATHERINE J.; HOLLICK, MALCOLM (1998) Introduction. In: IORNS MAGALLANES, C. J.; HOLLICK, M. (eds.), *Land Conflicts in Southeast Asia: Indigenous Peoples, Environment and International Law*, Bangkok (White Lotus Press): 1-19.

KAPLAN, MARTHA; KELLY, JOHN D. (1994) Rethinking Resistance: Dialogics of ‚Disaffection‘ in Colonial Fiji. In: *American Ethnologist* 21: 123-151.

KARTODIRDJO, SARTONO (1997) Images of Time, Space, and Society. In: HITCHCOCK, M.; KING, V. T. (eds.), *Images of Malay-Indonesian Identity*, Kuala Lumpur (Oxford University Press): 53-62.

KATOPPO, ARISTIDES (2000) The Role of Community Groups in the Environment Movement. In: MANNING, C.; DIERMEN, P. VAN (eds.), *Indonesia in Transition; Social Aspects of Reformasi and Crisis*, Singapore (Institute of Southeast Asian Studies): 213-219.

KEANE, WEBB (1997) *Signs of Recognition; Power and Hazards of Representation in an Indonesian Society*, Berkeley (University of California Press).

KERN, R. A. (1931) Een Makassaarsch Heldendicht. In: *Koloniaal Tijdschrift* 20: 186-209; 278-96.

KIPP, RITA SMITH [1993] (1996) *Dissociated Identities: Ethnicity, Religion, and Class in an Indonesian Society*, Ann Arbor (The University of Michigan Press).

KOOREMAN, P. J. (1883) De feitelijke toestand in het gouvernementsgebied van Celebes en onderhoorigheeden. In: *De Indische Gids* I: 171-204, 358-384, 482-498, 637-655; II:135-169, 346-358.

KORN, V. E. (1952) Problemen der Makassaars-Boeginese samenleving. In: *Bijdragen tot de Taal-, Land- en Volkenkunde* 108: 17-35.

KUSUMAATMADJA, SARWONO (2000) Through the Crisis and Beyond: The Evolution of the Environment Movement. In: MANNING, C.; DIERMEN, P. VAN (eds.), *Indonesia in Transition; Social Aspects of Reformasi and Crisis*, Singapore (Institute of Southeast Asian Studies): 205-212.

LAZARUS-BLACK, MINDIE (1994) Slaves, Masters, and Magistrates: Law and the Politics of Resistance in the British Carribean, 1736-1834. In: LAZARUS-BLACK, M.; HIRSCH, S. F. (eds.), *Contested States: Law, Hegemony and Resistance*, New York (Routledge): 252-281.

LONG, NORMAN (1996) Globalization and Localization: New Challenges to Rural Research. In: MOORE, H. L. (ed.), *The Future of Anthropological Knowledge*, London (Routledge): 37-59.

LUCAS, ANTON (1992) Land Disputes in Indonesia: Some Current Perspectives. In: *Indonesia* 53: 79-92.

LUCAS, ANTON; WARREN, CAROL (2000) Agrarian Reform in the Era of *Reformasi*. In: Manning, C.; Diermen, P. van (eds.), *Indonesia in Transition; Social Aspects of Reformasi and Crisis*, Singapore (Institute of Southeast Asian Studies): 220-238.

MANNING, CHRIS; DIERMEN, PETER VAN (eds.) (2000) *Indonesia in Transition; Social Aspects of Reformasi and Crisis*, Singapore (Institute of Southeast Asian Studies).

MARDANAS, IZARWISMA; RIFAI, ABU; MARIA (1985) *Arsitektur tradisional daerah Sulawesi Selatan*, Ujung Pandang (Departemen Pendidikan dan Kebudayaan).

MATTULADA (1977) Kepemimpinan pada orang Makassar. In: *Berita Antropologi* 32/33: 58-66.

McWilliam, Andrew (1997) Mapping with Metaphor; Cultural Topographies in West Timor. In: Fox, J. J. (ed.), *The Poetic Power of Place; Comparative Perspectives on Austronesian Ideas of Locality*, Canberra (Australian National University): 103-115.

Moore, Henrietta L. (1986) *Space, Text and Gender; An Anthropological Study of the Marakwet of Kenya*, Cambridge (Cambridge University Press).

Niemann, G. K. (1889) De Boegineezen en Makassaren: Linguistische en ethnologische studiën. In: *Bijdragen tot de Taal-, Land- en Volkenkunde van Nederlandsch-Indië* 38: 74-88; 266-86.

Ortner, Sherry B. (1995) Resistance and the Problem of Ethnographic Refusal. In: *Comparative Studies in Society and History* 37: 173-193.

Pannell, Sandra (1997) From the Poetics of Place to the Politics of Space: Redefining Cultural Landscapes on Damer, Maluku Tenggara. In: Fox, J. J. (ed.), *The Poetic Power of Place; Comparative Perspectives on Austronesian Ideas of Locality*, Canberra (Australian National University): 163-173.

Parmentier, Richard J. (1987) *The Sacred Remains; Myth, History, and Polity in Belau*. Chicago (The University of Chicago Press).

Patunru, Abd. Razak Daeng (1969) *Sedjarah Gowa*, Makassar (Jajasan Kebudajaan Sulawesi Selatan dan Tenggara).

Pelras, Christian (1975) La maison Bugis: Formes, Structures et Fonctions. In: *Asie du Sud-Est et du Monde Insulindien* VI (2): 61-100.

Pelras, Christian (1977) Culture, ethnie, espace social: Quelques réflexions autour du cas Bugis. In: *Asie du Sud-Est et du Monde Insulindien* VIII (2): 57-79.

Pelras, Christian (1996) *The Bugis*, Oxford (Blackwell Publishers).

Persoon, Gerard (1998) Isolated Groups or Indigenous Peoples; Indonesia and the International Discourse. In: Nas, P. J. M. (ed.), *Globalization, Localization and Indonesia. Bijdragen tot de Taal-, Land- en Volkenkunde* 154 (2): 281-304.

Pile, Steve (1997) Introduction: Opposition, Political Identitites and Spaces of Resistance. In: Pile, S.; Keith, M. (eds.), *Geographies of Resistance*, London (Routledge): 1-32.

Pred, Allan (1986) *Place, Practice and Structure: Social and Spatial Transformation in Southern Sweden, 1750-1850*, Cambridge (Polity Press).

Renre, Abdullah (1978) *Patuntung di kecamatan Sinjai Barat*, Ujung Pandang (Institut Agama Islam Negeri). Unveröffentlichte Examensarbeit.

Rössler, Martin (1987) *Die soziale Realität des Rituals: Kontinuität und Wandel bei den Makassar von Gowa (Süd-Sulawesi/Indonesien)*, Kölner ethnologische Studien Band 14, Berlin (Reimer).

218

Rössler, Martin (1990a) Interpretationen kulturellen Wissens; Zur Theorie und Praxis der ethnographischen Beschreibung. In: *Anthropos* 85: 345-72.

Rössler, Martin (1990b) Striving for Modesty: Fundamentals of the Religion and Social Organization of the Makassarese Patuntung. In: *Bijdragen tot de Taal-, Land- en Volkenkunde* 146 (2/3): 289-324.

Rössler, Martin (1997a) *Der Lohn der Mühe: Kulturelle Bedeutungen von Wert und Arbeit im Kontext ökonomischer Transformation in Süd-Sulawesi, Indonesien*, Göttinger Studien zur Ethnologie Band 3, Münster (Lit).

Rössler, Martin (1997b) Islamization and the Reshaping of Identities in Rural South Sulawesi. In: Hefner, R.; Horvatich, P. (eds.), *Islam in an Era of Nation-States: Politics and Religious Renewal in Muslim Southeast Asia*, Honolulu (University of Hawai'i Press): 275-306.

Rössler, Martin (1998) Das „Haus" als Prinzip sozialer Ordnung: Ein kritischer Vergleich anhand indopazifischer Beispiele. In: *Anthropos* 93: 437-454.

Rössler, Martin (2000) From Divine Descent to Administration: Sacred Heirlooms and Political Change in Highland Goa. In: Tol, R., Dijk, C. van; Acciaioli, G. (eds.), *Authority and Enterprise Among the Peoples of South Sulawesi*, Leiden (KITLV Press): 161-82.

Rössler, Martin; Birgitt Röttger-Rössler (1996) From Structure to Practice: Hendrik Th. Chabot and the Origins of Modernist Anthropology in Indonesia. Introduction to: *H. Th. Chabot: Kinship, Status and Gender in South Celebes*, Leiden (KITLV Press): 21-54.

Röttger-Rössler, Birgitt (1989) *Rang und Ansehen bei den Makassar von Gowa (Süd-Sulawesi/Indonesien)*, Kölner ethnologische Studien Band 15, Berlin (Reimer).

Routledge, Paul (1997) A Spatiality of Resistances: Theory and Practice in Nepal's Revolution of 1990. In: Pile, S.; Keith, M. (eds.), *Geographies of Resistance*,. London (Routledge): 68-86

Sangkoyo, Hendro (1999) Limits to Order: The Internal Logic of Instability in the Post-Soeharto Order. In: Forrester, G. (ed.), *Post-Soeharto Indonesia: Renewal or Chaos?*, Leiden (KITLV Press) 170-80.

Schefold, Reimar (1998) The Domestication of Culture: Nation-Building and Ethnic Diversity in Indonesia. In: Nas, P. J. M. (ed.), *Globalization, Localization and Indonesia. Bijdragen tot de Taal-, Land- en Volkenkunde* 154 (2): 259-280.

Scott, James C. (1985) *Weapons of the Weak: Everyday Forms of Peasant Resistance*, New Haven (Yale University Press).

Scott, James C. (1990) *Domination and the Arts of Resistance: Hidden Transcripts*, New Haven (Yale University Press).

SIREGAR, SUSAN R. (1979) Advice to the Newlyweds: Sipirok Batak Wedding Speeches – adat or art. In: BRUNER, E. M.; BECKER, J. O. (eds.), *Art, Ritual and Society in Indonesia*, Athens (Ohio University Center for International Studies): 30-61. [Southeast Asia Series No. 53]

SOETRISNO, LOEKMAN (1999) Current Social and Political Conditions of Rural Indonesia. In: G. FORRESTER (ed.), *Post-Soeharto Indonesia: Renewal or Chaos?*, Leiden (KITLV Press): 163-69.

STEEDLY, MARY MARGARET (1996) The Importance of Proper Names: Language and „National" Identity in Colonial Karoland. In: *American Ethnologist* 23 (3): 447-75.

SWELLENGREBEL, J. L. (1960) Introduction In: ANONYMUS (ed.), *Bali: Studies in Life, Thought, and Ritual*, The Hague/Bandung (Van Hoeve): 3-76.

THE JAKARTA POST: <http://www.thejakartapost.com>

TSING, ANNA LOWENHAUPT (1993) *In the Realm of the Diamond Queen; Marginality in an Out-of-the-Way Place*, Princeton (Princeton University Press).

TSING, ANNA LOWENHAUPT (1996) Telling Violence in the Meratus Mountains. In: HOSKINS, J. (ed.), *Headhunting and the Social Imagination in Southeast Asia*, Stanford (Stanford University Press): 184-215.

UNI GHKASSEL (2001) Von Kopfjägern und Massakern: Worum geht es wirklich in Kalimantan? In: WEBSITE KASSELER FRIEDENSFORUM UND UNI GHK: <http://www.uni-kassel.de/fb10/frieden/regionen/Indonesien/dayak.html>

VOLKMAN, TOBY A. (1987) Mortuary Tourism in Tana Toraja. In: KIPP, R. S.; RODGERS, S. (eds.), *Indonesian Religions in Transition*, Tucson (University of Arizona Press): 161-67.

WASSMANN, JÜRG (1994) The Yupno as Post-Newtonian Scientists: The Question of what is „Natural" in Spatial Description. In: *Man* (N. S.) 29: 645-666.

WASSMANN, JÜRG: DASEN, PIERRE R. (1998) Balinese Spatial Orientation: Some Empirical Evidence of Moderate Linguistic Relativity. In: *Journal of the Royal Anthropological Institute* (N. S.) 4: 689-711.

WATERSON, ROXANA (1997) The Contested Landscapes of Myth and History in Tana Toraja In: FOX, J. J. (ed.), *The Poetic Power of Place; Comparative Perspectives on Austronesian Ideas of Locality*, Canberra (Australian National University): 63-90.

WERLEN, BENNO [1987] (1988) *Gesellschaft, Handlung und Raum: Grundlagen handlungstheoretischer Sozialgeographie*, Stuttgart (Steiner).

WERLEN, BENNO (1995) *Sozialgeographie alltäglicher Regionalisierungen; Band 1: Zur Ontologie von Gesellschaft und Raum*, Stuttgart (Franz Steiner).

WERLEN, BENNO (1997) *Sozialgeographie alltäglicher Regionalisierungen; Band 2: Globalisierung, Region und Regionalisierung*, Stuttgart (Franz Steiner).

WOLF, ERIC (1969) *Peasant Wars of the Twentieth Century*, New York (Harper & Row).

Räume in Fiji:
Kulturelle Räumlichkeit aus der Perspektive ihrer Modi

Michael Dickhardt

Einleitung

In der Einleitung zu diesem Sammelband wurde vor dem Hintergrund theoretischer Überlegungen und empirischer Zugänge die Möglichkeit deutlich, sich der kulturellen Räumlichkeit nicht nur aus den Perspektiven komplexer räumlicher Ganzheiten und Strukturmuster oder sozio-kultureller Strukturierungsprinzipien zu nähern, sondern allgemeine räumliche Formmomente selbst als Leitfaden der Betrachtung zu nutzen. Ziel sollte es dabei sein, auf einer formaleren Ebene ein breiteres Spektrum an Charakteristika der Räumlichkeit im betrachteten Einzelfall positiv bestimmbar zu machen. Darüber hinaus könnte, so die Hoffnung, der Geltungsbereich und die Aussagekraft von Konzepten wie ‚Ort‘, ‚Landschaft‘ oder ‚Zentrum‘ im Rahmen einer umfassenderen Theorie kultureller Räumlichkeit genauer herausgearbeitet werden, indem diese Konzepte als das verstehbar werden, was sie sind: partikulare Konfigurationen und Ausformungen allgemeiner Charakteristika des Räumlichen. Als ein erster Schritt in diese Richtung ist nun das Konzept der *Modi der Räumlichkeit* zu verstehen, das in der theoretischen Einleitung des vorliegenden Sammelbandes entwickelt worden ist (siehe Einleitung in diesem Band S. 38f). Als Modi der Räumlichkeit wurden dort Konfigurationen von Formmomenten beschrieben, die sich auf der Grundlage eines formalen Raumbegriffes bestimmen lassen. Als Beispiel wurde der Modus der *Lokalität* genannt. Die in diesem Modus gefasste Konfiguration von Formmomenten kann umschrieben werden als die der *Situiertheit des Handelns an einer räumlichen Stelle, die durch ihre materielle und umgrenzte Ausgedehntheit Objekte und Medien symbolischer Praxis zur Verfügung stellt.* Dieser Modus der Lokalität, ohne Zweifel einer der fundamentalen Modi der Räumlichkeit menschlicher Praxis überhaupt, soll nun an dieser Stelle als Ausgangspunkt eines Versuches dienen, eine Konzeptionalisierung kultureller Räumlichkeit auf einer formaleren Ebene als der der komplexen räumlichen Ganzheiten und Strukturmuster ethnografisch umzusetzen.

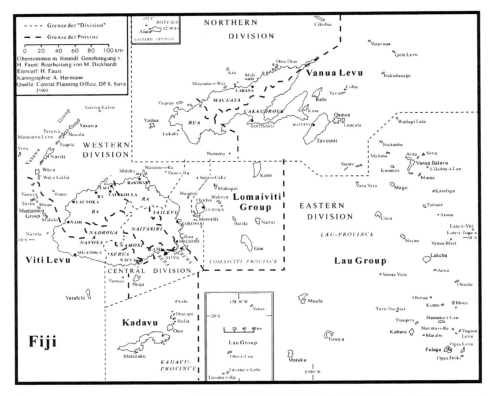

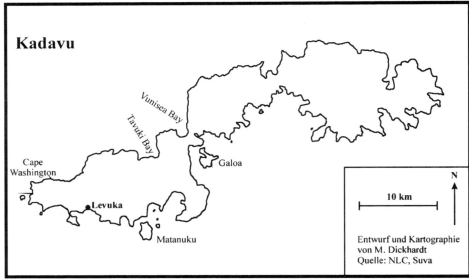

Karten 1 und 2: Fiji (oben); Kadavu (unten).

Die kulturelle Räumlichkeit eines fijianischen Dorfes aus der Perspektive der Modi der Räumlichkeit

Ethnografischer Hintergrund

Im Anschluss an die bislang vorgenommene theoretische Herleitung des Konzeptes der Modi der Räumlichkeit sollen nun am Beispiel einer konkreten Räumlichkeit die Möglichkeiten dieses Konzeptes als Perspektive ethnografischer Analyse aufgezeigt werden. Grundlage der folgenden Abschnitte ist eine Feldforschung in Levuka, einem Dorf in Fiji, gelegen im Nabukelevu-Distrikt an der Südküste des westlichen Kadavu, einer Insel ca. 90 km südlich der Hauptinsel Viti Levu. (siehe Abb. 1, sowie Karte 1 und 2).[1] Dieses Dorf wurde zum Zeitpunkt der Feldforschung zwischen 1995 und 1996 von 158 melanesischen Fijianern und Fijianerinnen bewohnt, die sich auf 36 Haushalte aufteilten. Gemäß der von der Kolonialverwaltung Ende der 1920er Jahre kodifizierten sozio-politischen Strukturen besteht das Dorf aus vier *mataqali* genannten klanähnlichen Gruppen mit den Namen Levuka, Balagita, Waitovu und Vaga. Jede dieser Gruppen besitzt gemeinschaftlich ein geschlossenes Landstück, dessen Größe zwischen 100 und 400 ha liegt und welches, zusammen mit Fischereirechten in den Küstengewässern, die wirtschaftliche Grundlage sowohl im Rahmen der Subsistenz (Anbau vor allem von Taro, Yams, Tapioka, verschiedenen Gemüsen, Kokospalmen und Bananen) als auch der *cash crop*-Ökonomie (Anbau des *yaqona* genannten Kavastrauches (*Piper methysticum*)) bildet. Gemeinsam mit zwei weiteren *mataqali*, die in den beiden Nachbardörfern Muaninuku und Tabuya ansässig sind, bilden die vier *mataqali* des Dorfes Levuka die *yavusa* genannte übergeordnete Gruppe, die ebenfalls den Namen Levuka trägt und deren Führer bzw. Führerin den Häuptlingstitel des Tui Levuka führt. Nach der festgelegten Funktionshierarchie, die jeder *mataqali* bestimmte Rechte und Pflichten sowie Titel im Rahmen des lokalen und regionalen Häuptlingssystems zuweist, stellt die *mataqali* Levuka den Tui Levuka. Ausgewählt und zeremoniell eingesetzt wird der Tui Levuka allerdings von der *mataqali* Balagita, die der

---

[1] Die vom DAAD finanzierte Feldforschung umfasste 1995/96 insgesamt 15 Monate, von denen 10 Monate in Levuka und 5 Monate in Suva, der Hauptstadt Fijis, verbracht wurden. Näheres findet sich in Dickhardt 2000 und 2001.

[2] Ob diese Bezeichnung zutrifft, die in anderen Regionen Fijis benutzt wird, ist im Dorf umstritten. Allerdings wird sie vom Führer der *mataqali* Balagita unter Berufung auf Lehrmaterialien der methodistischen Kirche für sich und seine Gruppe beansprucht; dazu s. Methodist Men's Fellowship Group 1983: 8-10.

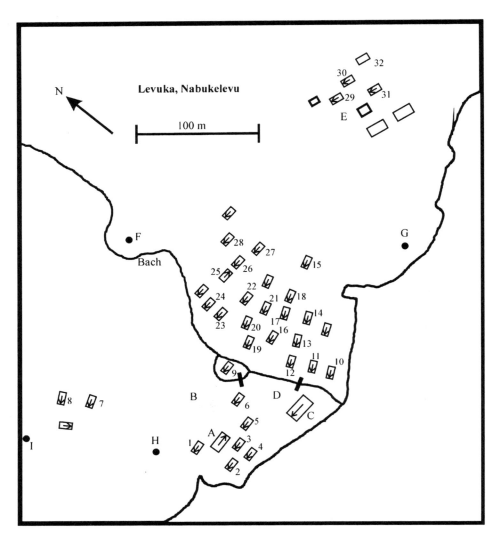

Levuka, Nabukelevu

N

100 m

A	-	*vale ni vanua* Naconuku	F	-	Banyanbaum *(vunibaka)*
B	-	*sau tabu* Lotuiqele	G	-	Banyanbaum *(vunibaka)*
C	-	Kirche *(vale ni lotu)*	H	-	*yavutu* der *itokatoka* Naduruvesi
D	-	Dorfplatz *(rara)*	I	-	*vanua tabu* Namatjio
E	-	Schule *(koro ni vuli)*	1-32	-	Hauhalte im Dorf

Die Pfeile weisen in die Richtung der Haupeingangstüre.

Entwurf und Kartographie: M. Dickhardt
Quellen: Luftbild Nr. 78/22-685 (Dpt. of Lands and Surveys, Fiji) und Erhebungen von M. Dickhardt

Abbildung 1: Dorfplan von Levuka

mataqali Levuka im Rang folgt und somit die Funktion des *sauturaga*[2] erfüllt. Die beiden *mataqali* Waitovu und Vaga erfüllen die Funktion von Kriegern (*batji*), die sich heutzutage vor allem in besonderen zeremoniellen Pflichten und dem Gebot besonderer Loyalität dem Tui gegenüber äußert.[3]

Nun kann an dieser Stelle nicht allzu sehr in die ethnografischen Details eingegangen werden, doch sollen zumindest vier Bereiche der kulturellen Praxis in Levuka umrissen werden, die m. E. von besonderem Stellenwert für ein Verständnis dieser Praxis sind. Diese vier Bereiche ergeben sich durch die symbolistische Interpretation der kulturellen Praxis Levukas auf der Grundlage einer Konzeption des Kulturellen als symbolischer Formung, die aus einer Verbindung des strukturierungstheoretischen Ansatzes mit der Philosophie der symbolischen Formen Ernst Cassirers entwickelt werden kann.[4] Die strukturierende Tätigkeit der Akteure und Akteurinnen wird hier in ihrer symbolischen Vermitteltheit fassbar. Möglich wird eine solche symbolische Vermittlung auf der Ebene des Kulturellen durch den Gebrauch *symbolischer Formen* wie Sprache, Mythos, Wissenschaft, Recht oder Technik. Solche symbolischen Formen sind *Gesamtzusammenhänge symbolischer Praxis mit hoher symbollogischer Kohärenz, die gekennzeichnet sind durch eine bestimmte Art von Symbolen und die mit diesen verbundene Logik der Verknüpfung und Verwendung.*[5] Da sich solche symbolischen Formen in der konkreten Praxis nur selten isoliert zeigen, sondern vielmehr in ihren aktuellen Zusammenführungen praktisch relevant werden, hat es sich als ethnografisch sinnvoll erwiesen, unterschiedliche Perspektiven auf solche Zusammenführungen zu entwickeln.

---

[3] Inwieweit dieses moralische Gebot tatsächlich umgesetzt wird, hängt von den aktuellen politischen Konstellationen ab. So erfüllte die *mataqali* Vaga dieses Gebot demonstrativ während die *mataqali* Waitovu der *mataqali* Balagita und deren Führer sehr viel näher stand als dem Tui Levuka.

[4] Hierzu siehe auch die Einleitung in diesem Band S. 24-31 sowie Dickhardt 2001: v. a. 36-58. Die Grundlagentexte sind Bourdieu [1972] 1979, [1974] 1983, [1980] 1987; Cassirer [1923-1929] 1994 und Giddens [1984] 1989.

[5] Schon aus diesen knappen Formulierungen geht hervor, dass es sich bei dem Begriff der symbolischen Formen nicht darum handeln kann, einen endgültig fixierbaren Kanon solcher Formen zu definieren. Vielmehr zielt dieser Begriff darauf ab, eine bestimmte Perspektive auf symbolische Praxis zu eröffnen, eine Perspektive, die symbolische Praxis als das Mit-, Neben- und Gegeneinander von Strukturierungsprinzipien begreifbar werden lässt, die sinnhafte Zusammenhänge allererst ermöglichen, ohne die keine Praxis möglich wäre. Der Versuch, solche Strukturierungsprinzipien auf der Ebene von symbolischen Formen zu erschließen, fußt auf der empirischen Erfahrung, dass die Beschreibung solcher symbolischen Gesamtzusammenhänge möglich ist. Auf welcher Ebene nun solche Gesamtzusammenhänge bestimmt werden, hängt dabei von der jeweiligen Fragestellung ab. Wichtig ist lediglich,

Eine solche Perspektive ist die der *Sinnordnungen* und auf dieser Ebene befinden sich auch die vier Bereiche der kulturellen Praxis Levukas, von denen soeben die Rede war. Eine Sinnordnung soll dabei verstanden werden als ein *symbolisch herge-stellter übergreifender Funktions-, Handlungs- und Orientierungszusammenhang, in dem Elemente gemäß einer spezifischen Verknüpfungslogik zu einem Ganzen zusammengefügt werden, innerhalb dessen sie eine spezifische Bedeutung erhal-ten.* Die Zusammenführung der symbolischen Formen erfolgt dabei, indem die Akteure und Akteurinnen die symbolischen Formen unter Bezugnahme auf be-stimmte zentrale Begriffe, Konzeptionen oder Schlüsselsymbole in eine geteilte Praxis mit einbringen und bestimmten Praxisformen einordnen. Der bürokratisch-legalistische Staat oder die kapitalistische Wirtschaftsordnung sind als solche Sinn-ordnungen beschreibbar, die aus jeweils einer ganzen Fülle unterschiedlichster Momente sich aufbauen und diese unter zentrale Konzepte wie ‚Recht' oder ‚Markt' zu einer Ordnung zusammenfügen. Da sich diese Prozesse des Einbringens und Einordnens immer in Kontexten abspielen, die von Machtkämpfen genauso gekenn-zeichnet sind wie von logischen Brüchen symbolischer Formungen, ist das Resul-tat nur selten eine homogene und konsistente Ordnung. Vielmehr sind Hegemonial-isierung, Heterogenität und Fragmentierung wesentliche Bestandteile dieser Ordnun-gen in Abhängigkeit von ihren kontextuellen Einbindungen. Die Einheit einer Sinn-ordnung ist demnach keine substanziell begründete Einheit, sondern ein funktio-nell durch die praktisch wirksame Dominanz einer bestimmten Strukturierungslo-gik hergestellter systemischer Zusammenhang, dessen Brüche und Widersprüche nicht selten durch die Macht hegemonialer Symbole verschleiert werden.[6]

Vier solcher Sinnordnungen dominieren nun die kulturelle Praxis in Levuka, eine Dominanz, die sich freilich nicht naturwüchsig aus diesen Sinnordnungen selbst ergibt, sondern Resultat komplexer historischer Entwicklungen und aktuel-ler Machtstrukturen lokaler, regionaler, nationalstaatlicher und globaler Art ist, denen

---

dass das Symbolische nicht auf gegebene Symbolsysteme reduziert werden kann, sondern dass solche Symbolsysteme immer auf ihren logischen Gehalt als formende Prinzipien sym-bolisch vermittelter Strukturierung befragt werden müssen. In diesem Sinn kann Sprache in ihrer fundamentalen Bedeutung für die menschliche Praxis genauso als symbolische Form beschrieben werden wie Wissenschaft, Kunst oder Recht. Notwendig ist allerdings, den Bereich logischer Kohärenz der Strukturierungen genau herauszuarbeiten, der dann am ausgeprägtesten ist, wenn es sich um eine symbolische Form handelt, die im Laufe einer historisch-genetischen Entwicklung zu einer autonomen und selbstreflexiven symbolischen Praxisform entwickelt wurde, wie es z.B. im Falle der Künste oder der Naturwissenschaf-ten im Abendland geschah.

[6] Der ‚Mythos kultureller Homogenität' in Fiji (Lawson 1990) ist ein gutes Beispiel hierfür.

an dieser Stelle allerdings nicht im einzelnen nachgegangen werden kann. Diese vier Sinnordnungen sind:

Na vanua

Die wörtliche Übersetzung von *vanua* ist ‚Land‘, aber auch ‚Ort‘ oder ‚Gebiet‘. Allerdings verbirgt sich hinter diesem Begriff eine komplexe Konzeption, die die physische Dimension des Landes, die Menschen und ihre Ahnen sowie die sozio-politische und moralische Ordnung zu einer Einheit verbindet. In diesem Kontext wird das *vanua* zum Inbegriff dessen, was von den melanesischen Fijianern und Fijianerinnen als traditionelle Lebensform angesehen wird, und schließt den Ahnen-glauben genauso ein wie wesentliche Teile der spirituellen und moralischen Be-gründung des Häuptlingstums und des Systems klanähnlicher Gruppen.[7]

Na matanitu

Dieser Begriff bezieht sich auf alles, was mit Staat und Verwaltung zu tun hat. Die-se staatlich-administrativen Strukturen artikulieren sich durch die verschiedenen Verwaltungsinstitutionen, die Gesetze und Verwaltungsvorschriften, das parlamen-tarische politische System, die Steuerpraxis, das Militär und anderes mehr. Von besonderer Bedeutung ist aber das kodifizierte Landrecht und die kodifizierte sozio-politische Struktur. Im Laufe der von 1874 bis 1970 dauernden britischen Koloni-alherrschaft wurde von der Kolonialverwaltung im Zusammenspiel mit den Häuptlingseliten ein System eingeführt, das alle melanesischen Fijianer und Fiji-anerinnen in klanähnliche Gruppen einteilt und bei Geburt registriert. Zugrunde-gelegt wurde eine ideale Gruppenstruktur (*yavusa, mataqali, itokatoka*), wobei Landrechte auf der Ebene der *mataqali* gemeinschaftlich für alle Mitglieder defi-niert sind.[8] Diese Gruppen sind zusammengefügt in einem hierarchischen Häupt-lingssystem, wobei jeder *yavusa* ein Häuptling vorsteht und mehrere *yavusa* zu einem Distrikt unter einem ranghohen Häuptling vereint sind. Mehrere Distrikte wiederum bilden eine Provinz, innerhalb derer wiederum der ranghöchste Häupt-ling die Führungsposition einnimmt. Dieses Häuptlingssystem hat – an und für sich Teil des *vanua*! – aktuelle politische und administrative Relevanz in den na-tionalstaatlichen Strukturen, laufen doch auf der Grundlage der skizzierten Eintei-

---

[7] Zum *vanua* s.a. Jolly 1992; Katz 1993: v.a. 26-30; Ravuvu 1983: 70-84; Williksen-Bakker 1990.

[8] Zur diesem System s.a. Belshaw 1965; Bolabola 1986; Chapelle 1978; France 1969; Mate 1977; Nayacakalou 1971, [1975] 1992; Spate [1959] 1990; Volavola 1995; Walter 1978a, b; Ward 1995.

lungen rechtlich geregelte Ratsversammlungen sowie Verwaltungs- und Entscheidungsprozesse im Rahmen der Fijian Administration ab.[9] Insgesamt lässt sich sagen, dass die Ordnung des *vanua* und die des *matanitu* eng miteinander verzahnt sind und sich im Rahmen einer hegemonialen neotraditionalen Ordnung[10] in vielen Bereichen gegenseitig stützen, ohne allerdings die inhärenten Widersprüche dieser Ordnung aufheben zu können.

Na lotu

Der christliche Glaube, *na lotu va-Karisito*, prägt wesentlich das Leben der melanesischen Fijianer und Fijianerinnen, und fast 100% von ihnen bekennen sich zu diesem. Vor allem die methodistische Kirche, der ca. 75% der melanesischen Fijianer und Fijianerinnen angehören, geht dabei eine enge Verbindung mit den traditionellen Lebensformen und Vorstellungen im Rahmen der neotraditionalen Ordnung ein. Sowohl das Häuptlingstum und das System klanähnlicher Gruppen als auch der Ahnenglaube haben ihren festen Platz im christlichen Weltbild und im Gemeindeleben.

Na ilavo

Der Weg des Geldes, *na salevu ni ilavo*, ist der Inbegriff der monetären Ökonomie, in die die melanesischen Fijianer und Fijianerinnen seit der Kolonialzeit auf vielfältige Art und Weise eingebunden sind. Steuern und Schulgeld müssen bezahlt werden, Kleider, Lebensmittel, Genussmittel und Gebrauchsgüter müssen bzw. wollen gekauft werden, die Kirche wird großzügig finanziell unterstützt, und auch in den Gabentauschbeziehungen ist Geld ein wesentlicher Faktor geworden. Erwirtschaftet wird dieses Geld in Levuka vor allem durch den Anbau des Kavastrauches, durch Lohnarbeit in anderen Landesteilen oder gar im Ausland sowie durch finanzielle Unterstützung von Verwandten aus der Stadt.

---

[9] Zu dieser Fijian Administration, die einen zweiten Verwaltungsstrang neben der allgemeinen Verwaltung in Fiji bildet und nur für die melanesisch-fijianischen Belange und Gebietsgliederungen zuständig ist, siehe v.a. Mückler 1998: 229-243, 364-392 u. 2001: 5-97; Lal 1992: 14f, 18, 68-70, 134-139, 182f, 206-208.

[10] Seit den Anfängen staatlicher Ordnung in den 1860er Jahren ist das ‚Traditionelle' in Fiji Teil dieser Ordnung, deren Legitimation, Durchsetzung und Organisation in wesentlichen Bereichen auf als ‚traditionell' definierten Strukturen beruht, wie auch umgekehrt sich als ‚traditionell' verstehende Autoritäten auf die staatliche Ordnung zurückgreifen, um sich zu legitimieren und durchzusetzen. Kennzeichnend für diese neotraditionale Ordnung mit all ihren Brüchen, Widersprüchen und Spannungen ist die ideologische Betonung der *Kontinuität*

Beispiele der kulturellen Räumlichkeit Levukas und ihrer Modi der Räumlichkeit

Vor diesem Hintergrund möchte ich mich nun drei Beispielen kultureller Räumlichkeit zuwenden: (1) hierarchisch strukturierten Sitzordnungen, (2) Formen religiöser Räumlichkeit und (3) dem ‚Dorf' und dem ‚Land' als materieller Basis von Sinnordnungen. Von wesentlicher Bedeutung ist bei allen drei Beispielen der Modus der Lokalität, dem im Rahmen eines strukturierungstheoretischen Ansatzes eine fundamentale Rolle zukommt. Begründet liegt diese im systematischen Zentrum eines solchen Ansatzes: den praktisch tätigen Akteuren und Akteurinnen und deren prinzipieller Körperlichkeit. Es wird zu zeigen sein, welche Bandbreite an räumlichen Formen innerhalb eines solchen Konzeptes thematisiert werden kann, wie innerhalb einer spezifischen Praxisform Lokalität auf unterschiedliche Art mit unterschiedlichen Funktionen umgesetzt wird und wie unterschiedlich das Verhältnis zwischen den verschiedenen Lokalitäten einer kulturellen Praxis zu deren Sinnordnungen sein kann.

Die yaqona-*Runde als Beispiel hierarchisch strukturierter Sitzordnungen*

Das soziale Leben der melanesischen Fijianer und Fijianerinnen ist stark hierarchisch geprägt. Vor allem Rang, Funktion, genealogisches und persönliches Alter sowie das Geschlecht sind bei der Festlegung der sozialen und politischen Position einer Person die grundlegenden Kriterien. Räumlich umgesetzt werden die komplexen hierarchischen Beziehungen vor allem in Sitzordnungen in Häusern, an Versammlungsorten und in der Kirche.[11] Ganz gleich, zu welchem Anlass man sich zusammenfindet, immer wird eine Sitzordnung eingenommen, die die soziale Position und Funktion der Akteure und Akteurinnen in dem betreffenden Kontext hierarchisch artikuliert. So auch in den *yaqona*-Runden, in denen ein aus den Wurzeln des Kavastrauches (*Piper methysticum*) bereiteter Trank getrunken wird. Als

---

der Entwicklungen seit den vorkolonialen Tagen sowie der *Authentizität* der herrschenden Strukturen als melanesisch-fijianisch. Das ‚Traditionelle' ist hier nicht fester Kanon von Praktiken, Vorstellungen und Werten, sondern dynamische Praxis der Klassifikation, Bewertung und Legitimation, in der bestimmte Argumentationsmuster und Schlüsselsymbole strategisch verwendet werden, um den Bereich des ‚Traditionellen' zu bestimmen. S. a. Jolly 1992; Macnaught 1982; Thomas 1992; Toren 1988; Turner 1997.

[11] Dazu v. a. Nayacakalou [1975] 1992; Sahlins 1985: 73-103; Sayes 1984; Toren 1990, 1994.

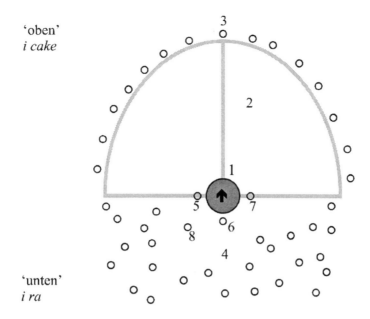

'oben'
i cake

'unten'
i ra

- Raumstrukturen
○ - Sitzposition
1 - *yaqona*-Schale (*dave* od. *Tanoa*) mit Ausrichtung
2 - Halbkreis der 'oben' Sitzenden
3 - 'oberste' Sitzposition
4 - 'untere' Sitzpositionen
5-8 - Personen, die den *yaqona* zubereiten

Abbildung 2: Die *yaqona*-Runde.

prägendes Moment melanesisch-fijianischer Praxis bieten sie sich hier als Beispiel an.[12]

Yaqona wird in einer überaus großen Bandbreite sozialer Kontexte getrunken, von den geselligen Runden zum Plausch und zur Entspannung bis hin zu den überaus formalisierten Zusammenkünften im Rahmen des Häuptlingstums und des Nationalstaates. Nicht umsonst gilt die *yaqona*-Runde als Emblem des ‚echten‘ melanesischen Fijis, das nicht nur touristisch vermarktet wird, sondern das auch im Kontext ethnischer Selbstdefinitionen politisch enorm bedeutsam ist. Allen diesen unterschiedlichen *yaqona*-Runden ist eine bestimmte Form räumlicher Strukturierung gemeinsam (s. Abb. 2). Zubereitet wird der *yaqona* in der *dave*, einer

---

[12] Zum *yaqona* siehe v.a. Katz 1993: v.a. 47-54; Sofer 1985a, b; Tora 1986; Turner 1995.

runden Holzschale mit vier bis zwölf Füßen, die aus einem Stück Hartholz ge-
schnitzt wird.[13] Trotz ihres flachen Querschnitts können manche dieser Schalen
mit besonders großem Durchmesser an die 10 Liter Flüssigkeit aufnehmen. Der
vier bis sechs Zentimeter breite Rand ist flach, und an einer Seite befindet sich ein
beim Schnitzen stehen gelassenes Dreieck, welches senkrecht in Richtung Boden
zeigt. An diesem kann ein bis zu zwei Meter langes Seil aus Kokosfasern samt
einiger weißer Muscheln befestigt sein (*sau*).[14] Von dieser Schale aus entfaltet sich
die räumliche Ordnung der *yaqona*-Runden. Das wesentliche räumliche Strukturierungsprinzip dieser Ordnung ist die auf die Horizontale projizierte Achse von
‚unten' (*i ra*) nach ‚oben' (*i cake*). Die Stelle, an der die *dave* steht, ist der Treffpunkt zweier Achsen, die orthogonal zueinander stehen und die dem hierarchischen Raum seine Grundstruktur geben. Die eine Achse entsteht durch die Positionierung der ranghöchsten Person genau gegenüber der durch das erwähnte Dreieck
markierten Seite der *dave*. Diese Achse verläuft also von der *dave* zur ‚obersten'
Sitzposition. Orthogonal zu dieser Achse verläuft eine zweite etwa in der Höhe der
dave, die den hierarchischen Raum der *yaqona*-Runde gewissermaßen zweiteilt.
‚Oberhalb' dieser zweiten Achse sitzen diejenigen Personen, die unter allen
Anwesenden durch Rang, Alter, Funktion und Geschlecht hierarchisch hervorgehoben sind. Nebeneinander in einer Reihe sitzend und der *dave* zugewandt bilden
sie zumeist einen Halbkreis um eine freie Fläche zwischen sich und der *dave*. Der
Scheitelpunkt des Halbkreises liegt genau auf der oben beschriebenen ersten Ach-

---

[13] Im vorliegenden Text werden die Begriffe des Nabukelevu-Dialektes verwendet. Im Stan-
dard-Fijianischen heißt die *yaqona*-Schale *tanoa*. Bei informellen Anlässen finden sich auch
die seltenen fußlose Schalen aus Ton auf einem Standring aus Stoff oder Kokosfasern oder
gar Plastikschüsseln, um den *yaqona* zuzubereiten.
[14] Dieses Seil wird nur für den *yaqona vakaturaga*, einer *yaqona*-Zeremonie zu Ehren eines
Häuptlings oder eines hohen Würdenträgers, während der Zubereitung des *yaqona* ausge-
rollt. Vor der Präsentation des ersten Trinkschälchens (*bilo*) an die ranghöchste Person
wird es wieder eingerollt. Mit der Schale (*dave* oder *tanoa*) kann eine überaus reiche Symbolik verbunden sein. So schreibt Tora: „The tanoa is seen as a feminine entity, the bearer of
water and plant from the earth mother, while the sau is symbolic of the umbilical cord and
is streched out towards the son of the land, the paramount chief" (1986: 25f). Diese
Bedeutungsmöglichkeiten bestehen vor allem in Kontexten mit einem *stranger king* (Sahlins
1985: 73-103). Vielen melanesischen Fijianern und Fijianerinnen sind diese Bedeutungen
aber kaum präsent, ohne dass die *yaqona*-Zeremonie sinnentleert und bedeutungslos wäre.
Allein schon ihr Charakter als soziales Ereignis und die mit ihr verbundene Raumordnung
verleiht ihr Bedeutungshorizonte, die über das formelle Zeremoniell des *yaqona vakaturaga*
hinausgehen.

se und ist somit die ‚oberste' Sitzposition genau gegenüber des *sau*. Sie wird als *loma djina* (‚wirklich innen') oder auch *i cake sara* (‚ganz oben') bezeichnet.[15]

‚Unterhalb' der zweiten Achse sitzen, oft dicht gedrängt, all jene, die im Kontext der betreffenden *yaqona*-Runde keinen Anspruch auf eine Sitzposition im ‚oberen' Halbkreis haben oder aber diesen nicht geltend machen. Auch hier sitzen ranghöhere und ältere Personen tendenziell weiter ‚oben' als rangniedere und jüngere. Oft findet eine Art loser Gruppenbildung statt, so dass etwa ältere verheiratete Männer, junge verheiratete Männer und junge unverheiratete Männer in jeweils einem Bereich zusammensitzen, wobei allerdings innerhalb dieser losen Gruppen nicht so streng auf die Sitzordnung geachtet wird wie im ‚oberen' Halbkreis. Eine weitere Zonierung der Trinkrunde kann erfolgen, wenn zum Zwecke einer Gabenpräsentation ein Gruppe von Gebern zur Runde stößt oder wenn eine Gruppe von Frauen, die weder Titel noch besonderen Rang im Rahmen der sozio-politischen Ordnung innehaben, zu einer Männerrunde hinzukommt.[16] Solche Gruppen nehmen dann als intern strukturierte Sitzgruppe auf der Höhe der *dave* oder etwas unterhalb von dieser Platz.

Besondere Relevanz erhalten diese *yaqona*-Runden dadurch, dass sie durch ihre materielle Ausgedehntheit und die in dieser vorzufindenden relationalen Positionierungen der symbolisch vermittelten Artikulation sozio-politischer Strukturen Objekte und Medien zur Verfügung stellen. Die *yaqona*-Runden sind somit als Lokalität im oben definierten Sinne beschreibbar. Nun erscheinen die hierarchischen Strukturen und Positionen, die sich im Rahmen dieser räumlichen Ordnung artikulieren in einem Dorf wie Levuka zunächst recht festgefügt, was nicht zuletzt durch die staatliche Kodifizierung von Landrechten und sozio-politischer Ordnung verbürgt scheint. In der konkreten Praxis der *yaqona*-Runden werden jedoch erhebliche Spielräume im Umgang mit diesen Strukturen und Positionen deutlich. Welchen Einfluss und welche Wirkungsmöglichkeiten eine Person erlangen kann,

---

[15] ‚Rechts' und ‚links' werden nicht benutzt, um hierarchische Differenzierungen vorzunehmen.

[16] Mit Ausnahme von Frauen, die selbst einen Titel im Häuptlingssystem tragen oder aus einer überaus ranghohen Verwandtschaftsgruppe stammen, stehen Frauen im Rang unter den Männern und sitzen schon deshalb zumeist ‚unten'. Insgesamt hängt der Rang einer Frau nicht nur von ihrem persönlichen Rang ab, sondern auch von dem ihres Mannes. Persönliches Ansehen spielt bei der Positionierung einer Frau ebenfalls eine wichtige Rolle. Zu beachten ist, dass Frauen auch unter sich *yaqona* trinken. Dort gelten die gleichen Prinzipien der Positionierung wie bei Männerrunden, selbst wenn Frauen nicht so strikt auf die Einhaltung der Hierarchie achten. In anderen Gebieten Fijis ist die Trennung zwischen informellen Männer- und Frauenrunden nicht so streng wie im westlichen Kadavu.

hängt nicht nur von einer vordefinierten Position innerhalb ihres Häuptlingstums, ihrer klanähnlichen Gruppe, ihres Haushaltes oder einer anderen Gruppe ab, sondern auch von ihrem persönlichen Verhalten. Die Art des Auftretens, was immer auch die körperliche Haltung mit einschließt, und die Wahl der Sitzposition sind hierbei wichtige Mittel, um sich zu behaupten und um die eigene sozio-politische Position zu verbessern.

Niemand beherrschte diese Zusammenhänge besser als Joeli Lau aus Muaninuku, dem Nachbardorf Levukas. Er nahm immer den ‚höchsten' Platz ein, der ihm im entsprechenden Kontext möglich war, und dies auch dann, wenn sein älterer Bruder anwesend war, dem es aufgrund der Geburtsfolge zugestanden hätte, ‚höher' zu sitzen. Joeli trat somit ganz selbstverständlich als der Führer seiner Gruppe (*itokatoka*) auf, was durchaus umstritten war und den Hintergrund für Joelis Verhalten bildete. Seine eigene *itokatoka* nämlich besteht aus zwei Gruppen unterschiedlicher Herkunft, einem Segment, das sich aus dem Dorf Dravuwalu im Naceva-Distrikt im Osten Kadavus ableitet und den Führer der *itokatoka* stellt, sowie dem Segment Joelis, welches seine Herkunft auf Tavuki in Zentral-Kadavu zurückführt. Epeli Qativi aus dem Dravuwalu-Segment war der nominelle Führer der *itokatoka* und als solcher anerkannt, doch zu gebrechlich, um seine Funktion voll auszuführen. Der zweite Mann in der Hierarchie nun, Osea Sala, war zwar nur sechs Jahre jünger als Joeli, aber der klassifikatorische Sohn von Epeli, womit er noch nicht als Führer der *itokatoka* amtieren konnte, auch wenn er de facto versuchte, diese Rolle zu übernehmen. Joeli konnte so zwar keinen Anspruch auf die Führung in der *itokatoka* erheben, betonte aber die besondere Stellung seines Segments, zumal dieses von jener Gruppe abstammte, die den oralen Traditionen zufolge vor allen anderen Gruppen des Dorfes auf dem Dorfareal von Muaninuku siedelte. Das Tavuki-Segment der *itokatoka* Muaninuku erscheint somit als der ursprüngliche Besitzer des Gebietes um Muaninuku, war aber in der Hierarchie sowohl im Dorf als Ganzem, dessen Führer aus einer anderen *itokatoka* kommen, als auch in seiner eigenen *itokatoka* nach unten gerutscht. Joeli beharrte also mit dem Anspruch dessen, der zuerst da war, auf seiner besonderen Stellung, auch unter Missachtung des gebührenden Respekts seinem älteren Bruder gegenüber, der keineswegs die Durchsetzungsfähigkeit Joelis an den Tag legte.[17] Die Einnahme der Sitzpositionen durch Joelis wurde mithin zur Demonstration dieses Anspruchs und zugleich schöpfte er damit die Möglichkeiten seiner aktuellen Situati-

---

[17] Wir haben es hier also mit einer Art der *stranger king*-Situation zu tun; dazu Sahlins 1985: 73-103.

on aus. Allerdings billigten nicht alle dieses Verhalten. Wurde diese Ablehnung seines Auftretens meist auch nur in der Abwesenheit Joelis oder mit ihm verbundener Personen kommentiert, so kam es hin und wieder zu offenen Äußerungen, wenn die Situation nicht die Gefahr eines Streites barg, etwa am Silvesterabend des Jahres 1995, an dem Joeli von einem der *mataqali*-Führer aus Levuka scherzhaft vor der versammelten *yavusa* auf seine doch recht ‚hohe‘ Sitzposition aufmerksam gemacht wurde. Freilich nahm Joeli dies nicht zum Anlass, an sein Verhalten zu ändern.

Die Sitzordnungen der *yaqona*-Runden sind mithin nicht reduzierbar auf präkonstituierte Strukturen, sondern haben selbst Anteil an der Konstituierung derselben. Dabei sind diese Sitzordnungen in ihrer Form als intern strukturierte mikroräumliche Einheiten als Lokalität begreifbar, als eine umgrenzte materielle Ausdehnung, die der symbolischen Praxis Medien und Objekte in Form bedeutsamer Positionen, Relationen, Zonierungen und Bewegungsmöglichkeiten zur Verfügung stellt. Auf diese Weise entsteht eine Artikulationsform hierarchischer Strukturen, die in der Materialität der Lokalität eine gewisse Unabhängigkeit von andern Formen der Artikulation hierarchischer Strukturen wie Diskursen und staatlichen Kodifizierungen aufweist. Sie macht die sozio-politischen Strukturen auf eine Art und Weise verfügbar, die es den Akteuren und Akteurinnen erlaubt, diese in Differenz zu den Diskursen und Kodifizierungen zu kommentieren, demonstrativ zu unterstützen oder aber sie zu manipulieren.

Nun sind die Akteure und Akteurinnen in Fiji heute nicht nur in die Strukturen des *vanua* und des Systems klanähnlicher Gruppen im Dorf eingebunden. Sie bewegen sich vielmehr ebenso in städtischen Kontexten und in den Hierarchien von Kirche (*lotu*), Staat (*matanitu*) und monetärer Ökonomie (*na salevu ni ilavo*). Beobachtet man Zusammenkünfte unterschiedlichster Art, so fällt auf, dass einerseits die sozio-politischen Strukturen des *vanua* und der klanähnlichen Gruppen in der Stadt auf die gleiche Art und Weise in *yaqona*-Runden artikuliert werden wie im Dorf und dass anderseits unterschiedliche Hierarchien scheinbar zwanglos in die als traditionell empfundenen Sitzrunden eingefügt werden.[18] Immer wieder ist zu beobachten, dass Pfarrer, Vertreter der staatlichen Verwaltung oder zu ehrende Gäste ganz ‚oben‘ in der *yaqona*-Runde ihren Platz finden und dass administrative Versammlungen bis auf die Provinzebene im Rahmen der *yaqona*-Runde ablaufen. Diese Möglichkeit der Einfügung in als traditionell empfundene Kontexte ist

---

[18] Dies steht im Gegensatz zu Fällen wie den von Martin Rössler in diesem Sammelband beschriebenen Makassar im Süden Sulawesis!

vor allem für die Kirche und den Staat von großer Bedeutung, denn diese beziehen gerade aus dieser Teilhabe an traditionellen Formen einen wesentlichen Teil ihrer Legitimation als fijianische Institutionen.[19]

Dass eine solche Umsetzung traditioneller Formen in urbanen Kontexten und eine solche Teilhabe unterschiedlicher Hierarchien an traditionellen Formen möglich ist, liegt nun nicht zuletzt an einem räumlichen Spezifikum dieser Sitzordnungen: Sie sind auf besondere Art und Weise ortsungebunden und erlauben somit eine situationale Konstituierung sozialer Beziehungen, die weniger von der konkreten Örtlichkeit, als vielmehr vom Anlass der Zusammenkunft sowie von den aktuell versammelten Personen in ihren hierarchischen Beziehungen zueinander abhängt. Dabei resultiert die Ortsungebundenheit als räumliche Bedingung der Möglichkeit situationaler räumlicher Konstituierung sozialer Beziehungen aus zwei Faktoren: (1) Die horizontale Achse zwischen den Polen ‚Oben‘ und ‚Unten‘ bildet ein universell einsetzbares Prinzip zum hierarchischen Aufbau von Räumen. (2) Bei der Ausrichtung dieser Achse orientiert man sich nur an wenigen Fixpunkten des gegebenen räumlichen Kontextes, von denen vor allem die Strukturierung des Hausinnenraums in ein ‚Oben‘ und ‚Unten‘ beachtet wird, nicht aber an physisch markierten Sitzplätzen wie etwa mit einem bestimmten Titel verbundenen Sitzpfosten o.ä. Außerhalb von Häusern oder im Falle nicht eindeutig strukturierter Bauten gibt es gar keine umfassenden Raumorientierungen, an denen sich eine hierarchische Strukturierung der *yaqona*-Runden ausrichten müsste. Die *yaqona*-Runde agiert hier als autonome räumliche Struktur, deren hierarchische Strukturierung allein durch die jeweils vorgenommene Orientierung der *yaqona*-Schale (*dave*)

---

[19] Wesentlich uneindeutiger ist die Einbindung hierarchischer Strukturen und Positionen der kapitalistischen Wirtschaftsordnung. Freilich sind auch Lohnarbeit und Geldwirtschaft wesentliche Faktoren des Dorflebens. Doch sind v.a. die Vertreter des *vanua* und der Kirche – beide selbst aufs engste verwoben mit der Geldwirtschaft – immer darum bemüht, das Geld mit ideologischen Mitteln ihrer Moral zu unterwerfen. Geld und materieller Reichtum haben somit eine ambivalente Position. Einerseits erwirbt man durch hohe Geldspenden für die Gemeinschaft und die Kirche große Anerkennung, andererseits ist ökonomische Macht im kapitalistischen Wirtschaftsprozess kein legitimes Mittel, um die sozio-politische Position im *vanua* und in den klanähnlichen Gruppen zu verbessern. Diese Ablehnung kapitalistischer Macht dient sicherlich den dörflichen Eliten, die gerade in Gegenden wie Kadavu oft über wenig Geld verfügen, und den Kirchen. Sie wird unterstützt durch die ethnische Selbstdefinition der melanesischen Fijianer und Fijianerinnen, die mehrheitlich für sich in Anspruch nehmen, den Weg des *vanua* und den der christlichen Kirchen zu gehen, während sie mit den Indo-Fijianern und -Fijianerinnen, von denen sie oft ökonomisch abhängen, den Weg des Geldes verbinden und dabei Kapitalismuskritik personalisieren. Gerade hier zeigt die koloniale Arbeitsteilung bis heute ihre ideologischen Konsequenzen.

sowie durch die Einnahme von Sitzpositionen der Teilnehmer und Teilnehmerinnen zu Beginn des Zusammentreffens bestimmt wird. Somit führt das Fehlen eines dauerhaften qualitativen Bezuges einer fixierten Sitzposition zu einer Person als Inhaber einer sozialen Position zu einer Praxis relationaler Positionierung der Anwesenden anhand weniger Prinzipien. Auf diese Weise entsteht ein formaler räumlicher Code, der multikontextuell eingesetzt werden kann, um hierarchische Beziehungen unabhängig von deren qualitativer Begründung zu artikulieren, erwachsen die hierarchischen Bedeutungen der Sitzpositionen doch nicht aus einer besonderen Qualität der einzelnen Raumstelle, zu der die sie einnehmende Person in Beziehung treten müsste, sondern aus der relationalen Positionierung im Rahmen der in gewisser Hinsicht ortsungebundenen *yaqona*-Runde. Und genau deshalb können traditionelle räumliche Formen in sog. modernen Kontexten genutzt sowie neue Hierarchien in traditioneller Form artikuliert werden. Daher können *yaqona*-Runden in der Stadt genauso funktionieren wie im Dorf, können sie in administrative Versammlungen und staatliche Zeremonien eingebunden werden und können staatliche oder kirchliche Funktionsträger zwanglos in die *yaqona*-Runden eingefügt werden.

Die Betrachtung der *yaqona*-Runden macht zusammengenommen zwei wesentliche Aspekte der kulturellen Räumlichkeit in Fiji deutlich: (1) Die Verfügbarkeit einer solchen Lokalität erschließt der kulturellen Praxis eine symbolische Praxisform, die aufgrund der eigenständigen materiellen Struktur dieser Sitzrunden zu einer eigenständigen Artikulationsform sozio-politischer Strukturen in Auseinandersetzung mit anderen Formen der symbolischen Konstituierung sozio-politischer Strukturen wird. Als Lokalität erscheint eine *yaqona*-Runde hier deshalb, weil sie eine räumliche Stelle als materielle und umgrenzte Ausgedehntheit definiert und dabei durch die Prinzipien der relationalen Positionierung der Teilnehmer und Teilnehmerinnen Objekte und Medien symbolischer Praxis wie Sitzpositionen und Raumorientierungen zur Verfügung stellt, vermittels derer sozio-politische Strukturen und Positionen artikuliert und Hierarchien unterschiedlicher Herkunft in Beziehung miteinander gesetzt werden. (2) Die durch die spezifische Ortsungebundenheit der Prinzipien der relationalen Positionierung im Rahmen der *yaqona*-Runden ermöglichte situationale Konstituierung einer solchen Lokalität zeigt nun, dass das Konzept der Lokalität nicht auf eine Form der Räumlichkeit wie etwa den qualitativ dauerhaft fixierten Orten reduzierbar ist. In den *yaqona*-Runden tritt uns vielmehr ein typischer Handlungsrahmen entgegen, der sich an ganz unterschiedlichen Orten entfalten kann und mithin gewissermaßen transpositionierbar ist. Die

yaqona-Runde erscheint somit als transpositionierbares *locale* im Sinne Giddens',
der *locales* als räumliche Handlungsrahmen begreift, die auf typische Art und Weise
strukturiert sind und so wesentlich für die praktische Konstituierung bestimmter
Kontextualitäten sind.[20] Für das Verständnis der melanesisch-fijianischen kulturellen Räumlichkeit erweist sich eine solche differenzierte Konzeption von Lokalitäten, die unterschiedliche Formen der Räumlichkeit erfasst, als besonders wichtig,
da sie wesentliche Charakteristika dieser kulturellen Praxis verstehbar macht: die
Umsetzung traditioneller Formen in urbanen Kontexten und die räumlich vermittelte Verschränkung unterschiedlicher Hierarchien im Rahmen einer hegemonialen
neotraditionalen Ordnung.

Formen religiöser Räumlichkeit

Im Falle der *yaqona*-Runden diente eine konkrete Räumlichkeit als Ausgangspunkt der Betrachtung. Nun soll der Zugang zur kulturellen Räumlichkeit Levukas
auf einer anderen Ebene gesucht werden: auf der Ebene der Religion im Sinne
eines systematischen Aspektes ethnologischer Betrachtung. Um im vorhinein Miss-
verständnissen vorzubeugen, muss schon jetzt das klargestellt werden, was in der
folgenden Betrachtung deutlicher werden wird: Wenn ich von ‚religiöser Räumlichkeit‘ spreche, so meint dies keine Räumlichkeit, die sich durch ein bestimmtes
Merkmal wie etwa das Sakrale oder das Spirituelle qualitativ vollständig bestimmen ließe. Vielmehr erweist es sich im Rahmen der bislang hier entwickelten Perspektive als notwendig, alle Arten des Räumlichen mitzubedenken, die im Modus
der Lokalität in eine religiösen Praxis einbezogen werden, um religiöse Räumlichkeit in ihrer ganzen Komplexität erschließen zu können.

Wie in allen melanesisch-fijianischen Dörfern, so speist sich die religiöse Praxis
auch in Levuka aus zwei großen Traditionssträngen. Da ist zum einen das Christentum, *na lotu va-Karisito*.[21] Die Geschichte des Christentums in Fiji begann
schon in den 1830er Jahren mit methodistischen Missionaren. Heute gehören dem
Christentum praktisch alle der knapp 400.000 melanesischen Fijianer und Fijianerinnen an. Drei Viertel von ihnen sind Methodisten, auf die sich auch die fol-

---

[20] Dazu siehe Giddens [1984] 1989: v.a. 118f u. 375.
[21] Mit dem Begriff *lotu* wird das bezeichnet, was wir gemeinhin mit ‚Religion‘, ‚Kirche‘ und
‚Gottesdienst‘ bezeichnen würden. *Lotu va-Karisito* meint so das Christentum, *vale ni lotu*
das Gotteshaus, *lotu Wesele* die methodistische Kirche und *e dua na lotu* ist ein Gottesdienst.

genden Betrachtungen beziehen.[22] Der Erfolg des methodistischen Christentums erklärt sich nicht zuletzt aus der engen Verbindung dieser Kirche mit der Häuptlingshierarchie und ihrer Akzeptanz großer Teile jener Traditionen, die viele melanesische Fijianer und Fijianerinnen für sich als authentisch empfinden.

Neben dem Christentum prägen zugleich jene Vorstellungen die melanesisch-fijianische Religiosität, in denen vor allem die Ahnenwesen und Geistwesen sowie die Konzepte *mana* (,Wirkkraft', ,wirkmächtig') und *tabu* (,verboten') die zentrale Rolle spielen. Auf komplexe Art und Weise ist dieser Bereich heute verwoben mit der christlichen Religion und ihrem Weltbild.[23] Wesentlicher Aspekt dieser Verwobenheit ist die Einbindung des *vanua* in die christliche Weltordnung. Dieses komplexe, oft als ,Land' übersetzte Konzept steht, wie oben schon skizziert, für die sozio-politische, territoriale, moralische und rituelle Einheit von physischem Raum, Ahnen, Lebenden und zukünftigen Generationen. Es schließt somit die physische Lebensgrundlage genauso mit ein wie die hierarchische Organisation der Gesellschaft im Rahmen des Häuptlingssystems und die damit verbundene moralische Ordnung. Physische Manifestation des *vanua* ist das Territorium einer Gruppe, wobei der Begriff auf verschiedenen Ebenen der sozio-politischen Integration von den klanähnlichen Gruppen über die Häuptlingstümer und die Konföderationen von Häuptlingstümern bis hin zum Nationalstaat benutzt werden kann. Hervorzuheben ist hier, dass das *vanua* nicht nur das Land seiner heutigen Bewohner ist, sondern dass auch die Ahnen- und Geistwesen auf ihm an konkreten Orten präsent sind. Diese Präsenz verleiht dem *vanua* eine sakrale Dimension und macht es aus der Sicht meiner Gesprächspartner und -partnerinnen zu etwas Lebendem (*e dua na ere bula,* ein lebendes (*bula*) Ding (*ere*)), stattet es mit *mana* (Wirkkraft) aus, versieht es mit Ohren (*taliga*) zum Hören (*rogo*) und Augen (*mata*) zum Sehen (*rai*) (*na vanua e taliga rogo, mata rai*), befähigt es, zu beißen (*katjia*) im Sinne einer für Verfehlungen bestimmter Art strafenden Gewalt: *Sa katjia na vanua,* wie es ein gängiger Ausspruch sagt. Diese Dimension des *vanua* wurde von den allermeisten meiner Gesprächspartner und -partnerinnen keineswegs als Gegensatz zum Christentum gesehen, sondern es wird versucht, das *vanua* in die christliche Weltordnung einzubinden.[24]

---

[22] Ca. 10% sind katholisch und die restlichen 15% verteilen sich auf andere Kirchen, wobei in den letzten Jahren vor allem in städtischen Gebieten Kirchen wie die Sieben Tage Adventisten, die Assembly of God und die Zeugen Jehovas, aber auch viele kleinere Glaubensgemeinschaften größeren Zulauf erhalten. Zur Missionsgeschichte siehe v.a. Wood 1975-78.
[23] Eine eindrückliche Dokumentation dieser gelebten religiösen Praxis vor allem im Zusammenhang mit Heilpraktiken findet sich in Katz 1993. S.a. Mann 1940; Spencer [1941] 1966; Turner 1984 u. 1995.

Vanua und *vanua tabu* als Lokalitäten religiöser Räumlichkeit

Viele meiner Gesprächspartner und -partnerinnen aus Levuka haben schon kon-kret-sinnliche Erfahrungen mit den Ahnen- und Geistwesen gemacht, sei es als Medium, sei es, dass man sie gesehen oder gehört hat.[25] Drei Arten solcher Ahnen- und Geistwesen sind zu unterscheiden: Die *vu* sind jene Ahnenwesen, die mit den Anfängen der heutigen klanähnlichen Gruppen in Verbindung gebracht werden, worauf schon die wörtliche Bedeutung dieses Begriffes hinweist, der soviel wie ‚Ursprung‘ oder ‚Ausgangspunkt‘ heißt. Sie sind persönlich bekannt und werden mit bestimmten Orten in Verbindung gebracht. Die zweite Art sind die *qase*, ‚die Alten‘. Sie sind die Ahnen im allgemeinsten Sinne des Wortes und erscheinen nicht in personalisierter Form, obwohl in den oralen Traditionen z.T. konkrete Namen auftauchen. Außer diesen gibt es noch zumeist übelwollende *tjimoni* (‚Dämonen‘), auch *tevoro* (‚Teufel‘) genannt. Sie werden nicht mit den klanähnlichen Gruppen in Verbindung gebracht und ihre Herkunft ist ungewiss. Diese Wesen werden vor allem wegen ihrer Gefährlichkeit für die Lebenden und die gerade Verstorbenen gefürchtet.

Die Präsenz dieser Wesen auf dem Land im allgemeinen und an besonderen Orten hat nun verschiedene Konsequenzen für den Umgang mit dem *vanua*. So üben etwa die *vu* und *qase* eine wichtige Wächterfunktion über das *vanua* auch in seiner physischen Dimension aus. Immer achten sie darauf, dass die heutigen Be-

---

[24] Es sei an dieser Stelle darauf hingewiesen, dass es hinsichtlich dieser Integrationsversuche ebenfalls kritische Stimmen unter den fijianischen Christen und Christinnen gibt, auch wenn sie in den methodistisch geprägten Dörfern nur vereinzelt geäußert werden. Sie betonen, dass man nur dem einen Gott dienen könne, nicht aber zugleich den Ahnen- und Geist-wesen. Allerdings wird auch hier die Existenz dieser Wesen nicht in Abrede gestellt, son-dern nur die Art des Umgangs mit ihnen als nicht vereinbar mit dem Christentum empfun-den. Katz weist außerdem darauf hin, dass es ebenso umgekehrt Integrationsversuche da-hingehend gibt, das Christentum dem *vanua* unterzuordnen; dazu Katz 1993: v.a. 23-26.

[25] Daneben herrscht durchaus die Vorstellung von Seelenwegen vor, von denen auch schon die ältere Ethnografie zu berichten weiß (s. z. B. Beauclerc 1916). Auf diesen gelangen die Seelen (*yalo*) der Toten zu einem bestimmten Punkt an der Ostspitze Kadavus, um von dort auf einem aus dem Wasser auftauchenden Riff zum Jenseits gebracht zu werden, welches heute mit dem christlichen Himmel (*lomalagi*) in Verbindung gebracht wird. Die Wider-sprüche dieser Vorstellungen zu den Vorstellungen über die Präsenz der Ahnen waren bewusst, und es gab verschiedene Erklärungsmöglichkeiten. Eine war, dass nur die Toten der ersten Generation auf dem Land verblieben sind, eine andere, dass nur diejenigen dem Seelenpfad folgen, die nicht aus dem Ort stammen, an dem sie versterben, und eine dritte war, dass es damit zusammenhängt, ob man auf dem Wasser oder auf dem Land stirbt. Es wurde viel spekuliert, ohne aber die christliche Seelenvorstellung von einer einzigen von Gott gegebenen Seele in Frage zu stellen.

wohner das Territorium ihrer klanähnlichen Gruppe bewahren und beschützen, denn die heute Lebenden sind nur die Bewahrer, nicht aber die Besitzer des Landes, das sie letztlich an die zukünftigen Generationen weitergeben müssen.[26] Somit wird das *vanua* als physisches Territorium in seiner Gänze zu einem gewissermaßen sakralen Raum, der in seiner physischen Integrität geschützt werden muss. Tiefe Eingriffe durch schwere Erdarbeiten, Grenzverschiebungen und die Vergabe von Land an Klanfremde zur dauerhaften Nutzung etwa zum Bau eines Hauses müssen von bestimmten Ritualen begleitet sein. In diesen wird durch Präsentationen von *yaqona*, Nahrungsmitteln (*magiti*) sowie Walzähnen (*tabua*), die als Wertgegenstände im zeremoniellen Tausch von großer Bedeutung sind, der Kontakt zu den Ahnen hergestellt und deren Einverständnis erbeten. Unterbleiben diese Rituale, so ist die Folge nicht nur Streit unter den Lebenden, sondern auch die Bestrafung der Besitzer des Landes durch die Ahnen mit Misserfolg, Krankheit und Tod.[27]

Die einzelnen Orte nun, an denen sich diese Ahnenwesen aufhalten, erheischen ein besonderes Verhalten.[28] Sie gelten als *vanua tabu*, als ‚verbotene Orte‘. Bestimmte Dinge sind dort strikt verboten, sei es das Pfeifen oder Lärmen, sei es das Schneiden einer bestimmten Lianenart, unter deren Blätterdach sich die Geistwesen gerne aufhalten, das Sammeln von Feuerholz oder das Anlegen eines Gartens. Für wie gefährlich ein solcher Ort eingeschätzt wird, hängt unter anderem davon ab, welche Ahnen- und Geistwesen mit diesem Ort in Verbindung stehen und wie wirkkräftig deren *mana* eingeschätzt wird. So ist in Levuka der am striktesten gemiedene Ort der *sau tabu* (s. Abb. 1 B) genannte Begräbnisort der Häuptlinge. Bis direkt an ihn heran stehen zwar Häuser, doch ist es nur einer einzigen Gruppe von Brüdern erlaubt, diesen Ort zu betreten und auch nur nach ritueller Vorbereitung und unter strengster Beachtung verschiedener Tabus zur Beerdigung eines Häuptlings. Für jeden anderen, der die Erde dieses Landstückes berührt oder andere Tabus bei der Beerdigung nicht beachtet, kann dies zum Tod führen, und tatsächlich werden insgesamt fünf Todesfälle mit dem Begräbnis des vorletzten Tui Levuka in den 1920er Jahren in Verbindung mit solchen Tabubrüchen gebracht. Andere dieser Orte sind weniger gefährlich und können unter Beachtung der erwähnten Verbote betreten werden. Oft handelt es sich hier um alte Siedlungsorte, also um sogenann-

---

[26] Ilaisa Lagilagi aus Levuka formulierte dies prägnant: „[…]es ist nicht dein Land, es ist nicht dein Boden, […]. Die Besitzer sind die, die schon lange tot sind, zusammen mit denen, die erst in einigen Jahren da sein werden. Du bist nur da, nutzt es nur."

[27] Diese durchaus häufigen Krankheiten werden in Levuka *baca ni vanua* (‚Krankheit des Landes‘) genannt.

[28] Zu diesen Orten siehe auch Toren 1995.

te Ursprungshausplattformen (*yavutu*), die in Verbindung mit den ersten Ahnen einer Gruppe an diesem Ort stehen, oder um alte aufgelassene Dörfer (*koro makawa*) (s. Abb. 1 H u. I). Die *vanua tabu*, auf denen sich *tjimoni* aufhalten, sind oft große Banyan-Bäume (*Ficus obliqua*) (s. Abb. 1 F u. G). Der Stamm dieser Bäume wird aus einem wirren Bündel kleiner Stämmchen gebildet, die eine mächtige Krone tragen. Solche Orte werden am besten gemieden – und dies gilt nicht nur für die Lebenden, sondern auch für die Toten: Wird der Leichnam von der Kirche in Levuka zum Friedhof getragen, muss ein bestimmter Weg dorthin gemieden werden, befindet sich doch auf diesem ein Banyan-Baum, in dem sich eine bestimmte Art *tjimoni*, die Marama soro, aufhalten, die die Seele (*yalo*) der Toten fressen (*kania*) (s. Abb. 1 G).

Auffallend an der Verteilung dieser *vanua tabu* ist, dass diese der Geschichte der konkreten Anwesenheiten der Ahnen- und Geistwesen folgt. Vor allem für die Orte, die mit den Ahnenwesen, den *vu* und den *qase*, in Verbindung gebracht werden, heißt dies aber, dass sie mit dem früheren Lebensraum dieser Ahnen in Zusammenhang stehen – und dieser ist bis heute Teil des Lebensraums ihrer Nachfahren. Sakrale Orte sind somit integraler Bestandteil des alltäglichen Lebensraumes, mit dem die Lebenden gerade auch durch die Ahnen über ihre genealogische und rituelle Anbindung verbunden sind. Der Ort der Ahnen ist nicht außerhalb der Gemeinschaft der Lebenden, sondern inmitten dieser Gemeinschaft.

Zusammenfassend kann man also sagen, dass die sakrale Bedeutsamkeit in den bislang vorgestellten Bereichen aus der konkreten Präsenz der Ahnen- und Geistwesen an konkreten Orten erwächst. Daraus ergeben sich einige Folgerungen für die Beziehung der Gruppen und der Einzelnen mit den angesprochenen sakralen Räumen. Es besteht eine moralische Verantwortung im Umgang mit der konkreten Lokalität des *vanua* und der *vanua tabu*, den ‚verbotenen Orten‘. Zudem sind die konkreten aufgeladenen Orte Orte des direkten und sinnlich erfahrbaren Kontakts mit den Ahnen- und Geistwesen. Und schließlich ist der einzelne durch seine Abstammungsbeziehungen sowie durch seine rituellen Bindungen direkt mit den konkreten Lokalitäten verbunden, eine Verbundenheit, die in bestimmten Fällen über die Generationen hinweg auch zwischen weit entfernten Orten aufrecht erhalten wird und die solange als unauflöslich gilt, bis sie auf rituell korrekte Art und mit Zustimmung der Ahnen aufgegeben wird. Die Lokalitäten des *vanua* und der *vanua tabu* haben somit den Charakter einzigartiger Orte, durch die sich eine einzigartige Beziehung einer Person oder einer Gruppe zu einem konkreten Stück Land in einer sakralen Dimension manifestiert.

Die Räumlichkeit der Kirche

In der bislang dargestellten Form religiöser Räumlichkeit wurde vor allem die aus der konkreten Präsenz von Ahnen- und Geistwesen erwachsende qualitative Aufladung von Lokalitäten und die damit zusammenhängenden Formen der Tabuisierung, des Zugangs und der Verbundenheit betont. Die Räumlichkeit des christlichen Glaubens, des *lotu va-Karisito*, lässt nun eine andere Form der religiösen Räumlichkeit hervortreten. Die auffälligste physisch-konkrete Manifestation des christlichen Glaubens ist die Kirche. Als fester Bestandteil eines jeden melanesisch-fijianischen Dorfes dominiert sie zumeist den Dorfplatz, auffälliger noch als das Häuptlingshaus. Ihre konkrete Nutzung macht nun deutlich, dass sie kein einzigartiger ‚verbotener Ort‘ (*vanua tabu*) ist, der seine Achtung aus der dauernden Anwesenheit eines höheren geistigen Wesens erlangte. Denn der methodistische Gott (*Kalou*) ist der Gott in der Höhe (*na Kalou i cere*), der Gott im Himmel (*na Kalou i lomalagi*), der zwar durch eine spirituelle Omnipräsenz gekennzeichnet ist, der aber keinen Ort auf Erden dauerhaft besonders auszeichnet. Die Gemeinde nähert sich ihm durch das Gebet, den Gesang und die Predigt. Die Nähe zu ihm ist eine Nähe in christlicher Gemeinschaft und in der Lebensführung nach den christlichen Moralvorstellungen – es ist keine Nähe, die an einen physischen Ort besonderer Heiligkeit gebunden wäre.[29]

Zwar werden auch methodistische Kirchen in Fiji geweiht (*vakatabui*), doch zeigt schon die Bezeichnung *vale ni lotu*, ‚Haus des Gottesdienstes‘, statt der von den Katholiken verwendeten Bezeichnung *vale tabu*, ‚heiliges Haus‘, dass der Schwerpunkt in der methodistischen Kirche auf der sozialen Dimension der religiösen Praxis liegt und weniger auf einer dauerhaften Einräumung des Heiligen. Dies zeigt sich auch im Umgang mit Symbolen. Zwar ist jede Kirche vor allem im Kanzelbereich geschmückt und oft sieht man Kreuze und bildliche Darstellungen wie das Letzte Abendmahl von Leonardo da Vinci,[30] doch ist gerade die Kirche in Levuka Beleg dafür, dass solchen Symbolen keine wesentliche Bedeutung zukommt: In ihr findet sich kein christliches Symbol, nicht einmal ein Kreuz. Es wurde bei den letzten Renovierungsarbeiten vor einigen Jahren abgehängt und seitdem nicht wieder aufgehängt. Dementsprechend gestaltet sich auch der tägliche Umgang mit

---

[29] Tuwere, ein melanesisch-fijianischer Theologe der methodistischen Kirche, kommt zu ähnlichen Schlussfolgerungen. Die Verbindung kommt nicht durch die göttliche Präsenz an einem besonderen Ort, etwa den Tempel in Jerusalem, zustande, sondern durch den Segen Gottes in und durch Christus, der ihn aus dem Tempel hinaus trägt; dazu s. Tuwere 1994: v. a. 8f.

der Kirche. Sie steht offen, man kann in ihr bei Regen auf das Schiff aus Suva warten, und Kinder können darin spielen, werden nur weggescheucht, damit die Einrichtung und die liebevoll von den Frauen hergestellte Dekoration aus Stoff, Kissen, Deckchen und Blumen keinen Schaden nimmt.

Es verwundert somit kaum, wenn sich im Innenraum der Kirchen, deren Ausrichtung im übrigen keinem einheitlichen Orientierungsschema folgt, zusammen mit der rituellen Raumordnung eine Raumordnung entfalten kann, die nicht zuletzt sozio-politischen Maßgaben folgt. Dabei ist ein wichtiges Prinzip, vermittels dessen soziale Strukturen in der Praxis der melanesischen Fijianer und Fijianerinnen räumlich umgesetzt werden, die Verteilung der Personen entlang der schon weiter oben im Zusammenhang mit der *yaqona*-Runde beschriebenen auf die horizontale Fläche projizierten Achse von ‚unten' nach ‚oben', deren rangniedriger Pol mit ‚unten' (*i ra*) und dessen ranghoher Pol mit ‚oben' (*i cake*) gleichgesetzt wird. Wie in allen methodistischen Kirchen Fijis vollzieht sich dies auch in Levuka in einem rechteckigen Raum, der in drei Bereiche eingeteilt ist (siehe Abb. 3; die im Folgenden angegebenen Nummern und Buchstaben finden sich dort).[31] In der ‚unteren' Hälfte, in die man durch den Haupteingang eintritt, stehen die Kirchenbänke der Gemeinde (1). Es schließt sich der Bereich des Kirchenchores (2) und der Bänke für die Kinder (3) an. Das ‚oberste' Drittel nimmt ein durch ein Geländer abgeteiltes Podium ein (4), auf dem sich die Kanzel (5) und ein etwas kleineres Rednerpult (6), welches oft für Gruß- und Dankreden benutzt wird, die nicht zum Ritus des Gottesdienstes gehören, befinden. Zwischen Kanzel und Rednerpult stehen zwei Lehnstühle (7), an der Wand hinter der Kanzel befinden sich zwei weitere Lehnstühle (8) und hinter dem Rednerpult, ebenfalls an der Wand, eine einfache Sitzbank (9). Die Gemeinde verteilt sich gemäß Alter, Geschlecht und Rang auf den Gemeindebänken, die Frauen vom Eingang her gesehen links, die Männer rechts, die alten und ranghöheren Personen weiter ‚vorne' bzw. weiter ‚oben', die jungen und rangniederen weiter ‚hinten' bzw. ‚unten'. Auf den Chorbänken verteilen sich die Mitglieder des Kirchenchores weniger nach Rang und Alter als vielmehr nach Geschlecht und Stimme, die beiden weiblichen Stimmen in den ‚vorderen' Reihen, die beiden männlichen in den ‚hinteren'. Auf den Kinderbänken sitzen die Mädchen in den ‚vorderen' Reihen, die Buben in den Reihen ‚dahinter', jeweils nach dem Alter von vorne nach hinten geordnet. Auf dem Podium finden nicht nur der Katechist und der Prediger Platz. Die beiden Lehnstühle zwischen der Kanzel

---

[30] Zu den Darstellungen des letzten Abendmahls s. a. Toren 1988.
[31] Für andere Regionen Fijis s. a. Toren 1990: 119-137.

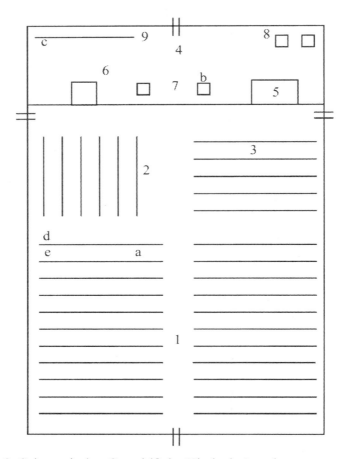

Abbildung 3: Schematischer Grundriß der Kirche in Levuka.
(Ziffern und Buchstaben siehe Text)

und dem Rednerpult sind für den Tui Levuka und für den Führer der im Rang ihm nachfolgenden klanähnlichen Gruppe, der *mataqali* Balagita, bestimmt, die Bank hinter dem Rednerpult für die anderen Führer der klanähnlichen Gruppen.

Soweit die mögliche Anordnung der Personen, aus der schon deutlich wird, dass die sozio-politischen Strukturen und der Gottesdienst ineinander greifen. Doch die konkrete Auffüllung der möglichen Sitzpositionen fügt dem noch einen wichtigen Aspekt hinzu. Die tatsächliche Sitzordnung entspricht nämlich nicht dem Idealbild der sozio-politischen Struktur, greift doch die jeweils aktuelle politische Situation in die interne Differenzierung des Kirchenraums ein. So saß zwar Ratu Masi, der Führer der im dörflichen Rangsystem zweithöchsten klanähnlichen Gruppe, der *mataqali* Balagita, auf seinem Lehnstuhl neben der Kanzel (Abb. 3: b), nicht aber die Trägerin des Häuptlingstitels Marama Tui Levuka Bulou Salote, die aus der ranghöchsten klanähnlichen Gruppe des Dorfes, der *mataqali* Levuka, stammt (Abb. 3: a). Wurde dies offiziell damit begründet, dass Ratu Masi und Bulou Salote in einem verwandtschaftlichen begründeten Tabuverhältnis zueinander stehen, das ihnen räumliche Nähe verbietet, was auch in anderen Kontexten deutlich wurde, so war doch die Tatsache, dass Bulou Salote ihren Anspruch auf den Platz auf dem Podium nicht durchsetzte, Ausdruck der schwachen politischen Stellung der Marama Tui Levuka. Und auch eine andere Sitzkonstellation war in dieser Hinsicht signifikant. Neben Ratu Masi war Lemeki Colata bis zu seinem Tode 1996 der wichtigste alte Mann der *mataqali* Balagita und nahm seinen Platz immer auf der Bank hinter dem Rednerpult ein (Abb. 3: c). Seine Frau Merelesita saß, wie es sich für sie als Frau gehörte, auf einer der Gemeindebänke, wie auch Marama Tui Levuka Bulou Salote. Auffallend war jedoch, dass Merelesita in der ‚vordersten‘ bzw. ‚obersten‘ Reihe saß (Abb. 3: d), während Bulou Salote eine Reihe weiter ‚unten‘ saß (a), was weder ihrem Rang im Verhältnis zu Merelesita noch ihrem Amt entsprach. Als nun der alte Lemeki starb, gab es eine kleine, aber signifikante Veränderung: Merelesita nahm nunmehr einen Platz in der gleichen Reihe wie Bulou Salote ein (e), wobei die ‚oberste‘ Bank unbesetzt blieb. Die Stärke (*qaqa*) Lemekis war nun nicht mehr da, *sa mino na nona qaqa*, wie einer meiner Gesprächspartner kommentierte.

Der Raum der Kirche weist demnach eine andere Form religiöser Räumlichkeit auf als das *vanua* und die *vanua tabu*. Nicht die Verortung einer dauerhaften qualitativen Aufladung vermittelt hier die Beziehung zum Göttlichen, sondern die Einräumung eines sozialen Ereignisses, in dessen Ablauf sich die Verbindung zum Göttlichen konstituiert. Die Kirche erhält somit ihre Funktion und ihre Bedeutung als Lokalität eines sozialen Ereignisses, für dessen Einräumung gemäß der Prinzipien der relationalen Positionierung es den räumlichen Kontext im Rahmen einer spirituellen Omnipräsenz Gottes bildet, der keinen Ort dauerhaft besonders auszeichnet. Wichtig ist, dass hiermit Prinzipien der Strukturierung in die religiöse Praxis räumlich vermittelt Eingang finden, die aus der sozio-politischen Sphäre des *vanua* stammen. Diesem Zusammenhang soll nun noch nachgegangen werden.

Zur Verschränkung von *vanua* und *lotu*

Die beiden beschriebenen Formen religiöser Räumlichkeit bestehen nicht unverbunden nebeneinander, und es zeigt sich, dass es gerade ihre unterschiedliche Charakteristik ist, die sie in einer religiös begründeten Weltordnung zusammen bestehen lässt.

Zunächst zum Raum der Kirche. Die oben beschriebene Strukturierung des Kirchenraumes nach sozio-politischen Strukturen ist nicht bloß ein einfacher Ausdruck einer weltlichen Ordnung im religiösen Raum, durch die die weltliche Ordnung zusätzliche Legitimität erlangt. So sehr dies auch der Fall ist und die sozio-politischen Hierarchien als gottgegeben verstanden werden,[32] so ist doch auch auf einen anderen Aspekt hinzuweisen. Indem diese Strukturen den Raum der Kirche strukturieren, machen sie die Kirche zu einem Raum des *vanua*, ist doch das *vanua* der Inbegriff der Einheit von Land, Menschen und Lebensform, was auch die sozio-politische Ordnung einschließt, die von den Ahnen als Ganzes bewahrt und geschützt wird. Die oft beschworene Einheit von *vanua* und *lotu*,[33] wird so auf dieser Ebene durch die dargestellte Form religiöser Räumlichkeit durch die Kirche im Modus der Lokalität hergestellt.

Doch wie der Kirchenraum zum Raum des *vanua* wird, so wird das *vanua* auch zum christlichen Raum – und zwar indem es als Ganzes in die christliche Weltordnung eingebunden wird. Dabei bezieht sich diese Einbindung auch und gerade auf die Räumlichkeit und die über die Ahnen vermittelte Bezogenheit auf diese. Diese Einbindung äußert sich in vielerlei Bereichen. Zunächst wird die christliche Schöpfungsgeschichte voll akzeptiert und das Land als von Gott gegeben (*soli*) angesehen. Doch nicht nur auf einer solch allgemeinen Ebene wird der Anschluss an die christliche Mythologie gesucht. So wird etwa die in Form von Migrationserzählungen der Ahnen repräsentierte Geschichte der melanesischen Fijianer und Fijianerinnen inzwischen bis nach Israel zurückgeführt, von wo aus die Vorfahren der Fijianer und Fijianerinnen nach Afrika wanderten, um von dort schließlich nach Fiji zu gelangen.[34] Im Rahmen dieser Interpretationen der eigenen Herkunft wird auch die christliche Tradition in der oben umrissenen Sinnordnung des *vanua* gedeutet:

> Es ist nur allzu richtig, dass wir uns zutiefst freuen
> Fiji, vom Boden Edens
> Ich, ein Mann aus Jerusalem
> Der heilige/verbotene Ort Manuels
> Ich erwachse aus dem Stammbaum Israels[35]

---

[32] Nicht nur Geistliche gelten als *talai* (entsandt), sondern, mit Verweis auf die Bibel, auch die Häuptlinge.

[33] Ein junger Pfarrer brachte dies mir gegenüber enthusiastisch auf die Formel *E dua ga, na vanua vata kei na lotu!* (Es ist eines, das *vanua* und das *lotu*!). Stellvertretend für diese Ideologie sei auf Niukula o. J. verwiesen.

Bemerkenswert erscheint mir hierbei außerdem, dass keine Einräumung göttlicher Präsenz in das *vanua* erfolgt, sondern die Extension der Sinnordnung des *vanua* auf den Raum der jüdisch-christlichen Mythologie. Das *vanua tabu* Gottes ist nicht die Kirche im Dorf, sondern es befindet sich am Ort seiner Herkunft und seines Auftretens im Heiligen Land. Dort findet sich eine Lokalität, die aus der Sicht des Dichters dieser Zeilen der Form der Räumlichkeit des fijianischen *vanua tabu* entspricht.

Dabei ist das *vanua* nicht nur im Bereich der formulierten Ideologie Teil der christlichen Weltordnung, auch im Ritual findet eine Einbindung statt. Bei *yaqona*- und Lebensmittelgaben an die Ahnen werden christliche Gebete gesprochen und nicht selten ist ein Katechist oder auch ein Pfarrer anwesend, der dann die Gebete spricht. In den Gottesdiensten selbst wird freilich auch der Beistand Gottes für das *vanua* erbeten, ja einmal im Monat gibt es einen speziellen Gottesdienst für das *vanua* (*lotu ni vanua*), in dem die *mataqali*-Führer aus der Gemeinde vortreten und auf Knien für das *vanua* ihre Fürbitten beten, sei es um Regen, Fruchtbarkeit oder Erfolg der Klanmitglieder, sei es um Schutz vor tropischen Zyklonen. Diese Einbindung des *vanua* in die Verfügungsgewalt des christlichen Gottes berührt auch die Stellung des Häuptlings. War die Fruchtbarkeit und Wohlfahrt des *vanua* wohl schon in vorchristlicher Zeit aufs engste mit seiner Person verbunden, so erscheint er vielen heute nicht nur als Vermittler zu den Ahnen, sondern seine Kraft, das *vanua* zu segnen, wird als Vermittlung des Segen Gottes aufgefasst. Von Gott kommt letztlich aller Segen, er ist die Quelle des *mana*. Die Ahnen und der Häuptling sind nur Vermittler im Rahmen der das *vanua* umgreifenden göttlichen Weltordnung.[36]

Möglich wurde diese Einbindung des *vanua* in die christliche Weltordnung nicht zuletzt durch zahlreiche Anknüpfungspunkte im Alten Testament, die als im Einklang stehend mit den als traditionell fijianisch angesehenen Normen und Werten

---

[34] Die Herleitung der melanesischen Fijianer und Fijianerinnen aus Afrika wurde schon von den Missionaren im 19. Jh. diskutiert; s. v.a. Williams [1858] 1982: 17f. Seitdem entwickelte sich eine gesamtfijianische Tradition in Anschluss an Erzählungen über die Ankunft des mythischen Schiffes Kaunitoni; s. Geraghty 1977.

[35] Bei der zitierten Stelle handelt es sich um einen sog. *meke*, eine traditionelle Form des Gesanges, in dem historische Ereignisse besungen werden. In diesem Text wendet sich der Komponist, der dem im Nachbardorf Levukas Tabuya ansässigem Priesterklan (*bete*) entstammt, in der Ich-Form an die Zuhörer. Die fijianische Fassung lautet wie folgt: *E dodonu sara meda sa reki/Ko Viti na qele mai Iteni/Ko i au na kai Jerusalemi/Na vanua tabu nei Manueli/Au tubu e na kawa Isireli.*

[36] Diese Ansicht wird nicht nur von fijianischen Theologen vertreten (z. B. Tuwere 1994), sondern auch von vielen einfachen Gemeindemitgliedern.

angesehen werden. Oft wird so das Alte Testament zur Legitimation heutiger Praxis angeführt.[37] Beispielsweise wird die Unveräußerlichkeit von Land auch mit dem Verweis auf das Alte Testament gerechtfertigt. So antwortete mir Setariki Saunokonoko, ein auf Traditionalität bedachter Mann aus Levuka, auf meine Frage hin, warum es so wichtig sei, auf keinen Fall Land abzugeben, nicht mit einem Verweis auf eine traditionalistische Erklärung oder auf mögliche Strafen der Ahnen, sondern mit einem Zitat aus dem ersten Buch der Könige: „Nabot sagte zu Ahab: Das lasse der Herr fern von mir sein, dass ich dir das Erbe meiner Väter gebe."[38]

Die christliche Räumlichkeit erscheint somit durch zwei Merkmale dazu befähigt, das *vanua* in sich aufzunehmen. Zum einen ermöglicht die Vorstellung eines Gottes in der Höhe, der keinen Ort durch die dauerhafte Präsenz des Göttlichen besonders auszeichnet, die Aufnahme von Formen der räumlichen Artikulation der sozio-politischen und moralischen Ordnungen des *vanua* in die christliche Lokalität schlechthin: die Kirche. Zum anderen bietet die biblische Mythologie viele Anknüpfungspunkte für die Ausdehnung der Sinnordnung des *vanua* zu den räumlichen und zeitlichen Ursprüngen des jüdisch-christlichen Glaubens genauso wie zu dessen spirituellen und moralischen Dimensionen. Melanesische Fijianer und Fijianerinnen erschließen sich somit den globale Raum des Christentums und können dennoch ihre auf den konkreten Ortsbezug aufbauende Räumlichkeit des *vanua* nicht nur lokal leben, sondern diese auch für die Interpretation der christlichen Heilslehre benutzen.

Zusammenfassend erscheint uns die religiöse Räumlichkeit der betrachteten Lokalitäten in zwei verschiedenen Formen. Hervorzuheben ist, dass sich die Unterschiede bezüglich dieser Formen religiöser Räumlichkeit nicht nur auf die in Räumen repräsentierten Inhalte beziehen, sondern den inneren Aufbau, die äußere

---

[37] Freilich wird dies nicht von allen melanesischen Fijianern und Fijianerinnen als positiv bewertet. Insbesondere evangelikal Beeinflusste sehen hierin ein Zeichen dafür, dass eine spirituelle Weiterentwicklung der fijianischen Christenheit noch nicht weit genug vorangeschritten ist, sie vielmehr in großen Teilen noch Vorstellungen anhängt, die mit der Botschaft des Neuen Testaments nicht zu vereinbaren sind.

[38] Die fijianische Übersetzung lautet: „*A sa kaya vei Eapi ko Nepoci, Me kakua sara vei au e na vuku i Jiova, me'u solia vei iko na nodrai votavota na noqu qase.*" (1 Könige 21, 3). Das ‚Erbe' war ein Weinberg, den König Ahab von Nabot kaufen bzw. eintauschen wollte, was dieser aber ablehnte. Daraufhin wurde Nabot unter falschen Anschuldigungen gesteinigt, woraufhin Ahab dessen Weinberg in Besitz nahm. Diese und andere Freveltaten brachten ihm Gottes Zorn ein und seinen Nachkommen Unheil; s. 1 Könige, 21 u. 22.

Gestalt und die Stellung der spezifischen Räumlichkeiten und damit letztlich ihre funktionale Charakteristik in der von zwei Traditionen geprägten religiösen Praxis betreffen. Abschließend ergibt sich daher folgendes Bild:

- Der Aufbau materieller umgrenzter Ausgedehntheiten von der Art der *vanua* und der *vanua tabu* aus der dauerhaften Präsenz der Ahnen und Geistwesen sowie die daraus resultierende Aufladung mit *mana* und Tabuvorschriften schafft Lokalitäten als besonders ausgezeichnete Orte, die den Menschen eine moralische Verantwortung dem konkreten Ort gegenüber ebenso abverlangen wie sie die Akteure und Akteurinnen dauerhaft genealogisch und rituell an konkrete Orte bindet und ihnen die Möglichkeit des persönlichen Kontaktes mit den Ahnen und Geistwesen eröffnet, der auch die sinnlich-konkrete Erfahrbarkeit dieser Wesen mit einschließt. Im Modus der Lokalität wird hier also zweierlei vermittelt: die Beziehung zu den Ahnen und den Geistwesen innerhalb des konkreten Lebensraumes des Dorfes und die ortsgebundene Bezogenheit der Lebenden zu ihrem *vanua*.

- Der Raum der Kirche hingegen ist weniger von einer dauerhaften konkreten Präsenz eines Gottes gekennzeichnet. Er muss vielmehr im Kontext der spirituellen Omnipräsenz des christlichen Gottes in der Höhe verstanden werden, die keinen Ort durch eine materiell dauerhaft fassbare Präsenz des Göttlichen besonders auszeichnet. Statt dessen erwächst diese Räumlichkeit nicht zuletzt aus der räumlichen Strukturierung des Kirchenraums gemäß sozio-politischer Strukturen. Anstelle durch eine genealogisch und rituell vermittelte Anbindung an konkrete Orte zeichnet sich diese Räumlichkeit durch die Einbindung des einzelnen in die soziale Praxis des Gottesdienstes aus, indem sie sich der räumlichen Artikulation sozio-politischer Strukturen bedient. Die Kirche als Lokalität stellt also in ihrer materiellen Ausgedehntheit weniger eine einzigartige qualitative Aufgeladenheit her, sondern die in ihr verfügbare räumliche Struktur ermöglicht die Umsetzung der Prinzipien der relationalen Positionierung zur Artikulation sozio-politischer Strukturen. Die Beziehung zum Göttlichen wird hier nicht durch die Verortung einer dauerhaften qualitativen Aufladung vermittelt, sondern durch die Einräumung eines sozialen Ereignisses, in dessen Ablauf die Verbindung zum Göttlichen sich konstituiert. Die Besonderheit einer konkreten Kirche entsteht somit nicht durch die Anwesenheit eines spezifischen Ahnen oder Geistwesens, denn in allen Kirchen ist es immer ein und derselbe Gott in der Höhe, mit dem man im Gottesdienst zusammenfindet. Das Besondere entsteht vielmehr durch die Artikulation konkreter sozio-politischer Strukturen, die den äußeren Rahmen der Kirche gestalten und auffüllen, indem etwa die Personen durch die Prinzipien der relationalen Positionierung in der Lokalität Kirche verteilt werden.

• Im Falle der Verschränkung von *vanua* und *lotu* zeigte sich nun die Räumlichkeit noch in einer weiteren Funktion. Durch die räumliche Artikulation der soziopolitischen Strukturen des *vanua* im Raum der Kirche und die Einbindung der Räumlichkeit des *vanua* in die christliche Schöpfungs- und Heilslehre erfolgt die Integration des *vanua* in die christliche Weltordnung räumlich in zweierlei Form. Und die Räumlichkeit kann dies leisten eben weil die in ihr auffindbaren Lokalitäten unterschiedliche Formen der Räumlichkeit aufweisen, durch die Lokalitäten aufgebaut und religiöse Praxis vermittelt werden. Der christliche Gott beschränkt sich gewissermaßen auf den Raum der Kirche, ordnet aber sehr wohl das *vanua* seiner Weltordnung unter, ohne dessen auf der besonderen qualitativen Aufladung konkreter Orte im Rahmen der Ahnen- und Geistervorstellungen beruhende Form der Räumlichkeit anzutasten. Dass dies möglich ist, ergibt sich aus der spezifischen Räumlichkeit des hier praktizierten christlichen Glaubens, die einerseits geprägt ist von einer ortsungebundenen Göttlichkeit und andererseits eine eindeutig lokalisierbare Mythologie aufweist, die vielfältige Anknüpfungspunkte für die Logik des *vanua* bietet. Die Einbeziehung Fijis in den christlichen Heilsplan hat somit nicht nur eine spirituelle Dimension, sondern sie wird auch durch die Formen der Räumlichkeit ermöglicht, einer Räumlichkeit, die einerseits Lokalitäten von der Art der Kirchen zulässt, in denen sich der Glaube auf als authentisch fijianische erfahrene Art als soziales Ereignis artikulieren lässt, und die andererseits fundamentale Formen melanesisch-fijianischer Räumlichkeit, wie sie uns in der Lokalität von *vanua* und *vanua tabu* entgegentreten, mit ihrer betonten Ortsbezogenheit zulässt und in sich aufzunehmen vermag.

Das Dorf und das Land als materielle Basis von Sinnordnungen

Eine konkrete Form räumlicher Praxis, die *yaqona*-Runden, und ein systematischer Aspekt, die religiöse Praxis, bildeten die Ausgangspunkte der bisherigen Analysen. Auf der Ebene der Sinnordnungen soll nun ein weiterer Zugang zur kulturellen Räumlichkeit Levukas erschlossen werden. Vier dieser Sinnordnungen wurden weiter oben als wesentlich für die kulturelle Praxis in Fiji skizziert: *vanua* (‚Land‘), *matanitu* (Staat, Regierung), *lotu* (christlicher Glauben und Kirche) und *ilavo* (Geld). Die Annahme, dass diese Sinnordnungen auch räumlich konstituiert werden, lenkt die Aufmerksamkeit auf den Zusammenhang zwischen den materiellen Eigenschaften konkreter Räume und den Sinnordnungen, die in ihnen und durch sie artikuliert werden. Anhand der Betrachtung des *koro* („Dorf') und des *vanua* („Land') als Lokalitäten lassen sich exemplarisch einige Aspekte dieses komplexen Verhältnisses aufzeigen. Beide Lokalitäten sind im Laufe der Zeit zu Sinnbildern melanesisch-fijianischen Seins geworden und haben eine zentrale Bedeutung als Embleme ethnischer Identität. Allerdings haben beide ein recht unterschiedliches Verhältnis zu den genannten Sinnordnungen und insbesondere zur Sinnordnung des *vanua*. Letzterem soll nun nachgegangen werden.

Wenden wir uns zunächst dem *koro* („Dorf') zu. In vielen politischen Diskursen, in den moralisierenden Predigten und Schriften methodistischer Kirchenleute und in den Augen der allermeisten melanesischen Fijianer und Fijianerinnen erscheint das Dorf immer wieder als der Ort, an dem die zentralen Werte und Normen fijianischen Seins gelebt werden.[39] Auch kann man typische Merkmale feststellen, die ein melanesisch-fijianisches Dorf ausmachen. Als komplexe sozio-räumliche Einheit ist es gekennzeichnet durch ein charakteristisches Ensemble von Räumen (Dorfplatz (*rara*), Kirche (*vale ni lotu*), Häuptlingshaus (*vale ni turaga*), Häuser der Führer der klanähnlichen Gruppen, Wohnhäuser), durch bestimmte räumliche Verhaltens- und Orientierungsregeln sowie durch das Formmoment der räumlichen Präsenz der Gruppenführer als Kriterium für die vollwertige Teilnahme der Gruppen am Dorf als sozio-politischer Einheit und das Formmoment der Geschlossenheit im physisch-räumlichen Sinne, welches zu Haufendörfern führt.

Es scheint also alles gegeben, um von dieser wohl definierten sozio-räumlichen Einheit des Dorfes ausgehend und konzeptionell zusammengefügt durch ein Konzept der Dörflichkeit eine eigenständige Ordnung von Werten, Normen und Bedeutungen entstehen zu lassen. Aber eine solche symbolische Elaborierung, wie man

---

[39] Eine solche Feststellung hat nichts damit zu tun, ob die melanesischen Fijianer und Fijianerinnen dies auch wirklich tun. Für den Großteil von ihnen wird das Leben inzwischen bestimmt vom Leben in den Städten und in deren Umfeld sowie von komplexen Migrationssystemen, die Stadt und Land auf engste sozial und ökonomisch verbinden (s.a. Faust 1996; Felgentreff 1995, 1999). Hier geht es aber um die Erfahrungsgrundlage einer ideologischen Figur, die vor allem in jenen Gebieten erfahrbare Realität ist, die als besonders traditionell gelten und deshalb in der politischen Geografie und in der ideologischen Praxis eine wichtige Rolle in Fiji spielen; s. z. B. Bayliss-Smith et al. 1988; Overton 1992. Zu einer kritischen Auseinandersetzung mit dieser Ideologie des Dorfes, die sich etwa bei Frazer 1973: 73 oder Lasaqa 1984: 34 prägnant formuliert findet, sei auf Overton 1993 und Ward 1994 verwiesen. Die überwiegende Mehrheit der melanesischen Fijianer und Fijianerinnen im ländlichen Raum lebt in geschlossenen Dörfern mit zwischen 50 und 500 Einwohnern. Levuka, das Dorf meiner Feldforschung, ist mit 158 Einwohner in 36 Haushalten also ein Dorf mittlerer Größe.

sie etwa beim Begriff des *vanua* findet,[40] fehlt im Zusammenhang mit dem Dorf. Durchdringt man die Praxis der Dörflichkeit ein wenig tiefer, so fällt freilich schnell auf, dass die dörflichen sozio-räumlichen Praktiken ihre konkrete Bedeutsamkeit nicht durch ihren Bezug auf das Konzept der Dörflichkeit an und für sich erhalten. Einige kurze Beispiele aus Levuka und West-Kadavu sollen dies verdeutlichen:

- Das Dorf als sozio-politische Einheit ist wesentlich organisiert nach den Regeln des Häuptlingstums und des Systems klanähnlicher Gruppen, die auch die landbesitzenden Gruppen sind. Das bloße Wohnen im Dorf reicht nicht zur vollgültigen Teilhabe an den sozio-politischen Strukturen wie etwa der traditionellen Dorfversammlung (*sósó*) aus. Hierfür muss eine Person Mitglied in einer ansässigen klanähnlichen Gruppe sein, über die er in die sozialen, politischen, ökonomischen und territorialen Strukturen des Häuptlingstums und des Systems klanähnlicher Gruppen integriert wird.
- Lokalisierung und Orientierung von Wohnhäusern erhalten ihre Bedeutsamkeit nur zum Teil durch ihre Bezugnahme auf Elemente des dörflichen Raumes wie etwa den Dorfplatz. Oft ist das Häuptlingshaus der Bezugspunkt, z. B. für die Ausrichtung der Haupteingangstür der Häusern. Auch ist die Lokalisierung der Häuser meist Resultat politischer Loyalität oder Fraktionierung innerhalb des Häuptlingstums und des Systems klanähnlicher Gruppen.
- Es gibt keine Räume der Dorfgemeinschaft als solcher: Das Gebiet, auf dem sich das Dorfareal befindet, ist *mataqali*-Gebiet. Auch gibt es keine traditionellen Dorfversammlungshäuser. Im westlichen Kadavu etwa ist der traditionelle Ort der Dorfversammlung (*sósó*) und der Versammlung der *yavusa* und des *vanua* (*vono*) das Häuptlingshaus. Erst die Kirche und neuerdings die *community halls* sind Gemeinschaftshäuser, die keiner klanähnlichen Gruppe gehören. Auch sie stehen meist auf dem Grund einer der landbesitzenden Gruppen, wobei allerdings Kirchengrundstücke oft der Kirche geschenkt wurden.
- Selbst der Dorfplatz (*rara*), Grundbestandteil melanesisch-fijianischer Dörfer, ist nicht aus sich heraus oder durch seine Beziehung zu einer Dörflichkeit als solcher bedeutsam. Wie sehr er respektiert wird hängt vor allem von der Stellung des Häuptlings eines Dorfes ab und weniger vom Respekt einer übergeordneten Dorfgemeinschaft gegenüber. So überrascht es keineswegs, dass der Dorfplatz in Levuka zum Zeitpunkt meiner Feldforschung nur wenig respektiert wurde, da die Marama Tui Levuka keine sehr starke Stellung innehatte und der Funktionsträger, dessen Aufgabe die Aufsicht über den Dorfplatz ist, schon lange nicht

---

[40] Dazu siehe auch Williksen-Bakker 1990.

mehr im Dorf wohnte. Kaum wurde hier darauf geachtet, den Dorfplatz im Alltag entweder zu umgehen oder aber ihn nur gemessen, ja aus Respekt vielleicht sogar etwas gebeugt, keinesfalls aber laut, ungebührlich und mit einer Last auf den Schultern zu überqueren.

Zusammengenommen zeigt sich also, dass viele der Werte, Normen und Bedeutungen, für die das Dorf in Fiji als Inbegriff verstanden wird, nicht auf ein selbständiges Konzept der Dörflichkeit reduzierbar sind, sondern vielmehr aus der dörflichen Artikulation zentraler Momente des *vanua* und des damit verbundenen Häuptlingstums entstehen, die sich des dörflichen Raumes als Lokalität ihrer Artikulation bedienen. Zusätzlich unterstützt wird diese Deutung noch durch zwei weitere Sachverhalte. Zum einen ergab sich die Vorherrschaft der geschlossenen Dörfer in Fiji nicht aus einer irgendwie gearteten inneren Entwicklungslogik fijianischer Dörflichkeit. Vielmehr gab es in vorkolonialer Zeit immer wieder auch Phasen, in denen lockerere Siedlungsformen festzustellen sind. Doch haben kriegerische Konflikte, die Entwicklung hin zu gefestigteren Häuptlingstümern, das Bemühen der Kirche um geschlossene Gemeinden und die Politik der Kolonialverwaltung, in deren Interesse die Geschlossenheit der Dörfer im Rahmen von Verwaltung, Kontrolle und entwicklungspolitischen Zielen lag, zur Vorherrschaft der geschlossenen Dörfer geführt.[41] Zum anderen ist eine gebräuchliche Redewendung bezeichnend. Um auszudrücken, dass jemand auf dem Land lebt, sagt man nämlich nicht *tu vakoro* (etwa: ‚auf dörfliche Art und Weise dauerhaft sein'), sondern *tu vavanua*.

Die Formmomente des dörflichen Raumes, seine Einzelteile sowie das Dorf als sozio-räumliches Gefüge sind somit nicht unabhängig von jenen Sinnordnungen zu erfassen, die im Rahmen der physisch-konkreten Räumlichkeit des Dorfes artikuliert werden, allen voran das *vanua*. Das Dorf selbst wird dabei nicht zum Schlüsselsymbol einer eigenständigen Sinnordnung, sondern Sinnordnungen wie

---

[41] Der Zusammenhang zwischen Häuptlingstum und räumlich geschlossener Dörflichkeit zeigt sich auch in der historischen Entwicklung des Häuptlingstums. Einerseits lässt sich der Zusammenhang zwischen der Entwicklung größerer Multiklansiedlungen und der Festigung der Häuptlingsmacht im Südosten Viti Levus vor dem 19. Jahrhundert archäologisch belegen (Rosenthal 1991), andererseits war das geschlossene Dorf sowohl der Kolonialverwaltung als auch der Kirche immer Garant der politischen und moralischen Ordnung, so dass beide Institutionen immer bemüht waren und sind, das geschlossene Dorf mit administrativen und ideologischen Mitteln zu festigen. Beispielhaft ist hierfür die Auseinandersetzungen um Individualismus, Kommunalismus und die Aussiedlerbauern (*galala*); dazu etwa Bayliss-Smith et al. 1988: 134; Lal 1992: 70-72; Lasaqa 1984: 26; Macnaught 1982: 134-163; Mückler 1998: 231-233; Ravuvu 1988: 21-23, 75-77, 168, 184-195.

das *vanua* artikulieren sich auf dörfliche Art und Weise. Das Dorf in seiner Funktion als materielle Basis von Sinnordnungen zu verstehen heißt demnach, es vor allem in seiner physisch-räumlichen Funktion als Lokalität der Vermittlung von Sinnordnungen zu verstehen.

Vor eine andere Situation sehen wir uns im Zusammenhang mit dem Konzept des *vanua* gestellt. Zum einen wird es auch und gerade in emischen Diskursen verwendet, um eine komplexe traditionalistische Sinnordnung aufzubauen, aus der Werte, Normen und Bedeutungen abgeleitet werden, die in der kulturellen Praxis der melanesischen Fijianer und Fijianerinnen eine dominierende Rolle spielen. Zum anderen ist das *vanua* nicht eindeutig auf eine bestimmte räumliche Struktur von der Art des Dorfes zurückzuführen. Abgesehen von seiner allgemeinen Bedeutung im Sinne von Ort, Gebiet oder Land im Gegensatz zu Gewässer wird die Bezeichnung *vanua* auf allen Ebenen sozio-politischer Integration von der Ebene der klanähnlichen Gruppen bis hin zum Nationalstaat benutzt, um sozio-räumliche Einheiten zu bezeichnen: Man kann genauso vom *vanua* einer *mataqali* sprechen wie vom *vanua ko Kadavu* oder vom *vanua ko Viti*. Dabei zielt das Konzept des *vanua* jeweils auf eine komplexe Einheit von Menschen, Land und Lebensform ab. Nicht also eine besondere Art der Lokalität mit einem typischen Ensemble von Formmomenten an und für sich erscheint hier als wesentlich, sondern die Verknüpfung von Lokalität mit einem zweiten Modus kultureller Räumlichkeit: dem der Territorialität, verstanden als eine besondere Verbundenheit und Zugehörigkeit einer Person oder einer Gruppe zu einem umgrenzten Gebiet, aus dem sich bestimmte Kontrollrechte, Nutzungsrechte, Zugangsrechte, Pflichten sowie Merkmale der Personen ableiten. Es ist dieser Nexus zwischen einem konkreten Stück Land und der spezifischen Territorialität, die im Konzept des *vanua* enthalten ist, der dieses Stück Land als Lokalität zur materiellen Basis der durch den Schlüsselbegriff des *vanua* gestifteten Sinnordnung macht. Dies wird möglich, indem in unterschiedlichen Praktiken die Bezugnahme auf das Land mit dem Begriff des *vanua* erfolgt, der somit zum grundlegenden Strukturierungsprinzip im Rahmen der symbolischen Konstituierung eben jener Lokalität wird, die dann wiederum die Praktiken, Bedeutungen, Werte, Normen und Erfahrungen des *vanua* materiell im Rahmen einer konkreten Ausgedehntheit fundiert. Es entfaltet sich so ein Wechselspiel zwischen konkreten Lokalitäten und einer Sinnordnung, wobei die räumlichen Praktiken der Lokalitäten wesentlichen Anteil an der Stiftung der Sinnordnung haben.

Einer der wesentlichen Räumlichkeiten in diesen Prozessen ist in der melanesisch-fijianischen kulturellen Praxis das Gebiet, welches die *mataqali* genannten klanähnlichen Gruppen gemeinschaftlich besitzen. Dabei ist die angesprochene Form der Territorialität, die durch die Bezugnahme auf das Land durch den Begriff des *vanua* praktisch vermittelt wird, nicht nur gekennzeichnet durch die schon angesprochene moralische Dimension und die besondere Form genealogisch und rituell konstituierter Beziehungen, sondern auch durch die Einräumung von Traditionalität, die sozio-politische Dimension der Ausübung von Landrechten und die Einbeziehung staatlich-legalistischer Rechtformen in die Praxis des *vanua*:

- Die Zuordnung eines bestimmten Gebietes zu einer *mataqali* erfolgt im Rahmen des durch die Kolonialverwaltung etablierten kodifizierten Landrechts.[42] Der Boden (*na qele*), wesentlicher Bestandteil des *vanua*, gehört gemeinschaftlich allen Mitglieder einer *mataqali*, ist unveräußerlich und nur über eine besondere Behörde, die die Organisation und die Verteilung der Erlöse in der Hand hat, zu verpachten. Dieses System führt gerade in Gebieten wie Kadavu, in denen die Monetarisierung des Bodens wenig fortgeschritten ist, die aber aufgrund der politischen Geografie Fijis ideologisch und machtpolitisch von besonderer Bedeutung sind, dazu, dass auf den Ebenen unterhalb der *mataqali* die Aufteilung und die Nutzung des Landes recht autonom vollzogen wird. Da nämlich die Registrierung von Landrechten unterhalb der Ebene der *mataqali* unterblieben ist, werden hier Land- und Nutzungsrechte angewendet, die noch auf vorkoloniale Rechtstraditionen zurückgehen und von den Akteuren und Akteurinnen als *vakavanua*, als ‚nach der Art des Landes‘ aufgefasst werden. Auf diese Weise räumt das kodifizierte Landrecht dauerhaft Traditionalität ein. Diese Praktiken erweisen sich dabei nicht nur hinsichtlich der Landrechte an und für sich als bedeutsam, sondern auch und gerade dadurch, dass sie ein Praxisfeld eröffnen, innerhalb dessen durch die Ausübung von Kontrollrechten und den Konflikt darum Gruppen definiert werden und diese sich in ihrer Praxis als autonom erfahren können.
- Bei der Kodifizierung der Landrechte durch die Kolonialverwaltung kam es aus der Sicht der betroffenen Gruppen oft zu erheblichen Grenzverschiebungen, die bis heute Konfliktstoff bergen. Wie das Beispiel Levuka zeigt, geht es dabei nicht bloß um die rechtlich-administrativ abgesicherte Kontrolle von Landstükken. Vielmehr ist hier das Verhältnis der heute Lebenden zum *vanua* und der damit verbundenen Territorialität ganz wesentlich betroffen. Die Ahnen nämlich, so eine weit verbreitete Ansicht, strafen bis heute jene Personen und ihre Nachkommen, die für solche Grenzverschiebungen verantwortlich sind, ohne

---

[42] Zusammenfassendes findet sich bei France 1969; Nayacakalou 1971; Ward 1995.

die Zustimmung der Ahnen rituell eingeholt zu haben. Die administrative Verschiebung von Grenzen wird also als tiefer Eingriff in das *vanua* begriffen, die neue Form der Festlegung von Grenzen als unterworfen den Werten und Normen des *vanua* erfahren. Indem also auch im Kontext administrativ festgesetzter Grenzen die Bezogenheit zum Raum über den Begriff des *vanua* vermittelt wird, fügen sich Konzepte der britischen Rechtstradition in die Sinnordnung des *vanua* ein – ein Prozess, der auch durch die Rhetorik der Kolonialverwaltung bedingt wurde, die sich im Laufe der Kodifizierung immer fijianischen Vokabulars bediente, um ihr Gesellschafts- und Landrechtsmodell durchzusetzen. Bemächtigte sich auf diese Weise die Kolonialverwaltung der Tradition, so bemächtigt sich nun die Tradition der britischen Rechtskonzepte, eröffnet damit ein neues Feld sozio-politischer Konflikte und leistet durch diese Traditionalisierung britischer Rechtskonzepte einen wesentlichen Beitrag zur Affirmation der neotraditionalen Ordnung, innerhalb derer das *vanua* zum Inbegriff des melanesisch-fijianischen Seins werden konnte. Die Lokalität des *vanua* wurde dabei zur materiellen Basis einer Sinnordnung, die nicht nur aus traditionellen symbolischen Formen besteht, sondern die auch symbolische Formen anderer Herkunft unter der Dominanz des traditionalistischen *vanua*-Konzeptes in sich einschließt.

Die Räumlichkeit des *vanua* erfüllt also hier ihre Funktion im Rahmen der symbolisch vermittelten kulturellen Praxis nicht, wie es das Dorf tut, welches Formmomente anderen Sinnordnungen zur Verfügung stellt. Vielmehr vermittelt der Begriff des *vanua* konzeptionell eine bestimmte Form der Territorialität im konkreten praktischen Umgang mit dem Territorium einer Gruppe als Lokalität. Wichtige Konsequenz dieser Zusammenhänge ist die Zusammenführung von Strukturierungsprinzipien unterschiedlicher Herkunft (traditionelle Landrechte; britisches Rechtsdenken; Ahnenglaube) in ihrer räumlich-praktischen Artikulation durch den Begriff *vanua*. Eben dies macht das *vanua* im Modus der Lokalität letztlich zur materiellen Basis der eigenständigen Sinnordnung *vanua*, samt der ihr eigenen Heterogenität und ihrer homogenisierenden und hegemonialen Funktionen in den politischen Prozessen in Fiji sowohl auf der lokalen als auch auf der nationalen Ebene.

Nun stellt sich freilich abschließend die Frage, was einer Sinnordnung wie der des *vanua* mit ihrer überaus ortsbezogenen Räumlichkeit in einem Umfeld nationalstaatlicher und globaler Strukturen von Politik und Ökonomie in einem Dorf wie Levuka eine derart starke Stellung verleiht. Sind nicht all die Akteure und Akteurinnen in die gleichen enträumlichenden und entterritorialisierenden Strukturen eingebunden die auch an anderen Orten innerhalb und außerhalb Fijis dazu geführt haben, solche Sinnordnungen zum Einsturz zu bringen? Aus den obigen Ausführungen kann man den Schluss ziehen, dass eine Sinnordnung, die schon mit ihrem Schlüsselbegriff auf eine Räumlichkeit verweist, auf die Verfügbarkeit einer Lokalität, in der und durch die sich die zentralen Momente dieser Sinnordnung artikulieren können, in besonderem Maße angewiesen ist. Andererseits erscheint es unwahrscheinlich, dass sich ein Begriff aus sich selbst heraus eine Lokalität dauerhaft schafft, die ihn als materielle Basis dauerhaft fundiert. Es erscheint demnach angebracht aus der immanenten Deutung des Verhältnisses zwischen *vanua* als Sinnordnung und *vanua* als Lokalität herauszutreten und sich dem historischen Gesamtkontext zuzuwenden, will man die Bedingungen der Möglichkeit der besonderen Bedeutung der Sinnordnung des *vanua* in Levuka verstehen. Eine solche Analyse fördert vor allem drei Aspekte zu Tage, die abschließend noch behandelt werden sollen.

Wendet man sich zunächst der Frage zu, warum im Laufe der historischen Entwicklung das *vanua* und nicht das *koro* zum Schlüsselbegriff einer hegemonialen Sinnordnung geworden ist, so findet man die Antwort hierauf im zentralen Ansatzpunkt, von dem aus die sozio-politische Ordnung der melanesischen Fijianer und Fijianerinnen etabliert wurde: die Einbindung der einzelnen Person in territorial gebundene klanähnliche Gruppen im Rahmen eines hierarchisch strukturierten Häuptlingssystems. Das Dorf wurde zwar als die quasi-natürliche Siedlungsform der melanesischen Fijianer und Fijianerinnen angesehen, aber es wurde schlicht übersehen, dass es dem *vanua* nur nachgeordnet war und ist. Dem *vanua* als durch die koloniale Ordnung institutionell abgesichertes Ordnungsprinzip wurde kein gleichwertiger organisatorischer Rahmen auf der Ebene des Dorfes entgegengesetzt.[43] Dies aber schuf die Vorraussetzung dafür, dass das *vanua* zu einer eigenständigen Sinnordnung wurde, der vermittels der ebenfalls durch die Kolonialverwaltung eingeführten landrechtlichen und sozio-politischen Strukturen eine dauerhafte materielle Basis zuwuchs, deren räumliche Dimension das *vanua* als Lokalität im beschriebenen Sinne ist.

---

[43] Dieses Missverständnis kolonialen Denkens ist m. E. auch einer der Ursachen für die uneindeutigen Ergebnisse des *galala*-Experiments, das Aussiedlerbauern eine eigenständige Existenz außerhalb der als Behinderung freien Wirtschaftens angesehenen Dorfökonomie ermöglichen sollte (dazu s. v. a. Overton 1988). Die einzelnen Haushalte konnten so zwar außerhalb der Dörfer siedeln, aber sie befanden sich nicht außerhalb der sozio-politischen und ökonomischen Strukturen des *vanua* und der Verwandtschaft. Die ländliche fijianische Gesellschaft ist eben keine *village society*, wie es Lasaqa (1984: 26) meint, sondern fußt primär auf den Prinzipien des *vanua* und der Verwandtschaft im Rahmen des Systems klanähnlicher Gruppen.

Aber auch die Einbindung in staatliche Strukturen von Politik, Verwaltung, Bildung und Gesundheitswesen sowie in die Migrationssysteme des heutigen Fiji konnten der hegemonialen Stellung des *vanua* in Levuka wenig anhaben. Einerseits wird das *vanua* durch die Strukturen der neotraditionalen Ordnung und ihrer besonderen Verwaltungsstrukturen der *Fijian Administration* (z. B. hinsichtlich Steuerrecht, Wahlrecht oder Provinzzugehörigkeit) eher gestützt als in Frage gestellt, was im Interesse der melanesisch-fijianischen Eliten ist, andererseits zeigt sich bei der Betrachtung der komplexen Migrationssysteme, die Stadt und Land sozial und ökonomisch aufs engste verbinden, dass gerade das *vanua* als konkrete Lokalität für viele melanesischen Fijianer und Fijianerinnen noch immer ein zentraler Bezugspunkt in ihrer Biografie, ihrem Handeln und ihrem Denken ist, auch wenn sich dies vor allem für die stark anwachsende Zahl beschäftigungsloser Jugendlicher in den städtischen Gebieten zunehmend abschwächt, die immer öfter aus den komplexen Netzwerken, die ihre Eltern noch mit ihren Herkunftsdörfern verbinden, herausfallen.[44]

Zuletzt bleibt noch die monetäre Ökonomie als wirkmächtiger Faktor, der einer ortsgebundenen Räumlichkeit von der Art des *vanua* entgegensteht. In vielen Gebieten hat die Einbindung vor allem in die monetäre Nutzung des Landes im Rahmen von Verpachtung und Rinderhaltung dazu geführt, dass die Lokalität *vanua* immer weniger als materielle Basis der Sinnordnung *vanua* fungieren kann.[45] In Levuka allerdings fügt sich die hier anzutreffende *cash crop*-Ökonomie in das als traditionell empfundenen Landrecht ein. Die einzige verlässliche Geldquelle im Dorf selbst ist nämlich der Anbau von *yaqona*, der nach spätestens acht Jahren geerntet wird und dessen Anbau somit im Rahmen der traditionellen Nutzungs- und Vergabepraktiken von Landstücken erfolgen kann. Andererseits führt diese ökonomische Situation dazu, dass im Dorf selbst keine übermäßigen Reichtumsunterschiede entstehen, da Vermögen nur in der Stadt mit einem qualifizierten Arbeitsplatz erworben werden kann. Die Ferne von der Stadt und die ökonomische Überlebensfähigkeit der Dorfhaushalte auch in der monetären Ökonomie durch den *yaqona* bilden somit wichtige Rahmenbedingungen dafür, dass das *vanua* als Lokalität seine Funktion als materielle Basis der Sinnordnung *vanua* erfüllen kann.

---

[44] Zur Urbanisierung und zu komplexen Migrationssystemen mit multilokalen Dorfgemeinschaften s. Faust 1996; Felgetreff 1995, 1999. Zur Bedeutung des *vanua* als Ort für die Identität in Fiji s. Turner 1988.
[45] Dazu siehe z. B. Abramson 1999; Ravuvu 1988; Ward 1995.

Schlussfolgerungen

Ausgangspunkt meiner Darlegungen war die Suche nach einer Konzeptionalisierung kultureller Räumlichkeit, die sich auf einer formaleren Ebene bewegt als Konzepte wie ‚Ort‘, ‚Landschaft‘ oder ‚Zentrum‘. Motivation war die Einsicht in die Gebundenheit dieser Begriffe an die Räumlichkeit ihrer Ursprungskontexte. Dieses Vorgehen sollte es erlauben, im konkreten Einzelfall ein möglichst breites Spektrum an Charakteristika der Räumlichkeit positiv bestimmbar zu machen, und zugleich den Geltungsbereich von Begriffen wie ‚Ort‘ oder ‚Landschaft‘ besser abstecken zu können. Entwickelt wurde zu diesem Zweck das Konzept der Modi der Räumlichkeit im Sinne bestimmter Konfigurationen von räumlichen Formmomenten, vermittels derer symbolische Praxis von den Akteuren und Akteurinnen räumlich artikuliert wird. Ethnografisch umgesetzt wurde dieses Konzept dann anhand dreier Betrachtungen, in denen konkrete Räumlichkeiten eines melanesisch-fijianischen Dorfes als Lokalität analysiert wurden.

Die Räumlichkeit der *yaqona*-Runden erwies sich dabei als Lokalität im Sinne eines transpositionierbaren *locale*, das in unterschiedlichsten Kontexten zur Artikulation verschiedenster sozio-politischer Strukturen benutzt wird. Es wurde deutlich, dass sich hier eine räumliche Form entwickelt hat, die als allgemeinverständlicher Code zweierlei ermöglicht: sowohl die Einfügung traditioneller Momente in staatliche und kirchliche Strukturen als auch die Einbindung dieser Strukturen in eine neotraditionale Ordnung. Zentrales Moment war hier die Ortsungebundenheit einer materiell ausgedehnten Räumlichkeit. Lokalität ist mithin nicht reduzierbar auf die räumliche Form qualitativ einzigartig aufgeladener Orte, sondern erfasst ganz unterschiedliche Formen der Räumlichkeit. ‚Ort‘ und das Giddens'sche *locale* wären aus dieser Perspektive besondere Ausformungen des Modus der Lokalität, die die mit diesem Modus verbundenen Formmomente auf unterschiedliche Art und Weise verfügbar werden lassen.

Die Betrachtung religiöser Räumlichkeit in Levuka erbrachte einen Einblick in das Verhältnis zwischen einem systematischen Aspekt ethnologischer Betrachtung und den darin auffindbaren Räumlichkeiten. Dabei zeigte sich, dass die verschiedenen Lokalitäten religiöser Praxis und die in ihnen vorzufindenden räumlichen Formen nicht reduzierbar sind auf eine einzige Grundform religiöser Räumlichkeit. Vielmehr stehen sie in einem komplexen funktionalen Zusammenhang, in dem die beschriebenen Lokalitäten als Handlungsräume und als Deutungsräume eine wichtige Rolle bei der Vermittlung von *vanua* und christlicher Weltordnung spielen. Die spezifische räumliche Charakteristik des Christentums und seines Gottes lässt dabei zwei unterschiedliche Formen der Räumlichkeit zu (die *vanua tabu* als qualitativ einzigartige Orte und die Kirche als Lokalität des Gottesdienstes als sozialem Ereignis), die es erlauben, dass die religiösen Praktiken des *vanua* und des Christentums sich beide räumlich im Modus der Lokalität artikulieren können, was nicht nur deren Fortbestehen an und für sich erlaubt, sondern die konkrete Bedingung ihrer Einbindung in eine umfassende christliche Weltordnung darstellt.

Im Falle des *koro* (Dorf) und des *vanua* (Land) zeigte sich, dass Lokalitäten auf unterschiedliche Art und Weise zur materiellen Basis von Sinnordnungen werden können. In Abhängigkeit vom jeweiligen historischen Gesamtkontext, der die jeweilige Bedeutsamkeit und Funktion der Lokalitäten bedingt, gestaltet sich das Verhältnis zwischen Lokalität und Sinnordnung jeweils spezifisch. Als ein wichtiger Faktor ergab sich dabei auch die besondere Kombination unterschiedlicher Modi der Räumlichkeit. Im Falle des *vanua* war dies der Nexus zwischen *vanua* als Lokalität und der sich darin artikulierenden Territorialität, der durch die koloniale Ordnung seine heutige Ausgestaltung im Rahmen einer neotraditionalen Ordnung annahm.

Insgesamt gesehen erweist sich somit das Konzept der Modi der Räumlichkeit als fähig, einen einheitlichen Betrachtungsrahmen für unterschiedliche Formen der Räumlichkeit abzugeben. Ganz unterschiedliche komplexe Räumlichkeiten wie die *yaqona*-Runden, das *vanua*, die *vanua tabu*, das Dorf und die Kirche können so unter einer Perspektive analysiert werden. Sie können dabei in ihrer Bezogenheit aufeinander dargestellt werden, die Formen der in ihnen vorzufindenden Räumlichkeiten können bestimmt werden und sie können im Rahmen des sie umfassenden Kontextes in ihrer funktionalen Charakteristik beschrieben werden. Hervorzuheben ist auch, dass die damit erreichte Differenzierung der Betrachtung nicht bloß die inhaltliche Differenzierung von Räumen erfasst. So erbrachte etwa die Betrachtung der religiösen Räumlichkeit in Levuka nicht bloß die differenzierte Verteilung unterschiedlicher religiöser Bedeutungen in einem homolog strukturierten Raum, sondern es zeigte sich die formale Differenzierung religiöser Räumlichkeit in funktionaler Abhängigkeit von den unterschiedlichen Formen räumlicher Artikulation religiöser Praxis, die so unterschiedlich strukturierte Lokalitäten wie die der *vanua tabu* und der Kirche hervorbringen.

Literatur

ABRAMSON, ALLEN (1999) Sacred Cows of ‚Development': the Ritual Incorporation of a Dairy Project in the Eastern Interior of Fiji (c. 1980-1997). In: *Oceania* 69: 260-281.

BAYLISS-SMITH, TIM; BEDFORD, RICHARD; BROOKFIELD, HAROLD; LATHAN, MARC (1988) *Islands, Islanders and the World. The Colonial and Post-Colonial Experience of Eastern Fiji*, Cambridge u. a. (Cambridge University Press).

BEAUCLERC, G. A. F. W. (1916) The Path of the Soul to Hades. In: *Transactions of the Fijian Society*, Jg. 1916: 1-10.

BELSHAW, CYRIL (1965) The Effect of Limited Anthropological Theory on Problems of Fijian Administration. In: FORCE, ROLAND W. (ed.), *Induced Political Change in the Pacific*, Honolulu (Bishop Museum Press): 63-73.

BOLABOLA, CEMA (1986) Fiji: Customary Constraints and Legal Progress. In: N.N., *Land Rights of Pacific Women*, Suva (Institute of Pacific Studies, University of the South Pacific): 1-67.

BOURDIEU, PIERRE [1972] (1979) *Entwurf einer Theorie der Praxis*, Frankfurt a. M. (Suhrkamp).

BOURDIEU, PIERRE [1974] (1983) *Zur Soziologie der symbolischen Formen*, Frankfurt a. M. (Suhrkamp).

BOURDIEU, PIERRE [1980] (1987) *Sozialer Sinn*, Frankfurt a. M. (Suhrkamp).

CASSIRER, ERNST [1923-1929] (1994) *Philosophie der symbolischen Formen, 3 Bde.*, Darmstadt (Wissenschaftliche Buchgesellschaft).

CHAPELLE, TONY (1978) Customary Land Tenure in Fiji: Old Truths and Middle-Aged Myths. In: *Journal of the Polynesian Society* 87 (2): 71-88.

DICKHARDT, MICHAEL (2000) Das Land, die Ahnen, die Dämonen, die Kirche und der Gott in der Höhe. Formen religiöser Räumlichkeit in Fiji. In: PEZZOLI-OLGIATI, DARIA; STOLZ, FRITZ (Hg.), *Cartografia religiosa – Religiöse Kartographie – Cartographie religieuse*, Bern u. a. (Peter Lang): 253-287.

DICKHARDT, MICHAEL (2001) *Das Räumliche des Kulturellen. Entwurf zu einer kulturanthropologischen Raumtheorie am Beispiel Fiji (Göttinger Studien zur Ethnologie, Band 7)*, Münster u. a. (LIT).

FAUST, HEIKO (1996) *Verstädterung in Fiji. Besonderheiten in den Stadt-Land-Beziehungen eines insularen pazifischen Entwicklungslandes (Arbeitsgemeinschaft für Pazifische Studien Aachen. Pazifik-Forum, Band 6)*, Aachen (Verlag Mainz).

FELGENTREFF, CARSTEN (1995) *Räumliche Bevölkerungsmobilität in Fidschi. Eine exemplarische Untersuchung der Dorfgemeinschaft von Naikeleyaga (Kabara Island, Lau-Province) (Potsdamer Geographische Forschungen, Band 11)*, Potsdam (Selbstverlag des Instituts für Geographie und Geoökologie).

FELGENTREFF, CARSTEN (1999) Spatial Population Mobility as Social Interaction: A Fijian Island's Multi-local Village Community. In: KING, RUSSELL; CONNELL, JOHN (eds.), *Small Worlds, Global Lives. Islands and Migration*, London u. New York (Pinter): 255-276.

FRANCE, PETER (1969) *The Charter of the Land. Custom and Colonization in Fiji*, Melbourne u. a. (Oxford University Press).

FRAZER, ROGER (1973) The Fijian Village and the Independent Farmer. In: BROOKFIELD, HAROLD C. (ed.), *The Pacific in Transition*, London (Edward Arnold): 75-96.

GERAGHTY, PAUL (1977) How a Myth is Born – the Story of the Kaunitoni Story. In: *Mana Rev. 2 (1)*: 25-29.

GIDDENS, ANTHONY [1984] (1989) *The Constitution of Society*, Cambridge (Polity Press).

JOLLY, MARGARET (1992) Custom and the Way of the Land. Past and Present in Vanuatu and Fiji. In: *Oceania* 62 (4): 330-354.

KATZ, RICHARD (1993) *The Straight Path. A Story of Healing and Transformation in Fiji*, Reading u. a. (Addison-Wesley Publishing Company).

LAL, BRIJ V. (1992) *Broken Waves. A History of the Fiji Islands in the Twentieth Century (Pacific Islands Monograph Series, No. 11)*, Honolulu (University of Hawaii Press).

LASAQA, ISIRELI (1984) *The Fijian People*, Canberra u. a. (Australian National University Press).

LAWSON, STEPHANIE (1990) The Myth of Cultural Homogeneity and Its Implications for Chiefly Power and Politics in Fiji. In: *Comparative Studies in Society and History* 32 (4): 795-821.

MACNAUGHT, TIMOTHY J. (1982) *The Fijian Colonial Experience. A Study of Neotraditional Order under British Colonial Rule Prior to World War II (Pacific Research Monograph, No. 7)*, Canberra u. Miami (Australian National University).

MANN, CECIL W. (1940) Religion and Symbolism in Fiji. In: *The Journal of General Psychology* 23: 169-184.

MATE, G. S. (1977) The Role of the Native Lands Commission. In: VATU, SAIMONI (ed.), *Talking about Oral Traditions (Fiji Museum Oral Tradition Series, No. 1)*, Suva (Fiji Museum): 64-77.

METHODIST MEN'S FELLOWSHIP GROUP (1983) *Noqu Mataniciva*, Suva (Lotu Pasifika Productions).

MÜCKLER, HERMANN (1998) *Fidschi. Zwischen Tradition und Transformation*, Frankfurt a. M. (IKO – Verlag für interkulturelle Kommunikation).

MÜCKLER, HERMANN (2001) *Fidschi. Das Ende eines Südseeparadieses*, Wien (Promedia).

NAYACAKALOU, RUSIATE R. (1971) Fiji: Manipulating the System. In: CROCOMBE, RON (ed.), *Land Tenure in the Pacific*, Melbourne u. a. (Oxford University Press): 206-226.

NAYACAKALOU, RUSIATE R. [1975] (1992) *Leadership in Fiji*, Suva (University of the South Pacific u. Oxford University Press).

NIUKULA, PAULA (o. J.) *The Three Pillars*, o. O. (Christian Writing Project)

OVERTON, JOHN (1988) A Fijian Peasantry: *Galala* and Villagers. In: *Oceania* 58: 193-211.

OVERTON, JOHN (1992) Coups and Constitutions: Drawing a Political Geography of Fiji. In: *New Zealand Geographer* 48 (2): 50-58.

OVERTON, JOHN (1993) Farms, Suburbs, or Retirement Homes? The Transformation of Village Fiji. In: *The Contemporaty Pacific* 5 (1): 45-74.

RAVUVU, ASESELA (1983) *Vaka i Taukei. The Fijian Way of Life*, Suva (Institute of Pacific Studies of the University of the South Pacific).

RAVUVU, ASESELA (1988) *Development or Dependence. The Pattern of Change in a Fijian Village*, Suva (Institute of Pacific Studies of the University of the South Pacific).

ROSENTHAL, MARA ELENA (1991) *Realms and Rituals: The Form and Rise of Civitas and Urbs in Southeastern Viti Levu, Fiji*, unveröffentl. Dissertation, University of Chicago.

SAHLINS, MARSHALL D. (1985) *Islands of History*, Chicago u. London (University of Chicago Press).

SAYES, SHELLY A. (1984) Changing Paths of the Land. Early Political Hierarchies in Cakaudrove, Fiji. In: *Journal of Pacific History* 19 (1): 3-20.

SEAMON, DAVID; MUGERAUER, ROBERT (eds.) (1985) *Dwelling, Place and Environment. Towards a Phenomenology of Person and World*, Dordrecht u. a. (Nijhoff).

SOFER, MICHAEL (1985a) Yaqona and Peripheral Economy. In: *Pacific Viewpoint* 26 (2): 415-436.

SOFER, MICHAEL (1985b) The Dependency Paradigm Applied to the Fijian Periphery. In: *Singapore Journal of Tropical Geography* 6 (2): 127-138.

SPATE, O.H.K. (1990) Thirty Years Ago: A View of the Fijian Political Scene. Confidential Report to the British Colonial Office, September 1959. In: *Journal of Pacific History 25 (1)*: 103-124.

SPENCER, D. [1941] (1966) *Disease, Religion and Society in the Fiji Islands (Monographs of the American Ethnological Society, 2)*, Seattle u. London (University of Washington Press).

THOMAS, NICHOLAS (1992) The Inversion of Tradition. In: *American Ethnologist* 19 (2): 219-232.

TORA, V. (1986) Yaqona in Fiji. In: DEVERELL, GWENETH; DEVERELL, BRUCE (eds.), *Pacific Rituals*, Suva (University of the South Pacific): 25-35.

TOREN, CHRISTINA (1988) Making the Present, Revealing the Past: the Mutability and Continuity of Tradition as Process. In: *Man (N. S.)* 23 (4): 696-717.

TOREN, CHRISTINA (1990) *Making Sense of Hierarchy. Cognition as Social Process in Fiji*, London u. Atlantic Highlands (Athlone).

TOREN, CHRISTINA (1994) All Things Go in Pairs, or the Sharks Will Bite: the Antithetical Nature of Fijian Chiefship. In: *Oceania* 64 (3): 197-216.

TOREN, CHRISTINA (1995) Seeing the Ancestral Sites: Transformations in Fijian Notions of the Land. In: HIRSCH, ERIC & O'HANLON, MICHAEL (eds.), *Anthropology of Landscape. Perspectives on Place and Space* (Oxford Studies in Social and Cultural Anthropology). Oxford (Clarendon): 163-183.

TURNER, JAMES W. (1984) „True Food" and First Fruits: Rituals of Increase in Fiji. In: *Ethnology* 23 (2): 133-142.

TURNER, JAMES W. (1988) A Sense of Place. Locus and Identity in Matailobau, Fiji. In: *Anthropos* 83 (4-6): 421-431.

TURNER, JAMES W. (1995) Substance, Symbol and Practice. The Power of Kava in Fijian Society. In: *Canberra Anthropology* 18 (1-2): 97-118.

TURNER, JAMES W. (1997) Continuity and Constraint: Reconstructing the Concept of Tradition from a Pacific Perspective. In: *The Contemporary Pacific* 9 (2): 345-381.

TUWERE, ILAITA S. (1994) Mana and the Fijian Sense of Place. In: *South Pacific Journal of Mission Studies,* July 1994: 3-15.

VOLAVOLA, RATU MOSESE (1995) The Native Land Trust Board of Fiji. In: CROCOMBE, RON (ed.), *Customary Land Tenure and Sustainable Development. Complementarity or Conflict*, Noumea u. Suva (South Pacific Commission; Institute of Pacific Studies of the University of the South Pacific): 47-53.

WALTER, MICHAEL A.H.B. (1978a) The Conflict of the Traditional and the Traditionalised: an Analysis of Fijian Land Tenure. In: *Journal of the Polynesian Society* 87 (2): 89-108.

WALTER, MICHAEL A.H.B. (1978b) Analysis of Fijian Traditional Social Organisation: the Confusion of Local Descent Grouping. In: *Ethnology* 17: 351-366.

WARD, R. GERARD (1994) Fijian Villages: A Questionable Future? In: CROCOMBE, RON & MELEISEA, MALAMA (eds.), *Land Issues in the Pacific.* Christchurch, Suva (Macmillan Brown Centre for Pacific Studies, University of Canterbury; Institute of Pacific Studies, University of the South Pacific): 133-144.

WARD, R. GERARD (1995) Land, Law and Custom: Diverging Realities in Fiji. In: WARD, R. GERARD; KINGDON, ELIZABETH (eds.), *Land, Custom and Practice in the South Pacific*, Cambridge u. Melbourne (Cambridge University Press): 198-249.

WILLIAMS, THOMAS [1858] (1982) *Fiji and the Fijians, Band 1*, Suva (Fiji Museum Suva).

WILLIKSEN-BAKKER, SOLRUN (1990) Vanua – a Symbol with Many Ramifications in Fijian Culture. In: *Ethnos* 55 (3/4): 232-247.

WOOD, ALFRED H. (1975-78) *Overseas-Missions of the Australian Methodist Church, 3 Bde.*, Melbourne (Aldersgate Press).

Kurzbiografien

Dickhardt, Michael, Dr. phil.; Wissenschaftlicher Assistent am Institut für Ethnologie der Universität Göttingen. Studium der Ethnologie, Ur- und Frühgeschichte und Pädagogik in Frankfurt/M. und Göttingen (1986 bis 1992). Das Thema seiner Magisterarbeit „Räumliche Strukturierung und strukturierte Räumlichkeit von Kultur" wurde fortgeführt in seiner Dissertation „Das Räumliche des Kulturellen. Entwurf zu einer kulturanthropologischen Raumtheorie am Beispiel Fiji", für die er 1995/96 eine 15monatige Feldforschung in Fiji durchführte, und durch seine Mitarbeit am DFG-Forschungsprojekt „Raumorganisation, Raumverhalten und Raumkognition im interkulturellen Vergleich" (1997-2001).

Hauser-Schäublin, Brigitta, Professorin für Ethnologie an der Universität Göttingen. Studium in Basel und München. Promotion 1975, Habilitation 1985. Gastprofessuren an der Columbia University, New York (1993), der New School for Social Research in New York (1994) und am Dartmouth College, New Hampshire (1996). Forschungsprojekte in Papua-Neuguinea (1972-1985) und Indonesien (v. a. Bali; seit 1988) sowie in Deutschland (1996-2001). Thematische Schwerpunkte: Ethnologie des Raumes; *gender*; Ethnologie des Körpers. Hauptwerke zur Ethnologie des Raumes: „Kulthäuser in Nordneuguinea" (1989). „Traces of gods and men. Temples and rituals as landmarks of social events and processes in a South Bali village" (1997).

Hesse, Klaus, (PD., Dr. phil.) ist Ethnologe und lebt in Berlin.

Kempf, Wolfgang, Dr. phil., Ethnologe, Universität Göttingen. Forschungs- und Lehrtätigkeit an den Universitäten Tübingen, Heidelberg und Göttingen. Feldforschungen bei den Ngaing in der Madang Province, Papua New Guinea und bei der mikronesischen Minderheit der Banabans auf Rabi Island in Fiji. Arbeitsschwerpunkte: Religion, Globalisierung, Raum, Diaspora, Kolonialismus, Biografieforschung, Macht und Widerstand. Publikationen u. a. „Das Innere des Äußeren. Ritual, Macht und Historische Praxis bei den Ngaing in Papua- Neuguinea" (Berlin: Reimer 1996). „The Politics of Incorporation: Masculinity, Spatiality and Modernity among the Ngaing of Papua New Guinea". In: Oceania 73: 56-77, 2002.

Rössler, Martin, Prof. Dr., geb. 1956; Professor am Institut für Völkerkunde der Universität zu Köln. Mehrjährige Feldforschungen in Indonesien. Hauptarbeitsgebiete: Wirtschaftsethnologie, Sozialethnologie, Religion, Politische Anthropologie. Regionale Interessen: Südostasien, Ozeanien, West- und Nordafrika. Publikationen u. a.: „Der Lohn der Mühe" (Münster 1997). „Wirtschaftsethnologie: Eine Einführung" (Berlin 1999).

Werlen, Benno, geb. 1952. Professor für Sozialgeografie an der Friedrich-Schiller-Universität in Jena. 1985 Promotion an der Philosophischen Fakultät der Université de Fribourg (Schweiz), 1989/90 Forschungsaufenthalt an der University of Cambridge, 1994 Habilitation an der Naturwissenschaftlichen Fakultät Universität Zürich. Forschungsschwerpunkte: Theorie und Empirie alltäglicher Regionalisierungen; Geografien der Macht; Regionalismus/Nationalismus; Geografien der Information. Publikationen u. a.: „Zur Ontologie von Gesellschaft und Raum" (Stuttgart, 1995). „Globalisierung, Region und Regionalisierung" (Stuttgart, 1997). „Gesellschaft, Handlung und Raum. Grundlagen handlungstheoretischer Sozialgeographie" (Stuttgart, 1997). „Sozialgeographie. Eine Einführung" (Bern, 1998).

Göttinger Studien zur Ethnologie

hrsg. vom Institut für Ethnologie
der Universität Göttingen
Redaktion: Prof. Dr. Ulrich Braukämper
und Prof. Dr. Brigitta Hauser-Schäublin

Veronika Fuest
"A job, a shop, and loving business"
Lebensweisen gebildeter Frauen in Liberia
Formale Bildung in kolonial geprägten Bildungs-
institutionen Afrikas – ein seit über 30 Jahren
von verschiedenen akademischen Disziplinen,
Politikern und Experten vieldiskutiertes und –
wie es scheint – unerschöpfliches Thema. Diese
Studie behandelt das Thema aus der Perspektive
von gebildeten Frauen auf der Grundlage von
Feldforschungsdaten aus den achtziger Jahren
(vor dem Bürgerkrieg). Vor dem Hintergrund der
spezifischen Kolonialgeschichte, der aktuellen
Wirtschaftskrise und der – insbesondere westlibe-
rianischen – traditionellen Sozialstruktur wird versucht, ein lebendiges Bild vom Leben gebildeter
Frauen aus dem Sekundarschulmilieu außerhalb
der Hauptstadt zu vermitteln. Aus einem handlungstheoretischen Blickwinkel ermöglicht die
Betrachtung von Alltag, sozialen Beziehungen,
ökonomischen Aktivitäten, Prioritäten und Perspektiven die Wahrnehmung dieser Frauen nicht
als bloße Opfer fehlgeleiteter Entwicklungen,
sondern als versierte soziale und ökonomische
Strateginnen, die ihre Handlungsspielräume durch
den Faktor Bildung verlagert bzw. erweitert haben
und sich, kontext- und interessensabhängig, auf
traditionelle oder moderne Orientierungssysteme
beziehen.
Bd. 1, 1996, 350 S., 30,90 €, br., ISBN 3-8258-2644-9

Klaus Hesse
Staatsdiener, Händler und Landbesitzer
Die Khatri und der Bazar von Mandi (Himachal Pradesh, Indien)
Diese auf 18monatiger Feldforschung beruhende
Studie versteht sich als Beitrag zur Urban-
ethnologie und Soziologie Indiens am Beispiel
von Mandi, der ehemaligen Hauptstadt des klei-
nen Fürstentums Mandi.
Dazu werden die sozialen und wirtschaftlichen
Strukturen der Stadt Mandi und ihres Bazars
analysiert. Den Mittelpunkt der Untersuchung
bilden die hohe Kaste der Khatri, ihre soziale
Struktur, ihre wirtschaftlichen Handlungsfelder,
ihr Wertesystem, ihre sozialen und symbolischen
Klassifikationen und ihr System des Gaben-
tausches in diachronischer Perspektive. Kaste,
Kastensystem, hierarchische Relationen und
Klassifikationen sind integraler Bestandteil der
Untersuchung.
In dieser Hinsicht ist das Werk auch eine positive

und kritische Auseinandersetzung mit der Soziologie Louis Dumonts.
Bd. 2, 1996, 358 S., 35,90 €, br., ISBN 3-8258-2645-7

Martin Rössler
Der Lohn der Mühe
Kulturelle Dimensionen von 'Wert' und
'Arbeit' im Kontext ökonomischer Transformation in Süd-Sulawesi, Indonesien
Wie in vielen Regionen Südostasiens vollziehen
sich in der indonesischen Provinz Süd-Sulawesi
gegenwärtig tiefgreifende Veränderungen länd-
licher Wirtschaftssysteme. Diese Studie befaßt
sich mit der Integration einer makassarischen
Dorfgemeinschaft in eine regional orientierte
bäuerliche Ökonomie. Kennzeichnend sind dabei
eine zunehmende Abkehr von der traditionellen Subsistenzwirtschaft und stattdessen eine
Hinwendung zur Produktion von *cash crops*, zu
Handel und Lohnarbeit. Im Mittelpunkt steht die
Analyse der kulturellen Bedingtheit ökonomischer
Entscheidungen. Kulturspezifische Wert- und
Nutzenempfindungen, Bedürfnisstrukturen und
ambivalente Konzeptionen unterschiedlicher Arten
von Arbeit sind für Veränderungen oder Konstanz
in Konsumtionsmustern und Produktionsstrate-
gien verantwortlich. Dementsprechend liegt kein
eindimensionaler Übergang von einer Subsistenz-
ökonomie der Anspruchslosigkeit hin zu einer
'rationalen' Marktorientierung und Monetarisierung vor. Was als 'Lohn der Mühe' aufgefaßt
wird, ist von heterogenen und häufig konträren
individuellen Überzeugungen abhängig.
Bd. 3, 1997, 592 S., 45,90 €, br., ISBN 3-8258-3434-4

Renate Kulick-Aldag
Die Göttinger Völkerkunde und der
Nationalsozialismus zwischen 1925 und
1950
Die Reflexion über die Rolle der Wissenschaften
in der Zeit des Nationalsozialismus ist ein (spä-
tes) Gebot der Stunde. Renate Kulick-Aldag ist
in ihrer Magisterarbeit der Frage nachgegangen,
wie eng die Göttinger Völkerkunde personell
und ideologisch, in Lehre und Forschung sowie in Ausstellungen, dem Nationalsozialismus
verpflichtet war. Die Arbeit stellt einen wichtigen Meilenstein auf dem Weg der Aufarbeitung
der Zeit zwischen den späten zwanziger bis in
die fünfziger Jahre dar, die dem Ansehen der
deutschen Völkerkunde aufgrund ihrer teils zwie-
spältigen teils eindeutigen Rolle international
einen schweren Schlag versetzt hat, von dem sie
sich bis auf den heutigen Tag nicht erholt hat.
Bd. 4, 2000, 136 S., 24,90 €, br., ISBN 3-8258-4469-2

LIT Verlag Münster – Hamburg – Berlin – London
Grevener Str./Fresnostr. 2 48159 Münster
Tel.: 0251 – 23 50 91 – Fax: 0251 – 23 19 72
e-Mail: vertrieb@lit-verlag.de – http://www.lit-verlag.de

Jutta Borchardt
Von Nomaden zu Gemüsebauern
Auf der Suche nach yörük-Identität bei den
Saçıkaralı in der Südwest-Türkei
Die auf Feldforschungen beruhende Studie untersucht den sozio-kulturellen Wandel, der bei süd-
westanatolischen Kleinvieh- und Kamelnomaden,
genannt yörük, im 19. Jahrhundert einsetzte und
um die Mitte des 20. Jahrhunderts mit ihrer Über-
nahme des Bodenbaus und ihrer vollständigen
Seßhaftwerdung endete. Mit den Veränderungen
ihrer Lebensgrundlagen und wirtschaftlichen
Strategien glichen sich zwar zunehmend auch ihre
Gesellschaftsnormen, Verhaltensweisen und Wertvorstellungen denen der gemein-türkischen Kultur
an, aber dennoch blieben bemerkenswerte Züge
des "Yörük-Seins" der nomadischen Vergangenheit als ein die Gruppenidentität mitbestimmender
Faktor bei ihnen erhalten.
Bd. 5, 2001, 200 S., 24,90 €, br., ISBN 3-8258-4470-6

Holger Kirscht
Ein Dorf in Nordost-Nigeria
Politische und wirtschaftliche Transformation
der bäuerlichen Kanuri-Gesellschaft
Die Arbeit ist das Ergebnis von rund zwei Jahren
intensiver Feldforschung in dem Kanuri-Dorf
Marte und seiner Umgebung im nigerianischen
Tschadbecken. Der Autor hat mit teilnehmender
Beobachtung die Lebens- und Arbeitswelt der Be-
wohner dieses regenzeitlich teilweise überfluteten
Gebietes untersucht und eine umfassende Doku-
mentation ihrer landwirtschaftlichen Kognitionen,
Techniken, Erträge sowie ihrer Konsum- und
Vermarktungsstrategien erstellt. Ethnographisch
von besonderem Interesse ist die detaillierte
Beschreibung eines nach den Gestirnen ausge-
richteten Agrarkalenders. Die in der Dorfstudie
gewonnenen empirischen Daten werden auf
einer Makroebene mit der Analyse der sozio-
ökonomischen und politischen Gegebenheiten des
Kanuri-Staates Borno verknüpft. Dabei reicht der
historische Untersuchungsrahmen von den 1990er
Jahren ins frühe 19. Jahrhundert zurück.
Bd. 6, 2001, 360 S., 30,90 €, br., ISBN 3-8258-4494-3

Michael Dickhardt
Das Räumliche des Kulturellen
Entwurf zu einer kulturanthropologischen
Raumtheorie am Beispiel Fiji
Diese Studie leistet einen Beitrag zur aktuellen
Debatte um "Raum" als fundamentaler Kategorie
menschlicher Praxis. Sie verbindet grundlagen-
theoretische Arbeit an den Begriffen "Kultur" und
"Raum" mit der konkreten Ethnographie Fijis.
Ausgehend von einem strukturierungstheoreti-
schen Praxisbegriff und der Kulturphilosophie
E. Cassirers wird eine neuartige Konzeption

kultureller Räumlichkeit entwickelt. Die ethnogra-
phische Umsetzung erfolgt anhand der konkreten
Räume des Dorfes, des Landes und der Verortung
von Personen und Gruppen in einem fjianischen
Dorf. Im Rahmen unterschiedlicher Kontexte
entsteht so eine differenzierte Sicht kultureller
Räumlichkeit. Selbst symbolisch konstituiert, wird
diese Räumlichkeit somit auch in ihren konsti-
tuierenden Funktionen für die kulturelle Praxis
verstehbar.
Bd. 7, 2001, 328 S., 25,90 €, br., ISBN 3-8258-5188-5

Dorothea Deters
Die Gabe im Netz sozialer Beziehungen
Zur sozialen Reproduktion der Kanak in der
paicî-Sprachregion um Koné (Neukaledonien)
Das Phänomen des Gabentausches ist eines der
klassischen Themen der ethnologischen Forschung
im melanesischen Raum. Die Verknüpfung der
sozialen, religiösen, politischen und wirtschaftlichen Bereiche im Gabentausch steht dabei im
Vordergrund. Die vorliegende Studie untersucht
die Bedeutung des Gabentausches für das soziale
Gefüge der Kanak und geht dabei der Frage von
sozialer Reproduktion und sozialer Transformation nach.
Die Studie beruht auf einer 15-monatigen Feldforschung in der paicî-Sprachregion um Koné,
im Nordwesten der Hauptinsel von Neukaledoni-
en, das bis vor kurzem ein Übersee-Territorium
Frankreichs war und seit 1999 einen autonomen
Status besitzt. Im Mittelpunkt steht die Analyse
der zeitgenössischen Tauschsysteme in den Le-
benszykluszeremonien der paicî-Kanak und die
Bedeutung der im Gabentausch definierten sozialen Beziehungen für die Tradition und für die
Konstruktion einer neuen kulturellen Identität.
Bd. 8, 2002, 336 S., 25,90 €, br., ISBN 3-8258-5656-9

Ulrich Braukämper
**Islamic History and Culture in Southern
Ethiopia**
Collected Essays
Studies on Islam in Ethiopia have long been
neglected although Islam is the religious
confession of almost half of the Ethiopiean
population.
The essays focus on the following topics:
*Islamic principalities in Southeast Ethiopia
between the 13th and the 16th Centuries;
Medieval Muslim Survival as a Stimulating
Factor in the Re-Islamization of Southeastern
Ethiopia;
The Sanctuary of Shaykh Husayn and the Oromo-
Somali Connections in Bale;
Notes on the Islamization and the Muslim Shrines
of the Härär Plateau;
The Islamization of the Arsi-Oromo.*

LIT Verlag Münster – Hamburg – Berlin – London
Grevener Str./Fresnostr. 2 48159 Münster
Tel.: 0251 – 23 50 91 – Fax: 0251 – 23 19 72
e-Mail: vertrieb@lit-verlag.de – http://www.lit-verlag.de

The essays are based on the study of written records and on field research in southern parts of the country carrid out during the first half of the 1970s.
Bd. 9, 2002, 208 S., 20,90 €, br., ISBN 3-8258-5671-2

Kölner ethnologische Studien
herausgegeben von Prof. Dr. Ulla Johansen und Prof. Dr. Thomas Schweizer †

Michael Bollig
Die Krieger der gelben Gewehre
Intra- und interethnische Konfliktaustragung bei den Pokot Nordwestkenias
Der Osten Afrikas ist in den letzten Jahrzehnten zu einem Krisenherd par excellence geworden. Zwischenstaatliche Kriege, ethnische Konflikte und Banditentum prägen Wirtschaftsweisen und politische Organisationen auf lokaler Ebene. Die Studie beschreibt das Management intra- und interethnischer Konflikte bei den Pokot, einer Gruppe mobiler Viehhalter im Nordwesten Kenias und sucht nach Erklärungen für friedliche und gewaltsame Konfliktaustragungsmuster. In einer Phase rapider Militarisierung und wachsender Spannungen zwischen nationalstaatlichem Zentrum und peripheren Wirtschaftsräumen gelingt es den Pokot weiterhin, interne Konflikte weitgehend friedlich beizulegen. Eine engmaschige wirtschaftliche und soziale Vernetzung der nomadischen Haushalte, Nachbarschaftsräte und auf Schlichtung spezialisierte rituelle Experten helfen, den inneren Frieden zu bewahren. Dagegen werden Konflikte mit anderen ethnischen Gruppen häufig gewaltsam ausgetragen. Die Konkurrenz um Weiden und Viehbesitz, Kriegerideale und fehlende Vermittlungsinstitutionen lassen kleinere Interessensgegensätze eskalieren und in lange andauernde, verlustreiche Kriege ausarten.
Bd. 20, 1992, 400 S., 35,90 €, br., ISBN 3-89473-364-0

Barbara Jacobs
Kleidung als Symbol
Das Beispiel der Altgläubigen Südsibiriens im 19. und beginnenden 20. Jahrhundert
Sprache dient der verbalen Kommunikation, Kleidung hingegen vermittelt nichtverbale Informationen ihres Trägers. Kleidung ist für denjenigen eine Sprache, der ihre einzelnen Zeichen versteht, ihre einzelnen Elemente und ihre Kombinationen untereinander zu entziffern weiß. Sie ist ein Abzeichen der Kultur, der der Einzelne angehört. Kleidung gibt Aufschluß über individuellen Status und soziale Rollen; durch sie werden also Beziehungen der Menschen untereinander deutlich. Hinter dem äußeren Erscheinungsbild stehen oft

Vorschriften, welche die Bekleidungsetikette für alle Angehörigen einer Gesellschaft verbindlich regeln, die für einen bloßen Betrachter allerdings unsichtbar bleiben. Erst durch eine intensive Beschäftigung mit der Kultur vermag der Betrachter diesen Kleidungscode zu entschlüsseln und Aussagen darüber zu geben, von welchen religiösen und sozialen Vorstellungen dieses Kleidungsverhalten geprägt ist. Die Beharrlichkeit, mit der sich Trachten in vielen Gesellschaften über längere Zeiträume hinweg halten, ist Ausdruck von Tradition. In dieser Arbeit wird durch eine Analyse der Trachten der Altgläubigen Südsibiriens versucht, Einsicht über die ihnen eigenen Normen und Werte, insbesondere aber über ihr religiöses Weltbild zu erlangen. Bis heute ist eine solche Analyse ihrer Kleidung noch nicht erfolgt.
Bd. 21, 1993, 220 S., 24,90 €, br., ISBN 3-89473-571-6

Susanne Knödel
Die matrilinearen Mosuo von Yongning
Eine quellenkritische Auswertung moderner chinesischer Ethnographien
Die matrilinearen Mosuo, eine tibetobirmanische Ethnie Südwestchinas, haben eine außergewöhnliche Form der sozialen Organisation. Formelle Ehen sind bei ihnen zwar bekannt, aber selten. Die sozial erwünschte Form der Mann-Frau-Bindung ist die "Azhu-Beziehung", die ohne Mitwirken Dritter aufgenommen und beendet wird. Der Mann besucht die Frau nur über Nacht, beide bleiben Vollmitglieder ihres mütterlichen Haushalts. Kinder aus einer solchen Beziehung gehören ausschließlich der Mutterseite an. Trotz großen Drucks von Seiten der kommunistischen Partei haben die Mosuo ihre Lebensform auch nach Gründung der Volksrepublik bewahrt. Die vorliegende Arbeit beschreibt die sozialen Institutionen der Mosuo sowie das wirtschaftliche und ethnische Umfeld, in dem ihre Gesellschaft sich befindet.
Bd. 22, 1995, 370 S., 30,90 €, br., ISBN 3-89473-805-7

Castulus Kolo
Computersimulationen als Instrument der Prozeßanalyse in der Ethnologie
In fast allen wirtschaftlichen Disziplinen werden heute zunehmend Computersimulationen zur Untersuchung komplexer Prozesse eingesetzt; insbesondere dann, wenn deren Ablauf nicht auf experimentelle Weise erfaßt werden kann. Auch für den Forschungsgegenstand der Ethnologie legen verschiedene Aspekte der Komplexität, wie etwa die starke Vernetzung kultureller, demographischer und ökologischer Zusammenhänge sowie die Vielzahl möglicher Entwicklungspfade, ein Nachdenken über neue Hilfsmittel des Prozeßverstehens nahe. Neben einer allgemeinen

LIT Verlag Münster – Hamburg – Berlin – London
Grevener Str./Fresnostr. 2 48159 Münster
Tel.: 0251 – 23 50 91 – Fax: 0251 – 23 19 72
e-Mail: vertrieb@lit-verlag.de – http://www.lit-verlag.de

Einführung in die Methodik und Terminologie von Computersimulationen werden anhand konkreter Anwendungsbeispiele die fachspezifischen Möglichkeiten bzw. Grenzen diskutiert. Auch dem mathematischen Laien werden dabei Kriterien vermittelt, um den eigenen Einsatz von Simulationsmodellen planen bzw. die Ergebnisse fremder Simulationsstudien besser beurteilen zu können.
Bd. 23, 1997, 232 S., 24,90 €, br., ISBN 3-8258-3321-6

Susanne Spülbeck
Biographie-Forschung in der Ethnologie
Im Mittelpunkt der ethnologischen Methode steht die Begegnung zwischen einem Ethnologen und seinem Gegenüber, dessen Lebenswelt es zu verstehen gilt. Nicht zuletzt deshalb hört der Ethnologe immer wieder biographische Erzählungen, zeichnet sie auf und kann im Forschungsprozeß häufig noch nicht genau absehen, welche Rolle sie in der Auswertung spielen werden. Genau hier setzt der vorliegende Überblick an: wie kann biographisches Material interpretiert werden, um etwas über soziale Prozesse zu sagen? Welche Rolle spielen die Entstehungsbedingungen der biographischen Erzählung dabei? Wie kann ein biographischer Text sinnvoll in einer ethnologischen Studie dargestellt werden? Dabei geht es vor allem um das Verhältnis von biographischer Erzählung, ethnologischer Begegnung und Wirklichkeit.
Bd. 25, 1998, 176 S., 12,90 €, br., ISBN 3-8258-3401-8

Christoph Brumann
Die Kunst des Teilens
Eine vergleichende Untersuchung zu den Überlebensbedingungen kommunitärer Gruppen
Kommunitäre Gruppen – Gemeinschaften, die freiwillig alles gemeinsam haben – treiben das Teilen ins Extrem. Wie alle Formen der Kooperation, in denen Zwang (Staat) und individuelle materielle Anreize (Markt) ausgeschlossen sind, macht sie dies anfällig für den Egoismus ihrer Mitglieder. Die meisten dieser Experimente scheitern denn auch schnell, doch einige blühen über Jahrzehnte oder gar Jahrhunderte und unternehmen mutige, oft utopische kulturelle Experimente. Anhand eines Vergleichs von 43 Gruppen aus den letzten drei Jahrhunderten – darunter so bekannte wie die Hutterer, die Kibbutzim, Oneidea, die Shakers und die Bruderhof-Gemeinschaften – klärt Christoph Brumann die Gründe für die seltenen Erfolge. In Bereichen wie Größe, Zweigstrukturen, Ehe und Familie, charismatischer Führung und Überzeugung entdeckt er überlebensförderliche und -hemmende Bedingungen, die er in integrierten Modellen zusammenfaßt. Statt der in Kulturvergleichen sonst üblichen statistischen Verfahren nutzt er dazu intensive Fallanalysen und die Möglichkeiten der Implikationslogik. Es zeigt sich, daß es eine Reihe von Gesetzmäßigkeiten gibt, die sich unabhängig von den offiziellen Überzeugungen der Gruppen auswirken, mitunter ohne diesen überhaupt bewußt zu sein.
Diese Studie ist ein Plädoyer für die empirisch orientierte, vergleichende Erforschung von Kooperation. Oft scheitert Kooperation nicht am mangelnden Idealismus, sondern am falschen Design. Wer Menschen dazu bringen möchte, zu teilen – ob nun Güter, Arbeitsplätze oder Aufmerksamkeit –, sollte daher die bereits gemachten Erfahrungen nicht ignorieren. Kultur- und Sozialwissenschafter aller Disziplinen sind mit diesem Thema angesprochen.
Bd. 26, 1998, 368 S., 30,90 €, br., ISBN 3-8258-3732-7

Julia Pauli
Das geplante Kind
Demographischer, wirtschaftlicher und sozialer Wandel in einer mexikanischen Gemeinde
Demographische Phänomene werden heute zunehmend in der Ethnologie in ihrer elementaren Bedeutung für die Erklärung kulturellen Wandels berücksichtigt. Die Studie untersucht den Zusammenhang von demographischen, wirtschaftlichen und sozialen Transformationen am Beispiel einer ländlichen Gemeinde in Zentralmexiko. Der Rückgang der Sterbeziffern und der Geburtenziffern sowie eine starke Zunahme der nationalen und internationalen Migration haben die Familie, die Haushaltsstruktur und die Haushaltsökonomie grundlegend verändert. Durch die Analyse qualitativer und quantitativer Daten gleichermaßen gelingt es der Autorin, eine Typologie der unterschiedlichen, sehr heterogenen, Lebensstrategien zu entwickeln, die in den letzten 50 Jahren in der Gemeinde entstanden sind.
Bd. 27, 2001, 392 S., 35,90 €, br., ISBN 3-8258-5120-6

Clara Mayer-Himmelheber
Die Regalia des Kabaka von Buganda
Eine Biographie der Dinge
Bd. 28, Frühj. 2003, ca. 296 S., ca. 29,90 €, br., ISBN 3-8258-6883-4

LIT Verlag Münster – Hamburg – Berlin – London
Grevener Str./Fresnostr. 2 48159 Münster
Tel.: 0251 – 23 50 91 – Fax: 0251 – 23 19 72
e-Mail: vertrieb@lit-verlag.de – http://www.lit-verlag.de